1309

LA LITTÉRATURE MODERNE

1850-1860

ou

DICTIONNAIRE COMPLET

DE

TOUS LES LIVRES FRANÇAIS

Publiés depuis 1850 jusqu'à 1860 inclusivement.

RÉDIGÉ SOUS LA DIRECTION DE

M. ALFRED MORIN

PARIS

A. MORIN, LIBRAIRE-ÉDITEUR, 112, RUE DU BAC.

1862

PARIS. — TYPOGRAPHIE WALDER, RUE BONAPARTE, 44.

C.

AVANT-PROPOS

J'ai entrepris ce grand travail bibliographique pour offrir à mes confrères et à tous ceux qui s'intéressent à la littérature française, un recueil complet de la librairie moderne. A l'aide de ce Dictionnaire il sera facile à tout le monde de se renseigner immédiatement sur les publications faites depuis l'année 1850 jusqu'à celle de 1860 inclusivement.

Ce recueil renferme tous les livres et journaux imprimés en France et tous les livres français, imprimés à l'étranger pendant les onze ans précités.

J'ai commencé avec l'année 1850, à l'époque où tous les renseignements bibliographiques se sont arrêtés, et où il ne restait plus que le Journal de la librairie et des catalogues annuels à consulter.

Des bibliographes savants ont publié plusieurs ouvrages de ce genre, mais le dernier a cessé à la fin de décembre 1849. Mon travail a donc pour unique but de combler la regrettable et importante lacune qui existait depuis cette dernière publication.

Les nombreux souscripteurs qui, sur mon simple prospectus, ont répondu à mon appel, sont pour moi, la certitude que cette publication est d'une incontestable utilité.

ALFRED MORIN,
Éditeur et Libraire-commissionnaire.

Paris, 1er avril 1862.

DISPOSITION GÉNÉRALE

ET

ABRÉVIATIONS EMPLOYÉES DANS LE COURS DE CET OUVRAGE

1° Ordre *alphabétique d'après les auteurs*; les livres *anonymes* se trouvent inscrits sous la lettre correspondante du *premier* mot important du *titre*.

2° Vient ensuite le titre du livre même.

3° L'édition, si elle est indiquée.

4° Le format.

5° Le nom de la ville et de l'éditeur ou de l'imprimeur; pour tout ce qui est publié à Paris, le mot de « Paris » est supprimé.

6° Vient ensuite le chiffre de l'année, les *deux premiers, 1 et 8, sont supprimés partout.*

7° Enfin, le dernier chiffre indique le prix du livre en francs et en centimes.

EXEMPLE :

(Voyez le *dernier* titre de la *première* colonne ci-contre) :

ABOTT (J.). Le jeune chrétien, *traduit* de l'anglais, *format* in-18, *chez* Grassart, *libraire à Paris; publié en* 1857. *Prix :* **2 francs.**

8° Les *parenthèses* sont employées pour les noms des *imprimeurs* et pour les *adresses* de Paris; pour les *villes* de *province* et de *l'étranger*, s'il existe un dépôt chez un libraire de Paris.

9° Quant aux journaux et almanachs, il n'a été fait mention que de la *dernière* année : celle de 1860, avec *indication du nombre d'années d'existence* de la publication.

MORIN FRÈRES

5, rue des Beaux-Arts, ci-devant 112, rue du Bac

LIBRAIRES-COMMISSIONNAIRES POUR LA FRANCE ET POUR L'ÉTRANGER

se chargent de l'exécution des Commissions en LIBRAIRIE, *tout ce qui concerne la littérature et les arts, articles pour photographies, épreuves stéréoscopiques,* etc.

Des capitaux suffisants, l'expérience en affaires, les mettent à même de satisfaire entièrement ceux qui voudront bien les honorer de leur confiance.

Ils recevront, en outre, avec plaisir, toute espèce d'articles qu'on voudra bien leur adresser en dépôt, pour en soigner le placement et la publicité.

LA LITTÉRATURE MODERNE

1850-1860

ou

DICTIONNAIRE COMPLET

DE

TOUS LES LIVRES FRANÇAIS

Publiés depuis 1850 jusqu'à 1860 inclusivement.

RÉDIGÉ SOUS LA DIRECTION DE

M. ALFRED MORIN

PARIS

MORIN FRÈRES, ÉDITEURS, 5, RUE DES BEAUX-ARTS

CI-DEVANT 112, RUE DU BAC.

PARIS. — TYPOGRAPHIE WALDER, RUE BONAPARTE, 44.

AVANT-PROPOS

J'ai entrepris ce grand travail bibliographique pour offrir à mes confrères et à tous ceux qui s'intéressent à la littérature française, un recueil complet de la librairie moderne. A l'aide de ce Dictionnaire il sera facile à tout le monde de se renseigner immédiatement sur les publications faites depuis l'année 1850 jusqu'à celle de 1860 inclusivement.

Ce recueil renferme tous les livres et journaux imprimés en France et tous les livres français, imprimés à l'étranger pendant les onze ans précités.

J'ai commencé avec l'année 1850, à l'époque où tous les renseignements bibliographiques se sont arrêtés, et où il ne restait plus que le Journal de la librairie et des catalogues annuels à consulter.

Des bibliographes savants ont publié plusieurs ouvrages de ce genre, mais le dernier a cessé à la fin de décembre 1849. Mon travail a donc pour unique but de combler la regrettable et importante lacune qui existait depuis cette dernière publication.

Les nombreux souscripteurs qui, sur mon simple prospectus, ont répondu à mon appel, sont pour moi, la certitude que cette publication est d'une incontestable utilité.

Alfred MORIN,
Éditeur et Libraire-commissionnaire.

Paris, 1er avril 1862.

DISPOSITION GÉNÉRALE

ET

ABRÉVIATIONS EMPLOYÉES DANS LE COURS DE CET OUVRAGE

1° Ordre *alphabétique d'après les auteurs*; les livres *anonymes* se trouvent inscrits sous la lettre correspondante du *premier* mot important du *titre*.

2° Vient ensuite le titre du livre même.

3° L'édition, si elle est indiquée.

4° Le format.

5° Le nom de la ville et de l'éditeur ou de l'imprimeur; pour tout ce qui est publié à Paris, le mot de « Paris » est supprimé.

6° Vient ensuite le chiffre de l'année, les *deux premiers, 1 et 8, sont supprimés partout.*

7° Enfin, le dernier chiffre indique le prix du livre en francs et en centimes.

EXEMPLE :

(Voyez le *dernier* titre de la *première* colonne ci-contre) :

ABBOTT (J.). Le jeune chrétien, traduit de l'anglais, *format* in-18, *chez* Grassart, *libraire à Paris; publié en* 1857. *Prix : 2 francs.*

8° Les *parenthèses* sont employées pour les noms des *imprimeurs* et pour les *adresses* de Paris; pour les *villes* de *province* et de *l'étranger*, s'il existe un dépôt chez un libraire de Paris.

9° Quant aux journaux et almanachs, il n'a été fait mention que de la *dernière* année : celle de 1860, avec *indication du nombre d'années d'existence* de la publication.

DICTIONNAIRE COMPLET

DE

TOUS LES LIVRES FRANÇAIS

Publiés depuis 1850 jusqu'à 1860 inclusivement.

A

A BAS les hommes! par une femme éclaboussée. In-32, Marpon, 60. » 50
— le quartier latin! à propos de toutes les brochures. In-32, Marpon, 60. » 75
— Rigolboche! sans portrait ni vignette. In-32, Librairie théâtrale, 60. 1 »
A CÔTÉ de ma mère, ou lectures du soir. In-32, Limoges, Barbou, 58. » 20
A DEMAIN! traduit librement de l'anglais. In-18, Librairie protestante, 60. » 25
A PROPOS d'un pâté, ou rira bien qui rira le dernier, proverbe. In-12, Bordeaux, Chaumas, 60. » 75
A REMEDY for the evils that have caused the destruction of a large portion of the british army before Sebastopol. In-8 (Brière), 55.
ABADIE. Guide-Album des eaux des Pyrénées. In-4 (r. St-Martin, en face l'église St-Nicolas), 53. 10 »
— Indicateur des Hautes-Pyrénées. In-12 (r. St-Martin, en face l'église St-Nicolas), 59. 6 »
ABADIE (A.). Roses et dahlias, poésies. In-8 (Toulouse, veuve Sens), 53.
ABADIE (P.). Dictionnaire des principaux termes du dialecte gascon. In-12, Auch, Brun frères, 50.
ABADIE. La question chevaline. In-8 (Nantes, Busseuil), 60.
ABADIE (d'). Catalogue raisonné de manuscrits éthiopiens. In-4, Duprat, 59. 6 »
— Géodésie d'une partie de la Haute-Ethiopie, premier fascicule. In-4, Duprat, 60. 20 »
— Sur le tonnerre en Ethiopie. In-4, Duprat, 59. 5 »
— Travaux récents sur la langue basque. In-8 (Imprimerie impériale), 59.
ABBADIE. Vie de saint Savin. In-12 (Tarbes, Telmon), 57.
ABBATE. De l'Afrique centrale. In-8 (Plon), 58.
ABBÉ SOULAS (l'), et ses œuvres. In-18, Montpellier, Séguin, 58.
ABBOTT (J.). L'enfant de la maison paternelle. In-18, Nîmes, Garve, 60. »
— La fille du pasteur. In-12, Meyrueis, 50. 1 50
— Le jeune chrétien, traduit de l'anglais. In-18, Grassart, 57. 2 »

ABD ALLAH ben Abd-el-Kader. Voyage de Singapore à Kalantan, trad. par Dulaurier. In-8, Arthus-Bertrand, 50.
ABD-EL-KADER. Rappel à l'intelligent, avis à l'indifférent, trad. par G. Dugat. In-8, Duprat, 58. 7 50
ABD-EL-KADER, empereur d'Arabie. In-8, Dentu, 60. » 50
ABÉCÉDAIRE anglais - français, syllabaire complet. In-12, veuve Baudry, 57. 4 »
— français illustré. In-12, veuve Baudry, 51. 3 50
ABEILLE (le doct.). Etudes cliniques sur la paraplégie indépendante. In-8, Baillière et fils, 54. 2 50
— Des injections iodées dans le traitement des abcès. In-8, Baillière et fils, 53. 1 »
— Sepulcrétum ou collect. de mémoires. In-8 (Plon), 55.
— Du sulfate de strychnine dans le traitement du choléra. In-8, Baillière et fils, 54. 1 »
— Traité des hydropisies et des kystes. In-8, Baillière et fils, 52. 7 50
ABEILLE (l') impériale. In-4, trois fois par mois, 9e année (23, quai Voltaire), 60. Prix annuel. 20 »
— maçonnique, choix de sages maximes. In-8 (65, rue Montmartre), 60. » »
— médicale, tous les lundis. In-4, 17e année (31, rue de Seine), 60. Prix annuel : 7 50
— poétique du dix-neuvième siècle. In-32, Limoges, Barbou, 59. » 60
— poétique de la jeunesse. In-18, Périsse frères, 60.
— suivie de la terre, David et Goliath, l'Aigle, etc. In-32, Tours, Mame, 60.
ABEL. De la législation militaire en France. In-8 (Hennuyer), 57.
ABÉLARD, opera. Collegit Victor Cousin, t. I. In-4, Durand, 50. 25 »
— id., t. II. In-4, Durand, 59. 30 »
ABELLY (L.). La couronne de l'année chrétienne. 2 vol. in-12, Pélagaud, 58. 2 50
— La couronne de l'année chrétienne, par l'abbé Baudrand. 2 vol. in-12, Périsse, 56. 2 20
— Vie de saint Josse. In-12, Montreuil, Duval, 51.
— Vie de saint Vincent de Paul. 2 vol. in-8, veuve Poussielgue-Rusand, 54. 6 »

ABELOUS (L.-D.). Les catacombes de Rome. In-12, Grassart, 60. 1 50
— Importance des preuves internes du christianisme. In-8 (Montauban, Forestié neveu), 56.
— Les jeunes martyrs de la réformation. In-12, Grassart, 60. 1 50
— Quelques martyrs de l'Église primitive. In-18, Meyrueis, 60. » 20
— Récits populaires : le major Gruber; le Galérien. In-12, Grassart, 60. 1 50
— Vie de Gustave-Adolphe. In-18, Librairie évangélique (10, rue des Champs-Elysées), 59. 1 »
ABEL-RÉMUSAT. Éléments de la grammaire chinoise. In-8, Maisonneuve, 58. 10 »
ABJURATION d'une dame protestante à Rome. In-4 (Lyon, Brunet-Fonville), 50.
ABOILARD (Ch.). Drainage. Notes et observations pratiques. In-8 (11, rue du Cloître-St-Honoré), 60. » 50
ABOLITION (de l') des maisons de jeu dans les principautés allemandes. In-8, Dentu, 59.
ABOU BECKR IBN BEDR. — El Naceri. La perfection des deux arts ou traité complet d'hippologie, traduit par Perron. 3 vol. in-8, veuve Bouchard-Huzard, à 60. 21 »
ABOU BECKR MOHAMMED BEN ALHAÇAN ALKARKHI. Extrait du Fakhri, traité d'algèbre, trad. par Woepcke. Grand in-8 (Imprimerie impériale), 53.
ABOUT (E.) Germaine, 6e édit. In-12, Hachette, 60. 2 »
— La Grèce contemporaine, 4e édit. In-18, Hachette, 59. 3 50
— Guillery, comédie en 3 actes, en prose. In-18, Michel Lévy frères, 56. 1 50
— Maître Pierre, nouv. édit. In-12, Hachette, 59. 2 »
— Les mariages de Paris, 9e édit. In-8, Hachette, 60. 2 »
— Nos artistes au salon de 1857. In-18, Hachette, 58. 3 50
— La nouvelle carte d'Europe. In-8, Dentu, 60. 1 »
— La Prusse en 1860. In-8, Dentu, 60. 1 »
— Risette, ou les millions de la mansarde, comédie. In-12, Michel Lévy frères, 59. 1 »
— Le roi des montagnes, nouvelle édit. In-18, Hachette, 60. 2 »
— Rome contemp. In-8, Michel Lévy frères, 60. 5 »
— Tolla, 7e édit. In-12, Hachette, 60. 2 »
— Trente et quarante; Sans dot; les Parents de Bernard. 3e éd. In-12, Hachette, 60. 2 »
— Voyage à travers l'exposition des beaux-arts. In-12, Hachette, 55. 2 »
ABOUT (J.-F.). Le poëte Ducis, drame historique. In-8 (Saint-Nicolas, Trenel), 56.
ABRAHAM (N.). Description de la fontaine minérale. In-12, Rheims, Brissart-Binet, 55.
ABRAHAM. Les acteurs et les actrices de Paris. In-18 (13, rue Grange-Batelière), 59. » 50
ABRANT (A.). Exercices sur le style épistolaire. 2 vol. in-12, Larousse et Boyer, 60. 3 »
ABRÉGÉ d'arithmétique décimale. In-12, Limoges, Barbou, 58.
— d'arithmétique décimale. In-18, Périsse frères, 59.
— d'arithmétique décimale contenant toutes les opérations du calcul, nouv. éd. In-12, Tours, Mame, 60.
— d'arithmétique décimale, ou extrait du nouv. syst. d'arithm. décim., par F. P. B. In-18, veuve Poussielgue-Rusand, 60.
— d'arithmétique par demandes et par réponses. In-18, Mirecourt, Humbert, 60.
— de ce que tout chrétien doit savoir, croire et pratiquer. In-32, Laval, Godbert, 58.
— de ce que tout chrétien doit savoir, croire et pratiquer. In-32, veuve Poussielgue-Rusand, 60.
— de ce qu'il faut savoir, croire et pratiquer. In-32, Périsse frères, 60.
— de ce qu'il faut savoir, croire et pratiquer pour être sauvé. In-32 (Tournai), Lethielleux, 57.
— de ce qu'un bon chrétien doit savoir, croire, etc. In-18, Bolbec, Valin, 60.
— de géographie commerciale et histor., par F. B. P., 30e éd. In-12, veuve Poussielgue-Rusand, 60.

ABRÉGÉ de géographie, ou extr. de la géogr. commerc. et hist., par F. B. P. In-18, veuve Poussielgue-Rusand, 60.
— de géométrie appl. au dessin et à l'arpentage, par F. P. B. In-12, veuve Poussielgue-Rusand, 60.
— de géométrie pratique appliquée au dessin linéaire, par F. P. B., 23e éd. In-12, veuve Poussielgue-Rusand, 60.
— de grammaire française. In-12, Metz, Warion, 58. » 30
— de grammaire française, ou extrait de la grammaire française, par F. P. B. In-18, veuve Poussielgue-Rusand, 60.
— de la dissertation du P. Wading sur le pardon de saint François. In-18, au Puy, Guilhaume, 52.
— de la doctrine chrétienne. In-12, Galban, 52.
— de la doctrine chrétienne. In-18, Lecoffre, 58. » 20
— de la doctrine chrétienne. In-18, Tarascon, Aubanel, 58.
— de la doctrine chrétienne. In-12, Nantes, Forest, 56. » 20
— de la doctrine chrétienne. In-12, Vouziers, Lapie, 57.
— de la géographie d'Haïti, à l'usage de la jeunesse haïtienne. In-12 (Monroval), 59.
— de la méthode Cavé pour dessiner. In-18, Plon, 60.
— de la morale chrétienne, en latin et en français. In-12, Périsse frères, 59.
— de la mythologie. In-18 (Reims, Luton), 57.
— de la mythologie, à l'usage des maisons d'éducation. In-32, Avignon, Offray, 59.
— de la mythologie, ou introduction aux cours d'histoire. In-18, Lille, Quarré, 59.
— de la prem. partie des éléments de la gramm. franç. In-12 (Nancy, Maison mère de la doctrine chrétienne), 60.
— de la vie de Jean-François Régis. In-32, Lalouvesc, Valentin et Régis-Selle, 59.
— de la vie de Jean Halbout, par F. C. In-18, Vire, veuve Barbot, 55.
— de la vie de la vénérable mère de Lestonac. In-18 (Poitiers), Palmé, 58.
— de la vie de Marie Coche, fondatrice de la Visitation de Voiron. In-4 (Grenoble, Baratier), 59.
— de la vie de notre mère Marie-Séraphine Fournier. In-4 (Bailly et Divry), 58.
— de la vie de notre mère Elisabeth-Eugénie Muller. In-4 (Autun, Dejussieu), 58.
— de la vie de N.-S. Jésus-Christ, suivi des prières de la Messe, par F. P. B. In-18, veuve Poussielgue-Rusand, 60. » 95.
— de la vie de saint Alexis. In-24, Charmes, Mongel, 58.
— de la vie de saint Edme, archevêque de Cantorbéry. In-18, Sens, Pénard, 58.
— de la vie du bienheureux Benoît-Joseph Labre, pèlerin franç. In-16, Arras, Rousseau-Leroy, 60.
— de la vie du bienheureux Pierre Claver. In-18, Toulouse, Manavit, 52.
— de la vie de sainte Enimie. In-32 (Mende, Privat), 58.
— de la vie de saint Eugène. In-8, Lebrun, 56. » 30
— de la vie de saint Florent. In-32, Angers, Lainé, 58.
— de la vie de saint François de Sales, et notice sur la translation de ses reliques. In-32, Lyon, Pelagaud, 56.
— de la vie de saint Ghislain. In-32, Lille, Quarré, 58.
— de la vie et des nouveaux miracles de Jean-François Régis. In-32, Limoges, Barbou, 58. » 25
— de la vie et des vertus de la sœur Marie-Caroline de Labroquère. In-32, Aubry, 60.
— de la vie et des vertus de Marie-Antoinette Solinhac, sœur de la Visitation. In-8, Albi, Papailhau, 51.
— de la vie et des vertus de notre digne mère et fondatrice Marie-Thérèse de Tolozan. In-4, Metz, Dieu, 52.
— de la vie et le pèlerinage de sainte Restitue. In-18, Soissons, Decamp, 55.
— de l'histoire ancienne et de l'histoire grecque. In-12, Hachette, 50. 1 »
— de l'histoire de France. In-18 (Lons-le-Saulnier, mesdames Gauthier), 56.

ACHARD (A.). Roche blanche. 2 vol. in-8, Locard-Davi, 52. 4 »
— La robe de Nessus. 3 vol. in-8, Locard-Davi, 55. 7 50
— Id. In-12, Librairie nouv., 58. 1 »
— La sabotière. In-12, Hachette, 59. 1 »
— Une saison à Aix-les-Bains. Grand in-8, Bourdin, 50.
— Les séductions; Marguerite de Thieulay; Clémentine Aubernin. In-18, Hachette, 60. 2 »
— Souvenirs de voyage, comédie. In-18, Michel Lévy frères, 53. » 60
— Souvent femme varie, comédie. In-12, Michel Lévy frères, 54. » 60
— Id. In-4, Michel Lévy frères, 55. » 20
— Les vocations; le musicien de Blois; la maîtresse de dessin. In-18, Hachette, 60. 2 »
ACHARD (P.). Guide du voyageur, ou dictionnaire historique. In-8, Avignon, Séguin aîné, 57.
— Notes sur quelques anciens artistes, 4e éd. In-8 (Carpentras, Devillario), 56.
ACHET (F.). Camille, com.-dr. In-8 (Bourges, Pigelet), 56.
— Florès et Ginerva. In-16 (Pilloy), 51. » 10
— Le loup et l'agneau, com. In-8 (Bourges, Pigelet), 55
— Les plaisirs du monde, comédie. In-8 (Bourges, Jollet-Souchois), 56.
— Le premier âge, poésies. In-8 (Bourges, Jollet-Souchois), 56.
— Revoir et mourir, drame-monol. (Pilloy), 51. » 10
— Le tigre et la lionne, comédie-drame. In-8 (Bourges, Pigelet), 56.
ACHILLE, ou ne jugez pas les apparences. In-32, Limoges, Barbou, 55. » 25
ACHMET D'HÉRICOURT et Alexandre Godin. Les Rues d'Arras. Dictionnaire historique. 2 vol. in-8, Arras, Brissy, 56.
ACHON (l'abbé). Sermons et discours. 3 vol. in-8, Bray, 58. 18 »
ACKERMANN (L.). Contes. In-12, Garnier, 55.
ACLOCQUE (madame). Une heure d'enfer. In-16, Desloges, 57. » 60
ACOSTA Y CALBA (J.-Jul.). Estudios historicos. In-8 (Thunot), 52.
ACTA et decreta concilii provinciæ Burdigalensis. In-8 (Bordeaux, Gounouilhou), 52.
— et decreta concilii provinciæ Burdigalensis (MDCCCLIX). In-8 (Agen, Noubel), 60.
— et decreta concilii provinciæ Lugdunensis. In-4 (Lyon, Pélagaud), 59.
— et decreta concilii provinciæ Remensis. In-8, Lecoffre, 58. 2 »
— et decreta primi concilii provincialis Westmonasteriensis, habiti Deo adjuvante mense julio MDCCCLII, in collegio S. Mariæ, apud Oscott, adjectis pluribus decretis, rescriptis aliisque documentis ad ipsum spectantibus. In-8 (Migne), 53.
— et decreta secundi concilii provincialis Westmonasteriensis. In-8 (Migne), 57.
— et statuta synodi Ambianensis, anno MLCCCLI, habita ARR. DD. Ant. de Salinis, episcopo Ambianensi. In-8 (Amiens, Caron et Lambert), 52.
— et statuta synodi Nanceiensis. In-8, Nancy, Grimblot et veuve Raybois, 57.
— et statuta synodi Suessionensis. In-8 (Soissons, Fossé-Darcosse), 55.
— synodi diœcesanæ habitæ Adjacii diebus V, VI et VII julii anno Domini MDCCCLIII ab ill. et rev. Xaverio sancte Raphaele Casanelli de Istria episcopo. In-8 (Bastia, Fabiani), 54.
ACTE de charité envers les âmes du purgatoire. In-32, Vaton, 54. 20 »
— héroïque de charité envers les âmes du purgatoire. In-32, Amiens, Caron et Lambert, 57.
— héroïque de charité envers les âmes du purgatoire. In-18 (Clermont-Ferrand, Thibaud), 58.
— héroïque de charité envers les âmes du purgatoire. In-32, Wazemmes, Horemans, 58.
ACTES de la Société médicale des hôpitaux de Paris, 1er à 4e fascicule. In-8, Baillière et fils, 50 à 59. 14 »

ACTES des apôtres (les). In-18, Périsse frères, 53. 5 »
— des apôtres (les), avec les commentaires de saint Jean Chrysostome. Lectures grecques pour les classes supérieures T. I, II. In-12, Gaume, 53. 2 »
— des apôtres modernes, ou missions catholiques, t. I à IV. In-12, Parent-Desbarres, 60. Chaque vol. 3 50
— des martyrs, trad. du lat. par les RR. PP. bénédictins, première série. 3 vol. in-8, Julien-Lasnier, 56 à 59. 15 »
— et office des martyrs saint Victor et sainte Couronne, par l'abbé P. In-18, Auch, Brun, 51.
— et prières pour l'adoration du très-saint-sacrement de l'autel. In-8, Lille, Lefort, 60
— relatifs à la définition de l'immaculée conception. In-8, Huet, 57. » 50
ACTORIE. De l'origine et de la réparation du mal. In-8, Lecoffre, 52. 3 »
ACTRICES (les) de Paris. In-32, Havard, 56. » 50
ADAM (Ad.). Derniers souvenirs d'un musicien. In-18, Michel Lévy frères, 59. 1 »
— Souvenirs d'un musicien. In-18, Michel Lévy frères, 57. 1 »
ADAM (Ch.). La guerre d'Italie, histoire complète des opérations militaires. In-8, Renault et Ce, 59. 3 »
ADAM (l'oncle). L'argent et le travail, trad. du suédois. In-16, chez du Puget (13, rue de Sèze), 56. 3 50
ADAM (Th.). Pensées chrétiennes, trad. de l'anglais. 1 vol. in-18, 55. 2 »
ADAM (Victor). Petites histoires illustrées à l'usage des enfants. In-16, Langlumé, 55.
— et de Lastie-Saint-Jal. L'ami de l'éleveur, réflexions pratiques sur l'espèce chevaline, orné de 16 dess. et 50 vignettes. In-8, Plon, 56. 8 »
ADAM-BOISGONTIER. Le parjure de Jules Denis, comédie. In-4, Michel Lévy frères, 57. » 20
ADAM-BOISGONTIER (madame). Maître Wolff, comédie. In-18, Librairie théâtrale, 58. » 60
— Paris nouveau. In-8, Michel Lévy frères, 57. » 50
ADAM DE SAINT-VICTOR. Œuvres poétiques. 2 vol. in-18, Julien, Lasnier, 58-59. 12 »
ADAMS. Recueil de sculptures gothiques. 2 vol. in-4, chacun de 96 pl., Morel et Ce, 60. 144 »
Le 1er vol. compl. 72 fr.; le 2e vol. en cours de publication. La livraison, 6 fr.; 6 de parues; il y en aura 12).
ADAMS (W) La patrie du vieillard, trad. de l'anglais. In-18, Librairie protest., 59. » 40
ADANSON (Mlle Aglaé). Livre des enfants de la campagne. In-12, à Baleine (dép. de l'Allier), chez l'auteur, 52.
— La maison de campagne, 6e éd. 2 vol. in-12, Audot, 52. 7 »
ADDE-MARGRAS. Manuel du vaccinateur, 2e éd. In-12, Labé, 56. 3 50
ADDENET (A.). Les Codes annotés des circulaires. In-8, Cosse et Marchal, 59. 7 50
ADDISON. Les verbes irréguliers anglais. In-8, Bordeaux, Chaumas, 57. 2 »
ADELAIDE Lindsay, a novel. In-8, Baudry, 50. 1 50
ADÉLAIDE, ou le bien pour le mal. In-18, Rouen, Vimont, 60. » 25
ADELBERT. Violettes. In-12 (Lyon, Vingtrinier), 54.
ADÈLE ou la pieuse villageoise, 3e éd. In-18, Lille, Lefort, 54. » 90
— ou la vertu vengée, par M. l'abbé C. In-18, Limoges, Barbou, 54. »
ADELUS (A.). Satires et poésies satiriques. In-12 (Coutances, Darreaux), 56.
ADENIS (J.). Philanthropie et repentir, vaudeville. In-12, Michel Lévy frères, 55. » 60
ADHÉMAR (J.). Nouvelles études de charpente. Ponts biais en bois; supplément au traité des ponts biais en pierre. In-8, Dalmont, 58. 8 »
— Révolutions de la mer, déluges périodiques, 2e éd. In-8, Lacroix, 60. 8 »
— Traité d'arithmétique et d'algèbre, 3e éd. In-8, Lacroix, 57. 6 »
— Traité de charpente, 2e éd. In-8, Lacroix, 58. 40 »
— Traité de géométrie, 2e éd. In-8, Dalmont, 58. 8 »

ADHÉMAR (J.). Traité de géométrie descriptive, 4e éd. In-8, Lacroix, 60. 20 »
— Traité de la coupe des pierres, 6e éd. In-8, Lacroix, 60. 32 »
— Traité de perspective linéaire, 3e éd. In-8, Lacroix, 60. 32 »
— Traité des ombres, théorie des teintes et des points brillants, perspective cavalière et isométrique, 2e éd. In-8, Lacroix, 52. 20 »
— Traité théorique et pratique des ponts biais, 2a éd. In-8, Lacroix, 60. 24 »
ADHÉMAR (le comte A. d'). Traité pratique de la construction des chemins de fer à chevaux. In-8, Lacroix, 60. 4 »
ADHÉMAR de Belcastel, ou ne jugez point sans connaître, 9e éd. In-12, Lille, Lefort, 60. 1 »
— Id. 2 vol. in-18, fig. 1 20
ADICE (L.). Théorie de la danse théâtrale, prem. livr. In-4, Chaix et Ce, 59. 5 »
ADIEUX (les) d'un voyageur. In-12 (Meyrueis), 58.
— éternels, suivis du langage des morts. In-18, Nancy, Blaise, 60.
ADLER-MESNARD. Cours complet de langue allemande. 1re part. In-12, Dezobry et Magdeleine, 59. » 75
— Dialogues franç.-allem. et allem.-franç. In-12, Dezobry et Magdeleine, 57. 1 50
— Guide de la conversation franç.-allem. In-32, Hingray, 59. 1 50
— Grammaire allemande. In-12, Dezobry et Magdeleine, 59. 2 »
— La littérature allemande au dix-neuvième siècle. 2 vol. in-12, Dezobry et Magdeleine, 51 à 53. 7 »
— Nouveau dictionnaire franç.-allem. et allem.-franç. In-32, Hingray, 60. 4 50
— Premières lectures allemandes. In-12, Hingray, 60. 2 25
— Versions allemandes. In-12, Dezobry et Magdeleine, 58. » 75
— And Smith, Guide to german and english conversation. In-32, Hingray, 58. 1 50
— Ronna and Smith. Guide to english-french-german-italian. In-32, Hingray, 55. 3 »
ADMIRABLES secrets du grand Albert. In-18 (Lagny, Vialat), 50.
ADNET (J.-B.). Mémento à l'usage des employés des contributions indirectes, nouv. éd. In-12, Lille, Puisaye, 54. 3 »
ADNET-MOLÉ (madame). Méthode sténo-tricographique pour apprendre sans maître à tricoter. In-8 (Pollet), 50. 1 25
ADO usuardus. 2 vol. in-8, Migne, 52. 14 »
ADOLPHE et Laurent, ou les deux éducations. In-32, Limoges, Barbou, 59.
— et Léontine, ou leçons d'un père à ses enfants. In-12, Limoges, Barbou, 59.
— ou l'arrogant puni. In-18, Lille, Lefort, 60. » 30
ADORATEUR (l') en esprit et en vérité. In-32, Charmes, Buffet, 57.
ADORATION (l') du Très-Saint-Sacrement, par l'abbé Th. B., 2e éd. In-32, Tours, Mame, 54. » 60
— (l') perpétuelle, par une dame associée. In-18 (Dinan, Bazouge), 56.
ADORNO (J.-N.). Mélographie ou nouvelle notation musicale. In-4, Didot, 55.
ADORNO. Nouveau système propre à éviter les accidents sur les chemins de fer. In-8 (45, rue Saint-Sébastien), 56.
ADRIAAN VAN HASSELT (W. J.-C.). Catalogue des exposants des Pays-Bas (1855) In-8. (Poissy, Arbieu), 56.
ADRIEN. A la France, communication spirite. In-8, Dentu, 59. 1 »
— Trois amours d'Anglais, ballet comique. In-8 (Dondey-Dupré), 52.
ADRIEN et Émile, par l'auteur du Château de Bois-le-Brun. In-12, Lille, Lefort, 60. » 75
— ou l'enfant abandonné. In-12, Limoges, Barbou, 60. » 30

ADRIENNE ou le secret. In-32, Limoges, Barbou, 59. » 20
ADROIT (l') escamoteur. In-24, Montbéliard, Deckherr et Barbier, 57.
ADVILLE. Théâtre de la guerre d'Orient. In-8, Angers, Lecerf, 55.
AELIANI de natura animalium, varia historia. In-8, Didot, 58. 15 »
AFANT de Noësfelle. Vaïege en Angleterre. In-8 (Metz, Etienne), 51.
AFFAIRE de la Salette. Mémoire au pape, par plusieurs membres du clergé diocésain de Grenoble. In-8 (Grenoble, Redon), 54.
— de mademoiselle Lamerlière à propos de l'apparition de la Salette. In-8, Borrani, 59.
AFFAIRES d'Orient. In-8, Garnier, 56. » 50
AFFATI a Dio cavati dalla sacra Scrittura, con aggiunta dei mezzi opportuni onde acquistare l'amore di Jesu Cristo. In-32, Besançon, Burlet, 54.
AFFRE (H.). Simples récits historiques sur Espalion. In-8 (Villefranche, veuve Cestan), 52.
AFFRE (Mgr.). Traité de l'administration temporelle des paroisses, 6e éd. revue par Darboy. In-18, Ad. Le Clerc, 59. 2 50
AFFRE (P.-R.). Manuel du baignant, 2e éd. In-18, L. Leclerc, 56.
AFRIQUE (l') d'après les voyageurs les plus célèbres, 3e éd. In-12, Lille, Lefort, 59. » 85
AGAR DE BUS (d'). Causes, action et préservatif du choléra. In-8 (Issoudun, Cotard), 54.
— Découverte des causes du choléra. In-4 (Issoudun, Cotard), 55.
— Institut de France. A messieurs les membres de l'Académie des sciences. In-4 (Issoudun, Cotard), 50.
— Préservatif du choléra épidémique. In-4 (Issoudun, Cotard), 56.
AGARDH (C.-A.). La Suède depuis son origine jusqu'à nos jours, trad. par du Puget. In-16 (13, rue de Sèze), 55. 2 50
AGASSIZ. Monographie des myaires. In-8 (Metz, Blanc), 55.
AGENDA agricole, 3e année. In-16, veuve Berger, Levrault et fils, 60. 3 50
— médical. In-18 (paraît à la fin de chaque année et sert pour l'année suivante), P. Asselin, 60. 1 75
— pour servir sur le terrain à MM. les officiers de l'école d'application d'état-major, 4e éd. In-18, Dumaine, 56. 4 »
— spécial des architectes. In-24 (paraît tous les ans), Bance, 60. 3 50
AGNEAU (l') recueilli dans le bercail, trad. de l'anglais. In-18, Librairie protestante, 59. » 60
AGNEAU (le comte L. d'). Poésies diverses. In-8, Ledoyen, 54.
AGNEAUX (les) du troupeau guidés vers le bon berger, trad. de l'anglais. In-18, Librairie évangélique, 57.
AGNEL. Thérèse, nouvelle. In-18, Vannier, 59.
AGNEL (E.). Code manuel des artistes dramatiques et musiciens. In-12, Mansut, 51. 3 50
— Curiosités judiciaires et historiques du moyen âge. In-8, Dumoulin, 58. 2 - »
— Le doute, discours en vers. In-8, Mansut, 50.
— Observations sur la prononciation et le langage rustiques des environs de Paris. In-18, Schlesinger frères, 55.
— Aux agriculteurs du Midi. In-12 (Marseille, Vial) 53. 1 »
AGNELLI (F.). Son Altesse le Prince Impérial. In-8 (Tinterlin), 56.
— Messe alla Palestrina. In-8 (Marseille, Gravière), 56. 4 »
AGNUS (H.). Guide de l'acheteur en gros, 6e année. In-18, Cosse et Marchal, 60. 4 50
— Méthode de dessin linéaire. In-4, chez l'auteur, 56.
AGREDA (d'). La cité mystique de Dieu, trad. de l'espagnol. 7 vol. in-8, veuve Poussielgue-Rusand, 57 à 60. 32 »
AGREDA (la sœur Marie d') et Philippe IV, roi d'Espa-

ALAUX (G. d'). L'empereur Soulouque et son empire. In-18, Michel Lévy frères, 56. 1 »

ALAUX (J.-E.) De magnis viris, thèse. In-8 (Toulouse, Gibrac), 55

— Essai sur l'art dramatique, thèse. In-8 (Toulouse, Bonnal), 55.

— La raison. Essai sur l'avenir de la philosophie. In-12, Didier et Cᵉ., 60. 3 50

— La religion au xixᵉ siècle. In-8, Hachette, 57. 2 50

ALAUZET (J.). Commentaire du Code de commerce et de la législation commerciale. 4 vol. in 8, Cosse et Marchal, 57. 30 »

— Commentaire de la loi des faillites (extrait du livre précédent). In-8, Cosse et Marchal, 57. 6 »

— De la qualité de Français et de la naturalisation. In-8, Cosse, 51. 4 »

ALBAN (D. de S.) Anne de Montmorency. In-12, Limoges, Barbou, 53.

ALBANÈS (d'). Havard et Perron. Condamnation par les faits du pouvoir temporel des papes. In-8, Dentu, 60. 1 »

ALBANO (G. d'). Les femmes de la sainte Bible. In-8, Challiot, (376, rue Saint Honoré), 57. 12 »

— Suzanne, cantate. In-8 (Giraudet), 56.

ALBARIC (E.). Essai sur l'esprit national du protestantisme français aux xviᵉ et xviiᵉ siècles. In-8 (Strasbourg, veuve Berger-Levrault et fils), 53.

ALBERDI (J.-B.). Bases et points de départ pour l'organisation politique de la république Argentine. In-8 (Saint-Germain, Beau), 55.

— Organisazion de la confederaccion Argentina. 2 vol. in-12 (B sançon, Jacquin), 53.

ALBERDINGK THYM (J.-A.). L'art et l'archéologie en Hollande In-4, Didron. 3 25

— Gertrude d'Est, légende, trad. du hollandais. In-18, Tardieu, 59. 1 »

ALBÉRIC, le jeune apprenti. In-12, Lille, Lefort, 60 » 50

— ou le jeune inconstant. In-18, Limoges, Barbou, 58. » 20

ALBERT (Ch.). El médico de las enfermedades venereas. In-24 (19, rue Montorgueil), 58.

ALBERT (P.). Saint Jean Chrysostome considéré comme orateur populaire. In 8, Hachette, 58. 5 »

ALBERT (V.). Essai sur la création, sur les forces qui régissent la matière. In-12 (Tournai), Lethielleux, 60 2 »

ALBERT. Michel Chevalier. In-4 (Limoges, Chapouland), 56.

ALBERT (d'Angers). L'ancienne et la nouvelle clef des songes. In-18. Le Bailly, 56.

ALBERT DE LUYNES (H. d'). Mémoire sur le sarcophage et l'inscription funéraire d'Esmunazar, roi de Sidon. In-4 (Plon), 56.

ALBERT et Gastineau. L'orpheline de Waterloo, drame. In-4 (Saint-Quentin, Cottenest), 58.

— et de Lustières. Le drapeau d'honneur, pièce in-8, Dechaume, (57, rue Charlot), 58. » 60

— et de Lustières. L'Armée d'Orient, drame militaire. In-4, Michel Lévy frères, 57. » 20

ALBERT et Léonard, ou l'imprudence d'un père. In-18, Lille, Lefort, 60.

ALBERT ou l'enfant courageux. In-32, Limoges, Barbou, 59. » 20

— ou le sage écolier, par A. D., 3ᵉ éd. In-18, Lille, Lefort, 54.

ALBERTI, Libri de arte militari, ed. Ad. Czartoryski (texte polonais), Librairie polonaise, 58. 20 »

ALBIGNY (L. P. P. d'). Etudes et rêveries. In-8 (Saint-Etienne, Théolier aîné), 56.

ALBOIZE Le château des Sept-Tours. In-4, Michel Lévy frères, 57. » 20

— L'organiste, opéra-comique, musique de Wekerlin. In-8, boulevard Saint Martin, 53. 1 »

— Le paysan, opéra-comique, musique de Ch. Poisot. In-8, Tresse, 50. » 60

— et Andrel. Tabarin, opéra-comique, musique de G. Bousquet. In-8, Tresse, 53. » 60

ALBOIZE et Auguste Maquet. Les prisons de l'Europe. In-4, (12, boulevard Saint-Martin), 52. 3 55

— et Saint-Yves. Marie Simon, drame. In-12, Michel Lévy frères, 52. 1 »

— Id. In-4, Michel Lévy frères, 54. » 20

ALBOIZE DU PUJOL. Eléments d'arpentage, de levée des plans, etc. In-12, Troyes, Anner-André, 51.

ALBRAND (J.-A.). Theologia dogmatica, t. 1, 2. In-18, Vivès, 56-57. L'ouvrage complet, 4 vol. 14 »

ALBREDI (D. J. B.). Bases y puntos de partida; tercera edicion. In 8 Besançon, Jacquin), 56

ALBRET (J.-B. d'). Cours de la taille des arbres fruitiers. 10ᵉ éd. In-8, veuve Bouchard-Huzard, 58 5 »

ALBRET (le comte D.-G. d'). Harmonies catholiques, In-8. Vaton, 54. 4 »

ALBUM Buvard. Musique, gravures, vers, etc. In-4. Maudeville, 51. br. 20 »; rel. 30 »

— de caricatures charivariques, artistiques. In-8 oblong, au bureau du Magasin des familles (26, rue du Petit-Carreau), 50.

— des dames. Répertoire complet de tous les travaux à l'aiguille, avec dessins et explications. In-8, au bureau du Conseiller des dames (159, rue Montmartre), 51.

— des évolutions de ligne, par A. D. In-32, Leneveu, 53. 2 »

— liturgique, ou série de gravures religieuses sur les principales fêtes de l'année, 7 grav. avec texte. In-fol. Tours, Mame, 60. 28 » (Chaque gravure 4 fr.)

— des Mémoires du roi Joseph. In-fol. Perrotin, 55. 25 » (15 f 50 c. pour les souscripteurs des Mémoires.)

— du ménestrel. In-12; chez Vieillot (32, rue Notre-Dame-de-Nazareth), 50. 2 »

— militaire, ou l'armée française en action, 150 sujets lith. par de Moraine. In-4, Noir 5 » ; col. 10 »

— des missions. In-8 (Limoges), Guérin-Muller et Cᵉ., 59. 12 »

— mosaïque. Voy. Limagne.

— des petites filles laborieuses. In-8, Limoges, Barbou, 59. 6 »

— des petits garçons studieux. In-8, Limoges, Barbou, 59. 6 »

— pour la potichomanie. In-16 (Martinet), 55.

— pratique de l'art industriel, par Oppermann. In-fol. 6 fois par an, 4ᵉ année. Dunod, 60. 10 »

— de la princesa. Rasgos magnanimes de doña Isabel II de Borbon, reina de España, apellidada Isabel la Buena. In-fol., texte espagnol et français (Meyer), 56.

— (l'). Recueil de dessins, tableaux et statues, etc., photogr. par Bingham, publ. par Martinet, liv 1 à 5. In-4, chez Bingham (58, rue de la Rochefoucault), 60. Chaque livraison 20 » (Il y aura 10 livr. pour compléter ce livre.)

— du sacré cœur de Jésus. Neuvaine, prières, etc. In-8 (Tournai), Lethielleux, 59. 5 »

— vendéen. Voy. Lemarchand.

ALBY (E.). Les Camisards (1702-1711). In-12, Meyrueis, 58. 2 »

— Les vêpres marocaines. 2 vol. in-8, Lib. nouv. 53. 10 »

— et Commerson. Le jugement de Pâris, operette. In-18, Barbré, 59. » 50

ALCAN (M). Essai sur l'industrie des matières textiles, comprenant le travail complet du coton, du lin, etc. In-8 avec atlas in-4, Lacroix, 59. 32 »

ALCANTARA (D. M. Lafuente). Historia de Granada, 2 vol. in-8, Baudry, 54. 15 »

ALCANTARA (Saint-Pierre d'). Méditations, trad. de l'espagnol. In-12, Avignon, Séguin, 58.

ALCIATOR (B). Traduction en vers français de l'art poétique d'Horace et des satires de Perse, nouv. éd. In-16, Aix, Garibal et Makaire, 55.

ALCIME. Esquisses du ciel. In-12, Cherbuliez, 60. 3 »

ALCRIPLE (Ph. d'). Nouvelle fabrique des excellents traits de vérité. In-16, Jannet (28, rue des Bons-Enfants), 53. 4 »

ALCYONI. Le Jésus du petit enfant. In-18, Bordeaux, Lacaze, 57. » 80

ALDÉGUIER (l'abbé d'). Vie de saint Bernard de Menthon, apôtre des Alpes. In-12, Toulouse, Ratier, 58. 2 »

ALDÉGUIER (Flavien d'). Discours sur la vie et les écrits du maréchal Guibert. In-8 (Toulouse), Dumaine, 55. 2 50
— De la supression des tours ; de l'admission, à bureau secret, des enfants trouvés et des filles-mères. In 8 (Toulouse, Douladoure), 50.

ALDINI (le comte). Mémoires. In-8 (Allard), 57.

ALEGRE. Nouveau mode du traitement des hémorrhoïdes. In-8 (Pillet aîné), 60.

ALÈGRE (le P. d') Œuvres oratoires complètes, et la 1re partie des œuvres oratoires complètes de Clément formant le t. 54 de la collection des orateurs sacrés de 1er ordre. In-8 (Migne), 54. 5 »

ALEKSANDRI (W.) Doïne. Recueil de douceurs, de larmes et de souvenirs, 1842-52. In-18 (Desoye), 53.

ALESIA, autrement dit Alaise-les-Salins, ou Alise Sainte-Reine. In-8 (Verrier), 59.
— Etudes sur la septième campagne de César en Gaule. In-8, Michel Lévy frères, 58. 6 »

ALET. Une tragédie lat. à Rome, l'an 1600. In-8, Julien, Lanier, 57.

ALET. Vie de sainte Solange, patronne du Berri. In-12 (Bourges, Pigelet), 59.

ALEXANDRA (de Bavière). Les roses de Noël, esquisses et narrations, trad. de l'allemand. In-12, Périsse frères, 59. 2 »

ALEXANDRE. Contre l'abus du tabac. In-8, (Amiens, Herment), 57.

ALEXANDRE (C.). Dictionnaire grec-français, 11e éd. In-8, Hachette, 60. 15 »
— Lexique grec-français, à l'usage des commençants. In-8, Hachette, 59. 7 50
— Oracula sibyllina. 2 vol. gr. in-8, Didot, 56. 25 »
— Planche et Defauconpret. Dictionnaire français-grec. In-8, Hachette, 59. 15 »

ALEXANDRE (Ch.) Les grands maîtres, poésies. In-12, Librairie nouvelle, 60. 2 »

ALEXANDRE (F.-V.). Cours complet d'arithmétique à l'usage des lycées. In-18, Toulouse, Delboy, 58. 4 »

ALEXANDRE (L.). Manuel de statistique judiciaire en matière civile. In-8 (Paul Dupont), 57.

ALEXANDRE II et l'entrevue de Varsovie. In-8, Dentu, 60. 1 »
— et sa cour, par un Russe. In-8, Mellier, 58. 2 »

ALEXANDRE Dumas, roi de Naples. In-8, Dentu, 60,

ALEXANDRE ou l'éducation chrétienne par L. H. In-12 (Limoges), Guérin, Muller et Ce., 59. » 45
— ou l'enfant de la Providence. In-32, Limoges, Barbou, 58. » 20

ALEXANDRE Menzikoff, ou le danger des richesses. In-18, Berger, Levrault et fils, 59. » 40

ALEXANDRE (V.). Ballades et chants populaires de la Roumanie. In-12, Dentu, 55. 3 »
— Les Doïnas, poésies moldaves, trad. par J.-E. Voïnesco, 2e éd. In-12, Cherbuliez, 55. 2 »

ALEXIS. Le sommeil magnétique expliqué. In-18, Dentu, 56. 2 »

ALEXIS. Souvenir des méditations de la visitation Sainte-Marie. In-32, Bordeaux, Lafargue, 57.

ALEXIS Louis de Saint-Joseph (le R. P.). L'abeille du Carmel, ou la vie de N.-S. et celle de la très-sainte Vierge. 2 vol. in-18, Jouby. 5 »

ALFAGESNE (T.). Camino de perfeccion. In-32, Garnier, 55. 1 »

ALFIERI (Mgr. P. de Rome). Précis historique et critique sur la restauration des livres du chant grégorien. In-8 (Rennes, Vatar), 56.

ALFIERI (V.). Mirra, tragedia, trad. al castellano. In-8 (Thunot), 57.
— Myrrha, tragédie en italien, avec la trad. franç. In-8, Caen (55, passage des Panoramas), 55.
— Myrrha, tragédie en italien avec la trad. française. In-8, Michel Lévy frères, 56. 1 50
— Myrrha, tragédie trad. de l'italien par A. de Montesquiou. In-18, Amyot (et 12 boulev. St-Martin), 56.

ALFIERI. Myrrha, tragédie trad. de l'italien par Ch. Rey. In-8, Ledoyen, 55. 2 »
— Myrrha, Trauerspiel in fünf Acten. In-8 (Gros), 56.
— Octavie, tragédie en italien, avec trad. franç. In-8, Michel Lévy frères, 57. 1 50
— Oreste, tragédie en italien avec la trad. franç.. In-8, Michel Lévy frères, 55. 1 50
— Rosemonde, tragédie en italien, avec la trad. franç. In-8, Michel Lévy frères, 56. 1 50
— Rosmunda Trauerspiel in fünf Aufzügen. In-8 (Remquet), 56.
— Saül, tragédie en italien avec la trad. franç. In-8, Michel Lévy frères, 57. 1 50
— Saül, tragédie trad. de l'italien par A. du Laurens. In-8 (Avignon, Fischer), 50.
— Tragédie scelte. In-32, veuve Thiériot, 56. 3 »
— Virginie, tragédie trad. de l'italien par M. Peyrot. In-16 (Saint-Étienne, Nayme), 52.

ALFRED et Gustave. In-12, F. F. Ardant fr., 60. » 50
— et Juliette, ou les enfants charitables du bon fermier, par V. D. In-32, Rouen, Mégard, 60. » 20
— ou un homme de douze ans, nouvelle. In-12 (Limoges), Guérin, Muller et Ce. 59. » 45
— le Grand. In-8 (Saint-Etienne, veuve Théolier), 60. 1 »

ALGÉRIE (l') et son organisation en royaume. In-8, Rey et Belhatte, 53. 2 »
— agricole, commerciale, industrielle. 3 vol. in-8, Rouvier, 59-60. Les 3 vol. 30 »
(Publication périodique fondée le 1er juin 59.)
— photographiée, publication nationale. In-8, Challamel, 59.

ALHOY (M.). Le créancier et le débiteur. In-4, G. Barba, 50. » 20
— Le débardeur. In-4, G. Barba, 50. » 20
— La lorette. In-4, G. Barba, 56. » 20
— Le voyageur. In-4, G. Barba, 50. » 20
— J. Rostaing. Les fleurs historiques. Gr. in-8 jésus, veuve Louis Janet, 50. 12 »

ALIBERT (C.). Des eaux minérales. In-8, V. Masson et fils, 52. 4 50

ALI-BEY. Dix lettres à son fils Youssef, publ. par F. D. In-12 (Lyon, Perrin), 53.

ALICE ou la jeune aveugle. In-18, Librairie protestante, 60. » 40

ALICE BLAKE, ou la petite fille reconnaissante, trad. de l'anglais. In-18, Libr. protest., 57. » 10

ALICE SHERVIN, récit du temps de sir Thomas Morus, tr. de l'ang. In-8 (Tournai), Lethielleux, 58. 4 50

ALIÈS (B.). Etudes sur les eaux minérales. In-8, Baillière et fils, 60. 4 50
— Possibilité d'amoindrir considérablement les ravages du choléra, 2e éd. In-8 (Luxeuil, Docteur), 53. » 75

ALINE et sa dhage. In-18 (Meyrueis), 58.
— et Marie, ou les jeunes Parisiennes en Suisse, par madame M. R. S. In-12, Tours, Mame, 60. 1 »

ALISHAN (le P. Léon M. D.). Le Haygh, sa période, etc. Discours prononcé au collège arménien. In-8, Franck, 60. 4 50

ALIX, ou les avis d'une mère chrétienne, par l'abbé H... In-18, Limoges, Barbou, 53.

ALIX (l'abbé C.). Cours complet de chant ecclésiastique. In-8, Lecoffre, 58. 3 50
— Étude théologique sur le pouvoir temporel du pape. In-8, Ad. Le Clerc et Ce, 60. 1 »
— Mémoire pour servir à l'étude et à la restauration du chant romain. In-8, Lecoffre, 51. 2 »
— Le miroir de l'église de Saint-Edmond. In-32, veuve Poussielgue-Rusand, 54. 1 »
— Réponse aux études de M. Duval sur le graduel romain. In-8, Lecoffre, 52. 1 »

ALIX (E.). Note sur le cancérule. In-8, Labé, 56.

ALKAN (S.). Choix de pensées religieuses, rev. par Vogue. In-18 (Giraudet), 50.

ALLA (P.). Manuel pratique des tribunaux militaires. In-8, Tanera, 60. 8 »

ALLAIN. Eléments de chimie. In-8, Paul Dupont, 57. 8 »

ALLAIN. Etudes cliniques sur l'hydrothérapie. In-8, Angers, Lecerf, 57.

ALLAIN (A.-F.). Question de salubrité publique. In-4, Leclerc (23, boulev. Saint-Martin), 56.

ALLAIN (Ed.). Manuel complet de dessin linéaire. In-18, avec atlas de 20 pl., Rorêt, 53.   5 »

ALLAIN (J.-E.). Code formulaire des lois électorales. In-8, Cosse et Marchal, 51.   2 50

— Code formulaire des officiers de police judiciaire. 2 vol. in-12, Cotillon, 53.   8 »

— Manuel encyclopédique, théorique et pratique des juges de paix, etc., 2e éd. 3 vol. in-8, Cosse et Marchal, 53.   22 50

ALLAIN (P.). Nouveau guide pour la préparation au baccalauréat ès-lettres, 2a édit. In-12, Delalain, 50.   2 »

ALLAIS (C.). La vérité sur le prétendu complot de la rue des Saussaies. In-18 (Dondey-Dupré), 51.   » 75

ALLAIZE, Billy et Boudrot. Cours de mathématiques pour les écoles militaires, 4e éd. rev. par Puissant. Tanera, 53.   7 50

ALLAN KARDEC. Instructions pratiques sur les manifestations spirites. In-12, Ledoyen, 58.   2 »

— Le livre des esprits, 2e édit. In-8, Didier et Ce, 60.   6 »

— Id., 3e éd. In-12, Didier et Ce, 60.   3 50

— Qu'est-ce que le spiritisme ? In-12, Ledoyen, 59. » 60

ALLARD. Eaux thermales sulfureuses de Saint-Honoré-les-Bains (Nièvre). In-8 (Strasbourg, Silbermann), 59.

— de la thérapeutique hydrominérale des maladies constitutionnelles. In-8, Germer-Baillière, 60.

— Traitement thermal des affections pulmonaires. In-12, Germer-Baillière, 57.

— Traitement de la scrofule par les eaux sulfureuses. In-8 (Martinet), 59.

ALLARD. Les marges de la vie (poésies). In-18, Michel Lévy frères, 57.   3 »

ALLARD. Mesures administratives pour la transcription. In-8, Cosse et Marchal, 57.   3 »

ALLARD (le doct. C.). La Dobroutcha, souvenirs d'Orient. In-8, Douniol, 59.   1 50

ALLARD (l'abbé). Instruction en forme de catéchisme, par la très-sainte Vierge, à deux jeunes bergers dans l'apparition de la Salette. In-12 (Gros), 50.

— Paradis terrestre de la fin des siècles, apparition de la sainte Vierge de la Salette en 1846. In-12, Lecoffre, 50.

ALLART (feu). Les lundis de madame. In-12, Michel Lévy frères, 53.

— Id. In-4, Michel Lévy frères, 54.   » 20

ALLART DE MÉRITENS (madame). Essai sur l'histoire politique. 2 vol. in-18, Dentu, 57.   7 »

— Etudes diverses. Premier à troisième petit livre. 3 vol. in-18, Renault et Ce, 50-51.

— Novum organum, ou sainteté philosophique. In-12, Garnier, 57.   1 »

ALLARY (l'abbé). Guide pratique pour élever les cailles. In-12, Goin, 60.   1 50

ALLAUX. Visions d'amour. In-32, Poulet-Malassis, 58.   1 »

ALLEAUME. Notice biographique et littéraire sur les deux Porées. In-8, Caen, Hardel, 54.

ALLEAUME (le père). Souffrances de N.-S. Jésus-Christ. 2 vol. in-12, Périsse frères, 57.   2 80

— Idem. 2 vol. in-18, Périsse frères, 57.   2 40

— Les souffrances de N.-S. Jésus-Christ. 2 vol. in-12, Lille, Lefort, 52.   3 »

ALLEC et Jules Baes. L'école des marchands, comédie. In-8 (Lille, Danel), 50.

ALLEMAGNE (l') et l'annexion de la Savoie, trad. de l'allemand. In-8 (Bruxelles), Bohné, 60.   1 »

ALLEMAND (D., d'). De Antiocha ascalonita. In-8 (Bonaventure), 56.

ALLEMAND-LAVIGERIE (l'abbé). Charité chrétienne au dix-neuvième siècle. Les martyrs en Chine. In-8, Courcier, 54.   2 »

ALLENT (B.). Les animaux industrieux, 9e éd. In-12, Ducrocq, 54.   1 25

ALLÉON (le doct.). Catalogue de la bibliothèque de la ville d'Annonay. In-8 (Annonay, Prodhon), 50.

ALLÉON (H.). Manuel de morale et d'économie politique. In-18, Guillaumin, 57.   1 »

ALLÉOUD (E.). Notice sur la perte des dents. In-32, Metz, Alcan, 56.

ALLEURS (le doct. Ch.). Histoire de la société de charité maternelle de Rouen. In-8 (Rouen, Péron), 54.

ALLÉVY. Géographie de la France allévysée. In-32 (Moquet), chez l'auteur, 55.   3 »

— Histoire d'Angleterre allévysée. In-18, chez l'auteur, 57.

— Histoire de France allevysée. In-18 (Moquet) chez l'auteur (rue de Paris, à Belleville), 60.   5 »

ALLEZ et faites de même. Souvenirs chrétiens. In-12, Berger, Levrault et fils, 60.   1 »

ALLIANCE (l') anglaise ou l'alliance russe. Gr. in-8, Dentu, 60.   1 »

ALLIBERT (J.). Guide de l'éleveur des poules. In-12, Goin, 55.   » 75

ALLIBERT (l'abbé). Vie de sainte Catherine de Sienne. In-12, Périsse frères, 57.   1 50

ALLIER et Richard. Dialogue sur l'analyse logique, etc. In-12, Avignon, Séguin, 57.   1 25

— Dialogue sur l'arithmétique. In-12, Avignon, Séguin, 57.   1 25

— Dialogue sur la géographie, etc. In-12. Avignon, Séguin, 57.   1 »

— Dialogue sur l'histoire de France. 2 vol. in-12, Avignon, Séguin, 57.   2 50

— Dialogue sur la langue française. In-12, Avignon, Séguin, 57.   1 25

— Dialogue sur la rhétorique et sur la versification. In-12, Avignon, Séguin, 57.   1 50

— Dialogue sur la tenue des livres. In-12, Avignon, Séguin, 57.   2 »

— Dialogues sur les éléments de la philosophie. In-12, Avignon, Séguin, 57.   2 »

ALLIER (l'abbé). Petit traité de la lecture du latin. In-18, Clermont-Ferrand, Thibaud, 58.   » 80

ALLIÈS (B). Mesures à prendre pour diminuer autant que possible les cas de rage. In-8 (Malteste), 56.

ALLIÈS (T. W.). Journal d'un voy. en France et lettres écr. d'Italie, trad. de l'angl. In-8 (Tournai), Lethielleux, 58.   2 50

ALLIEZ (l'abbé). Les îles de Lérins, Cannes et les rivages environnants. In-8 (Draguignan), Didier et Ce. 60.   8 »

ALLIEY (F.). Bibliographie complète, par ordre alphabétique, de tous les ouvrages sur le jeu de dames, 3e éd. In-8, Commercy, Cabasse, 52.

— Poèmes sur le jeu des échecs, trad. du latin, - polonais, - anglais, - allemand. In-8 (au café de la Régence), 51.

ALLIOLI (J.-F. d'). Nouveau commentaire littéral, critique et théologique, trad. par l'abbé Gimarey, 2e éd. 10 vol. in-8, Vivès, 56.   60 »

(La 3e éd. sous presse, en 8 vol. 48 fr.)

ALLIOT. Le drainage, base de l'agriculture moderne. In-8, Caen, Bouchard, 57.   » 50

ALLIOT (F.). Nouvelle doctrine philosophique. 3 vol. in-8 (Senlis, Duriez), 49-50.   18 »

— Lettres philosophiques de la Montagne sur quelques problèmes politiques. In-8 (Senlis, Duriez), 50.

— Nouvelles lettres philosophiques de la Montagne, etc. In-8 (Senlis, Regnier), 52.

— Pratique médicale des familles. In-18 (Senlis, Duriez), 51.

ALLIOT (P.). Origine des maladies des végétaux et des animaux herbivores. In-8 (Lagny, Vialat), 54.

ALLIX. Lecture en quinze heures. Exercices pratiques. In-16 (Bruxelles, Jamar), Barbou, 57.   1 »

ALLOCUTION sur la vie et les vertus du T. R. P. Jean Roothaan, trad. de l'ital. In-8, veuve Poussielgue-Rusand, 53.

ALLONS faire fortune à Paris, par l'auteur du mariage au point de vue chrétien. In-18, Librairie protestante, 56.   » 60

ALLOU (Mgr A.). Reconnaissance du tombeau de Bossuet, novembre 1854. In-8, Meaux, Le Blondel, 55.

ALLUMEUR (l') de réverbères, ouvrage américain. 2 vol. in-12, Meyrueis, 54,   4 »

ALLUT (P.). Etude biographique et bibliographique sur Symphorien Champier. In-8 (Lyon), Durand, 59. 21 »
— Les routiers au quatorzième siècle. — Les tard-venus et la bataille de Brignais. In-8 (Lyon), Durand, 60.   15 »

ALMAIN. La cantinière de l'Alma, vaudeville. In 8 (Saint-Jean-d'Angely, Saurdau), 57.

AL-MAKKARI. Analectes sur l'histoire et la littérature en Espagne, par Dozy Dugat, Kehl et Wright. 2 vol. in-4 (Leyde), Klincksieck, 60.   124 »

ALMANACH de l'agriculteur praticien pour 1861. 5e année. In-24, Goin, 60.   » 50
— de l'apprenti et de l'écolier pour 1861. 11e année. In-16, Douniol, 60.   » 25
— des arts et métiers pour 1861. 3e année. In-32 (Rouen), Pagnerre, 60.   » 50
— astrologique, scientifique, astronomique, etc. 1861. 14e année. In-16, Pagnerre, 60.   » 50
— de l'atelier pour 1861 In-16, Douniol, 60.
— Azur. Annuaire de la bijouterie et de l'horlogerie. 56e année. In-12 (3, rue Bertin-Poirée), 60.   5 »
— annuaire des bâtiments, des travaux publics et de l'industrie, par P. F. Sageret. Ed. 1860. 30e année. Lacroix, 60.   4 50
— des bons conseils pour l'an de grâce 1861. 36e année. In-16. Lib. protest., 60.   » 15
— du bon ton et de la politesse française. In-12, Passard, 58.   » 50
— de la bourse pour 1861. 6e année. In-16, Collignon, 60.   » 50
— des campagnes pour 1861. 2e année. In-18, Josse, 60.   » 40
— du bon catholique pour 1861. (Paraît tous les ans.) In-32 (Rouen), Pagnerre, 60.   » 25
— de la chanson, 1861. 3e année. In-16, Pagnerre, 60.   » 50
— chantant, 1861. (Paraît tous les ans.) In-16, Delarue, 60.   » 50
— du Charivari, illustré par Cham, 1861. 2e année. In-16, Pagnerre, 60.   » 50
— manuel du chasseur. (Paraît tous les ans.) In-16, Delarue, 60.   » 50
— de la chimie agricole, industrielle, etc., pour 1861. 8e année. In-18 (Rouen), Pagnerre, 60.   » 50
— chronométrique. La loupe de "horloger pour 1861. 4e année. In-18, Martinon, 60.   » 75
— du clergé. — Voyez France ecclésiastique.
— comique, pittoresque, drôlatique, etc., pour 1861. 20e année. In 16, Pagnerre, 60.   » 50
— du commerce. — Voyez Annuaire.
— de la cour, de la ville et des départements pour 1860. 51e année. In-32, Magnin, Blanchard. Dentu, 60. 2 »
— manuel de la bonne cuisine pour 1861. 4e année. In-16, Pagnerre, 60.   » 50
— manuel de la cuisinière (Paraît tous les ans.) In-16, Delarue, 60.   » 50
— du cultivateur pour 1861. 17e année. In-16, Lib. agric., 60.   » 50
— des curiosités littéraires, historiques et anecdotiques pour 1861. In-16, E. Pick, 60.   » 50
— des dames et demoiselles pour 1861. 11e année. In-16, Pagnerre, 60.   » 50
— manuel de la danse. In-16, Delarue, 60.   » 50
— illustré des deux-mondes, 1861. 3e année. In-12, Pagnerre, 60.   » 75
— encyclopédique, récréatif et populaire pour 1861. 21e année. In-16, Roret, 60.   » 50
— des enfants. (Biblioth. des almanachs perpétuels.) In-18, Passard, 60.   » 50
— des familles pour 1861. 8e année. In-4, Berger, Levrault et fils, 60.   » 25
(Editions spéciales avec tableau des foires pour les départements.)
— du Figaro, 1861. 6e année, In-8, Pagnerre, 60.   » 50

ALMANACH de France, 1861. 29e année. In-16, Pagnerre, 60.   » 50
— du fumeur et priseur pour 1861. 3e année. In-16, Pagnerre, 60.   » 50
— des gloires nationales, 1861. In-16, Collignon, 60. » 50
— de Gotha. Annuaire diplomatique pour 1861. 98e année. In-32 (Gotha), Haar et Steinert, 60.   6 »
— homœopathique, ou annuaire général de la doctrine hanemanienne. In-12, Baillière et fils, 60.   3 50
— artistique et historique des horlogers, 1861. 3e année. In-18 (19, rue Neuve-des-Petits-Champs), 60.   » 50
— du jardinier, 1861. 18e année. In-16, Lib. agr., 60.   » 50
— du jardinier fleuriste pour 1861. 8e année. In-18, Goin, 60.   » 50
— des jeux de cartes, billard, échecs, dominos, etc. (Paraît tous les ans.) In-16, Delarue, 60.   » 50
— des jeux de société. (Paraît tous les ans.) In-16, Delarue, 60.   » 50
— annuaire de l'Illustration, 1861. 18e année. In-8, A. Marc et Ce, 60.   1 »
— d'illustrations modernes, 1861, seconde série, 3e année. In-4, Pagnerre, 60.   » 75
— impérial pour 1860, 162e année. In-8, Guyot et Scribe, 60.   10 50
— impérial (petit), 1861, 14e année. In-16, Pagnerre, 60.   » 50
— israélite. Voy. Annuaire.
— de la littérature, du théâtre et des beaux-arts, 1861, 9e année. In-8, Pagnerre, 60.   » 75
— lunatique, 1861. 3e année. In-8, Pagnerre, 60. » 50
— du magasin pittoresque, 1861, 11e année. In-8 (29, quai des Grands-Augustins), 60.   » 50
— manuel du magicien des salons, par Delion. (Paraît tous les ans). In-16, Delarue, 60,   » 50
— du marin et de la France maritime pour 1861, 24e année. In-16, Pagnerre, 60.   » 50
— général de médecine et de pharmacie pour la ville de Paris, 30e année. In-18 (Union médicale, 56, faubourg Montmartre), 59.   3 50
— de la mère Gigogne pour 1861, 11e année, Pagnerre, 60.   » 50
— du monde illustré, 1861, 3e année. Gr. in-8, Libr. nouv., 60.   » 50
— du musée des familles, 1re année 1861. In-8 (29, rue Saint-Roch), 60.   » 50
— musical pour 1861, 8e ann. In-8, Collignon, 60. » 50
— de Napoléon, 1861, 13e an. In-16, Collignon, 60. » 50
— napoléonien pour 1861. In-32 (Rouen, Mégard), 60.
— de l'oracle des dames et des demoiselles. In-16. (Paraît tous les ans) Delarue, 60.   » 50
— des jeunes ouvrières et des apprentis, 1861, 6e année. In-16, Dillet, 60.
— de Paris, annuaire international, première année. In-12, A. Franck, 58   4 50
— parisien, par F. Desnoyers, pour 1861, 2e année. In 16, Pick, 60.   » 50
— de la physique instructive et amusante pour 1861, 8e année. In-32 (Rouen), Pagnerre, 60.   » 50
— populaire des villes et des campagnes, 1861. In-16, Renault et Ce, 60.
— prophétique, pittoresque et utile pour 1861, 21e année. In-16, Pagnerre, 60.   » 50
— de Provence, par A. Guédor, 5e année. In-8 (Marseille, 4, rue Théodore). 60.   » 75
— religieux. Etrennes catholiques, pour 1861, 6e année. In 16, Collignon, 60.   » 50
— pour rire, illustré par Cham, 1861, 12e année. In-16, Pagnerre, 60.   » 50
— royal officiel du royaume de Belgique, année 1860. Gr. in-8 (Bruxelles), Borrani, 60.   10 »
(La 1re année a paru en 1840.)
— des salons pour 1861, 4e an. In-4, Pagnerre, 60. 1 »
— manuel de la santé; médecin de soi-même. In-16 (Paraît tous les ans), Delarue, 60.   » 50
— statistique et historique belge, par Aug. Scheler, 6e année. In-12 (Bruxelles). Bohné, 59.   4 »
— de Strasbourg, 1861. In-8 (Nancy, Hinzelin), 60. » 25

ALMANACH pour tous, pittoresque et amusant pour 1861, 3e année. In-16, Tralin, 60. » 50
— de tout le monde, par Mullois, 1861. In 16, Josse, 60. » 25
— de l'union catholique pour l'an de grâce 1861. In 16 (Paraît tous les ans), Périsse frères, 60.
— de l'univers illustré pour 1861, 3e année. In-8, Michel Lévy frères, 60. » 50
— des victoires de Napoléon III, 2e année. In-16, Delarue, 60. » 50
— du voleur illustré, 1861, 4e année. In-8, Pagnerre, 60. » 50
ALMANACHS LIÉGEOIS et normands, dépôt chez Pagnerre. (Paraissent tous les ans en grand nombre et à divers prix).
ALMBERT (A. d'). Flânerie parisienne aux Etats-Unis. In-16. Lib. théât. (12, boulev. St-Martin), 56. 1 »
— physiologie du duel. In-12, Charpentier, 53. » 75
ALMEIDA (T. de). Entretenimientos con el corazon de Jesus. In-18, Rosa et Bouret, 55. 2 »
— Entretenimientos con el corazon de Jesus. In-18, Garnier, 57. 1 50
— Gemidos de la madre de Dios afligida , etc., trad. del portug. all castell. In-18, Rosa et Bouret, 58. 2 75
— Gémissements et consolations de la mère de Dieu. In-12, Lavaur, veuve Vidal, 51.
— Gémissements et consolations de la mère de Dieu. 2e éd. In-32, Tours, Mame, 54. » 60
— Tesoro de paciencia, ó consuelo del alma atribulada. In 18, Rosa et Bouret, 54. 1 60
ALMEIDA (F. P. d'). E Albuquerque. Breves reflexoes retrospectivas, políticas, etc. In-12 (Remquet), 54.
— E Albuquerque. Estudo sobre a instituiçao do credito predial em França. In-12 (Remquet), 54.
ALMEIDA (J. Ch. d'). Décomposition par la pile des sels dissous dans l'eau. In 8. (Martinet), 56.
ALMIGNANA (l'abbé). Du somnambulisme, des tables tournantes et des médiums. Examen des opinions de MM. de Mirville et Gasparin. In-12, Dentu, 55.
ALOUET. Observations sur les maladies et épidémies. In-8 (Nîmes, Soustelle), 58.
— Préservatif contre les attaques de paralysie. In-16 (Nîmes, Soustelle), 58.
ALPHABET pittoresque (grand). In-4, Bedelet, 58. Noir 5 » ; col. 8 »
— de la sainte-messe, par l'abbé P. In-16, Maison, 52.
ALPHABETS (des) européens appliqués au sanscrit. In-8. (Nancy), Duprat, 60. 3 50
ALPHANDÉRY. L'amateur de la floriculture. In-12, Avignon, Peyri, 56.
— Utilité du sorgho sucré dans les exploitations agricoles. In-12, Avignon, Roumanille, 58. » 40
ALPHEN. Etude sur Voiture et son temps. In-8 (Versailles, Montalant-Bougleux), 53.
ALPHONSE et Caroline ou les petits orgueilleux. In-32, Rouen, Mégard, 54. » 20
— et Laurent ou les deux éducations. In-64, Limoges, Barbou, 59.
— ou les effets de la colère. In-32, Limoges, Barbou, 58. » 20
ALQUIÉ (A.). Chirurgie conservatrice. In-8 (Montpellier), Baillière et fils, 60. 5 »
— Clinique chirurgicale de l'Hôtel-Dieu de Montpellier. In-8 (Montpellier), Baillière et fils, 52. 6 »
— Traité élémentaire de pathologie d'après la doctrine de Montpellier 2 vol. in-8 (Montpellier), Baillière et fils, 53 à 56. 12 50
ALRIC. Méthode de cubage pour les bois. In-8 (Allard), 59.
ALTE Gesænge zu neuem Gebrauche. In-8 (Strasbourg, Berger, Levrault et fils), 50.
ALTEMONT (L. d'). Choix de poésies. In-18, Hachette, 58. » 75
ALTENHEYM (madame d') (Gabrielle Soumet). Les anges d'Israël. In 12, Vermot, 57. 2 »
— La croix et la lyre, poésies. In-12, Ducrocq, 58. 3 50

ALTENHEYM (madame d') (Gabrielle Soumet). Les deux frères ou Dieu pardonne. In-12, Vermot, 58. 2 »
— Les fauteuils illustres. In-8, Ducrocq, 60. 4 »
— Id In-12, Ducrocq, 60. 2 »
— Les Marguerites de France. In-12, Vermot, 58. 2 »
— Les quatre siècles littéraires. In-8, Ducrocq, 59. 4 »
— Id. In-12, Ducrocq, 59. 2 »
— Récits de l'histoire d'Angleterre. In-12, Ducrocq, 56. 1 25
— Récits de l'histoire de Rome païenne. In-18, Ducrocq, 56. 1 25
ALVARADO y de la Pena (de). Novisimo devocionario. Todo en latin y castellano. In-18, Rosa et Bouret, 59. 2 20
ALVARÈS (E. L.). Abrégé de géographie par voyages. In 18, Dezobry et Magdeleine, 57. » 75
— Petit manuel de l'enfance. In-18, Dezobry et Magdeleine, 59. » 30
— Voy. Lévy - Alvarès.
ALVARÈS D'ANDRADA (T. L.). A Russia, a Turquia e a historia da actual guerra do Oriente. In-18, veuve Aillaud, Moulon, 54.
ALVAREZ (Em.) e societate Jesu de institutione grammatica libri tres, juxta editionem venetam anni 1575. In-4, Ad. Leclere et Ce, 59 20 »
— Id. 3 vol. in-12, Ad. Leclere et Ce, 57. 2 80
ALVIMAR (le général d'). Œuvres poétiques, politiques et militaires, nouv. éd. 2 vol. in-8 (Thunot), 51.
ALVIN (L.). L'enfance de Jésus, tableaux flamands, poëme. In-8, Aubry, 60. 10 »
ALWIN (David-Cooper). De l'emploi du bois de teck dans la marine, trad. de l'ang. In-8 (madame Dondey-Dupré), 51.
ALY-HAIDER-BEY. Histoire de Tunis jusqu'à la conquête des Turcs. In-8 (Plon), 57.
ALYGE (P.) L'art de ponter, parodie en vers. In-8 (Delacombe), 54.
ALYRAN (Mlle C.). L'Egyptienne. Sultan Kebir, précédé de la relation de l'entrevue de Bonaparte et de plusieurs muphtis dans l'intérieur de la grande pyramide. In-8, Ledoyen, 52.
ALZIEU (J. M. O.). Le christianisme en action dans la messe. In-12 (Toulouse), Vaton, 56. 3 »
ALZOG (J.). Histoire universelle de l'Eglise, trad. par Goschler et Audley, 3e édit. 3 vol. in-18, Lecoffre, 59.
AMADIS DE GAULE. Le beau ténébreux. In-4, Lécrivain et Toubon, 59. » 50
— Le chevalier de la mer. In-4, Lécrivain et Toubon, 59. » 50
AMAIL (V.). Manuel des alliages d'or et d'argent. In-8, chez l'auteur (186, rue Saint-Martin), 60. 4 50
— Manuel des matières d'or et d'argent. In-4, chez l'auteur (186, rue Saint-Martin), 60. 5 »
AMANDA DE FITZ-OWALD, on connaître Dieu, l'aimer et servir. In-8, Lille, Lefort, 60. » 60
AMADOR DE LOS RIOS (don José). Etudes hist. polit. et litt. sur les juifs d'Espagne, trad. par J. G. Magnabal. In 8, Durand, 60. 7 50
AMANTON (V.). Notices sur les diverses populations de la Tauride. In 8 (Besançon, Bonvalot), 54.
AMANTS (les) naufragés, ou l'île inconnue. In-18, Le Bailly, 57. » 20
— malheureux.—Voy. Epigrammes.
AMAR (J.). La méthode des Alpes, avec laquelle on peut apprendre à lire aux enfants en très-peu de temps. In-16 (Gap, Jouglard), 54.
AMAURY. Itinéraire de Nantes à Saint-Nazaire. In-18, Hachette, 58.
— Le monastère de Meilleraie. In-12, Nantes, Montagne, 57.
AMBERT (le baron J.). Le soldat. In-8 , Lacroix, 54. 10 »
— Le gendarme (extrait du soldat). In-12, Lacroix, 60.
— Le 2e régiment de dragons, ex-dragons de Condé, créé en 1635. In-8 (Lyon, Perrin), 54.
AMBERT. La bataille de Crécy, 3e éd. In-8 (Abbeville), Dumoulin, 51.

AMBIALET (le docteur). Les Aphorismes d'Hypocrate, mis en vers. In-18, Saint-Gaudens, Abadie, 59.

AMBITION (de l') de l'estime publique et de ses résultats, ou histoire d'un enfant du peuple, par G... In-18 (Lacour), 56.

AMBROISE et Léon, ou deux vies, deux morts, deux deuils. In-12 (Meyrueis), 57.　　　　　5 »

AMBROSINI et Huard. La famille impériale. In-8, Lebigre, Duquesne frères, 60.

AMBROSY (M.). Essai sur la naissance du feu. In-8 (Anvers), Lacroix. 58.　　　　　4 50

AME (l') angoissée. In-12 (11, rue Rumfort), 50.

— élevée à Dieu par les réflexions et les sentiments. In-12, au Mans, Galienne, 50.

— aux pieds de Jésus et de Marie, ou visites au Saint-sacrement et à la Sainte-Vierge sur un plan nouveau. 2e éd. in-32, Pélagaud, 56.　　　1 75

— aux pieds de Marie. In-18, F. F. Ardant frères, 57.　　　　　　　　　　　　　　» 60

— chrétienne. In-18, F. F. Ardant frères, 56.　» 60

— chrétienne, tendant à la perfection. In-32, (Toulouse, Calmettes), 57.

— Entretien de famille sur son existence par *** In-12, Lille, Lefort, 54.　　　　　　　　　1 »

— Id. In-18, Lille, Lefort, 54.　　　　　» 60

— pénitente ou le nouveau : Pensez-y-bien. In-24, Périsse frères, 59.　　　　　　　　　　» 50

— Id. In-32, Périsse frères, 59.　　　　　» 30

— Id. In-32, F.F. Ardant frères, 59.　　　» 60

— réparatrice dans la voie du calvaire. In-18, Lyon, Girard et Josserand, 53.　　　　　　» 90

— réparatrice dans la voie du calvaire. In-18, Lecoffre, 57.

AMÉ (E.). Les carrelages émaillés du moyen-âge et de la renaissance. In-4, Morel et Cⁱᵉ., 59.　　60 »

— Monographie d'un peintre-verrier du XVe siècle. In-4, Didron, 54.　　　　　　　　　1 25

— Recherches sur les anciens vitraux incolores du dép. de l'Yonne. In-4, Didron, 54.　　　　2 50

— Serrurerie du XVe siècle. Bâtons de procession de l'église de Cravan. In-4, Didron, 54.　　2 50

AMÉ (L.). Étude économique sur les tarifs de douanes. 2e éd. In-8. (Bordeaux), Guillaumin, 60.　6 »

AMÉCOURT (A. de Ponton d'). Panorama des mots, nouveau dictionnaire des synonymes. In-12, Lecoffre, 53.　　　　　　　　　　　　　　3 »

AMÉLIE ou les heureux fruits de l'aumône. In-32, Limoges, Barbou, 53.

AMELOTTE. Le Nouveau Testament. In-12, F.-F. Ardant frères, 57.　　　　　　　　　　» 85

AMÉRIQUE (l') d'après les voyageurs les plus célèbres. In-12, Lille, Lefort, 50.　　　　　　　» 85

AMETTE (A.). Code médical. 3e éd. In-12, Baillière et fils, 59.　　　　　　　　　　　　4 »

— Premiers exercices de mémoire à l'usage des jeunes enfants. In-8, Hachette, 58.　　　　2 50

AMEUBLEMENT et l'utile (l'). Gr. in-8. Six fois par an. 14e année de l'Ameublement. (2, rue de Lancry), 60. Abonnement aux trois catégories : sièges, meubles, tentures.　　　　　Noir, 15 »; col. 25 » Chaque catégorie séparée : Noir, 5 »; col. 8·50

AMI (l') des dames et des demoiselles. In-4. Une fois par mois, fondé en octobre 1859. (70, rue Bonaparte), 60.　　　　　　　　Prix annuel 10 »

— de l'enfance, dédié aux instituteurs et aux pères de famille. In-18, Tours, Mame, 60.　　　» 30

— de l'enfance, ou vie de J. B. de Lasalle. In-18, Lille, Lefort, 58.　　　　　　　　　　» 30

— de l'enfance. Journal des salles d'asile. In-8. Une fois par mois, à partir du 15 octobre; fondé en 1835. Hachette, 60.　　　　　Prix annuel 6 »

— des enfants pour tous les jours. Trad. de l'anglais. In-64 (Toulouse), Meyrueis, 60.　　　» 40

— des familles. Revue catholique. In-8. Tous les samedis. 5e année. (Valence), Vermot, 60.
　　　　　　　　　　　　Prix annuel 8 »

— du foyer. In-4. Une fois par semaine. 1re année. (31, rue de Beaune), 60.　　Prix annuel 5 »

AMI (l') de la jeunesse et des familles, Journal protest. In-4. Le 1er de chaque mois. 34e année. (47, rue de Clichy), 60.　　　　　　　　Prix annuel 3 »

— du juste et du pécheur, précédé du jubilé de 1851, par une société d'ecclésiastiques. In-32, veuve Poussielgue-Rusand, 51.

— des livres. In-8. 16 pages par mois. 2e année. (36, rue Bonaparte), 60.　　　　Prix annuel 4 »

— de pension par A.D. In-16, Rouen, Mégard. 56.

— des petits enfants. Maximes mor. et rel. Trad. du holland. In-18, Berger, Levrault et fils, 59.　» 40

— de la religion. In-folio. Tous les jours. 47e année. (12, rue du Regard), 60.　　Prix annuel 54 »

— des sciences. In-4. Tous les dimanches. 6e année. (29, quai des Grands-Augustins), 60.
　　　　　　　　　　　　Prix annuel 10 »

AMICH (P.F.J.). Compendio historio de los trabajos fatigas, sudores, etc. In-12, Rosa et Bouret, 54.　3 »

AMICIE, ou la patience conduit au bonheur. In-8. Lille, Lefort, 60.　　　　　　　　　1 50

AMIEL (L.). Félix Arnaud, curé de St-Martin-sur-Lys. Sa vie et son œuvre. In-8, Lecoffre, 59.　　1 »

AMIES (les) de pension. Nouv. trad. de l'anglais. In-8 (Tournai), Lethielleux, 60.　　　　1 20

— de pension. Trad. de l'anglais. In-12, Lehuby, 51.

AMIGUES (Mlle). Simplicité et grandeur d'âme. In-8 (Toulouse, Troyes), 59.

AMILHAU (A.). Histoire du procès du frère Léotade. In-8. (Toulouse, Labouisse-Rochefort), 50.

AMILIA (Mme). Cécile, ou lettres sur l'éducation religieuse des femmes. In-18, Maillet-Schmitz, 52. 1 »

— Le mariage religieux suivi de la sanctification du dimanche. In-18, Maillet-Schmitz, 56.　　» 30

— La vérité au peuple au point de vue religieux. In-18, Maillet-Schmitz, 53.　　　　　　» 40

AMIGT (A.). Applications de la géométrie élémentaire. 3e éd. In-8, Dezobry et Magdeleine, 60.　2 50

— Éléments de géométrie. In-8, Dezobry et Magdeleine, 60.　　　　　　　　　　　5 »

— Leçons de géométrie descriptive. In-8, Dezobry et Magdeleine, 52.　　　　　　　　6 »

— Leçons nouvelles d'algèbre élémentaire. In-8, Dezobry et Magdeleine, 60.　　　　　　4 »

— Leçons nouvelles de géométrie élémentaire. In-8, Dezobry et Magdeleine, 50.　　　　4 »

— Solutions des problèmes de géométrie. In-8, Dezobry et Magdeleine, 58.　　　　　　6 »

AMIOT (aîné). Fastes militaires de la France et de l'Angleterre, avec texte anglais et français. Gr. in-folio, Gosselin (71, rue Saint-Jacques), 56.　100 »

AMIOT (B.). Cours de cosmographie. 4e éd. In-8, J. Delalain, 59.　　　　　　　　　　4 50

AMIS (les) du ciel. In-12, Lille, Lefort, 57.　» 30

— du Sauveur ou la famille de Lazare, Marthe et Marie. In-18, Lille, Lefort, 53.　　　　　　» 30

AMITIÉ (l'). In-18, Tours, Mame, 57.

— à l'épreuve, suivi de mariages samnites. In-32, Avignon, Offray, 59.

AMORY de Langerack (Mlle J.). Un nid de fauvettes. In-8 (Vrayet de Surcy), 60.

— Les proverbes. In-8, Lille, Lefort, 60.　　1 25

AMOUR et confiance, ou neuvaines et prières à la Très-Sainte-Vierge. In-32, Lhuillier, 59.

— de (l') des femmes pour les sots. 4e éd. in-32 (Liége), Dentu, 60.

— et gloire à Marie immaculée. Ext. des œuvres de saint Bonaventure. In-18, Périsse frères, 58.　1 »

— à Jésus-Christ, recueil de 40 nouveaux cantiques. In-18, Périsse frères, 58.

— de Marie, motif pour exciter dans tous les cœurs l'amour de Marie mère de Dieu. In-12, Périsse frères, 55.　　　　　　　　　　　　» 60

— médecin. In-16, Desloges, 57.

— (un) du midi. Étude. In-8, Dentu, 60.　　3 »

— (l') par un prêtre catholique. In-12, Palmé, 60. 2 »

— qué qu'c'est qu'ça ? par un jeune homme pauvre (à propos du livre de M. Michelet). In-32, Delavier, 59.　　　　　　　　　　　　1 »

ANDACHTSUBUNGEN der Todesangst - Brüderschaft. In 12, Sennheim, Kohler, 60.

ANDELARRE (Louis d'). Etudes sur la question du travail. In 8 (Bar-le-Duc, Numa Rolin), 51.

ANDELARRE (la marquise d'). Heures choisies. In-32, Châtillon, Cornillac, 55.

— Heures choisies. In-32, Dijon, Maitre, 58.

— Heures choisies. In-32, Limoges, Barbou, 60. 1 »

ANDERDON (le docteur). Antoine de Bonneval, trad. de l'anglais. In-12, Lethilleux, 60. 2 50

ANDERHUBER (J. L.). Méthode naturelle de lecture en cinq tableaux. In-folio (Lons-le-Saulnier, Robert), 54. 2 »

— Tableau synoptique des finales des verbes. In-folio (Lons-le-Saulnier, Robert), 59. » 50

ANDERSEN (H. C.). Contes danois. In 12, Tours, Mame, 53. 2 50

— Contes, trad. du danois par Soldi. In-16, Hachette, 56. 2 »

— L'improvisateur, trad. du danois. 3 vol. in-16 (Bruxelles), Bohné, 58. 3 »

— Livre d'images sans images, trad. du danois. In-12, Hachette, 59. 1 »

ANDERSON (N.). Commercial correspondence. In-18, Truchy, 59. 3 50

ANDERSON. Le médecin des villes et des campagnes. In-12, Collas (8, rue Dauphine), 50. » 50

ANDICHON (d'). Recueils de noëls choisis. In-16, Bagnères-de-Bigorre, Dossun, 57.

ANDLAU (le comte Joseph d'). Campagne et retraite des Autrichiens et de Russes de la Suisse en 1799. In-8, Berger, Levrault et fils, 56.
(Id. en langue allemande.)

ANDRADE (le docteur A. d'). Essai sur le traitement des fistules vésico-vaginales par le procédé américain. In-4, Leclerc, 60. 2 50

ANDRAUD. Etudes sur la brouette. In-4 (Chaix), 57.

ANDRAUD. Galvani ou l'électricité, drame en cinq actes. In-8, Guillaumin, 54. 3 »

— Une dernière annexe au palais de l'industrie. In-8, Guillaumin, 55. 2 50

ANDRÉ. Chants complets de l'archiconfrérie. Gr. in-8, Bray, 50. 3 50

ANDRÉ (l'abbé J. F.). Affaire Rosette Tamisier, précédée d'une notice sur Pierre-Michel Vintras et sa secte. In-18 (Carpentras, Devillario), 51.

— A tous les hommes de lettres, au sujet du livre de M. l'abbé Christophe. In-8 (Carpentras, Devillario), 53.

— Cours alphabétique et méthodique de droit canon. 3e éd. T. 1 à 4. In-8, chez l'auteur (10, rue Neuve-Saint-Paul), 59. Chaque vol. 10 »
(L'ouvrage aura 6 vol.)

— Histoire de saint Roch. In-12, Carpentras, Devillario, 54.

— Histoire de saint Véran, anachorète à Vaucluse. In-18, Pringuet, 58. 3 »

ANDRÉ (F.). Notice historique sur la maison de N. D. des Anges. In-8 (Marseille, Vial), 56.

ANDRÉ (saint). Opera quæ reperiri potuerunt omnia. In-8, Migne, 60. 11 »

ANDREW (F.). Brief and familiar replies. In-18, Leroux et Jouby, 55. 2 »

ANDREW (John). La peinture au pastel mise à la portée de tout le monde. In-8, Curmer, 59. 1 »

ANDREZEL (L. d). Excerpta e scriptoribus græcis. In-12, Delalain, 59. 3 50

ANDRIEU (J.). L'amour en chansons, chant de tous les pays. In-32, Taride, 60. » 50

— Chiromancie. Etudes sur la main, le crâne, la face. In-32, Taride, 60. 1 »

ANDRIEU (A. F.). Instruction pour le traitement homœopathique, préservatif du choléra. In-8, Agen, Chairou, 54. » 30

ANDRIEUX. Chants bibliques. In-18 (Tours, Ladevèze), 58.

— Chants élégiaques. In - 18 (Tours, Ladevèze), 58.

ANDRIEUX. L'établissement hydrothérapique d'Auvergne. In-8, V. Masson et fils, 57.

ANDRIEUX (de Brionde) Les médecins cantonaux. In-8, Baillière et fils, 58. 2 50

ANDRIEUX (P.). Diverses améliorations de voirie urbaine. In-4, Lyon, Ayné, 50.

— Du balayage. In-4 (Lyon, Chanoine), 50.

— Nouveau mode de pavage des voies urbaines. Cessation de la boue, de la poussière et du caillou. In-4 (Lyon, Ayné), 50.

ANDRY (F.). Homœopathie et allopathie, lettre à M. le docteur J. P. Tessier. In-8, Baillière et fils, 56. » 75

— Recherches sur le cœur et le foie, considérées aux points de vue littéraire, médico-historique, symbolique, religieux, etc. In-8, Germer Baillière, 58. 4 »

— Une visite médicale au musée des Antiques. In-8 (Thunot), 50.

ANDRYANE (A.). Mémoires d'un prisonnier d'État. 3e éd. 2 vol. in-8, Gaume, 50. 10 »

ANDURAN (d'). Guide pratique des goutteux et des rhumatismes. In-12 (Wittersheim), 59.

— Mémoire sur le traitement de la goutte (Wittersheim), 59.

ANE (l') et les trois voleurs, proverbe garibaldien. In-8, Poulet Malassis, 60. » 50

ANECDOTES historiques et littéraires. In-12, Hachette, 57. 1 »

— intéressantes pour les militaires et les marins. In-12 (Meyrueis), 59.

— sur Napoléon et la grande armée. In-18, Montbéliard, Deckherr, 55.

— religieuses, contemporaines et inédites. In-18, Lille, Lefort, 60. » 30

— du temps de Louis XVI. In-12, Hachette, 57. 1 »

— du temps de la Terreur. In 12, Hachette, 58. 1 »

ANFSCHLAGER (J.F.). Auserwæhlte Muster der deutschen Literatur, 2e p. In-12 (Strasbourg, Heitz), 50.

ANGE (l') conducteur, gros caractère. In-18.
Id. français et latin. In-18.
Id. de la bibliothèque des enfants pieux. In-48.
(Tous les trois chez F. F. Ardant frères, 50 à 60).

— conducteur dans la dévotion chrétienne. In-12 (Limoges), Guérin-Muller et Ce, 59.

— conducteur dans la voie du salut. In-16, Palmé, 60. 2 50

— conducteur, etc., gros caractères (552 pages). In-12. » 90

— Id. dans la dévotion chrétienne, gros caractère (252 pag.). In 18. » 30

— Id. idem. idem. (396 pag.). In-18. » 60

— Id. idem. avec le chemin de la croix. In-24. » 30

— Id. (le nouvel) idem. 4e éd. In-24. » 80

— Id. augm. du chemin de la croix, gros caractère. In-32. » 35
(Tous les six à Lille, chez Lefort, 50 à 60.)

— conducteur ou recueil de prières. In-18, Besançon, Turbergue, 58.

— conducteur, dédié à la sainte Vierge. In-18, Épinal, Pellerin, 58.

— conducteur des pèlerins d'Ars, par le frère E. F. (Ars, à l'établissement des frères), 52. 1 25

— consolateur, ou tableau des peines, etc., 7e éd. In-18, Lille, Lefort, 60. » 60

— de la famille Aunales de l'œuvre de l'adoption. In-8, six fois par an (119, rue du Faubourg-St Martin), 60.
Prix annuel : 5 »

— gardien. In 18, Tours, Mame, 57.

— gardien, une fois par mois. 14e année. (92, rue de Vaugirard), 60. Prix annuel : 5 »

— gardien des familles; moniteur des premiers soins à donner aux malades. 2 tableaux in-plano (Dondey-Dupré), 54.

— du sommeil. In-12, Ad. Leclere, 58.

ANGE DES URSINS. Défi aux adversaires de la légitimité. In 18, Allouard, 50. » 50

ANGEL. Le beau jour ou une coutume flamande, vaudeville. In-18, Beck, 52.

ANGEL. Bébé ou le nain du roi Stanislas. In-18, Pesron (11, place St-André des Arts), 54. » 50
— Un dernier jour de vacances. In-18, Pesron, 52 » 50
— Jeune fille et jeune fleur, comédie In-18, Beck, 52.
— Un trait de Joseph II, comédie. In-18 , Pesron , 52. » 50
— et Louis Cordiez. Un spahis, comédie. In-8, Beck, 54. » 60
ANGEL (el P.-J.). Dia feliz consag ado a los cultos del corazon de Jesus. In 18, Rosa et Bouret, 54. 2 »
ANGEL (el) conductor de la ninez In-32, Morizot, 53. 2 »
ANGELFRET. Premiers secours à donner aux blessés et aux asphyxiés. In-12, Epinal, Pellerin, 59.
ANGÉLINE de Mazili, 3e éd. In-18, Lille, Lefort , 56. » 60
ANGÉLIQUE Caggioli ou les secrets de la Providence. In-18, Tours, Mame, 53.
— ou le roman-feuilleton. In-12 (Meyrueis), 58.
ANGERS ancien et moderne, guide dans cette ville, par E. L. (Angers, Cosnier et Lachèse), 53.
ANGERS DE LA LORIAIS (I.). Mémoire sur les plantations des routes, chemins vicinaux, etc. In-8 (Parthenay, Bouchet), 51.
ANGES (les) sur la terre, nouveau manuel de l'association des Saints-Anges. In-32, Lecoffre, 59. » 50
ANGIELSKIEGO. Dokladny Slownik polsko-wloski. In-8, Librairie polonaise, 57. 10 »
— Dokladny Slownik wlosko-polski zubrany e nastepujaench. In-8, Librairie polonaise, 57. 10 »
ANGINIARD. Opinion sur les effets des freins régulateurs. In-8 (Meaux, Carro), 57.
ANGLADA (Ch.). De la prétendue dégénérescence physique et morale, etc. In-8 (Montpellier, Dumas), 56.
— De l'heureuse influence de la civilisation sur la fréquence des maladies populaires. In-8 (Montpellier, Martel aîné), 54.
— De la pathologie; de son objet, de son but et ses principes. In-8 (Montpellier, Martel aîné), 53.
— Traité de la contagion. 2 vol. in-8, Baillière et fils, 53. 12 »
— Du vitalisme de Montpellier. In-8 (Montpellier, Dumas), 58.
ANGLADE (E.). Etude sur la police. In-8 (Blondeau), 52. 5 »
ANGLAS DE PRAVIEL (P. d'). Scènes d'un naufrage ou la Méduse. In-8 (Nîmes, Soustelle), 58. 2 »
ANGLEMONT (d'). Les roses de Noël (poésies). In-8, Dentu, 60. 5 »
ANGLETERRE (l') et la guerre. In-8, Dentu, 58. 2 »
— Sa liberté et l'Italie. In-8, Dentu, 59. 1 »
ANGLEVILLE (A. d'). Traité pratique du drainage, In-8, Lib. agric., 55. 1 »
ANGLIVIEL (M.). Observations sur un écrit de M. Ch. Nisard contre L. Angliviel de la Beaumelle. In-8 (Meyrueis), 53.
ANGLIVIEL DE LA BEAUMELLE (M.). Vie de Maupertuis, suivie de lettres inédites de Frédéric le Grand, In-18, Ledoyen, 56. 3 50
ANGLURE (d'). Le saint voyage de Jérusalem. In-18, Pouget-Coulon, 58. 1 25
ANGOULÊME (Marguerite d'). —Voy. Heptameron.
ANGOULÊME (Marie-Thérèse, duchesse d'). Mémoires annotés par M. de Barghon-Fortréon. In-8, Dentu, 58. 7 »
ANGOULÊME (Monseig. l'évêque d'). Note sur la découverte d'une ville gallo-romaine près Faye-l'Abesse, etc. In-8 (Poitiers, Dupré), 52.
ANGUS. Le manuel de la Bible. In-8, Libr. protest., 57. 4 »
ANICET-BOURGEOIS. La dame de Saint-Tropez, drame. In-8 (Dubuisson), 60.
— Les maréchaux de l'empire, drame. In-18, Michel Lévy frères, 56. 1 »
— La vénitienne, pièce. In-4 (12, boulevart St-Martin), 54. » 20
— et Barrière. Les infidèles, comédie. In-18, Michel Lévy frères, 56. » 60

ANICET-BOURGEOIS et Barrière. La vie d'une comédienne. In-18, Michel Lévy frères, 54. 1 »
— Clairville et Laurent. Les quatre parties du monde, féerie. In-18, Michel Lévy frères, 51. » 60
— et Decourcelle. Le fils de M. Godard, pièce. In-18, Michel Lévy frères, 56. 1 »
— et Decourcelle. La joie de la maison, pièce. In-18, Michel Lévy frères, 55. 1 »
— et Dennery. L'aveugle, drame. In-8, Michel Lévy frères, 60. » 20
— et Dennery. Le médecin des enfants, drame. In 18, Michel Lévy frères, 55. 1 »
— et Dennery. Le médecin des enfants, drame. In-4, Michel Lévy frères, 57. » 20
— et Deslandes. Jeanne, comédie-vaudeville. In-18, Michel Lévy frères, 51. 1 »
— et Dugué. Le cheval fantôme, légende. In-8, Barbré, 60. » 30
— et Dumanoir. Le docteur noir, pièce. In 4, Michel Lévy frères, 54. » 20
— et Labiche. Deux gouttes d'eau, comédie. In-18, Michel Lévy frères, 53. » 60
— et Labiche. L'école des Arthur, comédie-vaudeville. In 8, Michel Lévy frères, 60. » 20
— et Lafont. La petite Fadette, comédie. In-18, Michel Lévy frères, 50. » 60
— et Masson. La dame de la halle, drame. In-18, Michel Lévy frères, 52. 1 »
— et Masson. Georges et Marie, drame. In-18, Michel Lévy frères, 53. 1 »
— et Masson. Marianne, drame. In-18, Michel Lévy frères, 50 1 »
— et Masson. Marie et Marthe, drame. In-18, Michel Lévy frères, 51. 1 »
— et Masson. Marie Rose, drame. In-18, Michel Lévy frères, 53. 1 »
— et Masson. Marie Rose, drame. In-4, Michel Lévy frères, 53. » 20
— et Masson. Les marins de la garde. In-4, Michel Lévy frères, 56. » 20
— et Masson. La mendiante, drame. In-18, Michel Lévy frères, 52. 1 »
— et Masson. La mendiante. In-4, Michel Lévy frères, 54. » 20
— et Masson. La moissonneuse, drame. In-18, Michel Lévy frères, 53. 1 »
— et Masson. Le muet, drame. In-18, Michel Lévy frères, 51. 1 »
— et Masson. Les mystères du carnaval. In-4, Michel Lévy frères, 54. » 20
— et Masson. Le pendu, drame. In-18, Michel Lévy frères, 54. 1 »
— et Masson. Le prêteur sur gages, drame. In-8, Michel Lévy frères, 60. » 20
— et Masson. Les quatre fils Aymon, légende. In-18, Michel Lévy frères, 50. » 60
— et Michel. Une vieille lune, pièce. In-18, Michel Lévy frères, 56. » 60
— et Royer et Marrey. Le jeu de l'amour et de la crava che, vaudeville. In-18, Michel Lévy frères, 50. » 60
ANICET DE SAINT-SUZANNE (le frère). Litaniaire. In-32, Avignon, Aubanel, 57.
ANIEL. Epitome historiæ. In-12, E. Belin, 57. » 70
ANIMAUX (les) industrieux, recueil d'anecdotes. In-16, Bédelet, 60.
— remarquables. In-18, Tours, Mame, 58.
— tourmentés ou la cruauté punie. In-18, Tours, Mame, 57.
ANITSCHKOFF. La campagne de Crimée, trad. de l'allem. par Soye. In-8, Corréard, 58. 10 »
ANJUBAULT. Causes qui ont nui à la production des pommes à cidre. In-8, le Mans, Monnoyer, 58.
ANNA. La marchande de sangsues. 2e éd. In-18, Berger, Levrault et fils, 56.
— Ross, trad. de l'anglais. 2e éd. In-18, Lib. protest., 60. » 50
— Rozycka. In-8 (Renou et Maulde), 57.

ANNA-MARIE (Mme). Les Cathelineau. In-18, Douniol, 55. 3 »

— Les sœurs des anges, la fille de Jephté, la Samaritaine, etc. In-18, Douniol, 60. 2 50

ANNALES de l'agriculture, des colonies et des régions tropicales, 1re année. In-8, deux fois par mois, Louvier, 60. Prix annuel : 18 »

— de l'agriculture française, publ. par Londet et Bouchard. In-8, fondé en 1796 ; paraît le 15 et le 30 de chaque mois. 2 vol. par an, veuve Bouchard-Huzard, 60. Prix annuel : 15 »

— archéologiques. In-4, six fois par an. Fondé en 1844, tome XX de la collection, Didron, 60. Prix annuel : 20 »

(après la publication de chaque volume, 25 »)

— de la charité. Gr. in-8, 16e année ou nouvelle série, 1re année, Ad. Leclere. Prix annuel : 20 »

(la 1re série, 1845 à 1859, se vend 120 »)

— des chemins vicinaux. In-8, une fois par mois, 16e année, Paul Dupont, 60. Prix annuel : 10 »

(Chaque année antérieure 6 fr.; la collection de 30 vol. ou 1845 à 1859, pour 90 fr.)

— de chimie et de physique. In-8, le 1er de chaque mois; fondé en 1789, V. Masson et fils, 60. Prix annuel : 30 »

(3 vol. par an; les vol. 61, 62, 63 de la 3e série, forment l'année 1860.)

— du comité flamand de France, tomes 1 à 5. In-8, Didron, 55 à 60.

— du commerce extérieur, acc. des tarifs des douanes françaises. Gr. in-8, une fois par mois ; fondé en 1843, Paul Dupont, 60. Prix annuel : 10 »

— des conducteurs des ponts et chaussées. In-8, une fois par mois (formant 2 vol. par an), 4e année, Paul Dupont, 60. Prix annuel : 10 »

(Chaque année antérieure 8 fr.)

— du conservatoire impérial des arts et métiers, 1re année. In-8, quatre fois par an, Lacroix, 60.
Prix annuel : 16 »

— des contributions indirectes, 28 année. In-8, une fois par mois, Paul Dupont, 60. Prix annuel : 9 »

— de l'électricité médicale, 1re année. In-8, une fois par mois (Bruxelles), Savy, 60. Prix annuel : 10 »

— forestières et métallurgiques. In-8, une fois par mois, 19e année (21, rue de la Chaussée d'Antin), 60. Prix annuel : 15 »

— hydrographiques. In-8, paraît irrégulièrement ; Ledoyen ; - Bossange.

Tome III, 1850, prix :	9 »	Tome XI, 1856, prix :	16 »
IV, 1850 —	7 »	XII, 1857 —	12 »
V, 1851 —	6 50	XIII, 1857 —	12 »
VI, 1851 —	7 50	XIV, 1858 —	10 »
VII, 1852 —	9 »	XV, 1858 —	2 »
VIII, 1852 —	9 »	XVI, 1859 —	9 »
IX, 1854 —	7 »	XVII, 1860 —	7 50
X, 1857 —	8 »		

— d'hygiène publique et de médecine légale. In-8, fondé en 1829, quatre fois par an, Baillière et fils, 60. Prix annuel : 18 »

— et journal spécial des justices de paix. Gr. in-8, une fois par mois ; fondé en 1794. 16e vol. de la collection (27, rue Guénégaud), 60. Prix annuel : 9 »

(Toute la collection se vend 80 fr.)

— médico-psychologiques. In-8, quatre fois par an; fondé en 1843, V. Masson et fils, 60.
Prix annuel : 12 »

La collection complète, 1843 à 1859 inclus. 23 volumes. 222 »

— des Mines. In-8, six cahiers par an, formant 2 vol., Dunod, 60. Prix annuel : 20 »

La 1re et 2e série (1816 à 1831), 22 vol.
La 3e et 4e série (1832 à 1851), 42 vol.
La 5e série (1852 à 1861) comprendra 20 vol.
Vol. 17 et 18 de la 5e série, forment l'année 1860.

— de l'observatoire impérial de Paris, publ. p. Le Verrier, 5 vol. in-4, av. pl., Mallet-Bachelier, 55 à 59. Chaq. vol. 27 »

ANNALES. Id. Observations, t 1, 2, 12. In-4, Mallet-Bachelier, 58 à 60. Chaq. vol. 40 »

(Tomes 3 à 11 pas encore parus).

— d'oculistique. In-8, tous les mois ; 23e année (Bruxelles), Masson et fils, 60. Prix annuel : 16 »

— de philosophie chrétienne. In-8, tous les mois ; fondé en 1830. 61 vol. de parus depuis l'origine (10, rue de Babylone). Prix annuel : 20 »

— de pomologie belge et étrangère, 6e année. Gr. in-4, quatre fois par an (Bruxelles), Goin, 60.
Prix annuel : 26 »

— des ponts et chaussées. In-8, six fois par an, formant 3 vol.; dixième et dernière année de la 3e série, Dunod, 60. Prix annuel : 20 »

(La 1re série, 1831 à 1840, forme 30 vol. et une table; la 2e série, 1841 à 1850, 30 vol.; la 3e série, 1851 à 1860, 30 vol.)

— de la propagation de la foi, 32e vol. de la publication ; fondé en 1822, tous les deux mois une livraison (34, rue Cassette), 60. Prix annuel : 4 50

(Éditions en langues étrangères).

— de la propriété industrielle. In-8, une fois par mois, 6e année (3, rue Chabannais), 60. Prix annuel : 10' »

— des sciences naturelles, zoologie et botanique. Gr. in-8, fondé en 1824; 2 vol. par an pour chaque partie, 4e série, vol. XIII, XIV, V. Masson et fils, 60.

Les deux parties ensemble, prix annuel : 38 »
La zoologie seule : 25 »
La botanique seule : 25 »

(La collection complète, 135 vol. 1824 à 1859 inclus. avec les tables, 1,236 fr.)

— de la société entomologique de France. In-8, fondé en 1832, quatre fois par an. Le vol. VIII est le dernier de la 3e série (50, rue Sainte-Placide), 60.
Prix annuel : 24 »

— de la société d'hydrologie médicale de Paris. 6 vol. in-8, Germer-Baillière, 54 à 60. 36 »

— de la société impériale de médecine de Lyon, deuxième série. In-8, commencé en 1854 ; il paraît un vol. chaque année. 7e volume, Savy, 60. 7 »

— de la société linnéenne de Lyon, tomes 1 à 6. In-8, av. pl. (Lyon), Savy, 53 à 60. Chaque vol. 20 »

— télégraphiques. In-8, six fois par an, 3e année, Dunod, 60. Prix annuel : 15 »

ANNAT (l'abbé). Pratiques de piété. 2e éd. In-18, Lecoffre, 50.

ANNE (Th.). M. le comte de Chambord et la France à Wiesbaden. In-18, Ledoyen, 51. 2 »

— La chambre rouge, drame. In-18, Michel Lévy frères, 52. 1 »

— Id. In-8, Michel Lévy frères, 60. » 20

— Le cordonnier de la rue de la Lune. 4 vol. in-8, de Potter, 60. 30 »

— L'enfant du régiment, drame. In-8, Tresse, 54. 1 »

— La folle de Savenay. 3 vol. in-8, de Potter, 56. 15 »

— Histoire de l'ordre de Saint-Louis. — Voyez Mazas.

— L'homme au masque d'acier. 1re et 2e p. In-folio (Simon Dautreville), 50.

— Ivan IV, scènes. In-12, veuve Jonas, 60. » 50

— Le masque d'acier ; les invisibles. 4 vol. in-8, de Potter, 58. 30 »

— Quelques pages du passé pour servir d'enseignement. In-8, Simon Dautreville, 50.

— La reine de Paris. Gr. in-8. Prime pour le journal la Patrie (Schiller aîné), 56.

— Id. 8 vol. in-8, de Potter, 58, 59. 52 50

ANNE ou la jeune hypocrite. In-18 (Meyrueis et Ce), 60.

ANNE HENRIETTE de France, ou humilité parmi les grandeurs. In-18, Limoges, Barbou, 56. » 25

ANNÉE (l') apostolique. Recueil de prônes et d'instructions pratiques. In-8 (31, rue Cassette), 59. 2 »

— chrétienne, ou vies des saints et exercices de piété. 9 vol. in-8, Pélagaud, 59. 36 »

— consolante. In-18, Lille, Lefort, 54. » 60

— encyclopédique des dames. 12 vol. in-16, ensemble de 48 feuilles (au bureau du Magasin des Familles), 55.

ANNÉE eucharistique. In-18 (Limoges), Guérin, Muller et Cⁱᵉ, 56.   1 35

ANNER-ANDRÉ. Eléments de la grammaire française, selon le plan de Lhomond. 5ᵉ éd. In-12, Troyes, Anner-André, 60.

ANNETTE, suivie de Béatrice ou l'épouse chrétienne par L. F. In-18, Tours, Mame, 53.   » 40

ANNEXION de la Savoie et du comté de Nice. In-8, Dentu, 60.   1 »

ANNIE-SHERWOOD ou les jeunes écolières, trad. de l'angl. In-18 (Toulouse), Libr. protest., 56.   » 40

ANNOT et son élève, simple histoire, trad. de l'angl. In-18, Libr. protest., 59.   » 65

ANNUAIRE de l'administration française, 4ᵉ année pour 1860. In-12, veuve Berger-Levrault et fils, 60. 5 »

— de l'Algérie et des colonies. In-8, Challamel aîné, 60.   1 »

— des artistes et des amateurs, 1ʳᵉ année. In-8, veuve Renouard, 60.   5 »

— de l'association de secours mutuels des artistes dramatiques, pour 1860, 21ᵉ année. In-8 (68, rue de Bondy), 60.   2 »

— du Bas-Rhin. In-12, Berger-Levrault et fils. 60. 4 50

— du bibliophile, par Lacour. In-18, Meugnot, 60. 2 »

— de la boulangerie de Paris, pour 1860. In-8, paraît tous les ans (7, quai d'Anjou), 60.

— officiel des chemins de fer, pour 1860, 10ᵉ année. In-12, Chaix.   6 »

— almanach du commerce, des 500,000 adresses (Didot-Bottin). 63ᵉ année, pour 1860. Gr. in-8, Didot, 60.   14 »

— du consommateur d'acier, par Duhamel. In-12, Dunod, 58.   1 »

— du cosmos, pour 1860, 2ᵉ année. In-16 (18, rue de l'Ancienne-Comédie, chez Tremblay), 60.   2 »

— des cinq départements de la Normandie, pour 1860, 26ᵉ année. In-8 (Caen), Derache, 60.

— général du département de la Seine, 1ʳᵉ année. In-8, Magnin, Blanchard et Cⁱᵉ, 60.   6 »

— des deux mondes, tome I à IX. Gr. in-8 (20, rue Saint-Benoît), 50 à 60. Aux abonnés de la Revue gratis. Se vend séparément :

Tome I, 1850	paru en 51		10 »
II, 51-52	—	52	10 »
III, 52-53	—	53	12 »
IV, 53-54	—	54	12 »
V, 54-55	—	55	12 »
VI, 55-56	—	56	12 »
VII, 56-57	—	57	12 »
VIII, 57-58	—	58	12 »
IX, 58-59	—	60	12 »

— diplomatique de l'empire français, pour 1860, 3ᵉ année. In-16, veuve Berger-Levrault et fils, 60. 4 »

— des eaux minér. et des bains de mer, pour 1860, 2ᵉ année. In-18 (30, rue Jacob), 60.   1 50

— de l'économie politique, pour 1860, 17ᵉ année. Guillaumin, 60.   5 »

— encyclopédique, 1859-60. Gr. in-8 (6, rue Neuve-de-l'Université), 60.   10 »

— des familles et le médecin des eaux, pour 1860. 5ᵉ année (1, rue Baillet), 60.   2 50

— forestier, année 1860; publ. les annales forestières. In-8 (21, rue de la Chaussée-d'Antin), 60. 2 50

— de la France agricole. In-8, Lacroix, 60. 4 »

— de la gendarmerie impériale, 15 avril 1860. In-fol., paraît tous les ans (Léautey), 60.   2 »

— historique, pour 1860; publ. par la société de l'hist. de France, 24ᵉ année. In-18, veuve Renouard, 60.   3 »

— historique universel; fondé en 1818 p. Lesur, publ. p. Thoisnier-Desplaces, 33ᵉ à 38ᵉ vol. (ou année 1850 à 1855), Lebrun et Cⁱᵉ, 52 à 57. Chaque vol. 15 »

— de l'horticulteur français, pour 1860 (6, rue Dupuytren), 60.   1 25

— de l'industrie de Belgique, pour 1860, 4ᵉ année (Bruxelles), Borrani, 60.   5 »

— de l'institut impérial de France. In-18, Didot, 59.   1 50

ANNUAIRE de l'institut des provinces, pour 1860, 12ᵉ vol. de la collection. In-8 (Caen), Derache, 60. 5 » (Le 1ᵉʳ vol. a paru en 1846.)

— de l'instruction publique, pour 1860, 10ᵉ année. In-12, Delalain, 60.   3 » (Les années antérieures 2 fr.)

— du corps de l'intendance. Gr. in-8, V. Rozier, 60.   8 50

— international du crédit public, pour 1860, 2ᵉ année. In-18, Guillaumin, 60.   5 »

— des inventeurs et des fabricants, par Gardissal. In-8 (29, boulevard St-Martin), 58.   2 »

— de la librairie, 1ʳᵉ p. (France et colonies). In-8, au cercle de la librairie (1, rue Bonaparte), 60.

— des lignes télégraphiques, pour 1859, 2ᵉ année. In-8 (182, rue de Grenelle St-Germain), 60.   6 »

— de littérature médicale étrangère, p. 1860, 4ᵉ année. In-18, V. Masson et fils, 60.   3 50

— des marées des côtes de France, publ. p. le dépôt de la marine pour 1861 (paraît tous les ans), Bossange, 60.   1 »

— pour l'an 1861, publ. p. le bureau des longitudes. In-18 (paraît tous les ans), Mallet-Bachelier, 60. 1 »

— de la marine. In-8 (paraît tous les ans), Dumaine, 60.   2 »

— de médecine et de chirurgie, p. Jamain et Wahu, p. 1859, 15ᵉ année. In-32, Germer Baillière, 60. 1 25

— médical des familles. Voy. Annuaire des familles.

— médical et pharm. de la France, p. Roubaud, p. 1860, 12ᵉ année. Baillière et fils, 60.   4 »

— militaire officiel belge, pour 1860. In-8 (Bruxelles, Demanet), Tanera, 60.   4 »

— militaire de l'empire français, p. 1860. In-12 (paraît tous les ans), Berger, Levrault et fils, 60.   6 »

— de la noblesse de Belgique, p. le baron de Stein, pour 1860, 14ᵉ année. In-12 (Bruxelles), Borrani, 60.   5 »

— de la noblesse de France et des mais. souv. de l'Europe, publ. par Borel d'Hauterive, 1860, 17ᵉ année. In-12, Dentu, 60.   Noir, 5 fr. Col. 8 »

— de l'observatoire royal de Bruxelles, p. Quételet, 26ᵉ année. In-32 (Bruxelles), Borrani, 59.   1 50

— de l'ordre judiciaire de l'empire français, p. Warée. In-18 (chez l'auteur), 59.   2 50

— oriental et américain, p. L. de Rosny. In-12, Challamel aîné, 60.   3 »

— parisien du culte israélite, par Créhange, 1860 à 61 (5621), 11ᵉ année. In-32 (9, rue Notre-Dame-de-Nazareth), 60.   1 »

— parisien, publié par le guide du commerce. In-12 (11, rue Bourbon-Villeneuve), 58.   2 »

— de la photographie, par Delestre. In-8, Desloges, 58.   4 »

— des postes de l'empire français, pour 1860 (tous les ans). In-8, se trouve chez Dentu, 60.   2 »

— protestant. In-16, Grassart, 58.   1 » (Ne paraît pas tous les ans.)

— spécial du corps de santé de l'armée de terre. Gr. in-8, V. Rozier, 60.   8 50

— général des sciences médicales, par Cavasse, p. 1858, 2ᵉ année. In-12, Delahaye, 60.   5 »

— de la société impériale et centrale d'agriculture, pour 1860. In-12, veuve Bouchard-Huzard, 60.

— de la société archéologique de la province de Constantine, 4ᵉ année, 1858-59. In-8 (Constantine), Challamel aîné, 60.   4 » (La 1ʳᵉ année a paru en 1853).

— de la société météorologique de France. Gr. in-8, 1ʳᵉ série, 1849 à 52, 4 vol., Gaume.   Le vol. 20 »

— Id. 2ᵉ série, 1853 à 1860, 8 années (39, rue de Fleurus).   L'année : 30 »

— de la société philotechnique, année 1859, tome XXI. In-18, Fontaine, 60.   2 »

— du sport en France, par Chapus. In-12, Michel Lévy frères, 58.   2 »

— statistique et historique belge, p. Scheler, pour 1860, 7ᵉ année. In-12 (Bruxelles), Borrani, 60 (voy. aussi almanach).   4 »

ANNUAIRE de thérapeutique, par Bouchardat, pour l'année 1860, 20e année. In-32, Germer Baillière, 60. 1 25
(Quelques années ont des suppléments.)
— des vétérinaires, pour 1860, 3e année. In-18, P. Asselin, 60. 1 75
ANOT DE MÉZIÈRES. Cromwell, protecteur de la républiq. angl., tragédie. In-8, Hachette, 60. 2 »
— et Évelart. Exercices sur la composition littér. en franç., 2e éd. In-12, Hachette, 60. 3 »
ANOUILH. De l'institution contractuelle. In-8, Durand, 60. 2 »
ANQUETIL. Histoire de France, éd. ill. In-4, Marescq et Ce, 51. 9 »
— Histoire de France, depuis les temps les plus reculés jusqu'en 1848. 6 vol, in-8, Dufour, Mulat et Boulanger, 59. 65 »
— Histoire de France, nouv. éd. cont. p. Burette jusqu'en 1830; p. Robin jusqu'à nos jours. 8 vol. in-8, Penaud, 50. 64 50
— Histoire de France, cont. depuis 1789 jusqu'en 1849 p. Mayer. 4 vol. in-8 (13, rue Grange-Batelière), 51.
— et de Norvins. Histoire de France jusqu'en 1848. 5 vol. gr. in-8, Furne, 60. 50 »
ANQUETIL. Notice sur les pistolets tournants et roulants, dits revolvers. In-8, Tanera, 60. 2 50
ANQUEZ (L.). Histoire des assemblées politiques des réformés de France (1573-1622). In-8, Durand, 59. 6 »
ANSART (F.). Petite géographie moderne à l'usage des écoles primaires, 27e éd. In-18, Hachette, 60. » 75
— Petite histoire de France à l'usage des écoles primaires. In-18. Fouraut, 59. » 75
— Petite histoire sainte, nouvelle éd. In-18, Fouraut, 60. » 75
— Précis de géographie ancienne et moderne comparée. 24e éd. Fouraut, 57. 3 »
— Vie de N.-S. Jésus-Christ. In-18, Fouraut, 52. » 75
ANSART (E.) et Rendu. Cours complet d'histoire et de géographie. 6 vol. in-12, Fouraut, 57 à 60. 17 25
(Avec les cahiers de géographie, 21 fr.; les vol. de ce cours se vendent séparément, les cahiers de géographie également.)
ANSART-DEUSY. Causes perturbatrices de la marche des chronomètres. In-8 (Brest, Lefournier), 58.
ANSELME (H. d'). Le monde païen, I, 1. 2. II. In-8 (Avignon), Palmé, 60. 16 »
ANSELME (Saint). Méditations, traduction nouv. In-12, Arras, Rousseau-Leroy, 59.
ANSPACH (J.). De la procédure devant les cours d'assises. In-8 (Bruxelles), Cosse et Marchal, 58. 8 »
ANSTETT (J. P.). Etudes sur les images du Christ, In-8, Berger-Levrault et fils, 55.
ANSTEY. Abaissement des droits sur les vins en Angleterre. In-8 (Bordeaux, Suwerinck), 52.
ANTAS (d'). Novo diccionario portátil da lingua portugueza. In-32, Moré, 58.
ANTHELME (P.). Amélioration sociale par le travail. 3 vol. in-8, Didier et Ce, 51.
— Id. 2e éd. 2 vol. in-8, Valence, Marc-Aurel, 53.
— Traité de la culture du mûrier. In-8, Valence, Marc-Aurel, 53.
ANTHOINE DE SAINT-JOSEPH. Concordance entre les codes civils étrangers et le code Napoléon, 2e éd. 4 vol. in-8, Cotillon, 56. 50 »
ANTHONIS (M.). Tables pour le calcul des frets stipulés en monnaies et poids angl. In-fol. (Le Havre), Guillaumin, 59. 10 »
ANTI-CHOLÉRIQUE (l'), ou le médecin malgré lui et malgré la faculté de médecine, 2e éd. In-8 (Bénard), 52.
ANTICHON (d'). Noëls choisis, augmentés et nouvellement composés. In-12, Toulouse, Fenot, 59.
ANTIER (B.) Les chiens du mont Saint-Bernard, mélodrame. In-4, Charlieu, 58. » 20
— Le masque de poix, drame. In-18, Michel Lévy frères, 55. 1 »
ANTIN (J.). Le bien parle mal. In-8 (Dupont), 56.

ANTIPHONAIRE romain, contenant les offices complets. In-fol., Repos, 59. 26 »
ANTIPHONARIUM romanum. In-12, Ad. Leclere, 57.
En notes de plain-chant : 3 »
En notation moderne : 4 »
— romanum complectens vesperas dominicarum, etc. In-12, Lecoffre, 58. 3 60
— romanum juxta ritum sacrosanctæ romanæ ecclesiæ. In-4, Ad. Leclere, 59.
ANTIQUITÉS mérovingiennes trouvées près de Soissons. In-8 (Lahure), 58.
ANTOINE. Compendio de la historia de los naufragios celebres. In-32, Rosa et Bouret, 50.
— Petite histoire des naufrages célèbres. In-18, F. F. Ardant frères, 56.
ANTOINE. Le jardinier français. In-12, Renault et Ce, 59. » 60
— Manuel du bon jardinier. In-12, Renault et Ce, 59. 1 20
ANTOINE (l'abbé). La thébaïde chrétienne ou saint Antoine le Grand. In-8, Lyon, Girard et Josserand, 54. 5 »
ANTOINE (A.). Les jeunes personnes devenues célèbres. In-12, Rouen, Mégard, 56. 1 »
— Les petits artisans devenus célèbres. In-12, Colas, 60.
ANTOINE (V.). L'alchimie et l'électrochimie. Gr. in-8 (10, rue Duperré), 55.
ANTOINE ou le bon père de famille, 4e éd. In-18, Lille, Lefort, 60. » 30
— le brigadier. In-12 (Meyrueis), 58.
— et Louis. In-12, Meyrueis, 57.
ANTOINE MARIE ou le bon écolier. In-32, Limoges, Barbou, 58.
ANTOINE ULRIC ou motif de préférence en faveur de la religion catholique. In-12 (Valence, Joland), 52.
ANTONIA ès Attila harmadik könyve. Irta Anyjok. In-8 (Jouaust), 59. 3 »
ANTONIANO (S.). Traité de l'éducation chrétienne des enfants. In-12 (Troyes, Guignard), 56.
ANTONIDES (M.). Essai sur l'histoire de l'humanité. In-12 (Leipzig), Gavelot, 59. 5 »
ANTONIN. Découverte de la marche rétrograde. Nouveau jeu de contre-banque (Barousse, 11, passage du Commerce), 51.
ANTONIN. Reboul et Ponsard. Vivia et Charlotte Corday, satire. In-12 (Lyon, Brunet), 50. » 25
AOUST (l'abbé). Cours d'astronomie. In-8 (Marseille, Barlatier-Feissat et Demouchy), 57.
AOUST (J. d'). De Paris à Naples. In-8 (Arras, Tierny), 53.
APERÇU sur le chemin de fer de Séville à Cadix. In-8, Chaix, 58.
— sur Ste-Ménehould av. son défrichement par les Romains. In-8, Ste-Ménehould, Duval-Poignée, 57. » 75
APERÇUS PRATIQUES sur la conservation des dents (3, rue du 29 Juillet), 58.
APICULTEUR (l'), Journal des cultivateurs d'abeilles, fondé en 1856. Une fois par mois. In-32 (67, rue Saint-Victor); 60. Prix annuel : 6 »
APOCALYPSE de l'apôtre saint Jean, trad. en basque souletin. In-16 (Londres), Galignani, 59.
APOLLON. Le cathéchisme des amants ou l'art de faire l'amour. In-18, Lebailly, 55. » 40
APOLOGIE de Guillaume de Nassau, prince d'Orange. In-8 (Bruxelles), Borrani, 58. 5 »
APOLT FRÈRES. Description d'un nouveau four à coke à compartiments fermés. In-8 (Metz, Gangel), 55.
APONTE (L. d') Mémoires, trad. par M. C. de la Chavanne. In-8, Pagnerre, 60. 5 »
APOSTOLAT (de l') de la femme chrétienne. In-12, Dillet, 57.
— de la prière. In-18, Perisse frères, 56. 1 20
APOTHÉOSE (l') de la femme. In-8 (Reims, Luton), 53.
APOTRES (les) de la charité. In-8, 3e éd., Tours, Mame, 60. 1 25
— de la charité. Vie de saint Vincent de Paul. In-8, Lille, Lefort, 60. 1 50
— missionnaire évangélisant toutes les classes de la soc. T. 1er in-12 (62, rue Neuve d. Petits-Champs), 60. 3 »

APOTRES (les) des nègres ou vie du B. Pierre Claver, par M. F. 2e éd. In-18, Lille, Lefort, 54. » 30

APPAREILS de panification Rolland. Pétrin mécanique, etc. In-8 (15, rue de l'Estrapade), 58.

APPARITION de la sainte Vierge sur la montagne de la Salette. In-8 (Nantes, Charpentier), 52.
— de la Salette le 19 sept. 1846, notice historique. In-4, Lhuillier, 56.

APPEL à l'amour évangélique, texte arménien. In-18 (Walder), 57.
— aux catholiques, exposé des droits de la papauté. Gr. in-8 (Bruxelles), Dentu, 60. 1 25
— aux marins. In-32, Libr. protest., 59.
— de Dieu, ou réflexions sur Abraham et Loth, trad. de l'angl. In-12, Grassart, 51.
— du Sauveur aux âmes altérées. In-12 (Meyrueis), 58.

APPELS et consolations chrétiennes. In-18 (Toulouse), Libr. protest., 55. » 20

APPENDICE aux fastes de la guerre d'Orient, par E. P***. In-8, Pick, 56. » 50
— et table du catalogue des estampes historiques de M. L. R. de L. In-8, Techener, 56, 2 50

APPENDIX de heroibus hebræorum, texte pour l'usage des classes. In-18, Lecoffre, 59.*

APPIA (G.). Essai biographique sur Moïse. In-8, Berger, Levrault et fils, 53.

APPIA (L.). Le chirurgien à l'ambulance. In-12 (Genève), Cherbuliez, 59. 3 »

APRÈS l'audience, poésies par Armand P. In-8, Hériche, 56. 3 »

APREVAL (M. d'). La chasse aux jupons, actualités en un acte. In-16, Delaroque frères, 58. » 60
— L'héritage imprévu, comédie. In-16. Delaroque frères. 58. » 60

APULÉE. Contes merveilleux. In-16, Hachette, 53. 1 50

A QUOI BON la religion. In-12, Lyon, Pélagand, 57.

ARAGAO (F. M. B. d'). Manual do fabricante de assucar. In-18 (Remquet), 53.

ARAGO. Etude sur la composition territ. du canton de Latour. In-8, Perpignan, Alzine, 57.

ARAGO (A.). Etude sur le rôle politique de la France. In-8, Dentu, 59. 6 »
— Préfectures générales et sous-préfectures par cantons. In-8, Ledoyen, 58. 1 »

ARAGO (F.). Biographie de L. N. M. Carnot. In-4 (Didot), 50.
— Biographie de G. Monge. In-4, Didot, 53.
— Biographie de M. Poisson. In-4 (Didot), 50.
— Discours aux funérailles de M. Gay-Lussac. In-4 (Didot), 50.
— Sur l'ancienne école polytechnique. In-8, Mallet-Bachelier, 53. » 50
— Œuvres complètes publ. sous la direction de Barral. 16 vol. in-8, Gide, 54 à 59. Chaque vol. 7 50
Tomes I, II, III, notices biographiques, 3 vol.
IV, V, VI, VII, VIII, notices scientif., 5 vol.
IX, voyages scientifiques, 1 vol.
X, XI, mémoires scientifiques, 2 vol.
XII, mélanges, 1 vol.
XIII, XIV, XV, XVI, astronomie, 4 vol.

ARAGO (J.). Analyse de la vie et des travaux de sir William Herschel. In-18, Mallet-Bachelier, 52. 3 »
— Biographie de J. S. Bailly. In-4 (Didot), 50.
— Deux océans. 2 vol. in-18 (12, boulevard St-Martin), 54. 7 »
— L'Edouard, M. Curet et moi. In-8 (Brière), 51. » 25
— L'enfant gâté, vaudeville. In-8, Dion Lambert, 52.
— Foyers et coulisses, panorama des théâtres. In-12, Libr. nouv., 52. » 50
— Rapport sur les eaux pluviales, recherches faites par Barral. In-4 (Bachelier), 52.
— Poëte et savetier, comédie. In-8, Ledoyen, 53. » 60
— Pujol, chef de miquelets. In-18, Delahays, 54. 1 50
— Une vie agitée. 3 vol. in-8, Souverain, 53. 18 »

ARAM (D.). Dictionnaire abrégé, arménien-turc-français. In-32 (Walder), 60. 5 »

ARAMIS. La jeunesse de Pierrot. In-16, Libr. nouv. 35. 1 »

ARAN (le doct. F. A.). Leçons cliniques sur les maladies de l'utérus et de ses annexes. In-8, 3 parties.
In-8, P. Asselin, 58 à 60. 13 »
— Des morts subites. In-8, P. Asselin, 53. 2 50
— Traité pratique de l'inflammation de l'utérus. In-8, P. Asselin, 50.

ARAQUY (E. d'). Les bonnes fortunes de Pierre Mendea. In 12, Fontaine, 58. 3 »
— Les châtaigniers, en vers. In-18, Michel Lévy frères, 56.
— Galienne. In-12, Hachette, 60. 1 »

ARBAUD JOUQUES (Ph. d'). La Corinthienne. In-8, Garnier, 50.
— Les premiers jours, poésies. In-8, Garnier, 59.
— Les quatre saisons. In-16, Garnier, 57.
— Recherches sur la flûte ancienne. In-16, Garnier, 57.

ARBAUD-PORCHÈRES (d'). Rimes. In-8, Techener, 55.

ARBELLOT (l'abbé). Biographie de François de Rousiers. In-8, Lecoffre, 59. 2 »
— Le Château de Chalusset. In-8, Limoges, Ardillier, 51.
— Les trois chevaliers défenseurs de la cité de Limoges. In-8, Lecoffre, 58. 1 »
— Dissertation sur l'apostolat de saint Martial. In-8, Lecoffre, 55. 4 »

ARBÈRE (E. d'). Un miracle au XIXe siècle. In-12, Meyrueis, 55. » 50

ARBIOL (F. A.). La familia regulada. In-12, Rosa et Bouret, 52. 7 »

ARBITRAGES (les) de la bourse, ou bilan comparatif. In-4 (3, rue Saint-Louis-en-l'Ile), 57. 10 »

ARBOIS (E.). Les Hollandais sous Philippe II, drame épisodique. In-8, Cherbuliez, 58. 2 50

ARBOIS DE JUBAINVILLE (H. d'). Eglise Saint-Christophe de Neufchâteau. In-8, Leleux, 57.
— Essai sur les sceaux des comtes et comtesses de Champagne. In-fol., Durand, 56. 12 »
— Etat intérieur des abbayes cistériennes et de Clairvaux. In-8, Durand, 58. 6 »
— Histoire de Bar-sur-Aube sous les comtes de Champagne, 1077-1284. In-8, Durand, 59. 7 50
— Histoire des ducs et comtes de Champagne. In-8, Durand, 59. 7 50
— Observations sur l'histoire de France de M. H. Martin. In-8, Durand, 57. 2 »
— Pouillé du diocèse de Troyes, rédigé en 1407. In-8, Durand, 53. 1 »
— Recherches sur la minorité. In-8, Durand, 52. 2 »
— Voyage paléographique dans le département de l'Aube. In-8, Durand, 55. 8 »

ARBOUSSE - BASTIDE. A propos de tout, quelque chose. In-18, Meyrueis, 57.

ARBOUVILLE (Mme d'). Poésies et nouvelles. 3 vol. in-8, Amyot, 55. 18 »

ARCHAMBAULT. Note sur la suppression des quartiers des gâteux dans les asiles d'aliénés. In-8, Baillière et fils, 53. » 75

ARCHAMBAULT (P. J.). Précis élémentaire de physique, 2 parties. In-12, Durand, 55. 6 »

ARCHE (l') sainte ou le guide du franc-maçon. 4e éd. In-18, Lyon, Boursy, 56. 1 50

ARCHIAC (A. d'). Coupe géologique des environs des bains de Rennes. In-8 (Martinet), 54.
— Etudes géologiques sur les départements de l'Aude et des Pyrénées-Orientales. In-8 (Martinet), 58.
— Histoire des progrès de la géologie de 1834 à 1860. Gr. in-8, Gide, Savy.
Tomes I, cosmogonie et géogénie.......... 8 »
II, 1re p. terrain quarternaire........ 5 »
II, 2e p. terrain tertiaire........... 8 »
III, formation nummilitique........ 8 »
IV, formation crétacée 1re p........ 8 »
V, Id. 2e p......... 8 »
VI, formation jurassique 1re p...... 10 »
VII, Id. 2e p....... 8 »
VIII, formation triasique......... 8 »
(de 1850 à 1860 on a publié les 6 derniers vol.)

ARCHIAC (A. d'). Notice sur la vie et les travaux de P. A. Dufrenoy. In-8 (Martinet), 60.
— Notice sur la vie et les travaux de Jules Haime. In-8 (Martinet), 57.
— Notice sur les travaux géologiques de 1837 à 1847 (Martinet), 56.
— et Haime. Description des animaux fossiles. 2 livrs. In-4, Gide, 53 à 55.   15 »
ARCHIER (A.). Les captifs du Czar. In-12 (Rouen), 54.   2 »
— Charité mène à Dieu. In-12 (Rouen), Bray, 53. 1 50
— La compagnie de Jésus. In-18 (Rouen), Bray, 55.   2 »
— La famille Morand. In-12 (Rouen), Bray, 58. 1 50
ARCHINARD (A.). Les origines de l'église romaine. 2 vol. in-8, Cherbuliez, 52.   10 »
ARCHITECTES (les) et les sculpteurs les plus célèbres. In-12, Lille, Lefort, 59.
ARCHITECTURE gallo-romaine et du moyen âge. Musique. In-4 (Imprimerie impériale), 57.
— rurale et communale. In-fol., Bance, 57.
ARCHIVES de l'art français. In-8. Six fois par an. 10ᵉ année. Tross, 60.   Prix annuel 10 »
— belges de médecine militaire. In-8. Une fois par mois. 12ᵃ année.(Bruxelles),V. Rozier, 60. Prix annuel 12 »
— du bibliophile. In-8. 3ᵉ année. Une fois par mois. Claudin, 60.   Prix annuel 3 »
— du christianisme au XIXᵉ siècle. In-4. 43ᵉ année. Trois fois par mois. Meyrueis, 60. Prix annuel 8 »
— de la commission des monuments historiques, livr. 1 à 70. In-folio, Gide, 56 à 60. Chaque livraison 5 » (Complet en 120 livraisons).
— historiques du département de la Gironde, t. I, livr. 1, 2. In-4 (Bordeaux), Aubry, 59, 60.
— des missions scientifiques. T. 1 à 6. In-8, Gide, 50 à 57. Id. Tome 7, 8. In-8 (Paul Dupont), 58, 59. (N'est plus dans le commerce).
— du museum d'histoire naturelle. In-4, quatre livraisons par an, formant un vol.; 10 vol. de parus. Gide, 50 à 60.   La livr. : 10 » le vol. : 40 »
— du notariat et des offices ministériels. In-8, fondé en 1844 , une fois par mois (51, rue d'Argenteuil), 60.   Prix annuel : 10 » (La collection complète 16 vol., 1844 à 60. 80 fr.).
— générales de médecine. In-8, fondé en 1823. Une fois par mois. P. Asselin, 60.   Prix annuel : 20 »
— israélites, fondé par Cahen. In-8, 21ᵉ année. Une fois par mois. (16, rue du Parc-Royal), 60. Prix annuel : 16 »
ARCHU (J. B.). Grammaire basque-française. In-12 (Bayonne, Foré et Lasserre), 53.   1 50
ARDANT (L.). Abrégé des sciences et des arts, trad. de l'anglais. Nouvelle éd. revue et augmentée. In-12 (Limoges, Ardant), 54.
— Nouvelle encyclopédie. In-12 (Limoges, Ardant), 55.
— Géographie universelle de Crozat, 8ᵉ éd. In-12 (Limoges), Guérin, Muller et Cⁱᵉ, 56.   4 »
ARDANT (M.). Emailleurs et émaillerie de Limoges. In-18 (Limoges), Dumoulin, 55.
— Le jeune numismate. In-12, F. F. Ardant frères, 51.
— Saint-Pierre-du-Queyroix de Limoges. In-8, F. F. Ardant frères, 51.
ARDILLIER. Nouveau secrétaire français. In-18, Limoges, Ardillier, 57.
ARDOUIN (B.). Etudes sur l'histoire d'Haïti, tome 1 à 10. In-8, Dezobry, Tandou et Cⁱᵉ, 53 à 60. Chaque vol. 6 »
ARDUSSET (J. F.). Poésies lyriques. In-12 (Saint-Lô, Delamare), 56
ARENA. Meyara entrepriza catoliqui imperatoris, nouv. éd. In-16, Aix, Makaire, 60.   2 50
ARENAS (Nunez). Catecismo de algebra. In-18, Rosa et Bouret, 51.   1 60
ARENDTS (le doct. C.). Eléments d'histoire naturelle et de technologie, trad. de l'all. Gr. in-8 (Bruxelles), Borrani, 60.   5 »
ARESO (le R. P.). Les lieux saints. In-18 (Bayonne, veuve Cluzeau), 50.

ARGENSON (d'). Des nationalités européennes. In-8, Dentu, 59.   1 »
ARGENSON (marquis d'). Journal et mémoires, publ. par Rathery, t. I, II. In-8, veuve Renouard, 59, 60.   Le vol. 9 »
— Mémoires et journal inédit, 5 vol. In-16. P Jannet, 57, 58.   Chaque vol. 5 »
ARGENT (l'), par un homme de lettres. In-12, Ledoyen, 57.   2 »
ARGENTAN (le P. d'). Conférences sur les grandeurs de Dieu. 2 vol. in-12, Périsse, 57.   6 »
— Conférences sur les grandeurs de Jésus-Christ. 2 vol. in-12, Périsse, 59.   6 »
— Conférences sur les grandeurs de la sainte Vierge. 2 vol. in-12, Vivès, 53.   6 »
— Conférences sur la sainte Vierge Marie. 2 vol. in-12, Périsse, 58.   6 »
ARGIOT (J.). Petit carême poétique. In-12, Maison, 53.
— La sainte messe. In-12, Maison, 51.
ARGUS l') des haras et des remontes. In-8. Une fois par mois, 19ᵉ année (41, rue d'Angoulême-St-H.), 60.   Prix annuel : 30 »
ARGY (C. d'). Extrait de l'instruction pour l'enseignement de la gymnastique. In-18, Dumaine, 50.   » 60
— Instruction pratique pour l'enseignement de la natation dans l'armée. In-18, Dumaine, 51.   » 60
— Tableau général des exercices gymnastiques avec les commandements en regard. In-18, Dumaine, 52. » 60
ARIAS (le R. P.). Les vertus de la Mère de Dieu. In-32, Albanel, 58.   1 25
ARIEL DES FEUX. Aventures de Nicolas Belavoir. 4 vol. in-8, Souverain, 52-53.   24 »
ARIENZO (d'). Leonora, melodramma. In-12, Bastia, Ollagnier, 59.   » 50
ARIÈS (J. d'). Essai sur l'organisation des arsenaux de la marine. In-8 (Brest, Le Bois), 51.
ARISTOPHANE. Comédies, trad. du grec p. Artaud, 4ᵉ éd. 2 vol. in-18, Didot, 55.   7 »
— Comédies , trad. par Poyard. In-18 , Hachette , 59.   3 50
— Plutus, comédie trad. en vers par Bernot. In-12, Dezobry et Magdeleine, 59.   1 75
— Plutus, avec des notes par Ducaseau. 3ᵉ éd. In-12, Hachette, 54.   1 50
— Plutus, comédie trad. p. Fleury. In-18, Ledoyen, 51.   1 50
— Plutus, comédie trad. par Verneuil. In-8 (3, quai Malaquais), 59.   » 50
— Scènes d'Aristophane, trad. en vers p. Fallet. In-18, Durand, 59.   3 50
ARISTOTE. Poétique d'Aristote, trad. en franç. avec notes, par Barthélemy St-Hilaire. In-8, Durand, 58.5 »
— Opera omnia græce et latine, tome III. In-8, Didot, 54.   15 »
— Id. Tome IV, 1. In-8, Didot, 57.   7 50 (Prix du tome I et II ens. 30 fr.)
ARITHMÉTIQUE à l'usage des sœurs de Saint-Charles d'Angers. In-18, Angers, Cosnier-Lachèze, 58.
— décimale des maitres et des élèves. In-12, Hivert, 58.   1 25
— des enfants. In-12, Vᵉ Maire-Nyon, 58,   24 »
— Deux questions importantes. In-8, Mallet-Bachelier, 59.
— pratique des moniteurs.In-12, Toulouse, Itié, 57. 1
ARLINCOURT (le vic. d'). Le château de Chaumont In-18, Allouard, 51.
— Dieu le veut, 64ᵉ éd. In-18, Allouard, 50.   » 5
— Suite à Dieu le veut, 2 part. In-18, Allouard, 50. 1 »
— Les fiancés de la mort. In-8, Allouard, 50.   6
— L'Italie rouge. In-18, Allouard, 51.
— La tache de sang. 5 vol. in-8 (11, rue du Jardinet) 50.   15
ARLOT. Guide complet du peintre en voitures. In-8 Lacroix, 60.   6 5
ARMAGNAC (Vᵗᵉ d'). Une campagne de la 32ᵉ demi-brigade. In-4 (Bordeaux, Lanher), 52.
ARMAILHACQ (A. d'). La culture des vignes et le vins dans le Médoc, 2ᵉ éd. In-8, Bordeaux, Chaumas 58.   6

ARMAN (L.). Constructions navales, système bois et fer. In-4 (Lacombe), 55.

ARMANA prouvençau per lou bel an de Diéu e dou bissest 1860. In-16 (Avignon), Tardieu, 59.   » 50

ARMAND. Sténographie (Marseille, Mathieu), 59.

ARMAND (le doct.). L'Algérie médicale. In-8, V. Masson et fils, 54.   5 »

— Des concrétions du cœur pendant la vie. In-8, V. Masson et fils, 57.   1 50

— Des eaux minérales de Viterbe (Italie) et de son climat. In-8, V. Masson et fils, 57   2 »

— Etudes des fièvres en Algérie. In-8, V. Masson et fils, 57.   2 »

— Histoire médico-chirurgicale de la guerre de Crimée. In-8, Rozier, 58.   7 »

— Médecine et hygiène de l'Algérie et des colonies. In-8, Challamel aîné, 59.   6 »

— Souvenirs d'un médecin militaire. In-32, V. Rozier, 58.   1 50

ARMAND et A. Dartois. Reculer pour mieux sauter, pièce. In-12, Michel Lévy frères, 54.   » 60

ARMAND-DELILLE (M. et M⁰). Les petits enfants en voyage. 2e éd. In-18, Meyrueis, 58.   1 25

ARMAND Renty. 2e éd. In-8, Lille, Lefort.   1 50

ARMÉE (l') et l'Etat en France, par un officier allemand. In-8, Dumaine, 58.   1 25

— française, sa mission et son histoire (496-1852), par le comte de C. In-8, Ledoyen, 52.

— illustrée. In-4, tous les jeudis. Fondé le 1er mars 1858. (123, rue Montmartre).   Prix annuel : 5 »

ARMELLINO (G.). Manuel de l'accordeur des pianos. In-18, Roret, 55.   1 25

ARMENGAUD (aîné). Traité théorique et pratique des moteurs hydrauliques. 1 vol. in-4 av. atlas (45, rue St-Sébastien), 59.   25 »

— Traité théorique et pratique des moteurs à vapeur, t. I. In-4 avec atlas de 25 pl. (45, rue St-Sébastien), 60.   25 »

— Voy. Publication industrielle.

— et Armengaud jeune et Amouroux. Cours élémentaire de dessin industriel. In-4 oblong (45, rue St-Sébastien), 50.   8 »

— et Armengaud jeune et Amouroux. Nouv. cours rais. de dessin industriel appliqué. Gr. in-8 et atlas, Lacroix, 60.   25 »

ARMENGAUD (jeune). Formulaire de l'ingénieur. In-12, Lacroix, 59.   4 »

— Guide-manuel de l'inventeur et du fabricant, 4e éd. In-8 (23, boulevard de Strasbourg), 58.   5 »

— L'ingénieur de poche. In-12 (23, boulevard de Strasbourg), 55.   4 »

— L'ouvrier mécanicien , guide de mécanique pratique. In-18, 6e éd. In-12 avec 4 pl. (Lacroix), 58.   4 »

ARMENGAUD (J. G. D.). Les chefs-d'œuvre de l'art chrétien. In-4, avec portr. et pl., Didot, 58.   80 »

— Les galeries publiques de l'Europe. In-4 (Lahure), 59.

— Les trésors de l'art. In-fol. av. 47 grav. (au journal le Siècle), 58.   100 »

(Pour les abonnés du Siècle 50 fr.)

ARMENGAUD (frères). Voy. Génie industriel.

ARMENGAUD et Mathieu. Instructions pratiques à l'usage des inventeurs. In-8 (45, rue St-Sébastien), 59.   2 »

ARMIEUX. Essai de statistique médicale de Calvi (Corse). In-8, V. Rozier, 59.   1 »

ARMORIAL national de France, par L. Vaïsse et Traversier, 5e série, fin. In-4, Dumoulin, 60. Noir 10; col.   17 »

(Les séries 1 à 4 ont été publiées avant 1850.)

— de la noblesse de France, sous la direction d'Auriac et Acquier, t. 1 à 6. In-4 (7, rue Taranne), 55 à 60. Chaque vol. : 25 »

(L'ouvrage formera environ 20 vol)

ARNAD (le R. N. J.). La vie de saint Ours. In-18 (Digne, Vial), 53.

ARNAIA (le P.). Conférences spirituelles sur les vertus chrétiennes, trad. de l'espagnol. In-12, Sarlit, 59. 1 50

ARNAL (Ch.) Mémoire d'un commerçant français. In-4 (Lyon, Bajat fils), 56.

ARNAL (l'abbé A.). Notice sur la chapelle N. D. des Anges. In-18, Clermont, Librairie catholique, 55.

ARNAL (P. A.) De l'avenir des ouvriers. In-18 (Beaulé), 50.   » 30

ARNASSAN. Ma conversion, par un protestant désabusé. In-18 (Nîmes, Lafare), 54.

ARNAUD (A.). L'homme retiré du monde , comédie. In-8 (Marseille, Barlatier-Feissat), 51.   3 »

ARNAUD (l'abbé A.). Essais de commentaires s. l. épîtres de saint Paul. In-4 (Lyon, Pélagaud), 53.

ARNAUD (de l'Ariége). L'indépendance du pape et les droits des peuples. In-8, Dentu, 60.   1 »

— La papauté temporelle et la nationalité italienne, 5e éd. In-8, Dentu, 60.   1 »

ARNAUD (C.). Du livret d'ouvrier. In-12, Marseille, Camoin, 56.

— Une carte de restaurateur en MDXXXIII. In-8 (Marseille, Barlatier-Feissat et Demonchy), 57.

— Ce qu'il y avait dans la tête d'un âne il y a cinq cent sept ans. In-8, Marseille, Camoin, 57.

— Recherches sur l'abbaye de la Jeunesse à Forcalquier. In-8, Marseille, Arnaud, 58.

ARNAUD (le doct.). L'hôpital maritime de Thérapia pendant la guerre d'Orient. In-8 (Remquet), 59.

ARNAUD (E.). Le Nouveau Testament de Notre-Seigneur Jésus-Christ. In-18 (Toulouse), Grassart, 58. 3 »

— Recherches critiques s. l'épître de Jude. In-8, Berger, Levrault et fils, 51.

ARNAUD (F.). Gardes nationales, instruct. p. l. sapeurs pompiers. In-8 (Dupont).

ARNAUD (J. B. C.). Mémoires d'un compagnon du tour de France. In-18, Rochefort, Giraud, 59.   3 »

ARNAUD (J.). Epîtres sur l'épuration des huiles. In-8, Larousse et Boyer, 57.

— Leis tribulatiens d'una partisano. In-8 , Marseille, Lafitte et Roubaud, 56.   » 30

— Lou paoure castagnaire. In-8 , Marseille, Lafitte et Roubaud, 56.   » 30

— Lou trin doou plesi vo lou de la peissounièro. In-8, Marseille, chez l'auteur (20, rue Olivier), 56. » 30

— Mion la gatteirou. In-8, Marseille, chez l'auteur   » 30

ARNAUD (Mme M.). Les églantines. In-8, Desessarts, 55.

ARNAUDEAU (A.). Conférences sur les princ. difficultés des mathématiques. In-4 (Lahure), 55.   » 60

ARNAUDON. Produits naturels applicables à la teinture. In 8, Roret, 58.

ARNAUDTIZON (M.). Exploration commerciale dans les mers du Sud. In-8 (Rouen, Péron), 54.

ARNAULD. Lettres de la mère Agnès, abbesse de Port-Royal. 2 vol. in-8, Duprat, 58.   14 »

ARNAULD. De l'emploi des matières fécales en agriculture. In-8, Nancy, Grimblot et veuve Raboys, 55.

ARNAULD D'ANDILLY (d'). Journal inédit, 1614-1620. In-8, Techener, 57.

ARNAULDET (Théodore). Etudes historiques sur la ville de Niort. 2 vol. in-8, Niort, Couquaux, 57, 58.

ARNAULDET (Thomas). Les artistes bretons au salon de 1857. In-8, Nantes, Guéraud, 58.

ARNAULT (l'abbé). Eglise catholique, image de Dieu. 2e ed. In-8, Douniol, 55.   1 »

— Manuel de la confrérie de St-Joseph. In-18 (Smith), 54.

— Manuel de la confrérie du saint Rosaire. In-12 (Smith), 53.

— Nouvelles morales des faubourgs de Paris. 3 vol. in-18, Douniol, 58.   3 »

— Vie de N. S. Jésus-Christ. In-12, Tours, Mame, 57.   » 80

ARNAULT. Les bandits, grande pantom. équestre. In-8 (Morris), 58.

— La Crimée, grande pant. milit. In-8 (4, rue Geoffroy-Marie), 55.   » 10

— La guerre des Indes en 1799, pantom. milit. In-12 (Morris), 58.   » 15

— Guerre d'Italie, gr. pantom. milit. In-4 (Morris), 59.

ARNAULT. Mazeppa. In-4 (Morris), 57.
— Silistrie, grande pant. milit. In-8 (Pilloy), 54. » 25
— Id. In-8 (4, rue Geoffroy-Marie), 55. » 10
— Les zouaves, drame. In-4, M. Lévy fr., 56. » 20
— et Bourget. Les chansons popul. de la France. In-4 (Morris), 57. » 25
— et Judicis. Les aventures de Mandrin. In-4, M. Lévy frères, 56. »
— et Judicis. Les Cosaques, drame. In-18, M. Lévy fr. 53. 1 »
— Id. In-4, M. Lévy fr., 58. » 20
— et Judicis. Sur la gouttière, comédie. In-8 (19, passage Vendôme), 52. » 20
— et Judicis. Mon oncle Bouffard, vaudeville. In-4 (88, boulev. Beaumarchais), 58. » 20
— et Judicis. Les pâques véronaises, drame. In-18, Giraud et Dagneau, 52. » 75
— Judicis et Delahaye. La veille de Marengo, drame. In-18, Libr. théâtr., 59. 1 »
— Judicis et Jaime fils. Constantinople, drame. In-8 (12, boulev. St-Martin), 54. » 40
— Judicis et Jaime fils. Guerre d'Orient, drame milit. In-4 (Beaulé), 54.
ARNAULT. Abrégé de médecine vétérinaire à l'usage des chasseurs. In-32 (Dumaine), 57.
ARNAULT DE GUENYVEAU. Du quasi-contrat judiciaire. In-8 (Poitiers, Dupré), 57.
ARNAULT-MENARDIÈRE. Abrégé méthodique des principes du droit romain. In-8, Poitiers, Hilleret, 54. 3 »
— Élementa juris romani methodico compendiosa. In-8 (Poitiers), veuve Joubert, 54. 2 »
— Essai sur Michel de Marillac. In-8 (Poitiers, Dupré), 57.
— Du payement des dettes dans les successions. In-8 (Poitiers, Dupré), 56.
ARNAULT-ROBERT. Chronologie de l'histoire générale des peuples, 8e éd. Gr. in-plano, Turgis, 53.
— Histoire de France depuis 1789 jusqu'à nos jours. In-plano, Turgis, 56.
ARNIM (d'). Contes bizarres trad. par Th. Gautier fils. In-12, Michel Lévy frères, 56. 1 »
ARNOLD (D.). Considérations pratiques sur l'emploi de l'eau balsamique de Soultzmatt. In-8, Strasbourg, Schmitt, 52.
ARNOLD (J. G. D.). Der Pfingstmontag. Le lundi de la Pentecôte, comédie. 2e éd. Strasbourg, Simon, 51.
ARNOUL (A.). Etudes historiques sur le communisme. In-8 (Melun), Garnier frères, 50 1 »
ARNOUL (C.). Les chants de la mansarde. In-18 (Beaulé), 51. 1 »
ARNOUL (H.) et Humbert. Monsieur Marcel, ou l'ami de la jeunesse; nouv. éd. In-12, Fouraut, 60. 1 25
ARNOULD. Contes humoristiques. In-18, Dentu, 56.
ARNOULD (A.). Les trois poëtes, nouvelles. In-12, Hachette, 59. 1 »
— Voy. Dumas (Alex.)
ARNOULD (Edm.). De l'invention originale. In-8, Hachette, 50.
— Essai d'une théorie du style. In-8, Hachette, 51. 4 »
— Essais de théorie et d'histoire littéraire. In-8, Durand, 58. 6 »
ARNOULD (Ernest). Analyse littéraire et philosophique des ouvrages les plus utiles aux mœurs. In-8 (Reims, Regnier), 51.
ARNOULD et Dennery. Amours et lauriers, comédie-vaudeville. In-16, Claye, 58. 2 »
ARNOULD et Fournier. L'homme au masque de fer, drame. In-8, Tresse, 60.
ARNOULD-FRÉMY. Les maîtresses parisiennes. 2 vol. in-18, Libr. nouv., 58. 2 »
ARNOULT aîné. Chronologie de l'histoire de France jusqu'en 1848. 3e éd. In-18, Dezobry et Magdeleine, 52. 1 75
ARNOULT (G.). Cours de logique; philosophie élémentaire, 7e éd. In-8, Hachette, 54. 6 »
ARNOULT (S.). Mémento des révolutions modernes de la France. In-12, Auxonne, Saunié, 50.

ARNOUS-RIVIÈRE (E.). Les puissances européennes e les nationalités. In-8 (Meaux), Libr. nouv. 59. » 50
ARNOUS-RIVIÈRE (W.). Sur la loi départementale et communale. (Nantes, Masseaux), 51.
ARNOUX (C.). De la nécessité d'apporter des économies dans la construc. des chemins de fer. In-8, Lacroix, 60. 3 »
ARNOUX (J. J.). El Palacio de cristal, esposicion en Londres en 1851. In-8 (10, rue du Faubourg-Montmartre), 51.
ARNOUX (Th.). Solution de l'organisation du travail. In-8 (Marseille), 50.
ARNOUX (V.). Recueil de problèmes sur les nombres entiers, etc. In-12 (Metz), Larousse et Boyer, 60.2 »
— Id. Solutions. In-12, Larousse et Boyer, 60. » 60
ARON. Les filles de l'Erdre, poésie. In-8, Dentu, 57.
ARON (A.). Eloge funèbre du grand rabbin Marchand Ennery. In-8 (Strasbourg, Silbermann), 52.
ARON (E.). Les derniers chants d'un printemps, poésies. In-8, Duminsray, 52. » 50
— Les Tourangelles, poésies. In-8, Tours, Cousturier, 51. » 50
ARON (J.). Des luxations traumatiques du tibia, thèse. In-4 (Strasbourg, Silbermann), 56.
AROUX (E.). Clef de la comédie anti-catholique de Dante Alighieri. In-8, veuve Renouard, 56. » 60
— Dante hérétique, révolutionnaire et socialiste. In-8, Renouard, 54. 7 50
— L'hérésie de Dante, démontrée par Francesca de Rimini. In-8, veuve Renouard, 57. » 60
— Les mystères de la chevalerie au moyen âge. In-8, veuve Renouard, 58. 4 »
AROUX (F.). Nouvelle méthode de culture des céréales. In-4, Rouen, Brière, 58.
— Nouvelle méthode de culture du colza. In-4, Rouen, Brière, 58.
ARNTZ (E. R. N.). Cours de droit civil français, t. I, 1 p. In-8 (Bruxelles), Durand, 60. 4 »
ARONSSOHN (P.). Des corps étrangers dans les voies aériennes. In-8 (Strasbourg, Silbermann), 56.
ARPENTIGNY (Le capt. S. d'). La science de la main. 2e éd. In-8, Coulon-Pineau, 56. 5 »
ARPIN (Mlle). Nouvelles aiguilles, bagatelles en tout genres, 1re livr. In-8, Bordeaux, Feret, 59. » 40
ARRAMAYO. La Bolivie. In-8, Dentu, 57.
ARRAS (J. d'). Mélusine, nouv. éd. In-16, Jannet, 54. »
ARRAULT (H.). Le cultivateur vétérinaire. In-8 (11, rue de l'Empereur, Montmartre), 58. 2 50
ARREAT. Eléments de philosophie médicale. In-8, Germer Baillière, 58. 7 50
— De l'homœopathie. In-8, Germer Baillière, 59. 1 50
ARRÊT du conseil d'Etat contre le jeux de hoca, etc. 15 janvier 1691. In-8 (Nantes, Guéraud), 59.
ARRÊTS administratifs de l'Ile-de-France, 1722 à 1767. In-8, Lille, Lefort, 59.
— et décisions de la cour imp. de Colmar et des trib. du ressort, t. 54 (dernier volume paru). In-8, Colmar, Held Balzinger, 59. Le vol. 15 »
ARRIGHI (d'). Aspirations de l'âme religieuse. In-18 (à la Côte St-André, chez l'auteur), 55.
— Aspirations de l'âme religieuse. In-16 (Lyon, Vingtrinier), 57.
ARRIVABENNE (J.). Des industries agricole et manufacturière. In-8, Guillaumin, 57.
— De la relation entre l'impôt foncier et le prix des produits, etc. In-8, Guillaumin, 50.
— De la rente de la terre. In-8, Guillaumin, 53.
ARRONDEAU (E. T.). Flore toulousaine. In-12, Toulouse, Gimet, 56. 3 »
ARRONIZ. Manual de biografía mejicana. In-18, Rosa et Bouret, 57.
— Manual de historia y cronologia de Mejico. In-18, Rosa et Bouret, 58.
ARS, ou le jeune philosophe redevenu chrétien, 6e éd. In-12, Périsse frères, 60. 1 50
— et la Trappe. Suite du jeune philosophe devenu chrétien. In-12, Périsse frères, 52.

ARSÈNE. Collection de mises en scène. Faust, opéra. In-8 (Morris), 59.

ARSÈNE ou richesse dans la pauvreté. In-18, Limoges, Barbou, 56.   » 25

ARSÈNE et Denis. Manuel du peintre et du sculpteur. In-18, Roret, 58.   3 50

ART (l') aérostatique. Histoire des ballons aérostats, etc. In-18 (Pommeret), 51.

— d'améliorer les vins et de les guérir des diverses maladies qui peuvent les affeeter. In-18 (Mulhouse, Risler), 51.

— de confectionner les fleurs artificielles, par M⁰ Bl.*** In-18, Delarue (3, rue des Grands-Augustins), 51.

— de conserver la betterave à sucre par un silo-type rationnel et des modes d'application divers qui en dérivent. In-8 (Cambrai, Lévêque), 53.

— de la correspondance commerciale, ou modèles de lettres, texte espagnol, le français en regard, 4e éd. In-32, Morizot, 52.

— dentaire. Gr. in-8. Une fois par mois. 4e année. (29, boulevard des Italiens), 60.   Prix annuel : 20 »

— d'élever les vers à soie. In-8 (Marseille, Carnaud), 51.

— de s'enrichir et de vivre heureux. In-12, Saint-Lô, Letreguilly, 57.

— épistolaire par dem. et par rép. pour servir à l'éduc. de la jeunesse, nouv. éd. In-18, Clermont-Ferrand, Thibaud Landriot, 55.

— d'être heureux. In-32, veuve Gaut (3, galerie de l'Odéon), 55.   » 60

— d'expliquer les songes et les visions nocturnes. In-18, Passard, 59.   » 50

— de faire l'amour ou la pendule de l'amant. In-18, Avignon, Offray aîné, 52.

— fumiste raisonné d'après Gautron. In-8 (Bordeaux, Chaynes), 57.

— de gagner à la bourse sans risquer sa fortune. In-12, Castel, 60.   2 »

— d'instruire les sourds et muets par un instituteur. In-12, Hachette, 56.   » 50

— médical. Gr. in-8, une fois par mois. 6e année. Baillière et fils, 60.   Prix annuel : 15 »

— de modeler en papier ou en carton, par l'auteur du portefeuille géographique et ethnographique, 2e éd. (Mulhouse, Risler), 54.
(Le tirage est de 1848.)

— musical. Gr. in-4, tous les jeudis ; fondé en décembre 1860. (21, rue de Choiseul), 60.
                Prix annuel : 25 »

— de plumer la poule sans crier. In-16, Reims, Brissart-Binet, 54.   1 50

— de préparer et de guérir toutes sortes de vins. In-18 (Lons-le-Saunier, Journet-Meynier), 59.

— de retenir les dates. In-16, Grosselin, 51.   » 50

— de teindre sans danger les cheveux et la barbe. In-12 (Moquet), 50.

— de tirer les cartes françaises. Des tarots égyptiens. In-18, Passard, 59,

ARTAUD (le doct.). Histoire d'une fièvre gastrique bilieuse. In-8 (Condom, Dupouy), 51.

— Quelques considérations sur la fièvre typhoïde. In-8 (Condom, Bousquet), 55.

ARTD (G. d'). Heures de loisir. In-18, Hachette, 55.

ARTE de agradar na conversaçao. In-18 (Pillet fils aîné), 50.

— novisimo de cocina. In-18, Rosa et Bouret, 57   3 »

ARTHAUD (J.). Examen médico-légal des faits relatifs au procès criminel de Jobard. In-8 (Lyon), Masson et fils), 52.   3 50

— Observation de crétinisme. In-8 (Lyon, Vintrinier), 55.

— Recherches sur la nature de la manne dont les israélites furent nourris dans le désert. In-8, Bordeaux, Chaumas, 52.

ARTHAUD (le doct.). De la vigne et de ses produits. In-8 (Bordeaux), veuve Bouchard-Huzard, 58. 5 »

ARTHUR. Daucourt, ou un voyage en Norwége, 7e éd. In-18, Lille, Lefort, 55.   » 50

— et Clothilde, par V. D. Rouen, Mégard, 53.

ARTHUR (C.). Le marchand prospère, extrait de l'anglais. In-18, Grassart, 57.   2 50

— et Théobald. In-18, Limoges, Barbou, 56.   » 25

ARTHUYS (A. d'). Réflexions s. l. nouveau projet de loi communale, etc. In-8, Angers, Pignet, 51.   » 75

ARTIGIANO (l') lunario corso faceto popolare per 1859, 1860. In-32, Bastia, Ollagnier, 59.

ARTILLERIE nouvelle (1850) ou considérations s. l. progr. réc. faits dans l'art de lancer les projectiles, par M***. In-8, Corréard, 50.   2 »

ARTISAN (l') chrétien ou vie du bon Henri cordonnier. 6e éd. In-18, Lille, Lefort, 55.   » 30

ARTISTE (l'). Peinture, sculpture, architecture, etc. In-4, 2 fois par mois ; fondé en 1831. (122, avenue des Champs-Elysées), 60.   Prix annuel : 50 »

ARTOING (L.). Le maréchal de Luxembourg. In-12, Limoges, Barbou, 54.

ARTOIS (le gén. d'). Notice nécrologique s. l. général Boquet. In-8 (Martinet), 51.

ARTOIS DE BESSELIÈVRE (A. d') et R. de Rovigo. Jusqu'à minuit, comédie-vaudeville. In-18, Giraud et Dagneau, 52.   » 60

ARTUR (J. F.). Théorie et construction d'un vernier applicable à toute ligne droite et courbe, etc. In-4, Dunod, 52.

ARTUS de Bretagne, 1493. In-4, Lécrivain et Toubon, 59.   » 50

ARTUS (U.). Eléments de géométrie descriptive. In-8, J. Delalain, 57.   3 50

ARVISENET (C.). Le bon ange de l'enfance. In-32, Clermont-Ferrand, Libr. cath., 52.

— Le bon ange de l'enfance. In-32, Limoges, Barbou, 60.   » 30

— Id. In-32, Tours, Mame, 59.   » 40

— Id. In-32, au Mans, Galienne, 55.

— Id. In-32, Périsse frères, 56.   » 40

— Le froment des élus. In-32, Albanel, 58.   » 80

— Id. In-32 (Limoges), Guérin, Muller et Cie, 60. » 75

— Id. In-32, Lyon, Girard et Josserand, 59.

— Id. In-32, au Mans, Galienne, 56.

— Id. In-32, Périsse frères, 57.   » 70

— Id. In-32, Périsse frères, 58.   » 70

— Id. Nouv. éd. in-32, Tours, Mame, 60.   » 60

— Le guide de la jeunesse chrétienne. In-32, Tours, Mame, 58.

— Guide de la jeunesse dans les voies du salut. In-12, F.-F. Ardant frères, 54.

— Mémorial des disciples de Jésus-Christ. In-12, Périsse frères, 54.   1 60

— Mémorial des vierges chrétiennes. In-32, Albanel, 58.   » 80

— Id. Nouv. éd. In-32, Limoges, Barbou, 60.   » 60

— Id. Nouv. éd. In-32, au Mans, Galienne, 55.

— Id. In-32, Tours, Mame, 59.   » 60

— Id. In-18, Périsse frères, 51.   » 70

— Memoriale vitæ sacerdotalis. In-32, Périsse frères, 58.   » 90

— Id. In-18, Périsse frères, 54.   1 40

— Id. In-32, Jouby, 60.   » 90

— Œuvres complètes. In-8, Migne, 56.   7 »

— La sagesse chrétienne, nouv. éd. In-12, Tours, Mame, 60.   1 »

— Tableau du christianisme. In-12. F.-F. Ardant frères, 53.

— Id. In-32, au Mans, Galienne, 56.

— La vertu angélique. In-32, F.-F. Ardant frères, 54.

— Id. In-32, Châtillon-s.-S., Cornillac, 55.

— Id. In-32, Tours, Mame, 58.   » 40

— La volonté de Dieu d. l. voies du salut. In-32, Limoges, Barbou, 56.   » 60

— La volonté de Dieu. In-18, Périsse frères, 56. » 80

— Id. In-32, Tours, Mame, 59.   » 90

ARZAC POUTIER (G.). Dissertation sur le paiement en droit romain et en droit français. In-8 (Thunot), 54.

ASCENSION (l') de Notre Seigneur Jésus-Christ, extr. de l'évang. de saint Luc et des apôtres. In-12, Libr. prot., 50.   1 50

ASCÉTIQUES (les) ou traités spirituels de St Basile le Grand, t. I. In-18, Vivès, 60.

ASHER (G.-M.). De la procédure civile chez les Romains, à l'occasion de l'ouvrage de M. Keller. In-8 (Hennuyer), 56.

ASIE (l') d'après les voyageurs les plus célèbres, 3ᵉ éd. In-12, Lille, Lefort, 60. » 85

— et Amérique ou tableau intéressant de la religion, des mœurs, usages et coutumes divers des populations de ces deux parties du monde. In-12, Lehuby, 55. » 90

ASPIRANT (l') en Chine, trad. de l'anglais. In-18 (Toulouse), Libr. protest., 58. » 60

ASSANCE (l'). Voy. Lecourtier.

ASSAS (L. d'). La Vénus de Milo, comédie en trois actes, en vers. In-12, Michel Lévy frères, 58. 1 50

ASSASSINAT du maréchal d'Ancre. In-18, Hachette, 58. » 75

— de M. Péchard, relation complète des débats. In-4, Havard, 58. » 75

ASSASSINS (les) politiques. Deux mots à l'Angleterre. In-8, Lebigre-Duquesne, 58. » 40

— ou les brigands de la vallée. Les crimes, etc. In-18, Lebailly, 53. » 40

ASSELIN (A.). Journal de voyage d'un touriste. In-12, Maison, 53. 3 »

ASSELINE (A.). Le cœur et l'estomac. In-16, Michel Lévy frères, 54. 1 50

— Enlèvement d'Hélène. In-18, Dentu, 57.

ASSELINEAU (Ch.). Les albums et les autographes. In-8, Alençon, Poulet-Malassis, 55.

— André Boulle, ébéniste de Louis XIV. In-12, Dumoulin, 55. 1 »

— Mon cousin don Quixote, physionomie d'un Philhellène. In-8, Poulet-Malassis, 58. 1 »

— La double vie, nouvelles. In-12, Poulet-Malassis, 58. 3 »

— L'enfer du bibliophile. In-18, Tardieu, 60. »

— Histoire du sonnet, 2ᵉ éd. In-16 (Alençon, Poulet-Malassis), 56.

— Notice sur Jean de Schelandre, poëte verdunois, 2ᵉ éd. In-16 (Alençon, Poulet-Malassis), 56.

— Notice sur Lazare Bruandet. In-8, Dumoulin, 55.

— et Andebrand et de Banville. Fontainebleau. In-12, Hachette, 55. 3 50

ASSEMAINE. Quelques mots au clergé en faveur des missions. In-8 (Saint-Nicolas-de-Port, Trenel), 57.

ASSEZAT (J.). Affaire Mortara, le droit du père. In-8, Dentu, 58. 1 »

— et Debuire. Magnétisme et crédulité. In-8, Garnier, 53. » 30

ASSIER (A.). Les archives curieuses de la Champagne et de la Brie. In-8, Troyes, Bouquot, 53.

— Compte de l'œuvre de l'église de Troyes. In-12, Troyes, Bouquot, 55.

— Légendes, curiosités et trad. de la Champagne et de la Brie. In-8 (Troyes), Aubry, 60. 5 »

— Les participes mis à la portée des enfants. 2 vol. in-18 (Troyes), Dezobry et Magdeleine, 52.

— et Brevot Nouvel atlas du premier âge. In-4, Troyes, Bouquot, 58. 1 50

ASSIER (d'). Nouvelle grammaire française. In-8 (Toulouse, Troyes), 57.

ASSIER DE VALENCHES (d'). Mémorial de Dombes, 1523-1771. Gr. in-8 (Lyon, Perrin), 54.

— Notice historique et généalogique sur la maison de la Rochette. In-8 (Lyon, Perrin), 56.

ASSIMILATION (de l') du lactate de fer. In-8, P. Asselin, 60.

ASSOCIATION à l'amour des sacrés cœurs de Jésus et de Marie. In-32 (Tournai), Lethielleux, 58. » 40

— de la bonne mort. In-32, Bordeaux, Dupuy, 58.

— à la bonne mort, érigée à Marseille. In-18 (Marseille, Chauffard), 59. » 25

— à la dévotion des cœurs de Jésus et de Marie. In-32, Albanel, 58. » 50

— de prières contre le blasphème. In-32, Tours, Mame, 58. » 40

ASSOLANT (A.). Brancas. Les amours de Quaterquem. In-12, Hachette, 60. 2 »

— Deux amis en 1792. In-12, Hachette, 59. 2 »

— Histoire fantastique du célèbre Pierrot. In-12, Michel Lévy frères, 60. 1 »

— La mort de Roland, fantaisie épique. In-12, Hachette, 60. 2 »

— Scènes de la vie des Etats-Unis. In-12, Hachette, 58. 2 »

ASTETE (G.). Catesimo de la doctrina cristiana. In-18 (Dubuisson), 60.

— Id. idem. In-16 (Blot), 60.

— Catecismo de la doctrina cristiana. In-32 (Gratiot), 56.

— Catecismo de la doctrina cristiana. In-32, Rosa et Bouret, 56.

ASTIER (F.). Exercices sur le calcul mental, 2ᵉ éd. In-18, Charleville, Malfait-Patez, 53. » 25

ASTIER-MAIGRE. Etude sur la clôture du canon de l'Ancien Testament. In-8 (Strasbourg, Silbermann), 59.

ASTOUIN (L.). Gerbes d'épis, poésies. In-12, Dentu, 54.

— Perles de rosée, poésies. In-12 (Marseille, Barlatier-Feissat), 56.

ASTRE (F.). Comparaisons employées par Dante dans sa divine comédie. In-8 (Toulouse, Douladoure), 58.

— Les intendants du Languedoc. 1ʳᵉ p. In-8 (Toulouse, Douladoure), 60.

— Recherches et appréciations sur l'anc. cout. de Toulouse. In-8 (Toulouse, Gibrac), 53.

— Suite des recherches et appréciations sur l'anc. coutume de Toulouse. In-8 (Toulouse, Douladoure), 54.

ASTRIÉ (E.). Des rentes dans le droit français. In-8 (Thunot), 53.

ASTRIÉ-ROLLAND (G.). De la médication thermale sulfureuse. In-4, Labé, 52. 6 »

ASTRONOME prophétique. In-16, Mᵐᵉ Lebeuf, 57.

ASTRONOMIE mise à la portée de tout le monde, par M. L... nouv. éd. In-18, Krabbe, 52.

— populaire en tableaux transparents, atlas de 12 pl. avec 6 f. de texte. In-4 (Bruxelles), Magnin, Blanchard, 58. 14 »

ASTRUC (A.). A mes coreligionnaires des rites portugais et allemand. In-16, Bordeaux, Feret, 60.

— Dialogue entre un vieux de la vieille garde et un vieux de la jeune république. In-8 (Saintin), 52.

— La haggada, cérémonies du culte israélite. In-18 (Wittersheim), 52. 5 »

— Les juifs et L. Veuillot. In-8, Dentu, 59. 1 »

— Poésies israélites. Prières quotidiennes et du samedi. In-16, Bordeaux, Feret, 53. 5 »

ASTRUC (Z.). Beaux-arts. Le salon intime. In-12, Poulet-Malassis, 60. 1 »

— Les quatorze stations du salon, 1859. In-18, Poulet-Malassis, 59. 2 »

ATELIER (l') ou la famille Lacombe. In-18, Lille, Lefort, 59. » 60

ATHÆNEUM français réuni depuis 1856 à la Revue contemporaine. Voy. Revue contemporaine.

ATHANASE (saint). Vie de saint Antoine, trad. par Maunoury. In-12, Dezobry et E. Magdeleine, 58. 1 »

ATHÉNAS (R. A.). Guide général des baigneurs aux eaux minérales de Bourbonne-les-Bains, 2ᵉ éd. In-12, Bourbonne, au cabinet littéraire, 53.

ATHÈNES (anc. Hippone). Description de la capitale de la Grèce. In-8 (Athènes), Durand, 60. 3 »

— sa religion et ses philosophes. In-18 (Toulouse), Libr. protest. 54. » 20

ATLAS de geografia universal quæ contiene 24 mapas. In-4, Rosa et Bouret, 57. 8 »

— historique et topogr. de la guerre d'Orient de 1854 à 1856, publ. par ordre du ministre de la guerre, 34 c. et texte. Gr. in-fol. obl., Dumaine, 59. 150 »

— Migeon, revu par Vuillemin, hist. scientif., industrielle, etc., 36 c. et texte. In-fol. obl. (19, rue du Chemin des plantes), 60.

— national des départements de la France. In-8, Vaublotaque (174, rue St-Jacques), 60. 2 »

ATLAS national des départements de la France. In-8, Vanblotaque (174, rue Saint-Jacques), 60. 2 »

ATMAYER. Recherches sur les moyens de remédier aux résultats de la maladie de la pomme de terre. In-8 (Metz, Blanc), 55.

ATMOSPHÈRE (l'). Imité de l'anglais. In-18 (Toulouse), Libr. protest., 59. » 60

ATTAR. Mantic uttair, ou le langage des oiseaux. In-8, Benjamin Duprat, 57.

ATTEL—LUTTANGE (d'). Inscription de l'ennéagone. In-8 (Metz, Vᵉ Maline), 57.

ATTENTAT (l') du 14 janvier. In-8, Troyes, Bouquot, 58.
— du 14 janvier. Orsini, Pieri et consorts. In-4 (Firmin Didot), 60. » 50
— du 14 janvier 1858, histoire contemporaine. In-4, G. Barba, 58. 1 10

ATXEM (H.). Adolescence. Deux lignes ou résultats de l'éducation. In-12 (14, rue Pavée St-André), 58. » 60
— Le bijou délateur. In-12, 56.
— Le bon fils ou l'heureuse rencontre. In-32. » 20
— M. Chevalier ou les soirées intimes. In-8. » 90
— Compliments de bonne année. In-12, 51.
— Contes du grand papa. In-18, 60.
— Contes enfantins. In-18, 58.
— Défauts enfantins. In-32, 58. » 20
— La désobéissance punie. In-32, 60.
— Deux cents francs de rente. In-12, 58. » 40
— Un dévouement filial. In-12, 57.
— Les états de l'Europe. In-12, 56.
— Les fées des enfants. In-18, 60.
— La flore de l'enfance. In-12, 52.
— Grand'maman Perrin, premières soirées. In-12, 58. » 55
— L'incendie ou les enfants adoptifs. In-12, 58. » 55
— Une macédoine. In-12, 59. » 50
— Un matelot. In-32, 60.
— Mœurs et usages des Israélites. In-12, 58. » 50
— Morale. In-12, 58. » 60
— L'orgueilleux corrigé. In-12, 56.
— Orphelin et orpheline. In-12, 58. » 55
— Petits contes. In-32, 58. » 20
— Les petits ramoneurs. In-18, 60.
— Peu ou rien. In-12, 53.
— Préliminaire de lecture. In-18, 58.
— Première lecture. In-18, 54.
— Le prince des abeilles. In-18, 57. » 40
— Quelques notions. In-18, 58. » 30
— Rondes, chansonnettes comiques. In-12, 58.
— Le rosier blanc. In-12, 57.
— Les savoyards, suite des petits ramoneurs. In-12, 58 » 50
— Solutions des principales difficultés orthographiques. In-12, 57.
— Théâtre enfantin. Jeunes demoiselles. In-18, 55.
— Les vices moraux. In-12, 54.
— et Caron. Augustin ou l'orphelin sous les auspices de Marie. In-12, 60. » 40
Tous ces ouvrages se trouvent chez M. Conte Atxem (14, rue Pavée-St-André-des-Arts).

ATYS (Rochet). Tarif des matières d'or, 6ᵉ éd. In-8, chez l'auteur (114, rue St-Martin), 52. 2 50
— Id. Tarif d'argent, même prix.

AUBANEL fils (J.). Principes élémentaires d'arithmétique, 5ᵉ éd. In-12, Avignon, Aubanel, 53.

AUBANEL (Th.). La miongrano entreduberto, trad. en regard. In-12 (Avignon), Tardieu, 60. 3 50

AUBAS (E). Les moghrabines, poésies algériennes. In-12 (Hennuyer), 55.

AUBÉ. Note sur le défaut de croisement des espèces animales. In-8 (Martinet), 58.

AUBÉ. De l'accouchement prématuré artificiel. In-4, Delahaye, 59. 2 »

AUBÉ. Pierre Gassendi. In-8, Didot, 57.

AUBÉ (Ph.). Le serpent d'airain. Anneau sacré des chiffres de la pensée. In-8 (Elbeuf, Barbé), 56.

AUBE DU JOUR (l') ou première série d'instructions bibliques, trad. de l'anglais. In-18, Libr. protest., 59. » 50

AUBEL (L.). Méthode de lecture. In-12, Montluçon, Blondat, 58. » 60

AUBENAS (J.). Histoire de l'impératrice Joséphine. 2 vol. in-8, Amyot, 58, 59. 14 »

AUBÉPIN (H.). De l'influence de Dumoulin sur la législation française. 1 vol. en deux parties. En vente 1ʳᵉ p. In-8, Durand, 55. 3 »
— M. G. Delisle, sa vie et ses ouvrages. In-8, Durand, 56.
— Molitor, sa vie et ses ouvrages. In-8 (Hennuyer), 55.
— Pascalis, avocat au parlement de Provence. In-8, Durand, 56.

AUBER (l'abbé). L'abbaye de Fontgombaud. In-8, Blériot, 58.
— De l'architecture religieuse au XIXᵉ siècle. In-8, Blériot, 59.
— Histoire de la cathédrale de Poitiers. 2 vol. in-8 (Poitiers), Derache, 50. 12 »
— Histoire du symbolisme chrétien. In-8, Derache, 57.
— Instructions de la commission archéologique diocésaine à Poitiers. In-8, Derache, 51.
— Notice sur un reliquaire de l'époque romane. In-8, Blériot, 59.
— Saint-Maximin de Trèves et Saint-Maximin de Poitiers. In-8 (Poitiers, Dupré), 57.
— Vies des saints de l'église de Poitiers. In-32 (Poitiers), Palmé, 58. 1 20

AUBER (le doct. E.). L'esprit du vitalisme et de l'organicisme. In-8, Germer Baillière, 55. 2 »
— De la fièvre puerpérale devant l'Académie de médecine. Germer Baillière, 58. 3 50
— Guide médical du baigneur. In-8, Germer Baillière, 51. 3 50
— Traité de la science médicale. In-8, Germer Baillière, 53. 8 »

AUBERGE (l') des Adrets, drame, par MM. Benjamin et autres. In-8. Tresse, 57. 1 »
— du pigeon blanc, suivi de Edmond. In-32, Tours, Mame, 59. » 25

AUBERGIER (H.). Mémoire sur l'opium indigène. In-8, Baillière et fils, 53.

AUBERVILLE (Ch.). Les bandits célèbres du XVIIᵉ siècle. In-18, Pouget-Coulon, 58. 1 »
— Voyage d'un curieux dans Paris. In-12, Sarlit, 60. 1 »
— Voyage en Grèce. In-12, Sarlit, 60. 1 »

AUBERT. Etrennes d'un bourgeois de Paris à ses concitoyens. In-8 (Pinard), 54.

AUBERT. Recueil de copies de lettres sur l'équitation. In-8 (Cosse), 55.

AUBERT. De la forme du délire chez les aliénés pellagreux. In-8 (Martinet), 58.

AUBERT. Rétablissement du lait par l'électricité. In-8, (Mâcon, Protat), 58.

AUBERT (A.). Méthode de lecture pour les écoles primaires. In-12, Draguignan, Garcin, 57.

AUBERT (l'abbé F.). Méthode élémentaire de plainchant. In-8, Digne, Repos, 55.

AUBERT (l'abbé Marius). L'ami des chrétiens. In-32, Châtillon-s.-S., Cornillac, 55.
— L'ange de la terre ou l'ami de Jésus-Christ. In-18, Périsse frères, 58. » 40
— Le beau soir de la vie chrétienne. In-32, Châtillon, Cornillac, 55.
— Le bonheur de la vie ou le service de Dieu. In-18, Périsse frères, 58. » 40
— Le bouclier de l'innocence. In-32, Châtillon, Cornillac, 55.
— La clef d'or. In-32, Châtillon, Cornillac, 56.
— Les délices du jeune âge, ou le joug du Seigneur. In-18, Périsse frères, 58. » 70
— L'étendard de la foi. In-32, Châtillon, Cornillac, 56.
— Explication de l'ordinaire de la messe. In-18, Périsse frères, 58. » 40
— Les fontaines de la vie. In-32, Châtillon, Cornillac, 55.
— La forteresse du salut. In-32, Châtillon, Cornillac, 55.
— La guerre sainte ou les passions du cœur. In-18, Périsse frères, 58. ».40

AUBERT (l'abbé Marius). Guide du catéchiste. In-18, A. Leclere et Cie, 58. 3 »
— Manuel des enfants de Marie. In-18. Périsse frères, 58.
— Le mont Sinaï. In-32, Châtillon, Cornillac, 55.
— La morsure du serpent. In-32, Châtillon, Cornillac, 55.
— La nouvelle Babylone. In-32, Châtillon, Cornillac. 55.
— Prodige d'amour, ou présence de Jésus-Christ dans l'eucharistie. In-18, Périsse frères, 58. » 40
— Le retour à Dieu, ou les motifs de conversion. In-18, Périsse frères, 58. » 40
— Le sacrifice de l'autel. In-18, Périsse frères, 58 » 40
— Les serpents et les fleurs. In-32, Châtillon, Cornillac. 55.
— Suivez-moi et je vous guiderai. In-18, Périsse frères, 58. » 40
— Traité de la présence réelle de J.-C. dans l'eucharistie. In-18, Périsse frères, 56. » 40
— Traité de la sainte communion. In-18, Périsse frères, 56.
— Tratado de la divinidad de la confesión. In-32 (Vannes, Delamarzelle), 59.
— Trésors des enfants de Marie. In-18, Périsse frères, 58.
— Venez à moi et je vous soulagerai. In-18, Périsse frères, 58. » 40
— La vertu des chérubins, ou l'amour de Dieu. In-18, Périsse frères, 59. » 40
— La vertu des séraphins, ou l'amour de Jésus-Christ. In-18, Périsse frères, 59. » 40
— El viage angélico o el palacio del amore divino. In-16 Mézin, 57.
— Le voyage angélique, ou le palais de l'amour divin. In-18, Périsse frères, 57. » 40
Les ouvrages que l'auteur a publiés chez Périsse frères existent chez ces éditeurs également dans une édition in-12 au prix de 70 cent. le vol.
AUBERT (H.). Considérations liturgiq. sur le cérém. des évêq. et sur Bossuet. In-8 (40, rue Bonaparte), 60.
AUBERT (L.). Moyens de préserver les navires des abordages. In-folio (Bry), 57.
— Nouveau système de constructions navales. In-8 (57, rue de Vaugirard), 58.
AUBERT (M.). Souvenir du salon de 1859. In-18, Tardieu, 59. 1 50
AUBERT (Mme). Manuel d'économie élégante. In-18, Taride, 59. 1 »
AUBERT (le P. C.). Leçons d'arithmétique. In-12, veuve Poussielgue-Rusand, 58. 2 25
— Petit traité des vertus. In-32, veuve Poussielgue-Rusand, 57. » 50
— Premières leçons d'arithmétique décim. In-12, veuve Poussielgue-Rusand. 60. 1 25
— Traité d'algèbre. In-8, veuve Poussielgue-Rusand, 56. 3 »
AUBERT (T.). Les mosaïques de la cathédrale d'Aoste. In-4, V. Didron, 57. 3 25
AUBERTIN. Étude critique sur les rapports supposés entre Sénèque et saint Paul. In-8, Durand, 57. 5 »
— De sapientiæ doctrinis a Ciceronis morte ad Neronis principatum. In-8, Durand, 57. 2 »
— Les protestants à Beaune, étude historique. In-4 (Beaune, Cottelot), 57.
AUBERTIN (C.). Compositions littéraires, franç. et latines. In-12, Dezobry et Magdeleine, 54. 2 50
AUBERTIN (le R. P. A.). La vie de sainct Astier, religievx, anachorète, confessevr. In-8 (Périgueux, Faure), 55.
AUBERVAL (Mlle d'). Quatre nouvelles fantastiques. In-8 (Henri et Ch. Noblet), 58.
AUBÉRY (d'Orange). Deux lettres sur la géologie. In-8 (Vienne, Roure), 53.
AUBEUX-CLAVIER. Plafonds cintrés en briques. In-4 (Angers, Cosnier et Lachèse), 57.
AUBIERS (V. des). De l'administration et de ses réformes. In-8, Paul Dupont, 52. 3 »
— Manuel des préfets et sous-préfets, 2e éd. Cosse et Marchal, 52. 5 »
AUBIGNÉ (Agrippa d'). Les aventures du baron Fœneste. In-18, Jannet, 55. 5 »
— De la douceur des afflictions. In-8, Aubry, 58. 1 50

AUBIGNÉ (Agrippa d'). Mémoires publiés p. L. Lalanne. In-18, Charpentier, 54. 3 50
— Les tragiques, édit. annotée par Lud. Lalanne. In-16 (Guirandet et Jouaust), 57. 5 »
AUBIGNY (d'). Scènes intimes. In-12, Lacroix-Comon, 54.
AUBIN (J. M.). La leçon du samedi, simples conversations d'un instituteur. In-12, chez l'auteur (29, rue Blomet-Vaugirard), 55.
AUBIN-NORMAND. Peintures des manuscrits, orfévreries et costumes français, etc. In-8 (Amiens, Caron), 55.
AUBINEAU (L.). Histoire des petites sœurs des pauvres. In-12, Nancy, Vagner, 55.
— Les jésuites au bagne. In-18, Gaume, 50.
— Notice s. M. Desgenettes, curé de N. D. des Victoires. In-18, Douniol, 60. » 50
— Notice sur Mme la marquise Lebouteiller. In-18, Bray, 57. » 75
— Notices littéraires sur le dix-septième siècle. In-8, Gaume et Duprey, 59. 6 »
— Les serviteurs de Dieu, 2e éd. 2 vol. in-12. Lethielleux, 60. 5 »
— Vie de la révérende mère Émilie. In-12, Vivès, 55. 3 »
AUBINEAU (dit Poitevin-la-Fidélité). Traité complet et pratique de la construction des escaliers en charpente et en pierre. In-18 et atl. in-folio, Dunod, 55. 12 »
AUBRAYE et Férard. Premier alphabet, ou syllabaire à l'usage des comm. In-18, Guérin, Müller et Cie, 60. » 15
— Second alphabet. In-12, Guérin, Muller et Cie, 60. » 50
AUBRÉE (C.). Traité pratique de photographie. In-8, Germer Baillière, 51. 2 50
— Opuscule photographique sur le collodion. In-8 (Carré), 52. 3 »
AUBRÉE (L. E.). Cours de géométrie descriptive, 2 part. In-4 (Châlons-s-M., Barbat), 55.
— Du parallélogramme de Watt. Petit in-folio (Châlons-s-M., Barbat), 52.
AUBRÉVILLE (L. d'). Echelles p. la conversion immédiate et récipr. des monnaies et des poids de commerce. In-plano, chez l'auteur (18, rue St-Gilles), 50.
— Les mesures, poids et monnaies de tous les pays. In-8 (18, rue St-Gilles), 52.
AUBRIN (A.). Loisirs d'un républicain malgré lui. In-8, Garnier, 51.
AUBRION. Journal de Jehan Aubrion, bourgeois de Metz. In-8 (Metz, Blanc), 57.
AUBRUN (A.). Agriculture matérielle. In-8, Poitiers, Létang, 51.
AUBRY (l'abbé). Ballon, Saint-Mards et Saint-Ouen, ou histoire religieuse des trois paroisses. In-8, au Mans, Galienne, 52.
AUBRY (J. E.). Grande revue de tous les théâtres de Paris. In-12 (25, rue Fontaine-Saint-Georges), 58.
— Notice biographique sur Melingue. In-12 (64, rue Fontaine-au-Roi), 58.
AUBRY (M.). Théorie et pratique, ou l'union de l'économie politique avec la morale. In-12, Guillaumin, 51. 1 25
AUBRY (P.). L'Amour et Psyché, vaudeville. In-8, Beck, 58. » 60
AUBRY et Rau. Cours de droit civil français d'après l'allem. de Zachariæ, 3e éd., 6 vol. In-8, Cosse et Marchal, 60. 48 »
AUBRYET (X.). La femme de vingt-cinq ans. In-12, Michel Lévy frères, 58. 1 »
— Les jugements nouveaux, philosophie de quelques œuvres. In-18, Librairie nouvelle, 60. 3 »
AUBUISSON DES VOISINS. Traité d'hydraulique. In-8, Langlois et Leclercq, Garnier, 58. 10 »
(L'édition de cette année n'est qu'un nouveau tirage de la 2e éd. sans aucun changement.)
AUBURTIN (le doct. E.). Recherches cliniques sur les maladies du cœur. In-8, Viat, 55. 6 »
— Recherches cliniques sur le rhumatisme articulaire aigu. In-8, Adr. Delahaye, 60. 3 50
AUBURTIN. La grammaire des enfants. In-12, Ducrocq, 59.

AUCAPITAINE (H.). Les confins militaires de la grande Kabylie. In-18 (Moquet), 57.
— Étude sur l'origine et l'hist. des tribus berbères de la haute Kabylie. In-8, Duprat, 60.
— Études récentes sur les dialectes berbers de l'Algérie. In-8, Challamel, 59.   1 25
— Voyage au Soudan oriental en 1847 et 48, p. Tremaux. Rapport. In-18 (Lacour), 53.
— Les Yem-Yem, tribu anthropophage de l'Afrique centrale. In-8, Challamel, 48.   » 50
AUCHÉ. Inondation de 1856. In-12 (Saumur, Godet), 57.
AU CLAIR DE LA LUNE, historiette en un acte à l'usage des collèges. In-12, Bordeaux, Chaumas, 58.   » 75
AUCLER (A.). Projet de réforme sur la loi des faillites. In-8 (Vinchon), 50.
AUCOC (Léon). Des sections de commune; des droits, des charges. In-12, Paul Dupont, 58.   4 »
AUCOC (Louis). Des obligations respectives des fabriques et des communes. In-8, Cotillon, 58.   1 50
AU COIN DU FEU, par P. D. In-18, Limoges, Ardant, 52.
AUCTOR. La costumétrie, art de vêtir, mis en corps de science. 2 vol. in-8 (3, rue des Jeûneurs), 59.
AUDEBERT. Vie de Monseigneur Sibour, archevêque de Paris. In-32, Bertin, 57.
AUDEBRAND. Le panier de pêches. In-8, Charlieu, 57.   » 60
AUDELANGE (d'). De l'amour, chapitre extrait de la physiologie des passions. In-8, chez l'auteur (54, boulevard du Temple), 59.   » 75
— L'ermite de Matapan. In-12, Libr. nouv., 60.   2 »
AUDEVAL. Corilda. In-8 (12, rue du Croissant), 57.
AUDIAT. Réginald Heber, poëte anglais, évêque de Calcutta. In-8, Saintes, Lacroix, 59.
AUDIAT (L.). A Marie. Pour les pauvres. In-12, Moulins, Desrosiers, 55.   » 25
— F. Péron de Cherilly, sa vie et ses ouvrages. In-16, Moulins, Enaut, 55.
— Poésies nouvelles. In-8, Moulins, Enaut, 57.
AUDIBERT. Tables pour la rac. car. et cub. de tous les nombres. In-18 (le Hâvre, Lepelletier), 58.
AUDIBERT (H.). Indiscrétion et confidences. In-12, Dentu, 57.   2 »
— Aux ouvriers mécaniciens. In-8 (le Hâvre), Lacroix, 55.   1 50
AUDIBERT (M.). Nouvel alphabet des alphabets en six leçons. In-8, Hachette, 55.
ANDIERNE (l'abbé). Ban et arrière-ban de la sénéchaussée du Périgord en 1557. In-8 (Périgueux, Dupont), 57.
— Épigraphie de l'antique Vésone. In-8, Périgueux, chez l'auteur, 58.   3 »
— Le Périgord illustré, guide de la Dordogne. In-8, Périgueux, Dupont, 51.   7 50
— Les thermes de Vésone. In-8, Périgueux, chez l'auteur, 58.   » 75
AUDIFFRED (A.). Premières pages de la vie. In-8, Ledoyen, 55.
AUDIFFRED (H.). L'été à Aix en Savoie, nouveau guide. In-18, Fontaine, 59.
— Un mois à Vichy, guide pit. et médical. 3e éd. In-18, Dauvin, 51.   3 50
— Quinze jours au mont Dore. In-18, Dauvin, 50.3 »
AUDIFFRET (L. D.). Entre deux paravents. Théâtre des salons de famille. In-8, Dentu, 60.   4 »
— Poëmes du Drame. In-18, Dentu, 57.   3 »
AUDIFFRET (Marquis d'). Réforme de l'administration financière. In-8, Guillaumin, 55.   » 75
— Système financier de la France, nouv. éd. 5 vol. in-8, Guillaumin, 54.   37 50
AUDIGANNE (A.). Les chemins de fer aujourd'hui et dans cent ans. 2 vol. in-8, Capelle, 58.   15 »
(Le 2e vol. est encore sous presse.)
— François Arago, son génie et son influence. In-18, Garnier, 57.   1 »
— L'industrie contemporaine. In-8, Capelle, 56.   8 »

AUDIGANNE (A.). Les ouvriers en famille, 5e éd. In-32, Capelle, 58.   1 »
— Les populations ouvrières et les industries de la France, 2e éd. 2 vol. in-8, Capelle, 60.   15 »
AUDIGIER (d'). La vie de garçon, souvenirs anecdotiques. In-18, Dentu, 59.   2 »
AUDIN (J. M.). Études sur la réforme. 9 vol. in-12, Maison, 56.   31 50
     Séparément :
Histoire de Luther, 7e éd. 3 vol. 10 50
— de Calvin, 6e éd. 2 vol. . . . . 7 »
— de Léon X, 4e éd. 2 vol. . . . . . . 7 »
— de Henri VIII, 4e éd. 2 vol. . . . . . 7 »
AUDINET. Notions diverses sur les verbes grecs, 3e éd. In-8, Poitiers, Létang, 56.
— Prosodie latine élémentaire. In-12, E. Belin, 58. » 75
AUDIZIO (Mgr). Leçons d'éloquence sacrée. In-8 (Liége), Borrani, 59.   3 »
AUDLEY (Me A.). Les veillées de la chaumière, imit. de l'angl. In-18, Douniol, 52.   1 50
AUDOIN. Indicateur de la Haute-Vienne, almanach. In-16 (Limoges), Durand, 58.   » 50
AUDOIN. Louis XI à Péronne, pièce. In-8 (Limoges); sous les arcades de l'Odéon à Paris, 55.
AUDOT (L. E.). L'art de chauffer par le thermosiphon. In-4, Audot, 57.   3 »
— Art de faire à peu de frais les feux d'artifice. In-12, Audot, 53.   3 »
— La cuisinière de la campagne et de la ville, 40e éd. In-12, Audot, 60.   3 »
— Traité de la composition et de l'ornement des jardins. In-4, av. atl., Audot, 59.   25 »
AUDOUIN (J.). Marie ou la morte mariée, drame. In-8 (Limoges, Decourtieux), 55.
AUDOUIT (le doct.). Étude sur l'hydrocotyle asiatica. In-8, Baillière et fils, 57.   2 »
— Du progrès en thérapeutique par l'homœopathie. In-8, Baillière et fils, 56.   » 75
— Du système de M. Bazin sur la teigne. In-8, Baillière et fils, 57.
AUDOUIT (E.). Histoire des moyens de communication, suivie d'un coup d'œil sur les châteaux. In-8, Desesserts, 51.
— Les plantes curieuses. In-12, Desesserts, 50.   4 »
AUDRA (E.). Exposé critique du ministère Darbyste, thèse. In-8 (Strasbourg, veuve Berger-Levrault et fils), 55.
AUDRAN (G.). Les proportions du corps humain. In-folio, Bance, 55.   9 »
AUDRAY-DESHORTIES (E.). Les souliers du poëte, épisode en vers. In-18, Beck, 59.   » 60
AUDUBON. Scènes de la nature dans les États-Unis, trad. par É. Bazin. 2 vol. in-8, P. Bertrand, 57. 15 »
AUDY. Conseils hygiéniques pour l'entretien de la bouche et des dents. In-8 (Compiègne, François), 54.
AUERBACH. Contes. In-16, Hachette, 53.   1 »
AUFAUVRE (A.). Les anciens édifices de Troyes. In-4, Troyes, Varlot, 53.
— Les enfants de la neige. In-4, Châtillon, Rodet, 57.
— Fontainebleau, son château, sa forêt et les environs. In-18, Garnier, 50.   » 75
— Le grand veneur chronique du temps de Henri IV. In-4, Schultz et Thuillié, 58.   1 50
— Jean le septembriseur. In-4 (Troyes), Schultz et Thuillié, 58.
— Les masques noirs après l'orage. Nouvelles. In-4, Schultz et Thuillié, 57.   1 »
— Les tablettes historiques de Troyes. In-8 (Troyes), Dumoulin, 58.   3 »
— Troyes et ses environs, guide. In-12 (Troyes), Schultz et Thuillié, 60.   1 »
— et Ch. Fichot. Les monuments de Seine-et-Marne, avec 98 pl. In-folio (39, rue de Sèvres), 58. 176 »
AUFRÈRE-DUVERNAY (Ch.). Notice historique et critique sur les monuments érigés à Orléans en l'honneur de Jeanne d'Arc. In-8, Tresse, 55.   1 25
AUGÉ. Arithmétique élémentaire. In-18, E. Belin, 55.
    » 50

AUGÉ (L.). A quelles conditions la république ou une monarchie est possible. In-8, Ladrange, 50. 2 »
— Philosophie de la religion. In-8, Durand. 7 »
AUGÉ (P.). Épître à une jeune veuve. In-16, Amyot, 55.
AUGER (l'abbé). Explication des principaux mystères de la foi. In-12 (Dieppe, Delevoye), 56.
— Notice sur la vie de deux serviteurs de Dieu, Godot et Fourneret de Troyes. In-18, Plancy, Société de Saint-Victor, 52.
AUGER (E.). Voyage en Californie. In-16, Hachette, 54.
1 50
AUGER (H.). Les perles de Genghis-Khan. 2 vol. In-18, Mellier, 58. 7 »
AUGER (V.). L'Empereur. In-18, Garnier, 53.
AUGER DE BEAULIEU (H.) et de Charnal. Puisque des rois épousent des bergères, pièce en 3 actes. In-8, Mifliez, 60. » 50
AUGEROLLES (A. d'). Souvenirs d'Asnières. Mlle de Fontanges, roman d'amour. In-18, Libr. nouv., 52.
1 »
AUGIER. Douanes françaises. In-8, Marseille, Barlatier-Feissat et Demouchy, 57.
AUGIER (C.). Escarmouches politiques. In-8 (au Puy, Audiard), 51.
AUGIER (E.). L'aventurière, comédie en vers. In-18, Michel Lévy frères, 60. 2 »
— La ceinture dorée, com. In-12, M. Lévy fr., 55. 1 50
— La ciguë, comédie. In-18, M. Lévy frères, 53. 1 50
— Diane, drame. In-18, M. Lévy frères, 53. 2 »
— Discours prononcé à sa réception à l'Académie. In-8, M. Lévy frères, 54. 1 »
— Gabrielle, com. In-18, Michel Lévy frères, 56. 2 »
— Un homme de bien, com. In-18, M. Lévy fr., 57. 1 50
— La jeunesse, com. In-18, Michel Lévy fr., 58. 2 »
— Le joueur de flûte, comédie. In-16 (12, boulev. Saint-Martin), 54. 1 50
— Le mariage d'Olympe, pièce en prose. In-18, Michel Lévy frères, 59. 1 50
— Les méprises de l'amour, comédie. In-18, M. Lévy frères, 52 »
— Les pariétaires, poésies. In-16, M. Lévy fr., 55. 1 »
— Philiberte, comédie. In-18, M. Lévy fr., 53. 1 50
— La pierre de touche, comédie. In-18, Michel Lévy frères, 54. 2 »
— Poésies complètes. In-12, Michel Lévy fr., 57. 1 »
— Sapho, opéra, musique de Gonnod. In-18, Michel Lévy frères, 51. 2 »
— Théâtre complet de la collection Hetzel. 6 vol. In-32, Michel Lévy frères, 57. 6 »
— et Foussier. Un beau mariage, comédie. In-18, Michel Lévy fr., 59. 2 »
— et Foussier. Les lionnes pauvres, pièce en 5 actes. In-18, Michel Lévy fr., 58. 2 »
— et Sandeau. Le gendre de M. Poirier, comédie. In-18, Michel Lévy fr., 58. 2 »
AUGOYAT (le colonel). Aperçu historique sur les fortifications, 2e éd., 1re p. In-8, Tanera, 60. 6 »
— Création d'une digue à la mer au moyen de rochers, etc. In-8 (Martinet), 51.
— Examen du traité sur l'artillerie navale, par Howard Douglas. In-8, Dumaine, 53. 4 »
— History of the royal sappers and miners. In-8 (Martinet), 59.
— Journal des opérations de l'artillerie et du génie au siège de Rome en 1849. In-8, Dumaine, 52. 1 50
— Notice historique sur la place de Casal. In-8 (Dumaine), 52. 2 »
— Notice sur les Chastillon, ingénieurs des armées, etc. In-8 (Martinet), 56.
— Notice historique sur de Choisy. In-8 (Martinet), 50.
— Notice sur les services du général Bourcet. In-8 (Metz, Verronnais), 58.
AUGUEZ (P.). Les chants du cœur, poésies. In-4, Dentu, 57.
— Les manifestations des esprits. In-18, Dentu, 57. 2 50
— Les marchandes de plaisirs. In-18, Dentu, 56.
— Miroirs des cœurs. In-12, 2e éd. In-18, Dentu, 55.
1 50

AUGUEZ (P.) Moderne et rococo (7, passage Jouffroy), 54.
— Parfums et caprices, poésies. In-8 (Pillet fils aîné), 54.
— Religion, magnétisme, philosophie. In-8, Dentu, 56,
5 »
— Spiritualisme. In-8, Germer Baillière, 58. 1 50
AUGUSTE. Nouveau régulateur des montres. In-8 (Strasbourg, Silbermann), 53.
AUGUSTE. 3e éd. In-18, Lille, Lefort, 58. » 30
— Fauvel, 3e éd. In-18, Lille, Lefort, 56. » 30
AUGUSTE DE HONGRIE. La noblesse dans les sociétés chrétiennes. In-8, Dentu, 55.
AUGUSTE MARCEAU, capitaine de frégate. In-8, Périsse frères, 59.
AUGUSTIN, 3e éd. In-12, Meyrueis, 56. 2 »
AUGUSTIN (saint). Catéchismes. In-18 (24, rue de la Pépinière), 54.
— Comulgador. In-18, Rosa et Bouret, 51. 2 »
— Les confessions. In-18, Tours, Mame, 59. 1 »
— Id., trad. par Jannet. In-12, Charpentier, 59. 3 50
— Id., trad. par Moreau, Gaume, 60. 3 50
— Id., trad. par Gabriel A. 2 vol. in-18. Périsse. 56. 3 »
— Confessionum libri tredecim. In-32, Périsse, 58. » 90
— Lettres trad. par Poujoulat. 4 vol. in-8, Lesort, 58.
24 »
— Meditationes, soliloquia. In-32, Périsse, 58. 1 »
— Méditations. In-18, Périsse, 56. 1 »
— Id. In-32, Tours, Mame, 53. » 60
— Œuvres. 4 vol. in-12. Périsse, 56.
— Règle. In-6 (Marseille, Olive), 54.
— Id. In-18 (Remquet), 54.
— Regola. In-8 (Marseille, Senès), 52.
— Soliloques. In-18. Périsse, 56. 2 20
— La vie heureuse. 2e éd. In-32, Tours, Mame, 54. » 60
AUGUSTINE. Poésies d'une jeune orpheline de quinze ans. In-32 (Lacombe), 56. 2 »
AUJOULET. Eau chaude obtenue par le sond. aux bains de la Malou-le-Haut. In-8 (Montpellier, Ricard), 58.
AUJOURD'HUI. Libr. prot., 55. » 10
AULAGNIER (le docteur). Des remèdes réputés spécifiques contre la goutte. 2e éd. In-12, Dentu, 60. 3 »
AULAGNIER (F.). Recueil de notes qui établissent l'égarement de la question des voies de transport. In-4 (Lacombe), 50. 3 »
AULARD (A). Éléments de logique. 3e éd. In-18, E. Belin, 60. 4 »
— Essai sur l'accord de la raison et de la foi. In-12, Masgana, 50.
— Examen des principes de la morale sociale. In-12, E. Belin, 53. 1 50
— Études sur la philosophie contemporaine. M. Cousin. In-8 (Nantes, Forest), 59.
AULNAY (Mlle L. d'). Mémoires d'une poupée. In-8, Bédelet, 57. Noir : 3 25 ; col. 4 50
(Plus 75 c. pour le cartonnage.)
— La semaine d'une petite fille. In-18, Bédelet, 57.
Noir : 2 » ; col. 3 »
AULNOY (Mme d'). La belle aux cheveux d'or, conte. In-18, Charmes Mongel, 58.
— Belle-Belle ou le chevalier fortuné. In-16, Montbéliard (Deckherr), 57.
— Contes. In-4, Havard, 51. » 20
— Contes des fées. In-18, Bernardin Béchet, 56. » 45
— Contes des fées. In-18, Epinal, Pellerin, 58.
— Contes des fées. In-18, Le Bailly, 56. » 40
— Contes des fées. In-18, Ruel aîné, 56.
— Contes des fées. La belle aux cheveux d'or. L'oiseau bleu, etc. In-18, Renault et Ce., 60. » 20
— Histoire d'Hippolyte, comte de Douglas. Nouv. éd. 2 vol. in-18, Renault et Ce., 60. » 35
— L'oiseau bleu, conte. In-24, Charmes Mongel, 58.
— La princesse Belle-Étoile et le prince Chéri. In-12, Montbéliard, Deckherr et Barbier, 52.
AULT-DUMESNIL (E. d'). Vie de Pierre l'ermite. In-12 (Abbeville, Briez), 54.
AUMAISTRE. Manière de régler les montres et les pendules. In-18 (Tours), chez l'auteur, 58. 1 »
AUMIER. La somnambule. In-8, Tresse, 57. 1 »

AVILA (d'). Lettres du vénérable Jean d'Avila. In-32, Lyon, Girard et Josserand, 57.

AVIS aux catholiques et aux protestants. Petites confidences. In-8 (Meyrueis), 58.

— aux chrétiens sur les tables tournantes et parlantes, par un ecclésiastique. In-8, Devarenne, 53.

— maternels à mes petits enfants. In-32, Laval, Godbert, 60.

— pratiques pour la confession. In-18, Saintes, Hus, 59.

AVISSE (H.). Etablissements industriels, industries dangereuses, insalubres, incommodes. 2 vol. in-8, Delhomme, Durand, 51, 52.   12 »

AVOCAT (H.). Mon oncle le puriste, vaudeville. In-18, Tresse, 59.   » 50

— sur la frontière, à propos-vaudeville. In-8, Charlieu, 59.   » 30

AVOUT (d'). Mémoire sur la figure de la terre. In-8, Mallet-Bachelier, 52.

— Tables destinées à accompagner le baromètre répétiteur In-18, Mallet-Bachelier, 57.

AVRÉCOUR (d') et Avers. Le banquet des camarades, vaudeville. In-8 (14, rue de Grammont), 50.   » 60

— et Avers. Les vieilles amours, vaudeville. In-8 (12, boulevard St-Martin), 56.   » 60

— et de Léris. Le pot de fer et le pot de terre, vaudeville. In-8, Beck, 57.   » 60

AVRIL (C. A.). Du contrat de mariage. In-8 (Choisnet), 56.

AVRILLON (le R. P.). L'année affective ou sentiments pour l'amour de Dieu. In-12, Périsse frères, 58. 1 10

— Conduite pour passer saintement le temps de l'avent, nouv. éd. In-12, Périsse frères, 60.   » 80

— Conduite pour passer saintement le temps de l'avent. In-18, Tours, Mame, 58.   1 »

— Conduite pour passer saintement le temps du carême. In-12, Lecoffre, 59.

— Conduite pour le carême, pâques et la pentecôte, dernière éd. In-12, Lille, Lefort, 60.   1 50

— Conduite pour passer saintement le temps du carême. In-12, Pélagaud, 59.   1 »

— Conduite pour passer saintement le temps du carême. In-12, Périsse frères, 60.   1 »

— Conduite pour passer saintement le temps du carême. In-12, St-Brieuc, Prudhomme, 56.

— Conduite pour passer saintement le temps du carême. In-12, Tours, Mame, 58.   1 »

— Conduite pour passer saintement les fêtes et octav. de la Pentecôte, etc., nouv. éd. In-12, Tours, Mame, 60.   1 »

— Conduite pour le Saint-Sacrement, l'assomption et l'avent. In-12, Lille, Lefort, 60.   1 50

— Méditations et sentiments sur la sainte communion. In-12, Périsse frères, 58.   1 »

AVY (A.). Les enfants jaloux, comédie-vaudeville. In-18, Fouraut, 59.   » 50

AX (d'). Le conseiller du pianiste. In-32, Castel, 57.

AYALA (J.-L. de). Concilio de Trento en latin y castellano. In-8, Garnier, 55.   4 »

— Id. Rosa et Bouret, 57.   5 »

AYASSE (E.) et de Rheville. Vive l'empereur, pièce. In-8, Giraudet et Jouaust, 52.   » 50

AYCARD (Marie). Agib. In-4, G. Barba, 52.

— L'alignement d'une rue. In-4, G. Barba, 54.

— La cassette. In-4, G. Barba, 54.

— Le château de la Renardière. 4 vol. in-8, de Potter, 54.   28 »

— Le comte de Horn. In-4, G. Barba, 52.   » 90

— Les dames de Tonneins. In-8 (Schiller aîné), 56. (Prime pour le journal la Patrie.)

— Id. In-4 obl. (Nantes, veuve Mangin), 56.

— Le flagrant délit. In-4, G. Barba, 52.

— Madame de Linant. In-4, G. Barba, 54.   1 30

— Mademoiselle Potain; un enlèvement en 1805. In-4, G. Barba, 54.   » 70

— Nouvelles d'hier. In-12, Dagneau, 54.   3 »

— Pierre Baugé, nouvelle. In-8 (Prève), 53.

— Pierre Baugé, nouvelle. In-8, au Journal des faits (18, rue Jean-Jacques-Rousseau), 52.

AYCARD (Marie). Le pistolet anglais. In-4, G. Barba, 54.

— La Renardière. Gr. in-8 à deux colonnes (Schiller aîné), 54.

— M. et Mme Saintot. In-4, G. Barba, 54.   » 50

— La Saurel. In-4, G. Barba, 54.   » 70

— Une sœur du Cid. In-4 (Lille, Lefebvre-Ducrocq), 57.

— William Vernon. In-8 (Prève), 52.

— Id. G. Barba, 52.   » 70

AYMA (L.). Galerie du clergé contemporain. In-18, Dezobry et Magdeleine, 51.   3 »

— Vie du vénérable J.-B. de La Salle, fondateur des écoles chrétiennes. In-12, Aix, Remondet-Aubin, 55.   2 »

AYMAR-BRESSION. Examen critique du système d'immatriculation générale de M. Hébert, notaire. In-8 (Lacour), 51.

— L'exposition univ. de 1855 et l'exposit. agricole de 1856. In-8 (21, rue Louis-le-Grand), 57.

— Revue générale de l'exposition de 1849. In-8 (Simon Dautreville), 51.

AYMAR. Album photograp. d'archéologie religieuse, publié par M. A. Malègue. In-fol. Didron aîné, 57.   65 »

— Recherches archéologiques dans la Haute-Loire. In-8, au Puy, veuve Guillaume, 56.

AYMARD (le doct. S.). La politicomanie ou coup d'œil critique sur la folie révolutionnaire qui a régné en Europe de 1789 à 1851, 2e éd. In-8, Garnier, 53.

AYMARD (le P.). Croix indulgenciées pour le chemin de la croix. In-18 (Chalon-s.-Saône, Montalan), 51.

AYMARD DU RIVAIL. Description du Dauphiné, de la Savoie, etc. In-18, Grenoble, Allier père, 53. 3 50

AYMÉ. Catéchisme raisonné sur les fondements de la foi. In-18, Périsse frères, 58.   » 45

— Fondements de la foi. 2 vol. in-12, Périsse frères, 56   2 40

AYMÈS. La voie lactée conduisant et stationnant au parvis céleste. In-18, chez l'auteur (15, boulevart de la Madeleine), 56.   » 25

AYRAND (P. N.). Statistique raisonnée des animaux domestiques. In-8 (Penaud), 51.

AYRAUD-DEGEORGE. Examen critique de la compagnie générale des caisses d'escompte. In-8 (Arras, Brissy), 53.

AYZAC (Me d'). Abbaye de Saint-Denis. In-8 (Bonaventure et Ducessois), 59.

— Chœur de Notre-Dame-de-Paris. In-8 (Lahure), 55.

AZAIS. Explication et histoire du pays de Grenelle. 11e éd. In-8, Ledoyen, 56.

AZAIS (l'abbé). Dieu, l'homme et la parole, ou la langue primitive. In-8, Derache, 57.   5 »

— Etude sur Maine de Biran. In-8 (Nîmes, Ballivet), 59

— Pélerinage en terre sainte. In-18 (Nîmes), Giraud, 54.   3 50

— Vie de Mgr Jean-François-Marie Cart, 57. 2 50

— Vie de sainte Zite, servante. In-18, Vermot, 57.

— et Domergue. Journal d'un voyage en Orient. In-12, Avignon, Séguin, 58.   1 50

AZAM. De la folie provoquée par les lésions de l'utérus. In-8 (Bordeaux, Gounouilhon), 57.

AZARD (le R. P.). Explication des cérémonies de la messe selon le rite maronite. In-12 (au Mans, Monnoyer), 51.

— Les Maronites. In-12, Cambrai, Deligne et Lesne, 52.

AZEGLIO (M. d'). La politique et le droit chrétien, 8e éd. In-8, Dentu, 60.   3 »

AZÉMA. Histoire de l'île Bourbon depuis 1643 jusqu'au 20 décembre 1848. In-8 (Plon), 59.

AZÉMAR (le col. B. d'). Avenir de la cavalerie. Examen technique. 3 vol. in-8, Leneveu, 60.   10 50

— Avenir de la cavalerie, son rôle dans les batailles. In-8, Leneveu, 60.   1 »

— Combats à la baïonnette, théorie adoptée en 1859 par l'armée d'Italie. In-8, Leneveu, 59.   2 »
(Extrait du Système de guerre moderne.)

— Système de guerre moderne, 2 parties. In-8, Leneveu, 59.   Chaque partie : 3 »

AZÉMAR (le doct.). Mes études sur le choléra. In-8, Germer Baillière, 56. 3 »

AZÉMAR (G. d'). Notice sur les instruments de musique militaire. In-8 (Martinet), 59.

AZEMARD. Rapport sur cette question : Puisque chacun est réputé savoir la loi, etc. In-8, Garnier, 50. » 20

AZUN DE BERNÉTAS. Biographie de M. Vianey, curé d'Ars. In-12 (Grenoble, Prudhomme); Lyon, chez l'auteur, 56. 3 »

— La retraite et ses fruits, sous les auspices de Marie. In-18, Périsse frères, 56.

AZUR. Voy. Almanach.

B

BABAUD-LARIBIÈRE. Histoire de l'assemblée constituante. 2 vol. in-18, Michel Lévy frères, 50. 4 »

— Utilité d'un chemin de fer de Nantes à Limoges. In-8, M. Lévy fr., 60. 1 »

BABINET (J. de l'Institut). Eléments de géométrie descriptive. In-8, Hachette, 50. 7 »

— Etudes et lectures sur les sciences d'observation, t. I à VI. In-12, Mallet-Bachelier, 53 à 60. Chaque vol. 2 50

— Notice sur l'éclipse de soleil du 15 mars 1858. In-8, au Magasin pittoresque (20, quai des Grands-Augustins), 58. » 15

— Sur la sécheresse, les irrigations et les reboisements. In-4 (Firmin Didot), 58.

— et Housel. Calculs appliqués aux sciences d'observation. In-8, Mallet-Bachelier, 57. 6 »

BABINET (Jérémie). Mélusine Geoffroy à la grand'dent, légendes. In-8 (Poitiers), Palmé, 50.

— Siège de Paris par les Normands, épisode de 885 à 891. In-8 (Poitiers), Palmé, 50.

BABINET DE RENCOGNE. Sivori à Angoulême. Causerie musicale. In-8 (Angoulême, Frugier), 58.

— Sur la brochure intitulée : De la noblesse actuelle en France. In-16 (Angoulême, Frugier), 58.

BABOU (H.) Lettres satiriques et critiques. In-12, Poulet-Malassis, 60. 3 »

— Les payens innocents. In-12, Poulet-Malassis, 58. 3 »

— La vérité sur le cas de M. Champfleury. In-18, Poulet-Malassis, 57.

BABRIUS. Fables, texte revu par Dübner. In-12, Lecoffre, 56. » 30

BABU. Considérations sur le croup en Auvergne. In-8 (Riom, Leboyer), 57.

BACH. Calcul des éclipses de soleil pour la méthode des projections. In-8, Mallet-Bachelier, 60. 2 »

— Des eaux gazeuzes de Soultzmatt (Haut-Rhin). In-8, Baillière et fils, 59.

BACHARACH (H). Compositions et dictées françaises, exercices d'orthogr., versions latines. In-8, Hachette, 52.

— Cours de thèmes allemands. In-12, Hachette, 59. 3 »

— Grammaire abrégée de la langue allemande. In-12, Hachette, 60. 1 80

— Grammaire allemande à l'usage des classes supérieures. In-12, Hachette, 59. 3 75

— Leçons de langue allemande. In-8, Hachette, 55. 5 »

— Précis de géographie. In-8, Hachette, 52. 4 50

— Précis de l'histoire de France. In-8, Hachette, 52. 5 50

— Réponse à un factum intitulé : Notes crit. sur les ouvrages de M. Bacharach. In-8 (Guirandet), 52.

BACHASSE (F.). L'hypothèse de M. de Chavannes sur l'épître aux Hébreux. In-8 (Strasbourg, veuve Berger-Levrault et fils), 56.

BACHAUMONT. Mémoires secrets, rev. p. Jacob. In-12, Delahays, 58. 3 »

— Voy. Chapelle.

DACHE (P. É.). Les Oranaises, poésies. In-18 (Oran, Perrier), 51.

BACHELET (le doct.). Sur l'utilité et la nécessité de la gymnastique. In-8 (Lyon, Rodanet), 51.

BACHELET (Th.). Ferdinand et Isabelle. In-12, Rouen, Mégard, 57. 1 50

— Français en Italie au XVIe siècle. In-8, Rouen, Mégard, 53.

— Les grands ministres français : Suger, Jacques Cœur, Sully, etc. In-8, Rouen, Mégard, 60. 2 40

— La guerre de cent ans. In-8, Rouen, Mégard, 59. 1 05

— Histoire de Napoléon Ier. In-12, Rouen, Mégard, 57. 1 »

— Mahomet et les Arabes. In-8, Rouen, Mégard, 53.

— Les rois catholiques d'Espagne. In-12, Rouen, Mégard, 53. 1 50

— et Froussart. Rage et moyen d'en préserver l'humanité. In-12 (Valenciennes, Prignet), 57.

— Voy. Dezobry. — Habitants.

BACHELOT. Essai d'un nouveau système de signaux de nuit. In-8 (Toulon, Aurel), 53.

BACHI (C.). Coups d'éventail. In-18, Ledoyen, 56. 1 »

— Douze romances pour être mises en musique. In-12, Vanier, 60.

— Les phalènes, poésies. In-18, Garnier, 52. 2 50

— La plume et l'épée. In-32, Dagnean, 54. 1 »

— La robe rayée, nouvelle. In-18 (Allard), 58.

BACKER (Aug. et Alois de). Bibliothèque des écrivains de la compagnie de Jésus. 1re à 5e série. In-8 (Liége), Borrani, 53 à 59. Chaque série : 8 »

BACKER (L. de). Des Nibelungen saga mérovingienne de la Néerlande. In-8, Dumoulin, 52. 12 »

BACON. Extrait du novum organum, trad. par Burnouf. In-12, Delàlain, 54. » 90

— Novum organum, nouv. trad. en français par Lorquet. In-12, Hachette, 54. 2 50

— Œuvres. éd. Fr. Riaux. 2 vol. in-12, Charpentier, 59. 7 »

— The essays with notes by Spiers. In-12, Bandry (12, rue Bonaparte), 51. 2 50

BACQ (de). Les caisses agricoles. In-8, Dentu, 53. 1 »

BACQUA DE LABARTHE (N.). Code annoté de la police. In-8, P. Dupont, 57. 18 »

— Codes de législation française. In-8, P. Dupont, 58, 59. 20 »

— Id. Les mêmes codes, 8e éd. In-18, Durand, 56. 5 »

BACQUES (H.). Des industriels et des expositions en France. In-18, Dentu, 55. 2 »

— L'empire de la femme. In-18, Dentu, 59. 1 »

— Essai historique sur les douanes françaises. In-18 (Bonaventure), 52.

DADEIGTS DE LABORDE. Grandes pêches. In-8, Ledoyen, 54.

— Rapport sur les pêches de la morue et du hareng, etc. In-8 (Dupont), 51.

BADER. Instruction publique; enseignement secondaire. Plan d'études et programmes d'enseignement secondaire de l'école professionnelle de Mulhouse. In-8 (Mulhouse, Baret), 56.

— Syllabaire et premier livre de lecture. 7e éd. In-16, Mulhouse, Perrin, 60.

BADER (Mme C.). Le camélia et le volubilis. In-18, Dentu, 55.
— Le soleil Alex. Dumas. In-8, Dentu, 55.
— Les malheurs d'une rose et d'un papillon. In-18, Dentu, 55.
BADICHE (l'abbé). Vie de la révérende mère Marie de la Croix. In-12, A. Le Clere, 56.   2 25
— et Fresse-Montval. Cours élémentaire d'histoire ancienne. In-18, Sarlit, 55.   1 »
— et Fresse-Montval. Cours élémentaire d'histoire de France. In-18, Sarlit, 55.   1 20
— et Fresse-Montval. Cours élémentaire d'histoire romaine. In-18, Sarlit, 55.   1 »
— et Fresse-Montval. Cours élémentaire d'histoire sainte. In-18, Sarlit, 56.   » 80
— et Fresse-Montval. Cours élémentaire de mythologie. In-18, Sarlit, 54.   1 »
DADOCHE (E.). La fleur des champs, bluette. In-32, chez Cellier-Dufayel (26, rue de la Chaussée-d'Antin),   » 60
— Guide de l'étranger à Vichy. In-12, chez Cellier-Dufayel (26, rue de la Chaussée-d'Antin), 54.
DADOZ (A.). Que doit-on attendre du chloroforme? In-4 (Strasbourg, Dannbach), 56.
DAECKER (L. de). Analogie de la langue des Goths et des Franks avec le sanscrit. In-8 (Gand), Borrani, 58.   1 50
— L'art dramatique chrétien dans le nord de la France. In-8 (Amiens, Caron et Lambert), 59.
— Chants historiques de la Flandre, 400-1650. In-8, Lille, Vanackère, 55.   5 »
— Grammaire comparée des langues de la France. In-8, Blériot, 60.   6 »
— Histoire de l'agriculture flamande en France. In-8 (Lille, Danel), 58.
— Histoire de sainte Godelive de Chistelles, légende du XIe siècle. In-32 (16, rue de Tournon), 54.
— La noblesse flamande de France. In-12, Aubry, 59.   1 50
— Pénalité et iconographie de la calomnie. In-8 (Amiens, Caron et Lambert), 57.
— De la religion du nord de la France avant le christianisme. In-8, Lille, Vanackère, 59.
— Le tombeau de la première reine chrétienne de Danemarck. In-8 (Lahure), 59.
DAEDEKER (K.). L'Allemagne et quelques parties des pays limitrophes jusqu'à Strasbourg, etc. In-12 (Coblentz), Haar et Steinert, 60.   10 »
— Paris. Guide pratique du voyageur. In-12, Bohné, Dentu, 60.   4 »
— Le Rhin, de Bâle à Dusseldorff, trad. de l'allemand. 3e éd. In-16 (Coblentz), Harr et Steinert, 54.
— La Suisse, trad. de l'allem. par Girard. 2e éd. In-16 (Coblentz), Haar et Steinert, 54.
DAEGHEN. Rectifications historiques. In-12 (Tournai), Lethielleux, 59.   2 50
BAGARD (l'abbé). Conférences ou dialogues sur le dimanche. In-12, Nancy, Vagner, 56.
BAGLIVI (G.). De l'accroissement de la médecine pratique. In-8, Labé, 51.   6 »
BAGREEF-SPÉRANSKI (Mme E. de). Une famille tongouse. In-16 (Bruxelles), Bohné, 58.   1 »
— Les îles de la Newa, à Saint-Pétersbourg. In-16 (Bruxelles), Bohné, 58.   4 »
— Irène ou les influences de l'éducation. In-18 (Bruxelles), Bohné, 58.   4 »
— Les pèlerins russes à Jérusalem. 2 vol. in-8 (Bruxelles), Borrani, 54.
— Le starower et sa fille. In-16 (Bruxelles), Bohné, 58.   4 »
BAGUENAULT DE PUCHESSE (F.). Le catholicisme présenté dans l'ensemble de ses preuves. 2 vol. in-12, Gaume frères et Duprey, 55.   7 »
BAGUER Y RIBAS (D.). Couronne d'immortelles. In-8, Marseille, veuve Marius Olive, 56.
BAHADUR (J. A.). Lettre à M. Garcin de Tassin. In-8, J. Rouvier, 55.

BAHIE (M.). Méthode mnémonitique simplifiée de lecture. In-18, Rennes, Oberthur, 60.
BAHIER (J. L.). Nouveaux conseils moraux et agricoles aux cultivateurs bretons. In-12, Saint-Brieuc, Prudhomme, 60.   1 25
— Leçons élémentaires d'agriculture raisonnée. In-12, Saint-Brieuc, Prudhomme, 56.
— Manuel de comptabilité agricole. In-8 (Saint-Brieuc, Prudhomme), 51.
— Petit manuel du draineur. In-12 (Saint-Brieuc, Prudhomme), 51.
— Système légal des mesures, poids, etc. In-8, Saint-Brieuc, Prudhomme, 57.
BAIES (les) rouges. In-18 (Meyrueis), 55.
BAIGNEURS (les) et les canotiers. In-4, Ballay et Conchon, 52.
BAIL (L.). La théologie affective ou saint Thomas en méditation. 5 vol. in-8, au Mans, Galienne, 55.
BAILHACHE. Notice sur la vie et les travaux de Milton. In-8 (le Mans, Monnoyer), 60.
BAILLARGÉ (A.). Album du château de Blois restauré, Chambord, etc. In-4 oblong, Dentu, 51.
— Les châteaux de Blois restaurés, Chambord, etc. In-12, Blois, mad. Prevost, 52.   1 50
— Notice monographique sur l'ancien château de Blois. In-4, Techener, 51.   2 »
BAILLARGER (le doct.). Essai sur une classification des différents genres de folie. In-8, Masson et fils, 54.
— Essai de classification des maladies mentales. In-8, Masson et fils, 54.
BAILLEHACHE (de). De la vocation chez ceux qui aspirent aux fonctions publiques. In-8 (Colmar, Hoffman), 56.
BAILLET. Nécessité de la colonisation de l'Algérie. In-8, Douniol, 57.   5 »
— Réflexions sur l'Algérie, etc. In-8, Guillaumin, 56.   1 50
BAILLET (E.). Citoyen et soldat. Les droits de l'armée française. In-16, Ballard (1, rue des Bons-Enfants), 50.
BAILLET (J.B.). A new treaty of the french prononciation. In-16 (Dieppe), Truchy, 59.   2 »
BAILLEUX (L.). Le pâtissier moderne ou la pâtisserie française au XIVe siècle. In-8, chez l'auteur (8, rue Buffault), 60.   10 »
BAILLI (V.). Documents et mélanges publiés à l'occasion de la maladie asiatique. In-8, J.B. Baillière et fils, 55.   4 »
BAILLIERE (J.B.) et fils. Catalogue général des livres de médecine français et étrangers. In-8, chez les éditeurs (19, rue Hautefeuille), 60.   1 »
BAILLOD. Archéologues et militaires. In-8 (Martinet), 59.
— Mémoire sur les pensions militaires. In-8 (Versailles, Cerf), 60.
BAILLON (H.). Etude générale du groupe des euphorbiacées, avec atlas. In-8, Masson et fils, 58.   36 »
— Examen des genres qui composent l'ordre des antidesmées. In-8 (Martinet), 58.
— Monographie des buxacés et des stylocarées. In-8, Masson et fils, 59.   5 »
— Organogénie du callitriche et ses rapports naturels. In-8 (Martinet), 58.
— Recherches organogéniques sur la fleur femelle des conifères. In-8, Masson et fils, 60.   5 »
BAILLON (P.). Traité de l'art de faire les armes. In-8 (Castres, veuve Grillot), 53.
BAILLOU (G. de). Epidémies et éphémérides, trad. du latin par Yvaren. In-8, Baillière et fils, 58.   7 50
BAILLY. Cours d'arithmétique à l'usage des écoles régimentaires. In-8 (Bayonne, veuve Lemaigre), 52.
BAILLY. Dix-neuvième siècle, autrefois, maintenant, etc., vers. In-8, Dentu, 60.   » 50
— L'empire; à Napoléon III, vers. In-8, Dentu, 60.   » 50
BAILLY. Epidémie de la fièvre jaune à Barcelone. In-8 (Migne), 57.
BAILLY. Theologia dogmatica et moralis. 8 vol. in-12, Pélagaud, 52.   16 »

3

BAILLY (Cél.). Art d'élever, de multiplier et d'engraisser les porcs. In-12, Tissot, 54. » 50

BAILLY (Ch.). Causes de l'affaiblissement de l'autorité paternelle et moyens de la relever. In-18 (Arbois, Javel), 50.

— Mémorandum ou récapitulation des meilleurs procédés p. opérer sur papier par la voie sèche et la voie humide. In-8 (Brière), 54. 5 »

BAILLY (Ch.) Un mot sur la vie à bon marché. In-8, Dentu, 60. 1 »

— La philosophie de la science. In-8, Mallet-Bachelier, 56. » 50

— Réforme de la géométrie. In-8, Mallet-Bachelier, 56 à 58. 2 50

— Théorie de la raison humaine. In-8 , Ladrange , 53. 6 »

BAILLY (le doct.). Des eaux thermales des bains-en-Vosges, In-8, V. Masson et fils, 52. 3 »

BAILLY (G.). Bibliographie médic. Nouveau système de prothèse dentaire. In-8, chez l'auteur (4, rue du Faubourg-Poissonnière), 60. 1 »

BAILLY (J.-B.). Ornithologie de la Savoie. 4 vol. in-8, avec atlas, Clarey, 53, 54. Noir, 24 fr.; col. 27 »

BAIN (A.). De quelques améliorations d. les télégraphes électr. In-8 (Chaix), 50.

BAINS (les) considérés au point de vue historique, hygiénique, etc., par L. B. In-12 (Nîmes, Baldy), 55. 1 »

— de Hombourg, près de Francfort-sur-le-Mein. In-4 (Plon), 51.

BAIRD (R.). De l'état actuel et de l'avenir de la religion en Amérique. In-8, Meyrueis, 56. 1 »

BAISSAS (J.). Les femmes dans les temps anciens. In-32, Michel Lévy frères, 58. 1 »

BAJOT. Eloge de la paume. 4e éd. In-8, Mallet-Bachelier, 54. 4 »

— Lettres rétrospectives sur la marine. In-8, Mallet-Bachelier, 51, 52. 2 50

BAL (Ch.). Aux ponts de Cé. L'amour et la mort, poëme-légende. In-8, Ledoyen et Giret, 50. » 75

BALAGUER (V.). Les moines et leurs couvents, leur histoire, etc. In-8 (Bénard), 54.

BALARD. Les mystères des pompes funèbres de Paris dévoilés par les entrepreneurs eux-mêmes. In-8, chez l'auteur (14, rue Sainte-Croix-de-la-Bretonnerie), 56.

— Transport des corps hors Paris, au-dessous du tarif. In-8, chez l'auteur, 58.

BALBAITH (J. A.). Confessions d'un israélite allemand, écrit par lui-même. In-8 (Toulouse), Lib. pr., 55. » 25

BALBI (A.). Abrégé de géographie. 3e éd. In-8, veuve Renouard, 52. 20 »

— Eléments de géographie générale. In-18, veuve Renouard, 57. 3 50

— Tratado de geografía universal. 2 vol. in-8, veuve Aillaud, 58. 25 »

BALBO (le comte C.). De la destruction du pouvoir temporel des papes. In-8, Douniol, 60. » 80

— Histoire d'Italie trad. et continuée jusqu'en 1860, par Amigues. 2 vol. in-12, Lib. nouv., 60. 6 »

BALCARCE. Buenos-Ayrès, sa situation présente, etc. In-8 (Bondeau), 52.

BALDER (A.). Jambes et cœurs, poésies. In-32, galerie de l'Odéon, 60.

— Tableaux et arabesques, poésies. In-18, galerie de l'Odéon, 60.

BALDESCHI (J.). Cérémonial selon le rit romain, trad. par Favrel. 4e éd. In-18, Lecoffre, 53. 3 50

BALDIT (l'abbé). Glanes gévaudanaises, poésies. In-8, Mende, Masseguin, 59. 2 50

— Recherches sur l'épiscopat des S. S. Martial, Séverin et Privat. In-8 (Mende, Jgnon), 55.

BALDOMÉRO-MENENDEZ. Manual de geografía y estadística de Chile. In-18, Rosa et Bouret, 60.

— Manual de historia y cronología de Chile. In-18, Rosa et Bouret, 60.

BALDUS (D.). Concours de photographie, mém. déposé au secrétariat de la société d'encouragement. In-8, Masson et fils, 52. 2 75

BALESTA (H.). Absinthe et absintheurs. In-32, Marpon, 60. » 50

BALLAIN PERRIN. Apologie des sœurs de la charité. In-8 (la Rochelle, Michelin), 53. » 50

BALLANDE. La parole appliquée à la diction et à la lecture à haute voix. In-12, chez l'auteur (10, rue Madame), 55.

BALLANDE (H.). Une prière au pape (vers). In-8, Dentu, 60. 1 »

BALLEREAU (J.). La Manette coureuse, vaudeville. (Antun, Dejussieu et Villedey), 54. » 60

BALLERINI (le P.). De potestate ecclesiastica summorum pontificum et conciliorum generalium. In-8, Lecoffre, 50. 3 50

— Sylloge monumentorum ad mysterium conceptionis immaculatæ illustrandum. 2 vol. in-8, Lecoffre, 56. 15 »

BALLÈS (P. F.). Du cancer au point de vue clinique. In-8 (Montpellier, Boehm), 56.

BALLET. Œuvres oratoires choisies. 2 vol. in-8, Migne, 54 à 56.

BALLEYDIER (A.). Histoire de l'empereur Nicolas. 2 vol. in-8, Plon, 57. 15 »

— Histoire de la guerre de Hongrie en 1848 et 49. Lacroix-Comon, 53. 6 »

— Histoire politique et militaire du peuple de Lyon. 3 vol. in-8, Lacroix-Comon, 54. 20 »

— Histoire des révolutions de l'empire d'Autriche, années 1848-49. 2 vol. in-8, Lacroix-Comon, 54. 15 »

— Histoire de la révolution de Rome, tableaux de l'Italie, de 1846 à 1850. 4e éd. 2 vol. in-8, Lacroix-Comon, 54. 12 »

— Veillées de famille. In-12, Vermot, 60. 2 »

— Veillées maritimes. In-12, Vermot, 56. 2 »

— Veillées militaires. In-8, Lacroix-Comon, 54. 2 »

— Veillées du presbytère. In-12, Vermot, 60. 2 »

— Veillées de vacances. In-12, Vermot, 59. 2 »

— La vérité sur les affaires de Naples. In-8, Lacroix-Comon, 51. 1 »

BALLON (le) suivi de Fortuné. In-8, Tours, Mame, 54. » 40

BALLOT. Epidémie de fièvre jaune à Saint-Pierre, Martinique. In-8, Masson et fils, 58.

BALLOT (l'abbé). Abrégé d'instruction religieuse et d'histoire sainte. In-12, Besançon, Monnot, 58. » 75

— Traité d'arithmétique. In-8, Besançon, Jacquins, 53.

BALLOT (Ch.). Consultation. Droit des auteurs étrangers en France, en matière de propriété littéraire et artistique. In-4 (Grimaux), 54.

BALLU. De la rhinoplastie. In-8 (Bailly et Divry), 57. 1 50

BALLU (le doct. Ch.). Des tumeurs blanches et de leur traitement. In-8, Baillière et fils, 53. 2 50

BALLY. Emploi de l'épi ou spathe du typha latifolia. In-8 (Clermont-Ferrand, Thibaud), 57.

BALLY. Projet d'association médicale. In-8 (Plon), 57.

BALLY (Mme L. E.). Oasis des jeunes voyageurs, nouvelles algériennes. In-12, Lehuby, 53. 3 »

— Petites nouvelles en vers pour les jeunes personnes. In-18, Chabrol (140, faub. St.-Honoré), 51.

BALME-FRÉZOL (l'abbé). Réflexions et conseils pratiques sur l'éducation. 2 vol. in-8, Sarlit, 58. 12 »

BALMELLE. De viris illustribus. In-12, Dezobry et Magdeleine, 57. — Voy. aussi L'Homond.

BALMÈS (J.). Art d'arriver au vrai, trad. par Manec. 5e éd. In-12, Vaton, 60. 3 »

— Cartas y un espectico en matiera de religion. In-12, Rosa et Bouret, 53. 3 »

— El criterio, nueva edicion. In-12, Rosa et Bouret, 51. 3 »

— Id. In-12, Garnier, 51. 1 60

— Curso de filosofia elemental. In-12, Lefèvre (102, rue de Richelieu), 53.

— Id. 2 vol. in-18, Rosa et Bouret, 57. 4 »

— Filosofia fundamental. 2 vol. in-12, Garnier, 52. 4 80

BALMES (J.) Lettres à un sceptique en matière de religion. In-12, Vivès, 55. 3 »
(L'édition in-8 coûte 5 fr.)
— Mélanges religieux, philosophiques, politiques et littéraires. 2 vol. in-12, Vivès, 54. 10 »
(L'édition in-8, 16 fr.)
— Philosophie fondamentale. 3e éd. 3 vol. in-12, Vaton, 55. 10 »
— Les preuves de la religion. In-32, Pringuet, 55.
— Le protestantisme comparé au catholicisme. 6e éd. 3 vol. in-12, Vaton, 60. 10 »
— El protestantismo comparado. 2 vol. in-12, Garnier, 52. 4 80
— El protestantismo comparado con catolicismo. 2 vol. in-18, Lefèvre, 53.
— El protestantismo comparado con el catolicismo. 2 vol. in-12, Rosa et Bouret, 54. 8 »
— La religion demostrada al alcance de los ninos. In-32, Rosa et Bouret, 59. 1 »
— La religion demostrada. In-32, Garnier, 57. » 80
— Id. In-32, Mézin, 55.
BALTET (Ch.). Pincement continuel appliqué au pêcher. In-8, Troyes, Bouquet, 57.
— Les bonnes poires. In-8 (Troyes), veuve Bouchard-Huzard, 59. » 7
— Rapport sur la culture de la vigne perfectionnée. In-8, Troyes, Bouquot, 57.
BALTHASAR (l'abbé). Histoire religieuse de N.-D.-des-Victoires. In-12, Bray, 55. 2 »
BALTHAZAR. Désaugiers en voyage, comédie-vaudeville. In-8, Beck, 57. » 60
BALUFFI (le card. G.). La divinité de l'église, trad. par Postel. 2 vol. in-12, Dillet, 58. 5 »
BALZAC (H. de). La comédie humaine. Œuvres complètes. 20 vol. in-8. Ed. Houssiaux, Garnier, 50. 100 »
— Œuvres illustrées. 10 vol. in-4, Lécrivain, 53 à 60.
Chaque vol. 4 »
(Tous les romans se vendent séparément.)
— Edition de la Librairie nouvelle. In-18, publ. de 57 à 60; à 1 25 le vol., savoir :

Scènes de la vie privée.

La maison du Chat-qui-Pelote; le bal de Sceaux; la Bourse; la vendetta; Madame Firmiani; une double famille, 1 vol.
La paix du ménage; la fausse maîtresse; études de femmes; autre étude de femme; la Grande-Bretèche; Albert Savarus, 1 vol.
Mémoires de deux jeunes mariés; une fille d'Eve, 1 vol.
La femme de trente ans, la femme abandonnée; la grenadière; le message; Gobseck, 1 vol.
Le contrat de mariage; un début dans la vie, 1 vol.
Modeste Mignon, 1 vol.
Honorine; le colonel Chabert; la messe de l'athée; l'interdiction; Pierre Grassou, 1 vol.
Béatrix, 1 vol.

Scènes de la vie parisienne.

Histoire des Treize; Ferragus; la duchesse de Langeais; la fille aux yeux d'or, 1 vol.
Le père Goriot, 1 vol.
César Birotteau, 1 vol.
La maison Nucingen; les secrets de la princesse de Cadignan; les employés; Sarrasine; Facino Cane, 1 vol.
Splendeurs et misères des courtisanes; Esther heureuse; à combien l'amour revient aux vieillards; où mènent les mauvais chemins, 1 vol.
La dernière incarnation de Vautrin; un prince de la Bohême; un homme d'affaires.; Gaudissart II; les comédiens sans le savoir, 1 vol.
La cousine Bette, 1 vol.
Le cousin Pons, 1 vol.

Scènes de la vie de province.

Le lys dans la vallée, 1 vol.
Ursule Mirouet, 1 vol.

BALZAC (H. de). Eugénie Grandet, 1 vol.
Illusions perdues, 2 vol.
Les rivalités, 1 vol.
Les célibataires, 2 vol.
Les Parisiens en province, 1 vol.

Scènes de la vie de campagne.

Les paysans, 1 vol.
Le médecin de campagne, 1 vol.
Le curé de village, 1 vol.

Scènes de la vie politique.

Une ténébreuse affaire; un épisode sous la terreur, 1 vol.
L'envers de l'histoire contemporaine; Z. Marcas, 1 vol.
Le député d'Arcis, 1 vol.

Scènes de la vie militaire.

Les chouans; une passion dans le désert, 1 vol.

Études philosophiques.

La peau de chagrin, 1 vol.
La recherche de l'absolu, 1 vol.
L'enfant maudit, 1 vol.
Les marana, 1 vol.
Sur Catherine de Médicis, 1 vol.
Louis Lambert, 1 vol.

Études analytiques.

Physiologie du mariage, 1 vol.
Petites misères de la vie conjugale, 1 vol.
Les contes drolatiques, 3 vol.

— Edition du Siècle, in-4, publ. de 50 à 60 (16, rue du Croissant), à 1 20 la brochure, savoir :
La maison du Chat-qui-Pelote; le bal de Sceaux; la Bourse; la vendetta; une double famille.
La paix du ménage; la fausse maîtresse; études de femmes; Albert Savarus.
Mémoires de deux mariés.
La fille d'Eve; la femme abandonnée; la grenadière; le message.
La femme de trente ans; Gobseck.
Béatrix.
Modeste Mignon.
Le contrat de mariage; la Grande-Bretèche; Honorine.
Ursule Mirouet.
Eugénie Grandet.
La muse du département.
Les rivalités.
Le lys dans la vallée.
Histoire des Treize.
Le père Goriot.
César Birotteau.
Les employés; Pierre Grassou.
La maison Nucingen.
Le médecin de campagne.
Le curé de village.
La peau de chagrin.
La recherche de l'absolu.

A 2 50 la brochure, savoir :

Les célibataires.
Les illusions perdues.
Splendeurs et misères des courtisanes.
Les parents pauvres.

Œuvres choisies, à 4 50 le vol., savoir :

Scènes de la vie privée.

Tome I. La maison du Chat-qui-Pelote; le bal de Sceaux; la Bourse; la vendetta; Mme Firmiani; une double famille; la paix du ménage; la fausse maîtresse; études de femmes; Albert Savarus; Mémoires de deux jeunes mariés; la fille d'Eve; la femme abandonnée; la grenadière; le message.
Tome II. Gobseck; la femme de trente ans; Béatrix; Modeste Mignon; le contrat de mariage; la Grande-Bretèche; Honorine.

Scènes de la vie de province.

BALZAC (H. de) Tome I. Ursule Mirouet; Eugénie Grandet; les célibataires; un ménage de garçon; la muse du département.

Tome II. Les rivalités; le lys dans la vallée; les illusions perdues.

Scènes de la vie parisienne.

Tome I. Histoire des Treize; le père Goriot; César Birotteau; la maison Nucingen; Pierre Grassou; les employés.

Tome II. Splendeurs et misères des courtisanes; les parents pauvres.

Scènes de la vie de campagne. Études philosophiques.

Le médecin de campagne; le curé de village; Peau de chagrin; recherche de l'absolu.

— Édition P. Jannet. In-16. 5 vol. publiés en 53 et 54, savoir :

Tome I. Le bal de Sceaux; la Bourse; études de femmes. In-18. » 50

Tome II. La maison du Chat-qui-Pelote; la fausse maîtresse; Mad. Firmiani. In-18. » 50

Tome III. Physiologie du mariage. 1 »

Tome IV. Albert Savarus; une fille d'Ève; la grenadière. In-18. 1 »

Tome V. Mémoires de deux jeunes mariés. 1 »

— La Bourse. In-16, Hachette, 53. » 50

— Le comte de Salleneuve. 5 vol. in-8, de Potter, 55. 25 »

— Les contes drolatiques, colligez en abbayes de Tourayne. In-18, éd. Giraud, Garnier, 53. 3 50

— Les contes drolatiques illust. par Doré. 5e éd. In-8, Garnier, 60. 12 »

— Le député d'Arcis. 4 vol. in-8, de Potter, 54. 20 »

— La dernière incarnation de Vautrin. In-18, Giraud et Dagneau, 52. 2 »

— L'employé, illust. In-4, G. Barba, 50. » 20

— Eugénie Grandet. In-16, Hachette, 55. 1 »

— Eugénie Grandet. In-12, Charpentier, 52. 3 50

— La famille Beauvisage. 4 vol. in-8, de Potter, 55. 30 »

— Les fantaisies de Claudine. In-18, Eug. Didier, 53. 1 »

— Les femmes, éd. illust. Publié par le bibliophile Jacob. Gr. in-8, éd. L. Jannet, Garnier, 51. 18 »

— Le lys dans la vallée. In-12, Charpentier, 51. 3 50

— Mad. de la Chanterie et l'initié. 3 vol. in-8, de Potter, 54 à 60. 15 »

— La marâtre. In-12, M. Lévy fr., 54. 1 »

— La marâtre, drame intime. In-4, M. Lévy fr., 59. » 20

— Maximes et pensées. In-18, Plon, 52. 2 »

— Mercadet, comédie. In-18 (12, boulev. Saint-Martin), 52. 1 50

— Mercadet, pièce. In-4 (12, boulev. St-Martin), 54. » 20

— Mercadet ou le faiseur, coméd. In-12, Cadot, 53. 3 50

— Mercadet, der Schwindler, Lustspiel. In-8 (d'Aubusson), 51.

— Les paysans, scènes de la vie de campagne. 5 vol. in-8, de Potter, 55. 25 »

— Peines de cœur d'une chatte anglaise. In-32, Blanchard (78, rue de Richelieu), 53.

— Les petits bourgeois. 4 vol. in-8, de Potter, 57. 20 »

— Pierrette. In-16, Hachette, 55. 1 »

— Scènes de la vie politique. In-16, Hachette, 53. » 50

— Théâtre. In-12, Giraud et Dagneau, 53. 1 »

— Théorie de la démarche. In-32, Eug. Didier, 53. 1 »

— Traité de la vie élégante. In-16, Lib. nouv., 54. 1 »

— Ursule Mirouet. In-16, Hachette, 54. 1 »

— et Raisson. Code des gens honnêtes. In-16, Lib. nouv., 54. 1 »

— et Tousez et Soulié. Histoire drolatique de l'empereur Napoléon Ier. In-32, Passard, 54. 1 50

BANCELIN-DUTERTRE — Voyez Caird.

BANCILLON. Procédé contre l'oïdium. In-4 (Nîmes, Ballivet), 57.

BANDE (la) joyeuse, chansonnier nouveau. In-8, Le Bailly, 59. » 30

BANDE (la) joyeuse, nouveau chansonnier. In-18, Renault et Cie., 59. » 50

— joyeuse, choix de romances nouvelles. In-32, Avignon, Peyri, 59.

BLANDEL. Traité de la dévotion des anciens chrétiens à saint Martial. 2e éd. In-18 (Limoges), Didron, 58. 2 »

BANDEVILLE (l'abbé). Œuvres choisies. 2 vol. in-8, Reims, Brissart-Binet, 54. 24 »

BANDY DE NALECHE. Les maçons de la Creuse. In-8, Dentu. 1 »

— Poésies du chancelier Michel de l'Hospital, traduction. In-18, Hachette, 57.

BANFIELD (T. C.). Organisation de l'industrie, trad. par Thomas. In-8, Guillaumin, 51. 6 »

BANNES (la marquise de). Colonie de Mettray, misère, travail, charité (en vers). In-8 (Remquet), 52.

— Rome, poésies diverses. In-8 (Remquet), 50.

BANQUET (le) de l'agneau ou la première communion des enfants. In-18 (Tournai), Lethielleux, 53. » 40

BANVARD, ou les aventures d'un artiste. In-12 (Dondey-Dupré), 51.

BANVILLE (Th. de). Améthystes, nouv. odelettes. 1 vol. in-24, Poulet-Malassis. 1 50

— Esquisses parisiennes, scènes de la vie. In-12, Poulet-Malassis, 59. 2 »

— Les folies nouvelles, prologue; mus. de Hervé. In-12, M. Lévy fr., 54. » 50

— La mer de Nice, lettres à un ami. In-12, Poulet-Malassis, 60. 2 »

— Les nations, ode mêlée de divertissements, etc., musique de M. Adam. In-12, veuve Jonas, 51. » 50

— Odelettes. 2e éd. In-12, M. Lévy fr., 56. 1 »

— Odes funambulesques. 2e éd. In-18, M. Lévy fr., 59. 1 »

— Paris et le nouveau Louvre, ode. In-8, Poulet-Malassis, 57. » 50

— Les pauvres saltimbanques. In-16, M. Lévy fr., 53. 1 »

— Poésies complètes. In-18, Poulet-Malassis, 57. 3 »

— La vie d'une comédienne, Minette. In-18, M. Lévy fr., 55. 1 »

— et Siraudin. Le beau Léandre, comédie. In-12, Michel Lévy fr., 56. 1 »

BAPTÊME (le) des enfants, par l'auteur du péché irrémissible. In-8 (Nîmes, Triquet), 50.

BAPTISTE (le R. P.). Ailey Mooré, scènes irlandaises contemporaines. In-12, Lethielleux, 59. 2 50

BAQUOL (J.). Guide sur les chemins de fer de Strasbourg à Bâle et de Mulhouse à Thann. In-12 (Strasbourg, Silbermann), 54.

BAR (B. J.). Méthode attrayante, cours d'anglais pour les enfants et les adultes. In-18, Stassin, 52.

BARADAT (Z.). Dialogues sur les principales difficultés grammaticales. In-8 (Pau, Vignancour), 55.

BARADUC (H. A. P.). Études théoriques et pratiques des affections nerveuses. In-8, Baillière et fils, 50. 4 50

BARAILLER. Des effets physiologiques et de l'emploi thérap. de l'huile essentielle de valériane. In-8 (Hennuyer), 60.

BARALLE (A. C. de). Nouveau livret de voitures publiques. In-16 (Moquet), 57. » 60

BARANDEGUY-DUPONT. Béranger devant ses accusateurs. In-16, Ledoyen, 60. » 40

— La bourse ou les chercheurs d'or au XIXe siècle. 2e éd. In-16, Castel, 56.

— La critique et les critiques au XIXe siècle. 2e éd. In-16, Castel, 56.

— Les nouveaux bourgeois-gentilshommes, satire. In-12, Ledoyen, 58. » 50

— La nuit des fées ou le couvent de Médoux, poëme. In-12, Ledoyen, 52.

— Une voix des Pyrénées. In-12, Ledoyen, 54. 1 »

BARANGER (A.). Le beau jour de la charité à Baugé. In-12, Baugé, Colinette-Fleury, 51.

BARANIECKI (A.). Notice sur le petit-lait en général. In-8, A. Delahaye, 58. 1 50

BARANOWSKI (J. J.). Taxe-machine applicable à toutes

les opérations de calculs, 2 cahiers. In-8, chez F. Guérin (5, rue d'Hauteville), 55. Chaque cahier 5 »

BARANTE (de). Eloge de M. le comte de Molé. In-8 (Lahure), 56.

— Etudes historiques et biographiques. 2 vol. in-8, Didier et Cⁱᵉ., 57. 14 »

— Etudes historiques et biographiques. 2 vol. in-12, Didier et Cⁱᵉ., 60. 7 »

— Etudes littéraires et historiques. 2 vol. in-8, Didier et Cⁱᵉ., 58. 14 »

— Etudes littéraires et historiques, nouv. éd. 2 vol. in-12, Didier et Cⁱᵉ., 59. 7 »

— Histoire de la Convention nationale, 1792-1795. 6 vol. in-8, Furne, Langlois, 51 à 53. 36 »

— Suite de l'hist. de la Convention nationale ou histoire du Directoire de la République française. 3 vol. in-8, Didier et Cⁱᵉ, 55. 21 »

— Histoire des ducs de Bourgogne. 8 vol. in-12, Garnier, 59. 60 »

— Id. 12 vol. in-8, Garnier, 59. 28 »

— Histoire de Jeanne d'Arc. In-12, Didier et Cⁱᵉ., 59. 1 25

— Notice sur M. le comte de Mollien, ministre du trésor sous l'empire. In-8 (Didot), 50.

— Notice sur M. le comte Louis de St-Aulaire, pair de France. In-8, Didot, 56.

— Notice sur M. le comte de St-Priest. In-8 (Didot), 52.

— Le Parlement et la Fronde. La vie de Mathieu Molé. In-8, Didier et Cⁱᵉ., 59. 7 »

— Tableau de la littérature française au XVIIIᵉ siècle. In-12, Didier et Cⁱᵉ., 57. 3 50

BARAT (l'abbé J.A.). Histoire abrégée de N. D. de Lépine, près Châlons-sur-Marne. In-8 (Châlons, Dortu-Deullin), 56.

BARATIN (E.). De la preuve littérale privée. In-8 (Thunot), 55.

BARATINSKY. Recueil de poésies, trad. du russe. In-8 (Cette, Jzar), 53.

BARAULT-ROULLON (Ch.). Economie politique, essai sur l'organisation de la force publique. In-8, Dumaine, 50. » 75

— Questions générales sur le recrutement de l'armée. In-8, Corréard, 53.

BARAULT-ROULLON (H. du Loiret). Dangers de l'Europe, origine, progrès et état actuel de la puissance russe. In-8, Corréard, 54. 7 50

— De la puissance russe, son origine, etc. In-8, au bureau du Spectateur militaire, 55.

— Questions financières et d'économie politique. In-8 (Moquet), 56.

BARAZER. Maladie de la vigne, engrais vinicole. In-8 (Bordeaux, Métreau), 57.

BARBAN (A.). Le château de St-Priest, près St-Etienne. In-8 (St-Etienne, Théolier), 58.

— Notice sur une pastourelle de Louis Papon. In-8 (St-Etienne, Théolier), 56.

— Violettes, poésies. In-8 (St-Etienne, Théolier), 59.

BARBANTANE (le marquis de). Assainissement radical du port de Marseille, projet. In-8 (Marseille, veuve Olive), 53.

BARBARA (Ch.). L'assassinat du Pont-Rouge. In-12, Hachette, 60. 1 »

— Histoires émouvantes. In-12, M. Lévy fr., 56. 1 »

— Les orages de la vie, 1ʳᵉ série. In-12, Hachette, 59. 2 »

— Mes petites maisons. In-12, Hachette, 60. 2 »

BARBAROUX. De la transportation. In-8, Firmin Didot, 57.

BARBASTE (le doct.). De l'état des forces dans les maladies et des indications qui s'y rapportent. In-8 (Montpellier), Baillière et fils, 57. 2 »

— Etudes médicales tome 1, François Boissier de Sauvages. In-8 (Montpellier, Fournel), 51.

— De l'homicide et de l'anthropologie. In-8, Baillière et fils, 56. 7 50

— De l'homicide sous le rapport médico-légal. In-12, Baillière et fils, 58. » 50

BARBASTE (le doct.). L'instinct de l'homme et des animaux. In-12, Baillière et fils, 58. » 50

— Propriétés fébrifuges de la teinture d'iode. In-8 (Montpellier, Dumas), 57.

— Le retour vers l'hippocratisme. In-8 (Montpellier, Martel aîné), 52.

BARBAT. Histoire de la ville de Châlons-sur-Marne. In-4, Didron, 57.

BARBAUD (V. F.). Leçons pratiques et élémentaires d'agriculture, etc. In-18, Lons-le-Saulnier, Escalle, 57.

BARBAULT (Mad.). Hymnes en prose pour les enfants, trad. par A. Coquerel. In-18 (Montbéliard, Deckherr).

— Leçons pour les enfants. In-18, Tours, Mame, 60. » 30

— Leçons pour les enfants de trois à sept ans. In-18 (Genève, Ramboz), 54.

— Lessons for children in IV parts. In-18, Truchy, 53. 2 »

— Le nouveau petit Charles, trad. de l'anglais. In-18 (Limoges), Guérin, Muller et Cⁱᵉ., 59. » 35

BARBE. Les trois mondes dans leurs rapports avec la très-sainte Trinité. In-8, Marseille, Camoin, 58.

BARBE (l'abbé E.). Cours élémentaire de philosophie. In-18, Lecoffre, 59. 5 »

— Histoire de la philosophie. 1 vol. in-12, Lecoffre, 52. 2 25

— Sur le lieu de naissance de Godefroi de Bouillon. In-8, Lecoffre, 59. 2 25

BARBE (P.). Ferdinand Cortez, tragédie. In-8 (Avignon, Offray), 50.

BARBE (Ph.). Mort de Nicolas, empereur de Russie, ode. In-8 (Carcassonne, Labau), 55.

— Aux soldats français; poésies sur la guerre d'Orient. In-12 (Carcassonne, Labau), 55. » 30

BARBE (B.). La mythologie, grecque, romaine, orientale, scandinave, gauloise, etc. In-8, Marescq, Havard, 53. 1 80

BARBÉ (Ch.). Traité sur les soins à donner aux pieds, ou les moyens de se préserver des callosités. In-12, chez l'auteur (81, rue de Rambuteau), 55.

BARBE-BLEUE, Guiribirini, le pêcheur et le voyageur. In-32, Limoges, Ardant, 56.

BARBEDETTE (H.). Beethoven, esquisse musicale. In-8, Poitiers, Hilleret, 59. 2 50

— Du progrès. In-8 (Poitiers, Oudin), 56.

BARBEREAU (A.). Etudes sur l'origine du système musical, premier mémoire. In-8 (Metz), Bachelier, Blanchet, 52. 4 »

BARBERET (Ch.). Atlas élémentaire de géographie moderne. Gr. in-8, Dezobry, Tandou et Cⁱᵉ. 2 »

— Atlas historique universel (d'après l'ancien programme de 1839) :

Géographie ancienne, 1ʳᵉ partie. Gr. in-8.	2 25
Id. 2ᵉ partie. Gr. in-8.	2 50
Géographie romaine. Gr. in-8.	2 25
Géographie du moyen âge. Gr. in-8.	3 50

Chez Dezobry, Tandou et Cⁱᵉ., 50 à 60.

— Voyez aussi : Barberet et Magin, et Barberet et Périgot.

— et Périgot. Atlas historique et géographique universel, pour servir à l'étude de l'histoire et de la géographie, dressé d'après les programmes de 1857. 7 vol. Gr. in-8.

On vend séparément :

— Atlas élémentaire de la France (cours de 7ᵉ). 1 vol. 1 »

— Atlas de géographie ancienne et de géographie moderne (cours de 6ᵉ). 1 vol. 2 50

— Atlas de géographie historique de la Grèce et de géographie moderne; 2ᵉ partie (cours de 5ᵉ). 1 vol. 3 50

— Atlas de géographie romaine et de géographie moderne; 3ᵉ partie (cours de 4ᵉ). 1 vol.

— Atlas de l'histoire de France, de l'histoire du moyen âge et de la géographie de l'Europe moderne; 4ᵉ partie (cours de 3ᵉ). 1 vol.

— Atlas de l'histoire de France, de l'histoire du moyen âge et des temps modernes, et de la géographie de

l'Asie, de l'Afrique, de l'Amérique et de l'Océanie; 5e partie (cours de 2e). 1 vol. 7 »
— Atlas de géographie moderne; 6e partie (cours de rhétorique). 1 vol. 4 50
— Atlas physique et politique de la France, pour servir à l'étude de la géographie et de l'histoire de France, depuis les temps les plus reculés jusqu'à nos jours. 1 vol. 5 50
— Atlas général d'histoire et de géographie ancienne, du moyen âge et moderne, 68 cartes. 1 vol.
Chez Dezobry, Tandou et Ce., 50 à 60.
— et Magin. Abrégé de géographie moderne. In-18. » 75
— Cours complet de géographie historique (programme de 1839). 4 vol. in-12. 4 »

Chaque volume séparément :

Géographie ancienne, 1re partie. 1 »
Id.   2e partie. 1 »
Géographie romaine. 1 »
Géographie du moyen âge. 1 »
— Cours de géographie physique et politique, d'après les programmes du 30 août 1852.
1re partie, classe de 3e. 1 vol. in-12. 1 50
2e partie, classe de 2e. 1 vol. in-12. 2 50
Chez Dezobry, Tandou et Ce., 50 à 60.
— Voyez Magin.
BARBEREY (Mad. de). Élévation à Dieu sur l'eucharistie. In-18, Vaton, 59. 1 »
— Paroissien romain suivi d'un recueil de prières. In-18, Maillet-Schmitz, Lhuillier, 56.
BARBERI (J.P.). Dictionnaire français-italien et italien-français, éd. diamant. In-32, Dramard-Baudry et Ce., 60. 3 »
BARBEROUSSE (H.). Les sept femmes de Barbe-Bleue, légende. In-8, Giraud et Dagneau, 52. » 25
— Id. In-4, M. Lévy fr., 56. » 20
BARBE-SCHMITZ. Un mot sur la broderie. In-3, Nancy, Grimblot et veuve Raybois, 56.
BARBET (A.). Lamennais. Devoir et tombe. Rectifications adressées au journal Le Siècle, le 2 déc. 1855. In-8, Garnier, 56. 1 »
— Questions financières, budget de 1848, etc. Lettre à M. Fould. In-8, Garnier, 56. » 50
BARBET DE JOUY (H.). Études sur les fontes du Primatice. In-8, veuve Renouard, 59. 3 »
— Les mosaïques chrétiennes des églises de Rome. In-8, V. Didron, 57. 5 »
— Musée impérial du Louvre, description des sculptures modernes. In-12 (Vinchon), 55. 1 25
BARBEY. Drainage exécuté dans la commune des Etangs, dép. de la Moselle. In-8 (Metz, Blanc), 58.
BARBEY (A.). et Wolff. Appel aux protestants de la Suisse pour la construction d'un temple à la Nouvelle-Orléans. In-4 (Marc-Ducloux), 50.
BARBEY D'AUREVILLY (J.). L'amour impossible, chronique parisienne. In-12, Lib. nouv., 59. 1 »
— Deux rhythmes oubliés. In-16 (Caen, Buhour).
— L'ensorcelée. 2 vol. in-8, Cadot, 54. 15 »
— L'ensorcelée. In-18, Lib. nouv., 58. 1 »
— Mémorandum. In-16 (Caen, Hardel).
— Notice sur J. M. Audin, auteur des Histoires de Calvin, etc. In-8, Maison, 56.
— Les prophètes du passé. Jules de Maistre, etc. In-18, Lib. nouv., 60. 3 »
— Une vieille maîtresse. 3 vol. in-8, Cadot, 51. 22 50
— Une vieille maîtresse. In-16, Cadot, 58. 1 »
— et Trébutien. Eugénie de Guérin. Reliqviae. In-18 (Caen, Hardel), 55.
BARBÉZIEUX. Napoléon héroïque. In-8, Cherbuliez, 55.
BARBIÉ DU BOCAGE (V.A.). De l'introduction des Arméniens catholiques en Algérie. In-8, Amyot, 55.
— Madagascar, possession française depuis 1642. In-8, Arthus Bertrand, 59. 7 »
— Rapport à la société de géographie sur l'ouvrage : Lettres sur le Caucase et la Crimée. In-8 (Martinet), 60.
— Suez et Périm. In-8, Amyot, 58. 1 »

BARBIER (A.). Organisation et travaux des commissions cantonales de statistique. In-18, Poitiers, Hilleret, 53. 1 »
BARBIER (A.). Histoire de Louis-Napoléon Bonaparte. In-18, chez l'auteur (50, rue d'Enghien), 52. 1 50
BARBIER (l'abbé). Théologie à l'usage de la jeunesse. 3 vol. in-12, Périsse fr., 55. Le vol. 1 20
— Les trésors de Cornélius à Lapide. 4 vol. in-8, J. Lanier, 57.
BARBIER (Ach.). Recherches sur l'électricité des gaz et des liquides. In-8 (Bordeaux, Durand), 58.
BARBIER (Alex.). Manuel de morale pratique et religieuse. Nouv. éd. In-12, Langlois et Leclercq, 56. 1 25
BARBIER (Aug.). Iambes et poëmes. 11e éd. Dentu, 60. 3 50
— Satires et chants. In-18, Masgana, 53.
— et Mlle V. Nouveau traité pratique de lavis et de peinture à l'aquarelle. In-4, Monrocq, 60. 18 »
BARBIER (A.T.). Notice additionnelle aux mémoires de Hollande. In-12, Meugnot, 58. » 80
— La Seine et la Tamise. Parison, le roi des bouquineurs. In-16, Meugnot, 58.
BARBIER (C.). L'ange de la maison. In-8, Rouen, Mégard, 59.
— L'auteur de quinze ans, ou la croix de Marie. In-12, Rouen, 59. 1 50
— Berthe la Milloraine. In-12, Rouen, Mégard, 54. 1 50
— Castel et chaumière, ou Fénelon enfant. In-12, Rouen, Mégard, 59.
— La première couronne. In-8, Rouen, Mégard, 59. » 65
— Les doges de Venise. In-12, Rouen, Mégard, 55.
— Les ducs de Bretagne. In-8, Rouen, Mégard, 59. 4 »
— Épreuves et bonheur. In-12, Limoges, Barbou, 60. » 65
— La filleule de la reine. In-12, Rouen, Mégard, 56. 1 50
— Le fils de la bergère, ou le prince de la musique sacrée. In-12, Rouen, Mégard, 59. 1 »
— Histoire de sainte Élisabeth de Hongrie. In-8, Rouen, Mégard, 59. » 65
— Joseph et Madeleine, ou l'amour filial. In-12, Rouen, Mégard, 59. 1 50
— Mathilde de Montbrun. In-12, Rouen, Mégard, 60. 1 50
— L'orpheline de Sébastopol. In-12, Rouen, Mégard, 59. » 75
— Les deux siéges de Calais. In-12, Rouen, Mégard, 59. 1 »
— Valentine d'Ormoies, épisodes des guerres révolutionnaires. In-12, Rouen, Mégard, 58. 1 50
— Vengeance et pardon. In-8, Rouen, Mégard, 59.
— Voyage dans l'Inde. In-8, Rouen, Mégard, 59. » 65
BARBIER (Mme C.). L'empire de la vertu. In-8, Rouen, Mégard, 59.
— Julia et Léontine. In-8, Rouen, Mégard, 52. 1 05
— Riez et devenez sages. In-12, Rouen, Mégard, 60. » 75
BARBIER (le doct.). Quelques réflexions sur la psychologie. In-12, Baillière et fils, 56. 1 50
— Traitement des maladies scrofuleuses et cancéreuses. In-8, Ledoyen, 56. 4 »
BARBIER (E.). De la possession, thèse. In-8 (Gros), 55.
BARBIER (E.J.F.). Journal complet. 8 vol. in-12, Charpentier, 57. Le vol. 3 50
— Journal historique et anecd. du règne de Louis XV. 4 vol. in-8, Renouard, 50 à 56. 18 »
BARBIER (H.). Des paquebots transatlantiques et de la subvention. In-8 (P. Dupont), 57.
BARBIER (J.). Abrégé des crimes de 93, poëme en 17 drames. In-8, Versailles, Angenault, 58. 5 »
BARBIER (J.). Itinéraire historique et descriptif de l'Algérie, avec un vocabulaire français-arabe. In-12, Hachette, 55.
BARBIER (J.). La restauration de l'ordre moral par le code Napoléon. In-8 (Renou et Maulde), 57.
— Une distraction, comédie. In-12, M. Lévy fr., 59. 1 »

BARBIER (J.) et Battu. L'anneau d'argent, opéra-comique. In-12, M. Lévy fr., 55. 　　　　》 60
— et Carré. Les derniers adieux, comédie. In-12, Mich. Lévy fr., 51. 　　　　　　　　　》 60
— et Carré. Les antipodes, vaudeville. In-8, Tresse, 54. 　　　　　　　　　　　　　　　》 60
— et Carré. Les contes d'Hoffmann, drame fantastique. In-12, M. Lévy fr., 51. 　　　　　　1 》
— et Carré. Faust, opéra. In-12, M. Lévy fr., 59. 1 50
— et Carré. La fileuse, drame. In-12, M. Lévy fr., 52. 　　　　　　　　　　　　　　　　》 60
— et Carré. Galathée, opéra-comique. In-12, M. Lévy fr., 60. 　　　　　　　　　　　　　1 》
— et Carré. Graziella, drame. In-4, M. Lévy fr., 59. 　　　　　　　　　　　　　　　　》 20
— et Carré. Le mémorial de Sainte-Hélène, drame historique. In-12, M. Lévy fr., 52. 　　1 》
— et Carré. Miss Fauvette, opéra-comique. In-12, Mich. Lévy fr., 52. 　　　　　　　　　1 》
— et Carré. Les noces de Figaro, opéra. Trad. de l'ital. In-12, M. Lévy fr., 58. 　　　　1 》
— et Carré. Les papillotes de M. Benoist, opéra-comique. In-18, Tresse, 54. 　　　　　1 》
— et Carré. Philémon et Baucis, opéra-comique. In-12, M. Lévy fr., 60. 　　　　　　　1 》
— et Carré. Psyché, opéra-comique. In-18, M. Lévy fr., 57. 　　　　　　　　　　　　　1 》
— et Carré. Les saisons, opéra-comique. In-18, Michel Lévy fr., 56. 　　　　　　　　　1 》
— Id. La mise en scène, par M. Palianti. In-8 (place Boieldieu, à l'Opéra-Comique), 56.
— et Carré. Voyage autour d'une jolie femme, vaudev. In-4, M. Lévy fr., 59. 　　　　　》 20
— et Carré. Voyage autour d'une jolie femme, pièce. In-12, Lagny fr., 52. 　　　　　　　》 60
— et Delahaye. Le roman de la rose, opéra-comique. In-18, Tresse, 54. 　　　　　　　1 》
— Voyez aussi Carré.
BARBIER (L.). Souvenirs littéraires de l'empire. Le bibliothécaire de l'empereur. In-8 (Martinet), 52.
BARBIER (L. E.). Inauguration imaginaire d'un musée symbolique de la nationalité française. In-4 (Plon), 54.
BARBIER (L. N.). Esquisse historique sur l'ivoirerie. In-18, Dutertre, 57.
BARBIER (P.). Les feuilles d'avril, poésies. In-18, Lebigre-Duquesne, 57. 　　　　　　　2 》
BARBIER (P. J.). Quelques mots relatifs au procès des noces de Figaro. In-12, M. Lévy fr., 60.
BARBIER (V.). Louise, épisode (vers). In-32, Desloges, 57.
BARBIER-BERGERON. Erreurs et préjugés populaires sur les dents. In-8, Tarbes, Fouga, 59. 　3 》
BARBIER DE MONTAULT (l'abbé X.). L'année liturgique à Rome. In-18, V. Didron, 57.
— La cathédrale d'Anagni. In-4, Didron, 58. 　5 50
— Déc. des verrières absid. dans l'église de Longué. In-8 (Angers, Cosnier et Lachèse), 58.
— Élégies sur la mort de saint Bruno. In-8 (Poitiers, Dupré), 57.
— Épigraphie et iconographie des catacombes de Rome. In-8, Pringuet, 58. 　　　　　　　2 》
— Notice sur l'état de l'église Saint-Louis des Français à Rome au XVIIe siècle. In-8 (Poitiers, Dupré), 55.
— Peintures claustrales des monastères de Rome. In-8, Blériot, 60.
— Sur la représentation des zodiaques. In-8, Derache, 58.
— Les tapisseries du sacre d'Angers. In-12 (Angers, Lainé), 58. 　　　　　　　　　　　1 》
— La vraie croix découverte à Saint-Florent. In-8 (Angers, Cosnier et Lachèse), 58.
BARBIER DE SÉVILLE (le). Trad. italienne. In-8 (13, rue de la Grange-Batelière), 57. 　　2 》
— Opéra-comique. In-8 (Lyon, Vingtrinier), 53. 　1 50
— Opéra, mus. de Rossini. (Dondey-Dupré), 53. 　》 20
BARBIN (Cl.). Lettres portugaises, nouv. éd., conforme à la première de 1669. In-16 (28, rue des Bons-Enfants), 53. 　　　　　　　　　　　　　　　　》 50

BARBOT (Ch.). Traité complet des pierres précieuses. In-18, Lacroix, 58. 　　　　　　　　　7 》
BARBOT DE LA TRÉSORIÈRE (M. A.). Annales des anciennes provinces d'Aunis, etc. 1re livr. In-4 (149, rue Montmartre), 58. 　　　　　　　　　10 》
BARBOTTIN (F.J.R.). Des rapports à succession, thèse. In-8 (Versailles, Beau), 56.
BARBY. Notes et documents pour servir à la topographie méd. d'Orléanville. In-8 (H. et Ch. Noblet), 54.
BARCEOT (F.). Essai sur l'étiologie et le traitement des fièvres internes, thèse. In-4 (Nîmes, Soustelle).
BARCHOU DE PENHOEN (le baron). Essai d'une philosophie de l'histoire. 2 vol. in-8, Comon, 54. 　15 》
— Lettre d'un membre de la majorité à ses commettants. In-8 (Guyot), 52.
BARCLAY (F.). Les castagnettes africaines. In-8 (Oran, Perrier), 50.
— Les Français en Algérie. In-18 (Dubuisson), 53. 》 50
BARD (J.). L'Algérie en 1854, itinéraire général. In-8, Maison, 54. 　　　　　　　　　　5 50
— Bourg-en-Bresse en 1854. In-8 (Lyon, Perrin), 54.
— La Camargue et les saintes Maries de la mer. In-8 (Vienne, Timon), 57.
— Le département du Rhône, histoire, statistique, géographie. In-12, Lyon, Brun, 58.
— Esquisse monographique de Saint-Maurice de Vienne. In-12, Vienne, Timon, 50.
— M. Fouque et son étude bibliogr. sur le Gallia christiania. In-12 (Châlons-sur-Saône, Montalan), 57.
— La jeunesse en vacances, voyage à faire : Londres, Hollande, Belgique, bords du Rhin. In-12, Auxonne, Sauné, 51.
— Itinéraire de Dijon à Lyon en suivant la Côte-d'Or et la Saône. In-18, Lyon (50, quai des Célestins), 51. 　　　　　　　　　　　　　　　　1 25
— Id. avec Lyon vu en 3 journées. 　　　　2 25
— Itinéraire de Londres à Paris par Rotterdam, Ostende et la Belgique. In-12 (Beaune, Blondeau), 51.
— Itinéraire général de Londres à Paris, à Rome et à Naples. 1re p. Londres à Marseille. In-18 (Beaune, Blondeau), 51. 　　　　　　　　　　　2 》
— Id. avec Lyon vu en 3 journées. 　　　　3 》
— Londres, la Hollande, la Belgique et les bords du Rhin. In-8 (5, rue des Grands-Augustins), 51. 》 50
— Parcours d'Auxonne à Gray. In-18, Auxonne, Sauné, 59.
— Parcours général de Dijon à Besançon, par le chemin de fer. In-18, Dôle, Mme Prudont, 55.
— Parcours général de Dijon à Genève et à Mâcon par Bourg-en-Bresse. In-16 (Vienne, Timon), 59.
— Parcours général de la Méditerranée à Lyon, etc. In-8 (Vienne, Timon), 56. 　　　　　　4 50
— Parcours général de Paris à Lyon, embranchem. sur Troyes, St-Etienne, Vienne. In-18 (à la gare de Lyon), 58. 　　　　　　　　　　　　　1 50
— De la question liturgique par rapport à la sainte église de Lyon. In-8, Lyon, Brun, 60. 　1 25
— Une semaine à Londres pendant l'exposition de 1851, etc. In-18, Borrani, 51. 　　　　　　4 》
— Trains de plaisir de Paris à Lyon. In-18, Maison, 51. 　　　　　　　　　　　　　　》 75
— Turin, Gênes, Florence, Rome en 1854. In-8 (Vienne, Timon), 54.
— Villeneuve-le-Roi, dép. de Seine-et-Oise, en 1859. In-8 (Dijon, Rabutot), 59. 　　　　　　　1 25
— Voyage sur la ligne de Nuits-sous-Beaune à Nuits-sous-Ravière et Tonnerre. In-18, Beaune, Batault-Morot, 52.
— Voyage à Villeneuve-le-Roi, Reims, Metz, etc., en 1856. In-8, Auxonne, Sauné, 59.
— Voyages de Saint-Loup-de-la-Salle à Chagny et de Beaune à Châlons-sur-Saône. In-8 (Vienne, Timon), 55.
BARDE (F.A.). Traité encyclopédique de l'art du tailleur. In-8, chez l'auteur (226, rue de Paris-Belleville), 54.
BARDÈCHE (Ch.). Landes de Gascogne, réflexions pratiques. In-8 (31, rue des Lombards), 60.

BARBÉNET (A.). Légende du chêne de la belle dame, mort en 1859. In-8 (Renou et Maulde), 60.

BARDES (les) bretons, poëmes du XVIᵉ siècle, trad. par Hersart de Villemarqué. Nouv. éd. In-8, Didier et Cᵉ, 60. 7 »

BARDIN (l'abbé). Histoire moderne. In-4 (Grenoble, Allier), 60.

BARDIN (le général). Dictionnaire de l'armée de terre, ouvrage terminé sous la direction du général Oudinot. 8 vol. gr. in-8, Corréard, 51. 119 »

BARDIN (le professeur). Géométrie descriptive, modèles, etc. La topographie. In-4, Mallet-Bachelier, 55. 2 »

BARDINET. De l'héméralopie observée en Limousin. In-8 (Limoges, Chapoulaud), 59.

BARDONNET DES MARTELS (le doct.). Traité des maniements des épreuves et des moyens de contention, etc. In-12, veuve Bouchard-Huzard, 58. 4 50

BARDOUX (A.). De l'influence des légistes au moyen âge. In-8, Durand, 59. 1 »

— Les légistes au XVIᵉ siècle, Jean de Basmaison. In-8, Durand, 58.

— Les légistes au XVIIIᵉ siècle. In-8, Durand, 58.

BARDY (Ch.). Bluettes poétiques. 2 vol. in-16, Bordeaux, Delmas, 56 à 59. Le vol. 1 »

BARDY (G.). Ordre souverain des hospitaliers réformés de St-Jean. In-8, Challamel, 60. 1 »

— De la situation présente de l'ordre de Malte. In-8, Rouvier, 59.

BARDY (H.). Enguerrant de Coucy et les grands bretons. In-8 (Saint-Dié), Didron, 60. 1 50

BARDY (Mlle). La famille villageoise. In-12, Limoges, Barbou, 60. » 40

BAREILLE (l'abbé J.). Emilia Paula. 2 vol. in-12, Vivès, 57. 6 »

— Id. 2 vol. in-8, Vivès, 58. 8 »

— Histoire de St. Thomas d'Aquin. In-8, Vivès, 59. 6 »

— La vie du cœur. In-32, Toulouse, Devers Arnaudé, 56.

DARÈME (Comptes faits de) en francs et en centimes. In-24, Ardant, 56.

— Id. In-24, Limoges, Barbou, 56.

— Id. In-24, Montbéliard, Barbier, 56. 1 »

(Un assortiment d'autres chez Bernardin-Béchet).

— pour les chantiers et ateliers. In-4 (Anzin, Boucher-Moreau), 59.

— à l'usage des miroitiers. In-18 (2, rue du Grand-Chantier), 58.

BARESTE (E.). Biographies des hommes du peuple, 250 notices. In-18, Krabbe, 52.

— La marquise de Brinvilliers. In-4, Boisgard, Marescq, Martinon, 52. » 30

— La marquise de Brinvilliers. In-4 (Gaittet), 56.

BARET (E.). De l'Amadis de Gaule et de son influence ur les mœurs et la littérature du XVIᵉ et XVIIᵉ siècle. In-8, Durand, 55. 3 50

— Etudes sur la littérature du midi de l'Europe. In-8 (Clermont-Ferrand), Durand, 58. 5 »

— Etudes sur la rédaction espagnole de l'Amadis de Gaule de Garcia Ordonez de Montalvo. In-8, Durand, 53.

— Ménage, sa vie et ses écrits. In-8 (Lyon), Durand, 59. 1 50

— Du poëme du Cid dans ses analogies avec la chanson de Roland. In-8, Durand, 58. 2 »

— De Themistio sophista. In-8, Durand, 53.

BAREZI. Conquête faite par le ievne Demetrivs, dv sceptre de son père. In-16, Techener, 58. 4 »

BARÉZIA (Mme de). La femme selon le cœur de Dieu. In-32, Lhuillier, 57.

BARGES (l'abbé J.J.L.). Le divan du cheïkh Omar-ibn-el-Faredh, texte arabe, avec préface en français. In-8, Duprat, 56.

— Histoire des Beni Zeiyan, rois de Tlemcen, par l'inam Cidi Abou Abd'Allah-Mohammed ibn abd'el Djelyl et Tenessy, trad. de l'arabe. In-12, Duprat, 52. 3 50

— Inscription phénicienne de Marseille. In-4, Duprat, 52. 5 »

— Jehuda ben Koreisch. In-8, Duprat, 57.

BARGES (l'abbé J. J. L.). Le livre de Ruth, expliqué par deux trad. franç. In-8, Leroux et Jouby, 54. 1 50

— Mémoire sur les relations commerciales de Tlemcen avec le Soudan. In-8, Rouvier, 53.

— Mémoire sur le sarcophage et l'inscription funéraire d'Eschmounazar. In-4, Duprat, 56. 7 50

— Nouvelle interprétation de l'inscription phénicienne découverte par M. Mariette dans le sérapéum de Memphis. In-8, Rouvier, 56. 1 50

— Le Sahara et le Soudan, documents historiques et géographiques rec. par le cid el-Hadj-Abd-el-Kader-ben-Abou-Bekr-et-Touaty, avec un alphabet touareg inédit; trad. de l'arabe. In-8, Rouvier, 53.

— Les samaritaines de Naplouse. In-8 (Dondey-Dupré), 54.

— Tlemcen, ancienne capitale du royaume de ce nom. In-8, Challamel, 59. 12 »

BARGHON FORT-RION (de). La belle Pope, femme de Rollon. In-8 (Caen), Maillet Schmit, 58. 1 50

— Etude critique et littéraire sur Baour-Lormian. In-8 (Hennuyer), 56.

— Histoire de l'ordre de St-Sylvestre. In-8, Vimoutiers, Grigy, 58.

— Napoléon et la république de St-Marin. In-8 (Bayeux, Saint-Ange Duvant), 58.

— Du rétablissement de l'ordre de Malte. In-8, Poulet-Malassis, 59. » 60

— San Marino, poëme. In-8 (Cassel, Villard), 57.

— Thomas II et Maxime et Zoë, légendes illyriennes. In-8 (Bayeux, St-Ange Duvant), 57.

— Les violettes de Parme. In-18, Furne, 56.

BARGILLAT (J.A.). Notes sur le droit commercial maritime. In-8 (St-Nazaire, Richier), 60. 1 »

BARGINET (A.). La chemise sanglante. In-4, Havard, 58. » 50

BARGINI (de). Le comte de Saluggia. In-8, Ballay et Conchon, 57.

BARIC. Monsieur J. P. M. H. de Lespinasse, né à Toulouse le 8 déc. 1784. In-8 (Noblet), 51.

BARILLOT. Un portrait de maître, comédie. In-12, Libr. nouv., 59. 1 »

— Les vierges du foyer, légendes poétiques et morales. In-8, Larousse et Boyer, 59. 4 »

BARINCOU (G. M.). De l'anus accidentel, thèse. In-8 (Srasbourg, Berger, Levrault et fils), 57.

BARINS (de). L'ami du pauvre. In-8, Durand, 57.

— Le grand secrétaire. In-18, Le Bailly, 59. » 40

— Le grand secrétaire général. In-18, Le Bailly, 59. » 40

— La guirlande des fleurs; lettres et compliments pour le jour de l'an et les fêtes. In-18, Le Bailly, 58. » 40

— L'honneur de la famille. In-8 (Walder), 56.

— La mauvaise mère ou les enfants abandonnés. In-8 (Walder), 56.

— Napoléon, la France, l'Angleterre, l'Europe; histoire de Louis Napoléon Bonaparte jusqu'en 1852. In-8, Pick, 52.

— La sœur de l'aveugle, ou la faute et l'expiation. In-8 (Walder), 58.

— Vie, voyages et mort de l'amiral Dumont-d'Urville. In-8, Le Bailly, 59. » 40

BARJAVEL. Dictons et sobriquets patois des villes, bourgs et villages du dép. de Vaucluse. In-8 (Carpentras, Devillario), 50 à 53.

— Notice sur la vie et les écrits du P. Justin. In-12 (Carpentras, Devillario), 59.

BARLA DE NICE (J. B.). Descriptions et figures de quatre espèces de champignons. In-4 (Iéna), Haar et Steinert, 60. 2 50

BARLAN-FONTAYRAL (F. E.). Etude botanique et médicale sur le seigle ergoté. In-8, Labé, 58. 5 »

BARLET (E.). Essai sur l'histoire du commerce et de l'industrie belge. In-12 (Liége), Borrani, 59.

BARLET (C.H.). Géographie commerciale et industrielle de la Belgique. In-8 (Malines), Borrani, 58. 2 »

BARMAN (le colonel). Des négociations diplomatiques relatives à Neuchâtel. In-8, Cherbuliez, 58. 2 »

BARMON (L. de). Seigneurs de Lonvilliers, ascendants

de l'impératrice Joséphine. In-8 (Cherbourg, Feuardant), 54.

BARNAUD (B.). Athènes, sa religion et ses philosophes. In-18 (Toulouse), Libr. protest., 54. » 20
— Méditations sur l'oraison dominicale. In-18 (Toulouse), Libr. prot., 51. » 15
— Méditations sur la prière sacerdotale. In-18 (Toulouse), Libr. prot., 51. » 10

BARNES (A.). Notes sur les actes des apôtres et l'épître aux Romains. In-8, Grassart, 58. 5 »
— Notes sur les évangiles. 2 vol. in-8, Grassart, 55. 7 50

BARNI (J.). Eléments métaphysiques de la doctrine du droit, trad. de l'allem. de Kant (1re partie de la métaphysique des mœurs); suivis d'un essai philosophique sur la paix perpétuelle et d'autres petits écrits relatifs au droit naturel. In-8, Durand, 54. 8 »
— Eléments métaphysiques de la doctrine de la vertu (2e partie de la métaphysique des mœurs); suivis d'un traité de pédagogie et divers opuscules relatifs à la morale, traduits de Kant avec une introduction. In-8, Durand, 55. 8 »
— Philosophie de Kant. Examen de la critique du jugement. In-8, Ladrange, 50. 4 50
— Philosophie de Kant. Examen des fondements de la métaphysique des mœurs et de la critique de la raison pratique. In-8, Ladrange, 51. 6 »
— Voyez aussi Kant.

BARNIER. De l'amendement des terres par la chaux. In-16 (Chaix), 58.

BARNOUT. Calendrier national. In-8 (Tinterlin), 59.
— Navigation aérienne. Le rotaer, moteur atmosphérique. In-8 (Tinterlin), 58.
— Système rationnel de navigation aérienne. In-8 (Tinterlin), 57.
— Une voie impériale du boulev. des Italiens aux Tuileries et le faubourg St-Germain. In-4 (Pinart), 56.
— Une voie impériale de la rue de Rivoli au boulevard des Italiens. In-4 (Tinterlin), 58.

BARNY (A.). Géographie universelle de Crozat. In-12, Limoges, Barbou, 57. » 60

BARO (C.). Deux mots sur l'Italie. In-8, Dentu, 59. 1 »

BAROCHE. Discours sur deux rapports de pétitions relatives au traité de commerce avec l'Angleterre, etc. In-8 (Panckoucke), 60.
— Discours sur le projet de loi concernant le tarif des laines, etc. In-8, Firmin-Didot, 60.

BARON (A.). Le chevalier coquet, comédie-vaud. In-12, M. Lévy fr., 52. » 60
— Qui n'entend qu'une cloche... etc., vaudeville. In-18, Giraud (autrefois, 7, rue Vivienne), 54.

BARON (le doct. C.). Observations d'hydrargyrie chez les enfants. In-8, Baillière et fils, 50. 1 »
— Quelques symptômes des affections du cœur. In-8, Baillière et fils, 50. 1 »

BARON (F. D.). Traité théorique et pratique de la fabrication des draps unis. In-4, Roret, 60. 15 »

BARON (L. C.). Jérôme le réaliste, comédie. In-18, Ledoyen, 58. 2 »

BARON (P. H.). Nouveaux principes de taille des arbres fruitiers. In-8 (de Soye et Bouchet), 58. 3 »

BARON (V.). Chants du Berry. In-16 (Nevers, Renaudin-Lefèbvre), 50. » 75

BARONCELLI (F. de). Catherine de Médicis ou les deux orphelins, drame. In-8, Tresse, 50. » 75
— Le fonctionnaire socialiste, vaudeville. In-8, Tresse, 50. » 75
— Un grain de beauté, vaudev. In-8, Tresse, 50. » 75
— Le magnétisme en Chine ou une révolution dans l'autre monde, vaudev. In-8, Tresse, 50. » 75
— et Clavé. Alain Chartier ou le baiser de Marguerite, opéra-comique. In-8, Tresse, 50. » 50

BARONIUS (le card.). Discours sur l'origine des Russiens et de leur miraculeuse conversion, trad. par Lescarbot, revu par Galitzine. In-16, Techener, 56. 4 »

BARONNE (la) du premier. In-12, Meyrueis, 57.

BAROTS (F. H.). Manuel des familles. Dictionnaire de

droit français. In-8, Libr. histor. (3, rue Christine), 58. 8 »

BAROUX (le rév.). Mission du Bengale, lettre de Chittagond. In-4 (Poitiers, Oudin), 54.
— Missions des Pottowatomies dans l'état de Michigan. In-8, Caen, Hardel, 59.

BARRACHIN (le doct.). Une trinité de nation ou le mouillage d'Ourlac, scènes maritimes. In-8 (Chaix), 50.

BARRAGUEY (S.). Echos du cœur, poésies. In-8, Dentu, 52.
— et de Rostan. La fille de Voltaire, comédie. In-12, Barbré, 59. 1 »

BARRAIL (E. du). Histoire de la Jacquerie de 1851. In-8 (15, rue de Montyon), 52. » 50
— Le voyage de Louis-Napoléon dans l'est de la France et dans la Normandie. In-8 (11, rue du Faub.-Montmartre), 51. 1 »

BARRAILLIER. Du traitement des céphalalgies nerveuses. In-8 (Hennuyer), 59.

BARRAL. Résumé de la grammaire française. In-18, Vienne, Bourdat, 57.

BARRAL. Notice nécrologique sur M. A. Blache. In-8 (Smith), 50.

BARRAL. Renseignements sur la côte méridionale du Brésil et sur le Rio de la Plata, rec. d. la campagne hydrographique de la gabare l'Emulation, 1830-32. In-8, Ledoyen, 50. 1 »

BARRAL. Mémoire sur l'étamage des épingles. In-8 (Didot), 54.

BARRAL (l'abbé). D'un musée religieux diocésain. In-8, Bray, 50. » 50
— Le navire de Marie, notes et voyage. In-12, Limoges, Ardant, 59.

BARRAL (F. A.). Le climat de Madère et son influence sur la phthisie pulmonaire. In-8, J. B. Baillière et fils, 57. 6 »

BARRAL (J. A.). Le bon fermier, aide-mémoire du cultivateur. In-18, Lib. agricole, 58. 7 »
— Congrès des agriculteurs du Nord. Maladie de la betterave, etc. In-8 (Valenciennes, Prignet), 52.
— Eloge historique de Charles Gilbert de Morel-Vindé. In-8, Lib. agricole, 60.
— Drainage des terres arables. 2e éd. 4 vol. in-12, Lib. agricole, 56 à 60, 25 »
— François Arago, notice biographique. In-8, Lib. agricole, 53.
— Maladie de la vigne, soufrage. In-8, Lib. agricole, 57.
— Mémoire sur la fabrication du drap à poil debout. In-4 (Gratiot), 55.
— Programme d'un cours de chimie appliquée à l'agriculture. In-8 (Duverger), 50.
— Statique chimique des animaux, appliquée spécialement à la question de l'emploi agricole du sel. In-12, Lib. agricole. 5 »
— Recherches analytiques sur les eaux pluviales. In-4, Lib. agricole, 50. 1 75
— Voyez Arago.

BARRAL (le vic. O. de). Notice sur les murs d'enceinte de la ville de Bourges. In-8 (Bourges, Jollet Souchois), 52.

BARRANDE (J.). Caractères des nautilides, goniatides et ammonides. In-8 (Martinet), 57.
— Colonie dans le bassin silurien de la Bohême. In-8 (Martinet), 60.
— Etat des connaissances acquises sur la faune primordiale. In-8 (Martinet), 59.
— Extension de la faune primordiale de Bohême. In-8 (Martinet), 58.
— La Haute-Loire et les chemins de fer, lettre au conseil général. In-8 (Prève), 53.
— Nouveaux fossiles découverts à Rokitzan. In-8 (Martinet), 57.
— Quelques genres de céphalopodes siluriens. In-8 (Martinet), 56.
— Le Tarn et les chemins de fer; lettre au baron de Caragon-Latour. In-8 (Prève), 53.

BARRANDE (J.). Troncature normale ou périodique de la coquille. In-8 (Martinet), 60.

Chez l'auteur (rue de Mézières, près Saint-Sulpice).

BARRANGEARD (le doct.). Extrait d'un mémoire sur le danger des inhumations précipitées. In-4 (Lyon, Boursy), 55.

BARRANGER (A.). Antiquité des Gaules. In-12 (Dijon, Rabutot), 58.

— Étude sur l'esclavage de l'antiquité jusqu'à nos jours. In-8, Auxonne, Deleuze frères, 60.

— Étude sur l'origine de Nuits, dép. de la Côte-d'Or. In-8 (Auxonne, Saunié), 59.

— Odyssée étymologique gallo-grecque de Lyon à Paris. In-12 (Auxonne, Saunié), 58.

— Souvenirs de Napoléon au polygone d'Auxonne, de 1788 à 1791. In-8 (de Soye et Bouchet), 57.

BARRAU (de). Documents historiques et généalogiques sur les familles et les hommes remarquables du Rouergue, tomes 1 et 2. In-8 (Rodez, Ratery), 53, 54. Le vol. 6 »

BARRAU (Th.H.). Choix gradué de 50 sortes d'écritures pour la lecture des manuscrits. In-8, Hachette, 60. 1 50

— Conseils sur l'éducation dans la famille et au collége. In-8, Hachette, 52. 5 »

— Conseils aux ouvriers. In-12, Hachette, 55. 1 80

— Des devoirs des enfants envers leurs parents. In-18, Hachette, 60. » 50

— Direction morale pour les instituteurs. In-12, Hachette, 59. 1 25

— Exercices de composition de style. In-12, Hachette, 58. 2 »

— Histoire de la révolution française (1789-1799). In-12, Hachette, 58. 3 50

— Instructions sur la loi d'enseignement en ce qui concerne l'instruction primaire. In-18, Hachette, 51. 1 25

— Législation de l'instruction publique. In-8, Hachette, 53. 7 50

— Livre de morale pratique. In-12, Hachette, 60. 1 50

— Nouvelles lois avec un commentaire sur l'enseignement. In-18, Hachette, 57. 2 »

— Méthode de composition de style. In-12, Hachette, 59. 2 75

— Morceaux choisis des auteurs français à l'usage des écoles norm. prim. In-12, Hachette, 59. 3 50

— La patrie, description et histoire de la France; livre de lecture. In-12, Hachette, 59. 1 50

— Du rôle de la famille dans l'éducation. In-8, Hachette, 57. 6 »

— Simples notions sur l'agriculture, le jardinage et les plantations. In-12, Hachette, 60. 1 25

BARRAUD (l'abbé). Description des vitraux de la cathédrale de Beauvais. In-8, Meugnot, 53. 1 50

BARRAUD (E.). Recueil de poésies populaires, etc. In-18, Lyon, Girard et Josserand, 53. 3 50

BARRAULT (A.) et Émile Barrault. Le canal de Suez, et la question du tracé; lettre à M. de Bruck. In-8 (Claye), 56.

— et Émile Barrault. Politique du canal de Suez, questions techniques. In-8 (Claye), 56.

— et Bridel. Le palais de l'industrie et ses annexes. In-folio, Noblet, 57. 30 »

BARRAULT (E.). Le chemin de fer du Nord en Espagne. In-18, Plon, 58. 2 »

— Marques de fabrique et noms commerciaux. In-12, chez l'auteur (33, boulev. St-Martin), 58. 2 »

— Notes sur les brevets d'invention en France et à l'étranger. In-12, chez l'auteur, 58. » 75

— La Russie et les chemins de fer. In-8 (Claye), 57.

— et Piquet. Mémoire sur le gaz à l'eau obtenu par le procédé Gillard. In 8 (Giraudet), 56.

— Voyez aussi Barrault (A.).

BARRAULT (E.). Traité des synonymes de la langue latine. In-8, Hachette, 53. 9 »

BARRAULT-ROULLON (Ch.H.). Economie politique. Essai sur l'organisation de la force publique. Réha-

bilitation de la garde nationale. 2 parties. In-4, Dupont, 50. 2 »

— L'impératrice Joséphine et la famille Beauharnais. Notice. In-8, Ledoyen, 52.

— Le maréchal Suchet, duc d'Albuféra. Aperçu historique de 1792 à 1815. In-8, Corréard, 54. 7 50

BARRE (le doc.). Du diagnostic des lésions de l'œil. In-8 (Montpellier, Ricard), 57.

BARRE (comte de la Garde). Un bouquet littéraire. In-8, Dentu, 57. 3 50

BARRÉ. Notions pratiques de constructions forestières. In-folio (Nancy, Christophe), 57.

BARRÉ (L.). Quelques réflexions sur la presse (en vers). In-8, Ledoyen, 53.

— Voyez Port-Royal.

BARRÉ DE SAINT-VENANT (A.). Institut national agronomique. Programme proposé pour le cours de génie rural. In-4 (Bachelier), 50.

BARREAU (Ch.). Essai sur la vie et les travaux de Cyrille Lucaris, patriarche de Constantinople au XVIIᵉ siècle, thèse. In-18, Strasbourg (veuve Berger-Levrault et fils), 53.

BARREAU (H.). Des causes de la décadence rapide de la langue latine. In-8 (Vrayet de Surcy), 54.

BARRÈRE (l'abbé). Le général de Tartas et récit de ses expéditions militaires en Afrique. In-12 (Agen), Dumaine, 60. 2 »

— Histoire religieuse et monumentale du diocèse d'Agen, tomes 1 et 2. In-4, Agen, Chairon, 55 à 57.

BARRESWIL. Documents académiques et scientifiques, pratiques et administratifs sur le tannate de quinine. In-8, Baillière et fils, 52. » 75

— et Davanne. Chimie photographique. 2ᵉ éd. In-8, Mallet-Bachelier, 58. 8 »

BARRET (l'abbé). Le précurseur. In-8, Douniol, 58. 8 »

BARRET (H.). Des besoins morbides du système vivant. In-8 (Carpentras, Devillario), 53.

BARRET (P.). Mort de monseigneur Affre, archevêque de Paris. Poème national. In-12, Amiens, Carou, 56.

BARRETT et Blanc. Diction. anglais-français et français-anglais. In-32, Lyon, Scheuring, 56.

BARRIER. Documents sur le procès du journal l'Univers contre l'Univers jugé par lui-même. In-4 (Bailly), 58.

BARRIER. Traitement des maladies scrofuleuses et cancéreuses. In-8, Baillière et fils, 56. 4 »

BARRIER (F.). Observations sur la rupture de l'ankylose de la hanche, 2ᵉ mémoire. In-8, Baillière et fils, 60. » 75

— Traité pratique des maladies de l'enfance. 3ᵉ éd. 2 vol. in-8, Chamerot, 60. 18 »

BARRIÈRE (A.). Maladie de la vigne, guide du vigneron. In-8, Villeneuve, Duteis, 58.

— Maladie de la vigne, traitem. par le sulfate de cuivre. In-12 (Bordeaux, Crugy), 60. » 60

BARRIÈRE (Alexis). La Sainte-Catherine, vaudev. In-18, Pesron, 51. » 50

BARRIÈRE (Th.). Les bâtons dans les roues, vaudev. In-12, M. Lévy fr., 54. 1 »

— Id. In-4, M. Lévy fr., 60. » 20

— Les bourgeois gentilshommes. In-12, M. Lévy fr., 57. 5 »

— Cendrillon, comédie. In-12, Lib. théâtrale, 59. 2 »

— Le feu au couvent, comédie. In-12, M. Lévy fr., 60. 1 »

— Midi à quatorze heures, comédie-vaudev. In-12, Mich. Lévy fr., 51. 2 »

— Id. In-4, M. Lévy fr., 58. » 20

— Les Parisiens, pièce. In-12, M. Lévy fr., 55. 2 »

— Id. In-4, M. Lévy fr., 57. » 20

— La vie d'une comédienne. In-4, M. Lévy fr., 57. » 20

— Un vilain monsieur. In-4, M. Lévy fr., 57. » 20

— et Beauplan. Le lys dans la vallée, drame tiré du roman de Balzac. In-12, M. Lévy fr., 53. 2 »

— et Beauplan. Id. In-4, M. Lévy fr., 57. » 20

— et Capendu. Les fausses bonnes femmes, comédie. In-12, M. Lévy fr., 58. 2 »

— et Capendu. Les faux bonshommes, comédie. In-12, M. Lévy fr., 60. 2 »

BARRIÈRE (Th.) et Capendu. L'héritage de M. Plumet, comédie. In-12, Libr. théâtrale, 58. 2 »
— et Carré. La plus belle nuit de la vie, comédie-vaudev. In-12, M. Lévy fr., 50. » 60
— et Carré et Barbier. Laurence, drame. In-12, Mich. Lévy fr., 50. » 60
— et Decourcelle. L'enseignement mutuel, vaudev. In-12. Giraud et Dagneau, 51. » 60
— et Decourcelle. Monsieur mon fils, comédie-vaudev. In-12. M. Lévy fr., 55. 1 »
— et Decourcelle. Id. In-4, M. Lévy fr., 59. » 20
— et Decourcelle. Un monsieur qui suit les femmes, comédie-vaudev. In-12, M. Lévy fr., 50. 2 »
— et Decourcelle. Id. In-4, M. Lévy fr., 58. » 20
— et Decourcelle et Beauvallet. Les femmes de Gavarni, scènes de la vie parisienne. In-8, Tresse, 52. 1 »
— et Fauchery. Calino, charge d'atelier. In-12, Michel Lévy fr., 56. 1 »
— et Fournier. Manon Lescaut, drame. In-12, M. Lévy fr., 51. 1 »
— et Fournier. Id. In-4, M. Lévy fr., 60. » 20
— et Henri de Kock. Les grands siècles, pièce en trois actes. In-4, M. Lévy fr., 58. » 20
— et Henri de Kock. La maison du pont Notre-Dame, drame. In-12, M. Lévy fr., 60. 2 »
— et Henri de Kock. La vie en rose, pièce. In-12 (12, boulev. St-Martin), 54. 1 »
— et Jaime. L'âne mort, drame. In-12, M. Lévy fr., 53. 1 »
— et Jaime. Id. In-4, M. Lévy fr., 54. » 20
— et Jaime. La Boisière, drame. In-12, M. Lévy fr., 53. 1 »
— et Jaime. Id. In-4, M. Lévy fr., 58. » 20
— et Lambert Thiboust. Une femme dans ma fontaine, comédie-vaudev. In-12, M. Lévy fr., 53. » 60
— et Lambert Thiboust. Les filles de marbre, drame. In-12, M. Lévy fr., 55. 1 50
— et Lambert Thiboust. Id. In-4, M. Lévy fr., 60. » 20
— et Lorin. Le piano de Berthe, comédie. In-12, Mich. Lévy fr., 52. 1 »
— et Lorin. Quand on veut tuer son chien, proverbe. In-12, M. Lévy fr., 53. 1 »
— et Morand. Tambour battant, comédie-vaudev. In-12, M. Lévy fr., 54. 1 »
— et Murger. La vie de Bohème, comédie. In-12, Mich. Lévy fr., 60. 1 50
— et Murger. Id. M. Lévy fr., 59. » 20
— et Perrot. Une petite fille de la grande armée, comédie-vaudev. In-8, Tresse, 52. » 60
— et Plouvier. L'outrage, drame. In-12, M. Lévy fr., 59. » 50
— et Sardou. Les gens nerveux, comédie. In-12. Mich. Lévy fr., 59. 1 50
— et Supersac. Les métamorphoses de Jeannette, vaudev. In-12, M. Lévy fr., 60. » 60
— et Taillade. Le château des Ambrières, drame. In-12, M. Lévy fr., 57. 2 »
— et Taillade. Id. In-4, M. Lévy fr., 58. » 20
— Voyez aussi les autres auteurs qui ont travaillé avec M. Th. Barrière.

BARRILLOT. La folle du logis, poésies, etc. In-18, Coulon, Pineau, 55. 1 50
— Icare vengé par Pétin. In-16, Durand (32, rue de Rambuteau), 51. » 25
— Un portrait de maître, comédie. In-12, Libr. nouv., 59. 1 »
— Les vierges. In-18, G. Roux, 57. 2 »
— Les vierges du foyer, légendes poétiques et morales. In-8, Larousse et Boyer, 54. 4 »

BARRIN (J. J. F. de). Petit recueil de morales et réflexions mises en vers. In-12, Vienne, Vanel, 56.

BARRINS (de). Nouveau manuel de législation. In-12, Pick, 60. 1 »

BARROILHET. Consideraciones sobre la riqueza del Perú. In-8 (d'Aubusson et Kugelmann), 59.
— Grandeza y decadencia del Perú. In-8 (d'Aubusson et Kugelmann), 58.

BARROILHET. Opusculo sobre el huano, dedicado à la nacion peruana. In-8 (Walder), 57.

BARROUX. Nouveau système de voie sur longrines creuses en fer. In-8 (Chaumont, Cavaniol), 58.

BARRUEL (G.). Traité de chimie technique appliquée aux arts et à l'industrie. 7 vol. in-8, Didot, 56 à 60. Chaque vol. 7 »
(Il n'y a que 5 vol. en vente).

BARRUEL-BEAUVERT (P. A. de). Lettre du délégué de la population française de Grey Town au commerce de l'empire français. In-8 (Lebon), 56.
— Bombardement et entière destruction de Grey Town, deuxième lettre du délégué, etc. In-8 (Lebon), 56.

BARRY. Manuel d'histoire grecque. In-12, Toulouse, Privat, 59.
— Monographie du dieu Leherenn d'Ardiége. In-8, Rollin, 59.
— Les inscriptions du temple de Jupiter à Œsani. In-8 (Toulouse, Douladoure), 51.

BARRY (de). Pensez-y-bien. In-24, Périsse, 57.
— La solitude de Philagie. In-18 (Le Puy, Marchesson), 59.

BARRY DU BARRY. Les maladies de l'appareil digestif. In-12 (32, rue d'Hauteville), 55.

BARSALOU (G.). Aux royalistes. In-12 (Agen, Barrière), 51. » 50

BARSE (J.). De l'éclairage public et privé en France, 1re partie. In-8 (Grimaux), 54. 1 »

BARSE (L.). Vive l'empereur, stances lues le 10 octobre 1854. 2e éd. In-8, Amyot, 54.

BARTAYRÈS (A.). Leçons de physique et de chimie. In-8 (Agen, Noubel), 52. 5 »

BARTEAU. La monnaie et l'agriculture, études financières. In-8 (Henri et Ch. Noblet), 57.

BARTET. Cours élémentaire de fortification. In-8, Tanera, 57. 30 »

BARTH. Histoire de l'église chrétienne, trad. de l'allem. In-12, Lyon, Denis fils, 52.

BARTH (le doct. H.). Voyages et découvertes en Afrique de 1849 à 1855, trad. de l'allem. 4 vol. in-8 (Bruxelles), Bohné, Schultz et Thuillié, 60. 24 »

BARTH (J. B). Des épidémies de fièvre typhoïde qui ont régné en France pendant 1854. In-4, Baillière et fils, 56. 1 50
— Recherches sur la dilatation des bronches. In-8, Baillière et fils, 56. 3 »

BARTH ET ROGER. Traité pratique d'auscultation. In-12, P. Asselin, 60. 6 »

BARTHE (l'abbé E.). Appel à la raison sur la vérité religieuse. In-8, Lecoffre, 58. 5 »
— Litanies de la très-sainte Vierge. In-8, Camus, 58. - 18 »
— Nouveau mois de Marie. In-18, St-Affrique, Maurel, 59.
— Pourquoi je crois à l'apparition de la Salette. In-12, Sarlit, 58. 1 50
— Souvenirs et impressions d'un pélerinage à la Salette. In-18, Sarlit, 59. » 60
— et Ramon. Enseignement dogmatique et pratique de la religion. 2 vol. in-12, Périsse frères, 55.

BARTHE (F.). Histoire abrégée de la langue et de la littérature française. In-8, Hachette, 53. 6 »
— Leçons de grammaire et de littérature française. In-18, Hachette, 51.

BARTHE (J. G.). Le Canada reconquis par la France. In-8, Ledoyen, 55. 7 »
— Lettre sur le Canada à M. de Monmerqué. In-8 (Remquet), 54.

BARTHE. Voyez Lecourtier.

BARTHEL (N.). Religion scientifique de l'humanité. In-8 (Bruxelles), Borrani, 60. 3 »

BARTHÉLEMY. Extrait ou voyage abrégé du jeune Anacharsis en Grèce, publ. par Johanneaud. In-8, Limoges, Barbou, 52.
— Voyage du jeune Anacharsis en Grèce. 3 vol. in-12, Hachette, 60. 6 »
— Id. Gr. in-8, Didot, 58. 10 »

BARTHÉLEMY. Vie de sainte Geneviève, patronne de Paris. In-18, Hivert, 52.

BARTHÉLEMY. Le bois de Boulogne. In-8, G. Havard, 57.   1 »

BARTHÉLEMY. Observations sur la question de l'emploi du sel en agriculture. In-8 (Bouchard-Huzard), 50.

— Le pêcheur à la ligne. In-8, Dutertre, 55.   » 50

— Les robes à volants, boutade en vers. In-8 (Schiller), 56.   » 40

— Syphilis, poëme en quatre chants avec des notes explicatives, par Gir. de Saint-Gervais. 4ᵉ éd., Martinon, 51.

— Son passage à Marseille, 8, 9 et 10 sept. 1860. In-8, Marseille, Camoin, 59.

BARTHÉLEMY (A.M.). Les deux Marseille, vers. In-8, Marseille, Camoin, 58.   1 »

— Le triomphe d'Osten Sacken ou le bombardement de la flotte anglo-française par les batteries d'Odessa, drame milit. In-8 (Plon), 54.

BARTHÉLEMY (Ch.). L'érudition, revue mensuelle qui a paru jusqu'en 1853. 3 vol. in-8, Didron.

— L'esprit du comte Joseph de Maistre. In-12, Gaume et Duprey, 59.   3 50

— Histoire de la Bretagne ancienne et moderne. In-8, Tours, Mame, 58.   2 50

— Histoire de la Normandie ancienne et moderne. In-8, Tours, Mame, 58.   2 50

— Histoire de Russie. In-8, Tours, Mame, 55.   2 50

— Histoire de la Turquie. In-8, Tours, Mame, 58. 2 50

— Du respect et de l'amour du passé. In-8 (Versailles, Montalant Bougleux), 53.

— Voyez Durand.

BARTHÉLEMY (H.). Etudes expérimentales pour une salle théâtrale à Paris. In-8 (3, quai Voltaire), 59.

DARTHÉLEMY (J.B.A.A.). Nouveau manuel complet de numismatique ancienne. In-18, et atlas. Roret, 51.   3 »

— Id. Numismatique du moyen âge et moderne. In-18, et atlas. Roret, 52.   5 »

BARTHÉLEMY (L.). Les fléaux de Dieu, poésie. In-8, Metz, Jeuquin, 50.

— Socrate ou l'unité de Dieu. Gr. in-8, Metz, Jeuquin, 51.

BARTHÉLEMY (B. Thouin dit) et Fillot. Le roi, la dame et le valet, comédie-vaudev. In-8, Mifliez, 53.   » 40

BARTHÉLEMY (P.). Monographie du bon élève. In-8, Béziers, Delpech, 59.

— Monographie du professeur. In-12, Montpellier, Gras, 58.

— Nouvel abrégé de la mythologie à l'usage de la jeunesse. In-18 (Nancy), Hachette, 52.

DARTHÉLEMY (le profess.). Calcul instantané des intérêts et des escomptes par un procédé aussi rapide que la pensée. In-8, Maire-Nyon, 53.

— Premiers exercices de style. In-12, Maire-Nyon, 52.

  Partie de l'élève.   1 »

  Partie du maître.   1 50

— Id. Seconds exercices de sytle. In-12, Maire-Nyon, 54.

  Partie de l'élève.   1 25

  Partie du maître.   2 »

DARTHÉLEMY (R. D.). A tous ceux qui chantent encore, chansonnettes. In-18 (Versailles), Ledoyen, 51,   1 »

BARTHÉLEMY (A. de). De l'aristocratie au XIXᵉ siècle. In-12, Aubry, 59.   1 50

— Le dormois pagus duleomensis ou dolomensis, 812-1020 In-8 (Didot), 56.

— L'iconographie de quelques saints de Bretagne. In-8 (Amiens, Caron et Lambert), 58.

— Tombeau de saint Dizier, évêque et martyr. In-4, Didron, 58.   2 »

BARTHÉLEMY (E. de). Armorial de la ville de Châlons-sur-Marne. In-12, Dumoulin, 56.

— Captivité de François Iᵉʳ, roi de France. In-8 (Valenciennes, Prignet), 55.

— Cartulaire de l'évêché et du chapitre Saint-Etienne de Châlons-sur-Marne. In-12, Didron, 53.   2 25

— Châlons pendant l'invasion anglaise, 1338-1453. In-8 (Châlons, Martin), 52.

BARTHÉLEMY (E. de). De Châlons-sur-Marne à Ploumanac'h. In-8 (Chaumont, Cavaniol), 54.

— Correspondance inédite des rois de France. In-12, Châlons-sur-Marne, Laurent, 55.

— Essai historique sur les comtes de Champagne. In-8 (Châlons, Martin), 53.

— Essai historique sur la réforme et la ligue à Châlons-sur-Marne, 1561-1610. In-8, Châlons, Martin, 54.

— Essai sur la vie publique et privée de J. B. Colbert. In-8 (Châlons, Martin), 56.

— Essais critiques sur la littérature contemporaine. In-8, Didier et Cᵉ, 59.   5 »

— Les établissements monastiques du Roussillon. In-8, Aubry, 58.

— Etudes biographiques sur Claude d'Epense, David Blondel et Perrot d'Ablancourt, né à Châlons-sur-Marne. In-8, Châlons, Martin, 53.

— Etudes biographiques sur les hommes célèbres nés dans le dép. de la Marne. In-12, Châlons-s-Marne. Boniez, Lambert, 53.

— Etudes littéraires contemporaines. In-8 (Lyon, Vingtrinier), 60.

— Etude sur la vie de J. Fr. Frémyot, baronne de Rabutin-Chantal. In-8, Lecoffre, 62.   2 »

— Un évêque à Châlons sous Louis XIV. In-8 (Châlons, Martin), 56.

— Histoire de la ville de Châlons-sur-Marne et ses institutions depuis son origine jusqu'en 1789. In-8 (Châlons), Dumoulin, 55.

— Mémoire sur l'élection de l'empire d'Allemagne de François Etienne, duc de Lorraine, 1720-1745. In-8 (Châlons, Martin), 51.

— La noblesse en France, avant et depuis 1789. In-12, Libr. nouv. 58.   2 »

— De la noblesse au XIXᵉ siècle. In-8, Dentu, 57.

— Notice historique sur le chapitre Saint-Etienne de Châlons sur-Marne. In-8, Châlons, Martin, 51.

— Notice sur quelques carrelages historiés adressée à M. de Caumont. In-8 (Caen), Derache, 53.

— Notre-Dame de Reims. In-8, Pringuet, 58.

— Les princes de la maison royale de Savoie. In-12, Poulet-Malassis, 60.

— Statistique monumentale de l'arrondissem. de Sainte-Menehould, dép. de la Marne.1ʳᵉ p., canton de Ville-s-Tourbe. 2ᵉ éd. In-8 (Caen), Derache, 52.

— Une vie de chanoine au XVIIᵉ siècle. In-8 (Châlons-sur-Marne, Martin), 55.

— Les vitraux des églises de Châlons-sur-Marne. In-8, Didron, 58.

BARTHÉLEMY SAINT-HILAIRE (J). Le Bouddha et sa religion. Didier et Cᵉ, 59.   7 »

— Du bouddhisme. In-8, Duprat, 55.   6 »

— Garnier Pagès, sa vie et ses œuvres. In-12, Mme Desplaces, 56.

— Lettres sur l'Egypte. In-8, M. Lévy fr., 56.   7 50

— Id. 2ᵉ éd. In-12, M. Lévy fr., 59.   3 »

— Les Vedas. In-8, Durand, 54.   4 »

BARTHELET. Histoire de l'abbaye de Montbenoît, du val de Saugeois, etc. In-12, Besançon, Jacquin, 53.

BARTHELET. Recherches sur l'abbaye de Mont-Sainte-Marie. In-12 (Pontarlier, Simon), 58.

BARTHÈRE. Dessin linéaire. In-8 (Montpellier; Martel aîné), 57.

BARTHES. Manuel du pêcheur à la ligne. In-18, Dax, Herbel, 57.   1 »

BARTHÈS (le doct. F.). Examen de la doctrine homœopathique. In-8, Cette. Chez l'auteur, 58.

— Etudes sur les bains de mer. In-8, Cette. Chez l'auteur, 58.   2 50

BARTHÈS (M.). Bersses patouèses. In-8 (Saint-Pons, Semat), 54.   » 25

BARTHET (A.). Le chemin de Corinthe, comédie. In-12, Giraud et Dagneau, 53.   1 »

— La fleur du panier, poésies. In-16, Giraud et Dagneau, 53.   1 »

— Le moineau de Lesbie, comédie. In-12, M. Lévy fr., 51.   1 »

— Nouvelles. In-12, Giraud et Dagneau, 52.   2 »

BARTHEZ (E.). Des résultats comparés du traitement
du croup. In-8, V. Masson, 60.
— et Rilliet. Mémoire sur la broncho-pneumonie vésicu-
laire chez les enfants. In-8 (Plon, Dupont), 51, 52.
— Traité pratique des maladies des enfants. 2ᵉ éd. 3 vol.
in-8, Germer Baillière, 53, 54.   35 »
BARTHEZ (le doct. F.). Guide pratique des malades
aux eaux de Vichy. 6ᵉ éd. In-18, Baillière et fils, 59.
                                                        3 50
BARTHEZ (P. J.). Nouveaux éléments de la science de
l'homme. 3ᵉ éd. revue par E. Barthez. 2 vol. in-8,
Germer Baillière, 58.   12 »
BARTHOLMESS (Ch.). Le grand Beausobre et sa fa-
mille. In-8, Meyrueis, 54.   » 60
— Histoire des doctrines religieuses de la philosophie
moderne. 2 vol. in-8, Meyrueis, 55.   12 »
— Histoire philosophique de l'académie de Prusse. 2 vol.
in-8, Meyrueis, 51.   12 »
— Il y a sauveur et sauveur. In-8, Meyrueis, 51.   1 »
BARTHOLOMAEI (J.). Lettres numismatiques et ar-
chéologiques, relatives à la Transcaucasie. Gr. in-4
(Saint-Pétersbourg), Voss à Leipzig, 59.   6 »
BARTHOLOMIN. Les deux roses ou une fête sicilienne,
ballets musique de Halberstad. In-16 (Bordeaux, Du-
viella), 56.
— Zélida ou l'esclave syrienne, ballet. In-12 (Bordeaux,
Duviella), 54.
BARTHOLONY (E. de). Simple exposé de quelques idées
financières et industrielles. In-8, Plon, 59.   2 »
BARTHOU (P.). Observations contre le duel tirées de
l'écriture sainte. In-8 (Bordeaux, Lafargue), 54. 1 »
— La vérité à tous. In-8 (Bordeaux, Durand), 51. 1 »
BARTLETT. Le Danube illustré, revu par Sazerac. 2 vol.
in-4, Mandeville, 52.   56 »
BARTOLI. Vie de saint Stanislas Kostka, trad. par Pou-
get. In-12, Toulouse, Cazaux, 55.
BARTOU (de). Le Mont Hor, le tombeau d'Aaron, Cadès.
Gr. in-8, Duprat, 60.
BARTRO (A.). Grand théâtre mécanique pour les en-
fants. In-8 (Montpellier, Jullien), 51.
BARVEAUX (G.). Mémoire sur l'extraction du jus des
betteraves par la macération. In-8 (Guiraudet), 55.
BAS (le) de Noël, par l'auteur du vaste monde, trad. de
l'anglais. In-18, Cherbuliez, 56.   1 50
BASANIER. L'histoire notable de la Floride. In-16, P.
Jannet, 53.   5 »
BASCANS (l'abbé). Chants religieux, trad. poétique des
psaumes de David avec arguments, etc. In-8, Tou-
louse, Privat, 54.
BASCHET (A.). Les archives de la sérénissime répu-
blique de Venise. In-8 (Venise), Amyot, 58.   3 »
— Les origines de Werther d'après des documents au-
thentiques. In-8, Amyot, 55.
— Physionomies littéraires de ce temps. Honoré de
Balzac. Essai sur l'homme et sur l'œuvre. In-12, Gi-
raud et Dagneau, 52.   2 »
BASCLE DE LAGRÈZE (G.). Le château de Pau. 3ᵉ éd.
In-12, Hachette, 60.   3 50
(La première édition a paru en 54, chez Didier et Cᵉ,
prix, 7 fr.)
— Droit criminel à l'usage des jurés, science morale,
code et vocabulaire du jury. 2ᵉ éd. Cotillon, 54. 5 »
— Monographie de l'escale-Dieu. In-8, Didron, 50.
— Monographie de Saint-Pé. In-8, Didron, 53.
— Monographie de Saint-Savin de Lavedan. In-8, Di-
dron, 50.
— Observations sur les lacunes du Code pénal. In-8, Co-
tillon, 59.
— Les pèlerinages des Pyrénées. In-16, Lecoffre, 58.
— Le trésor de Pau. Archives du château d'Henri IV,
avec des fac-simile. In-8, Didron, 51.   8 »
BASILE. Opera quæ exstant omnia. In-8, Migne, 60. 13 »
BASILE (saint). Opera omnia. 4 vol. gr. in-8, Migne, 50
à 57.   48 »
— Editions classiques publiées depuis 1850 à 1860 in-
clusivement, savoir :
Choix de discours, sans notes, précédé d'une notice
littéraire par F. Budé. In-18, Delalain.

BASILE (saint). Suite des éditions classiques :
Contre les usuriers ; expliqué d'après une méthode
nouv. par deux traductions françaises, l'une littérale
et justalinéaire, l'autre correcte, par Sommer. In-32,
Hachette.   » 75
Discours sur la lecture des auteurs profanes, texte
grec avec analyse et notes en français, par J. Ge-
nouille. In-12, Delalain.   » 50
Id. Grec-français par Auger. In-12, Delalain.   » 90
Id. Trad. intralittérale par M. E. Lefranc. In-12,
Delalain.   1 25
Id. Grec-latin. In-12, Delalain.   » 75
Discours sur l'utilité de la lecture des livres profanes,
texte grec annoté par Maunoury. In-12, Dezobry.
                                                        » 50
Discours sur la lecture des livres païens ; éd. Dübner.
In-12, Lecoffre.   » 50
De la lecture des auteurs profanes, texte grec annoté
par M. de Sinner. In-12, Hachette.   » 50
Id., par deux traductions, méthode de M. Sommer.
In-12, Hachette.   » 50
Eloge des quarante martyrs de Sébaste ; éd. Dübner.
In-12, Lecoffre.   » 25
Explication de l'ouvrage des six jours, lettres et dis-
cours, texte grec annoté. In-12, Gaume.   1 50
Homélie contre les emprunteurs ; éd. Dübner. In-12,
Lecoffre.   » 50
Homélie sur l'envie ; éd. Dübner. In-12, Lecoffre. » 25
Homélie sur la foi ; éd. Dübner. In-12, Lecoffre » 20
Homélie sur les paroles « Observe-toi » ; éd. Dübner.
In-12, Lecoffre.   » 50
Observe-toi toi-même par deux traductions, méthode
de M. Sommer. In-12, Hachette.   » 90
Panégyrique du martyr Gordius, texte grec, avec
analyse et notes en français par M. J. Genouille.
In-12, Delalain.   » 60
Id., grec-latin. In-12, Delalain.   1 25
— et St-Grégoire de Nazianze. Discours et morceaux
choisis, trad. par Hermann. In-12, Périsse fr., 56.
— et St-Grégoire de Nysse. Contre les usuriers, texte
grec par M. de Sinner. In-12, Hachette.   » 75
BASILICAPÉTRI (le P.). Vie de saint Charles Borromée
ann. par Jouhanneaud. In-12, Limoges, Ardant, 56.
BASIN (Th.). Histoire des règnes de Charles VII et de
Louis XI (en latin). 4 vol. in-8, veuve Renouard,
55 à 59.   36 »
BASINET (l'abbé G.). Recueil de conférences spirituelles pour les communautés religieuses. 2ᵉ éd. T. 1
à 4. In-12 (Amiens), Vrayet de Surcy, 60.
BASLER (C.). Carte routière des modulations harmoni-
ques ou plan figuratif des modulations harmoniques
ou plan figuratif des modulations des tons, trad. de
l'allem. In-4, Perrotin, 50.
BASQUE (J.B.A.). Dictionnaire des communes, bourgs,
etc., du dép. de la Charente. In-8, Angoulême, Chabot, 57.
BAS-RELIEFS (les) de la cathédrale d'Orvieto, gravés
d'après les dessins de V. Pontani, par D. Ascani,
B. Bartoccini et L. Gruner. Grand in-folio oblong
(Leipzig), Duprat, 58.   125 »
(Edition de luxe, 160 fr.)
BASSAGET (le doct. P.). Découverte médicale et phy-
siologique sur les facultés des sens. In-8 (chez l'au-
teur (21, boulev. de Sébastopol), 51.
BASSANVILLE (la comtesse de). Les aventures d'une
épingle. In-8, Ducrocq, 60.   6 »
— Ce que devint Sancho Pança après la mort de Don
Quichotte, trad. de l'espagnol. In-12, Vermot, 51.
                                                        1 35
— Conseils aux enfants du peuple ou le bien et le mal.
In-18, Magnin, Blanchard et Cᵉ, 52.   » 50
— Les délassements de l'enfance. In-8, Vermot, 56.
                                         Noir 5 » ; col. 10 »
— Les deux familles. In-12, Tours, Mame, 60.   1 40
— De l'éducation des femmes. In-18, Douniol, 60. 3 »
— Les épis d'une glaneuse. In-8, Ducrocq, 58.   7 »
— Géographie amusante ou plaisirs des vacances. In-8,
Vermot, 58.   Noir 5 » ; col. 10 »

BASSANVILLE (la comtesse de). Le monde tel qu'il est. In-8, Vermot, 53.   Noir 7 »; col. 10 »
— Le musée du jeune amateur. In-4, Magnin, Blanchard et Cᵉ, 53.   10 »
— Nouvelles cosmopolites, mœurs, coutumes de divers peuples de l'Europe. In-8, Ducrocq, 60.   7 »
— Les primeurs de la vie. In-8, Ducrocq, 54.   7 »
— La science du monde, politesse, etc. In-12, Lecoffre, 59.   2 50
— Les sentiers fleuris de la jeunesse. In-8, Ducrocq, 57.   7 »
— Le soir et le matin de la vie ou conseils aux jeunes filles. In-18, Vermot, 50.   Noir 7 »; col. 10 »
BASSE COUR (la). In-18, Tours, Mame, 57.
BASSELIN (O.). Vaux-de-Vire d'Olivier B. et Jean Le Houx. In-12, A. Delahays, 58.   2 50
BASSET (A.). Court aperçu de la question du Monténégro. In-8 (Dubuisson), 53.
BASSET (l'abbé). L'arithmétique apprise dans une heure. In-12, Mallet-Bachelier, 59.   1 50
BASSET (L.J.). Du cadastre et de son renouvellement et de sa conservation. In-8 (Blidah, Roche), 54.
BASSET (N.). Amendements et prairies, traité populaire extrait des œuvres de J. Bujault. In-8, Goin, 54.   » 60
— Du bétail en ferme, traité populaire extrait des œuvres de J. Bujault. In-18, Goin, 54.   » 60
— Chimie de la ferme. In-12, Lacroix, 58.   3 50
— Le pain par la viande. In-8, Goin, 55.   » 50
— Traité complet d'alcoolisation générale. 2ᵉ éd. In-18, Goin, 57.   6 »
— Traité pratique de la culture de la betterave. In-18, Goin, 58.   2 »
— Traité de la fermentation. In-18, Masson et fils, 58.   7 »
BASSET (P.). Hydrothérapie; traitement des fièvres intermittentes. In-8 (Remquet), 57.
BASSEVILLE. Biographies orléanaises. Des Barreaux. In-8 (Orléans, Colas Gardin), 59.
BASSI (A.). De la manière la plus profitable d'élever les vers à soie, trad. de l'italien par Cazalis. In-12 (Montpellier, Dumas), 53.   1 »
BASSIN (R.). Le chansonnier du village. In-12, Clermont-Ferrand, Duchier, 55.
BASSOMPIERRE (le maréchal). Ses mémoires, éd. nouv. revue par l'abbé Postel. 2 vol. in-12, A. Leclerc, 56.   2 »
BASSOMPIERRE SEVVRIN. Du drainage appliqué à la construction et à l'entretien des routes. In-8, Dunod, 50.
BAST (A. de). Les fresques, historiettes et contes. In-12, Hachette, 58.   1 »
— Les galeries du palais de Justice de Paris, mœurs, usages, coutumes et traditions judiciaires, 1280-1780. 2 vol. in-8, Michel Lévy fr., 51.   12 »
— Malfilâtre. In-4, Marescq, Léorivain, 57.   1 10
— Merveilles du génie de l'homme, découvertes, inventions, récits, etc. In-8, illust., Boizard, 55.   12 »
— La dernière mouche. 2 vol. in-8, L. Chappe, 56. 12 »
— Origines judiciaires. Essai historique sur les hommes de loi célèbres. In-8, Lacroix-Comon, 55.   6 »
BASTARD. Armoiries de la maison de Bastard, originaire du comté Nantais, existant encore en Guienne, au Maine, en Bretagne et en Devonshire. 2 brochures in-8 (Schneider), 54.
BASTARD (de). Recherches sur l'insurrection communale du Vézelay au XIIᵉ siècle. In-8, Dumoulin, 51.
BASTARD D'ESTANG (le vicomte de). Les parlements de France. 2 vol. in-8, Didier et Cᵉ, 57.   16 »
— Du parlement de Toulouse et de ses jurisconsultes. In-8 (Dubuisson), 54.
BASTEROT (de). De Québec à Lima, journal d'un voyage dans les deux Amériques en 1858 et 1859. In-12, Hachette, 60.   2 »
BASTEROT (de). Traité élémentaire du jeu des échecs. In-12, Allouard, 53.   5 »
BASTET (J.). Histoire de la ville et de la principauté d'Orange. In-12 (Orange, Raphel fils), 56.   2 50

BASTET (J.). Les garances actuelles de Vaucluse. In-12 (Orange, Raphel fils), 56.
— Nouvel essai sur la culture et le commerce des garances de Vaucluse. In-8 (Orange, Raphel fils), 54.
— Du système protecteur et du régime de liberté en matière garance. In-12 (Orange, Raphel fils), 56.
BASTIAT (F.). Œuvres complètes, mises en ordre, revues et annotées d'après ses manuscrits. 6 vol. in-8.   30 »
— Les mêmes en 6 vol. in-12.   21 »
On vend séparément :
— Harmonies économiques. 3ᵉ éd. 1 vol. in-12.   3 50
— Sophismes économiques. 2 vol. in 16.   2 »
Petits pamphlets, format in-16.
— Propriété et loi. — Justice et fraternité.   » 40
— Protectionisme et communisme.   » 35
— Capital et rentes.   » 35
— Paix et liberté.   » 60
— Incompatibilités parlementaires. 2ᵉ édition   » 75
— L'État. — Maudit argent!   » 40
— Gratuité du crédit.   1 50
— Baccalauréat et socialisme.   » 60
— Spoliation et loi.   » 40
— Propriété et spoliation.   » 40
— La loi.   » 50
Chez Guillaumin, 50 à 60.
BASTIDE. Mayeux l'indépendant, homme politique, etc. In-12, Ledoyen, 52.   1 25
BASTIDE (A.). Appel aux protestants indifférents. In-16, Grassart, 59.   » 15
BASTIDE (J.). Les guerres de religion en France. 2 vol. in-16, Pagnerre, 59.   1 »
— La république française et l'Italie en 1848. In-18 (Bruxelles), Borrani, 59.   3 "
BASTIDE (L.). Les larmes d'un prisonnier. In-8 (Delcambre), 54.   1 50
BASTIDE (L.). Position prise par Jésus-Christ vis-à-vis de la loi, thèse. In-8 (Strasbourg, Silbermann), 54.
BASTIDE (X.). Flocons de neige, poésies. In-18, Dentu, 56.   3 »
BASTIDE DUFOURQUET (Mme J.). Francine de Plainville. 3 vol. in-8, Baudry (rue Coquillière), Locard, Davi, 50.
BASTIE (C.). Affaiblissement du sens moral. In-8, Meyrueis, 51.   3 »
— Le premier livre de Moïse. In-12, Grassart, 51.   3 »
— Sermons, première série. In-12, Grassart, 59.   3 50
BASTIEN LE CHINOIS. In-12, Meyrueis, 57.
BASTIEN, ou l'enfant dissipé. In-18 (Lille), A. Leclercq, 50.
BASTINÉ (L.). Sommaire du cours de notariat, comprenant l'explication des lois organiques. In-8 (Bruxelles), Durand.   8 »
BATAILHÉ (J.F.) et Guillet. De l'alcool et des composés alcooliques en chirurgie. 2ᵉ éd. In-8, Coccoz, 59.   » 50
BATAILLARD. Principaux abus dans le monde judiciaire au XVIᵉ siècle. In-8 (Lahure), 57.
BATAILLARD (C.). Physiologie du nez. In-8 (Malteste), 53.
BATAILLARD (P.). La Moldo-Valachie dans la manifestation de ses efforts. In-8 (Pillet fils aîné), 56.
— Premier point de la question d'Orient. La Moldavie et la Valachie devant le congrès. In-8 (Lahure), 56.
BATAILLE de la Tchernaïa gagnée par l'armée française et les troupes alliées sur les Russes, etc. In-4, Durand (10, rue Jacques de Brosse), 55.
BATAILLE (l'abbé). Le guide de la jeune communiante. In-18, Tours, Mame, 57.   1 10
— Le guide du jeune communiant. In-18, Tours, Mame, 57.   1 10
BATAILLE (A.). Nouveau manuel complet de la construction moderne. In-18, et atlas in-4, Roret, 59.   15 »
BATAILLE (Ch.). Le mouvement italien, Victor-Emmanuel et Garibaldi. In-8, Dentu, 60.   3 »
— Les nouveaux mondes, poèmes périodiques. In-18, Masgana, 59.   5 »

BATAILLE (C. L.). La cathédrale de Toul, offerte aux visiteurs, etc. In-8 (Toul, Bastien), 55.
— Le foyer Leuquois; faits historiques, etc. In-8 (Toul, Bastien), 50.
BATAILLER. Description générale des travaux exécutés à Cherbourg sous la direction de feu M. Cachin. In-folio, Dunod, 50.   15 »
— Notice sur une irrigation exécutée au Portail, près Montargis (Loiret). In 4, Dunod, 50.   2 »
BATAILLES de Napoléon écrites à Sainte-Hélène, sous la dictée de l'empereur, illust. In-4, G. Barba, 52.
— et victoires de la guerre d'Italie. In-4 (Orléans), Bourselet, 60.
BATBIE (A.). Doctrine et jurisprudence en matière d'appel comme d'abus. In-18, veuve Joubert, 52. 1 50
— De la péréquation et du dégrèvement des dix-sept centimes facultatifs. In-8 (Auch, Foix), 50.
— Précis du droit public et administratif. In-8, Cotillon, 60.
BATEAU (le) à vapeur. In-12, Meyrueis, 58.
BATHIAS. L'indispensable du cultivateur. In-18 (Chalon-sur-Saône, Montalan), 57.   2 »
— Plus d'erreurs d'additions. In-16 (Chalon-sur-Saône, Dejussieu), 58.
— Traité de sténographie. In-16 (Chalon-sur-Saône, 12, rue St Georges), 57.   3 »
BATHILDE, reine des Francs, ou la vertu sur le trône, drame historique. In-12, Lyon, Girard et Josserand, 56.   » 75
BATIFFOL (H.). Essai de grammaire latine, d'après un plan nouveau. In-8 (Toulouse), Dezobry, 60. 1 50
— Nécessité pour une étude spéciale des expressions latines. In-8 (Toulouse, Cazaux), 60.
BATIGNE. Des sources d'indication dans la fièvre rémittente. In-8, Montpellier, Martel, 59.
BATISSIER (L.). Histoire de l'art monumental dans l'antiquité et au moyen âge. 2e éd. In-8, Furne et Ce, 59.   20 »
BATISSIER et Salmon. Traité élémentaire d'anatomie. In-8, et atlas. Viat, Baillière et fils, 57.   30 »
BATLLE (P.). Poésies. In-8 (Perpignan, Alzine), 51.
BATSÈRE (B.). Esquisses. Tarbes et ses environs. In-8 (Tarbes, Lavigne), 59.
— Excursion dans les Hautes-Pyrénées. In-8, Tarbes, Telmon, 57.
BATTÉ (L.). Le Raphaël de M. Morris Moore, Apollon et Marsyas, et Taride, 59.   2 »
BATTEL. Premières leçons sur les animaux domestiques. In-18, Hachette, 55.   1 »
— Premières leçons sur les animaux sauvages. In-18, Hachette, 57.   1 »
BATTEMBERG et Guyton. Essai sur le diagnostic différentiel de la hernie. In-8 (Dupont), 50.
BATTU (L.). Les cheveux de ma femme. In-4, M. Lévy fr., 57.   » 20
— Les pantins de violette, opérette. In-12, Mich. Lévy fr., 56.   » 40
— Id. In-4, Mich. Lévy fr., 58.   » 20
— Les quatre coins, comédie. In-12, Mich. Lévy fr., 52.   » 60
— La reine Topaze. In-12, Mich. Lévy fr., 57.   1 »
— et Bercioux. Nisus et Euryale, vaudev. In-18, Mich. Lévy fr., 50.   1 »
— et Desvignes. L'honneur de la maison, drame. In-12, Mich. Lévy fr., 53.   2 »
— et Desvignes. Id. In-4, Mich. Lévy fr., 58.   » 20
— et Halévy. L'impresario, opérette-bouffe, musique de Mozart. In-8, Mich. Lévy fr., 56.   » 60
(Partition de piano et de chant, net 6 fr.)
— et Halévy. Le docteur Miracle, opérette. In-12, Mich. Lévy fr., 57.   1 »
— et Jaime. Lucie Didier, pièce. In-12, Mich. Lévy fr., 56.   1 »
— et Moinaux. Pepito, opéra-comique, mus. d'Offenbach. In-18 (Dubuisson), 53.
— et Nérée Desarbres. Madame Diogène, vaudev. In-12, Giraud et Dagneau, 52.   » 60
BATTUR (G.B.). Dieu et le peuple. In-8, Bray, 50. 6 »

BATZ - TRENQUELLÉON. Bordeaux. In-8 (Toulouse, Chanoin), 59.
— Le devoir, comédie, poëmes et bluettes. In-18, Dentu, 58.
— Le paupérisme. In-16 (Bordeaux, Dupuy), 57.
BAUBIL (le doct.). De la pérennité de la société. In-8 (Perpignan, Alzine), 51.
BAUBY (J.). De la maxime : Donner et retenir ne vaut; son origine, son histoire. In-8 (Toulouse, Bayret), 53.
BAUCHE (A.). Dictionnaire de l'épicerie. In-12, chez l'auteur (29, rue de Buci), 58.   3 »
BAUCHER (F.). Dictionnaire raisonné d'équitation. 2e éd. In-8 (Dentu), 50.   4 »
— Œuvres complètes : Méthode d'équitation basée sur de nouveaux principes; Passe-temps équestres; Dialogues sur l'équitation; Dictionnaire raisonné d'équitation; Réponse à la critique. 11e éd. Gr. in-8, Dumaine, 59.   20 »
BAUCHERY. Un ange gardien, nouvelle. In-folio (Raçon), 57.
BAUCHET (le doct. L. J.). Anatomie pathologique des kystes de l'ovaire et de ses conséquences pour le diagnostic et le traitement de ces affections. In-4, A. Delahaye, 59.   3 50
— Des lésions traumatiques de l'encéphale. In-8, A. Delahaye, 60.   3 »
— Du panaris et des inflammations de la main. 2e éd. In-8, A. Delahaye, 59.   3 50
— De la thyroïdite(goître aigu) et du goître enflammé. In-8, Masson et fils, 57.
— Des tubercules au point de vue chirurgical. In-8, Baillière et fils, 59.   2 »
— Des tumeurs fibreuses du maxillaire inférieur. In-8, Labé, 54.
BAUD (A.). L'orthodoxie de la confession sacramentelle. In-8 (Besançon, Bonvalet), 56.
BAUD (Th.). Histoire des champignons comestibles et vénéneux. In-8 (Bourganeuf, Buisson), 59.
BAUD (V.). Déviations et engorgements de l'utérus. In-8 (Malteste), 50.
— Emploi thérapeutique des corps gras phosphorés. In-4, Mallet-Bachelier, 59.   2 50
— Nouveau mode de traitement des maladies périodiques. In-8, Baillière et fils, 50.   1 »
BAUDART. Histoire métallique de la ville de Reims sous la république, 1848 à 1850; douze planches gravées. In-4, Reims, Brissart-Binet, 50.   7 50
          Edition de luxe : 15 »
BAUDE. Les côtes de la Manche. In-8, Cherbourg (Claye), 59.
BAUDE. Les vers de maître Henri Baude, poëte du XVe siècle, publ. par Guicherat. In-12, Aubry, 56. 5 »
BAUDE. - Voyez - Cahiers d'une élève de St-Denis.
— A aussi continué, jusqu'en 1852, l'histoire de France par Anquetil. 8 vol. gr. in-8, Garnier fr.   50 »
BAUDELAIRE (Ch.). Les fleurs du mal. In-18, Poulet-Malassis, 57.   3 »
— Les paradis artificiels, opium et haschisch. In-12, Poulet-Malassis, 60.   3 »
— Théophile Gautier. In-12, Poulet-Malassis, 59. 1 »
BAUDEMENT (E.). Expérience sur la valeur alimentaire de plusieurs variétés de betteraves. In-8 (veuve Bouchard-Huzard), 54.
BAUDENS (L.). Efficacité de la glace combinée à la compression pour réduire les hernies étranglées, etc. In-8 (Plon), 54.
— De l'entorse du pied et de son traitement curatif. In-8, Germer Baillière, 52.   1 50
— La guerre de Crimée, les campements, etc. In-8, Michel Lévy fr., 58.   6 »
— Id. In-12, Mich. Lévy fr., 58.   3 »
— Mémoire sur un nouveau traitement de l'hydrocèle. In-8, Baillière et fils, 51.   1 »
— Mémoire sur la résection de l'humérus, d'après un nouveau procédé opératoire. In-8, Baillière et fils, 55.   1 25
— Mémoire sur la rupture du ligament rotulien, avec la

description d'un appareil curatif nouveau. In-8, Germer Baillière, 53.   1 25

BAUDENS (L.). Des règles à suivre dans l'emploi du chloroforme. In-8, Germer Baillière, 53.   1 25

BAUDET (J.). Traité d'apiculture pratique mis à la portée de tous les apiculteurs. In-12 (Lyon, Savy), 60.
                                                         3 50

BAUDEVILLE. La légende de Saint-Armel mise en vers français sous la forme de tragédie, par messire Baudeville, publié par Ropartz. In-4, Saint-Brieuc, Prudhomme, 55.

BAUDIAU (J.F.). Le Morvand ou essai géographique, topographique et historique sur cette contrée. In-8 (Nevers, Fay), 55.

BAUDICOUR (L. de). La colonisation de l'Algérie. In-8, Lecoffre, 56.

— La France en Syrie. In-8, Dentu, 60.   1 »
— La guerre et le gouvernement de l'Algérie. In-8, Bray, 53.
— Histoire de la colonisation de l'Algérie. In-8, Challamel, 59.   7 »
— Des indigènes de l'Algérie. In-8, Douniol, 52.

BAUDIER (M.). Histoire de la vie et de l'administration du cardinal Ximénès. In-8, Plon, 55.   8 »

BAUDIN. Manuel du pilote de la mer Méditerranée. 2 vol. in-8, Robiquet, 57.   12 »

BAUDIN (A.). Quelques considérations sur M. Emile de Girardin. In-8 (Pau, Véronèse), 51.

BAUDIN (L.). Le livre des prières. In-18, Besançon, Valluet, 53.

BAUDON (A.). De l'attitude que les catholiques doivent prendre envers l'industrie. In-8, Douniol, 55.   » 50
— Des devoirs de la propriété. In-8, Douniol, 55.   » 60

BAUDOT (E.). Examen critique de l'incubation appliquée à la thérapeutique. In-8, A. Delahaye, 58. 1 25

BAUDOUIN. Anecdotes historiques du temps de la restauration. In-12, Didot, 53.   2 »

BAUDOUIN. Une visite à Gallardon. In-8 (Chartres, Garnier), 58.

BAUDOUIN (A.). Notice sur la police de la presse et de la librairie. In-8 (Rignoux), 52.
— De l'utilité d'une conservation publique de la propriété littéraire. In-8 (Versailles, Kléfer), 52.

BAUDOUIN (J.). Exposé du nouveau procédé médical de multipuncture. In-12, chez l'auteur (77, boulev. de Sébastopol), 60.   1 ».

BAUDOUIN (F. M.). Etablissement des lignes télégraphiques sous-marines. In-8, Dunod, 58.   1 »

BAUDOUIN et de Bazincourt. Le bon conseiller en affaires. In-12, Pick, 60.   3 50

BAUDRAND (l'abbé). El alma afianzada en la fey fortalecida contra la seduccion de error. In-8, Rosa et Bouret, 56.   2 40
— El alma elevada a Dios. In-18, Rosa et Bouret, 54.
                                                         2 40
— El alma inflamada del amor divino. In-18, Rosa et Bouret, 59.   2 40
— El alma religiosa elevada a la perfeccion. In-18, Rosa et Bouret, 55.   2 40
— El alma santificada. In-18, Rosa et Bouret, 57.   2 40
— L'âme affermie dans la foi. In-12, Périsse, 56.   » 90
— Id. In-18, Limoges, Ardant, 59.
— Id. In 32 (Toulouse, Labourisse Rochefort), 59.
— L'âme contemplant les grandeurs de Dieu. In-12, Périsse, 58.   » 90
— L'âme éclairée. In-18, Lecoffre, 60.   » 60
— Id. In-12, Périsse, 57.   1 10
— Id. In-18, Limoges, Ardant, 56.
— L'âme élevée à Dieu. In-12, Périsse, 57.   1 10
— Id. 2 vol. in-12, Périsse, 59.   1 80
— Id. In-32, Courcier, 54.
— Id. In-18, Lille, Lefort, 54.   1 50
— Id. In-12, Lecoffre, 60.   1 »
— Id. In-12, Sarlit, 59.   1 »
— Id. In-32, Limoges, Ardant, 59.
— Id. In-12, Tours, Mame, 60.   1 »
— L'âme embrasée de l'amour divin. In-12, Périsse, 55.
                                                         1 »

BAUDRAND (l'abbé). Id. In-18, Limoges, Ardant, 59.
— L'âme fidèle. In-18, Limoges, Ardant, 53.
— Id. In-12, Périsse, 59.   1 »
— L'âme intérieure. In-12, Périsse, 60.   1 »
— Id. In-18, Limoges, Ardant, 56.
— L'âme pénitente. In-12, Clermont-Ferrand, Hübler, 57.
— Id. In-16, Limoges, Ardant, 58.
— Id. In-32, Lille, Lefort, 60.   » 25
— Id. In-24, Périsse, 55.   » 30
— L'âme religieuse. In-12, Périsse, 59.   1 »
— Id. In-16, Limoges, Ardant, 58.
— L'âme sanctifiée. In-18, Limoges, Ardant, 55.
— Id. In-12, Périsse, 55.   » 80
— L'âme sur le calvaire. In-18, Limoges, Ardant, 56.
— Id. In-12, au Mans, Galienne, 55.
— Id. In-12, Lecoffre, 60.   » 90
— Id. In-18, Lille, Lefort, 55.   1 50
— Id. In-12, Périsse, 60.   » 90
— Beaux traits du christianisme. In-12, Limoges, Ardant, 59.
— Le calice, méditations d'une âme chrétienne sur les souffrances et la mort du Seigneur; trad. par Voiart. In-18, Tardieu, 56.   1 »
— Dévotion aux sacrés cœurs de Jésus et de Marie. In-32, au Mans, Galienne, 56.
— Les grandes vérités ou nouveau Pensez-y-bien. In-32 (Toulouse, Lamarque et Rives), 59.
— Histoires édifiantes. In-12, Limoges, Ardant, 59.
— Id. In-12, Périsse, 55.   » 80
— Id. In-12, Tours, Mame, 60.   » 80
— Neuvaine aux sacrés cœurs de Jésus et de Marie. In-18, Limoges, Ardant, 56.
— Œuvres. 17 vol. in-12, Périsse, 55.   17 50
— Œuvres complètes. 2 vol. gr. in-8, Migne, 55.   14 »
— Pratiques de piété. In-18, Périsse, 55.   » 20
— Réflexions, sentiments et pratiques de piété. In-18, Limoges, Ardant, 52.
— Id. In 12, Périsse, 55.   1 10

BAUDRICOUR (de). Le Peintre-Graveur français continué. T. 1. In-8, veuve Bouchard-Huzard, 59. 6 »

BAUDRILLART.-Eloge de Mᵐᵉ de Stael, discours. In-4 (Didot), 50.

BAUDRILLART (H.). L'économie politique est une véritable science. In-8 (Hennuyer), 55.
— Etudes de philosophie morale et d'économie politique. 2 vol. in-12, Guillaumin, 58.   7 »
— Jean Bodin et son temps. In-8, Guillaumin, 53. 7 50
— Manuel d'économie politique. In-18, Guillaumin, 57.
                                                         3 50
— Du principe de propriété. In-8, Guillaumin, 56.
— Des rapports de la morale et de l'économie politique. In-8, Guillaumin, 60.   7 50
— Des rapports du travail et du capital, discours. In-8, Guillaumin, 53.
— De la solidarité à propos du reproche de l'individualisme. In-8 (Hennuyer), 54.

BAUDRIMONT. Note sur un mode de traitement du choléra. In-8 (Penaud), 54.
— Théorie de la formation des eaux minérales, thèse. In-4, Baillière et fils, 52.   1 25

BAUDRIMONT (A.). Dynamique des êtres vivants. In-8 (Bordeaux, Gounouilhou), 57.
— Engrais du département de la Gironde. In-8, Bordeaux, Lafargue, 57.
— De l'existence des courants interstitiels dans le sol arable et l'influence sur l'agriculture. In-8, Bordeaux, Chaumas, 52.
— Notice sur le chaulage et pralinage des céréales. In-8 (Bordeaux, Lafargue) 56.
— Notice sur la préparation de diverses boissons propres à remplacer le vin. In-8, Bordeaux, Lafargue, 55. » 75
— Notice analytique des travaux et publications scientifiques. In-4 (Bordeaux, Gounouilhou), 53.
— Observations sur les poids spécifiques des fluides élastiques. In-8 (Bordeaux, Gounouilhou), 60.
— Observations sur la constitution la plus intime des animaux. In-8 (Martinet), 50.

BAUDRIMONT (A.). Organisation des sociétés académiques de France. In-8 (Bordeaux, Gounouilhou), 55.

BAUDRIMONT ET MARTIN SAINT-ANGE. Le développement du fœtus. In-4, Masson et fils, 50. 18 »

BAUDRON. Nouveau mémoire sur le projet de loi relatif aux pensions civiles sur fonds de retenues, etc. In-8 (Appert), 53.

BAUDRY. De la justice de paix. In-8, Poitiers, Oudin, 58.

BAUDRY. Mémoire sur les fouilles archéologiques du Bernard (Vendée). In-8 (Napoléon-Vendée, Sory), 59.

BAUDRY (l'abbé de). Abrégé du véritable esprit de saint François de Sales. 2 vol. in-12, Périsse, 60. . 3 »

BAUDRY (F.). Les derniers jours de la Chine fermée. In-8, Durand, 55.

— Etudes sur les Védas. In-8, Durand, 55.

— Grammaire sanscrite; résumé élémentaire de la théorie, etc. In-12, Durand, 53. 1 »

BAUDRY (P.). Trois semaines en voyage. France, bords du Rhin, Belgique. In-12, Rouen, Mégard, 60. 1 »

— et Pottier. Histoire de saint Sever, évêque d'Avranches. In-8 (Rouen, Cagnard), 60. 1 »

UDUIN (F.). Chronique d'Artois. In-8 (Arras, Cour-), 56.

B???D IN DE WIERS. Louis-Napoléon. In-8, Garnier, 52.

?AUDY. Chant romain; grammaire populaire ou l'art d'app endre en très-peu de temps les règles fixes du chant grégorien. In-8, Lons-le-Saulnier, Gauthier r , 54. » 50

?BA (F.). La loi, la foi et la justification dans la théo- l ie de Jacques. Thèse. In-8 (Strasbourg, Silbermann), 6.

BAUERKELLER et Léger. Livret du nouveau plan en relief de Sébastopol. In-12 (Morris), 55. » 25

BAUFFREMONT. Du gouvernement parlementaire en France. In-4 (Collet), 59.

BAUGA (M.). Les deux maçons. In-12, Rouen, Mégard, 57. » 60

BAUGÉ (T.). Chant de victoire. Ode. In-8, Saumur, Godfroid, 55. » 25

— Les Français en Orient; la prise de Sébastopol, drame militaire. In-8, Saumur, Girard, 55. 3 50

— Ode pindarique. In-8, Saumur, Javaud et Dubosse, 52.

BAUM. Le principe de légalité. In-8, Strasbourg, Treuttel et Würtz, 57.

BAUM (J. G.). La manière et fasson qu'on tient èslieux que Dieu de sa grâce a visités. In-8 (Strasbourg), Cherbuliez, 59. 1 50

BAUM (W.). Ueber den christlichen Religionsunterricht bis zur confirmation. In-8 (Strasbourg, Heitz), 55.

BAUMANN ET GRUN. Um den Strassburger Wald. Infolio, Strasbourg, Dannbach, 57. 5 »

BAUME. La bacchomanie, ou de l'état d'ivresse.'Poëme. In-12 (Toulon, veuve Baume), 58.

— La tabacomanie, ou le tabac dans ses divers usages. Poëme. In-12 (Toulon, veuve Baume), 58.

BAUME. Considérations sur l'asile Saint-Athanase. In-8, Masson et fils, 57.

BAUME (Alph.). Notice sur la vie de Mgr Nakar, archevêque de Nabk et Kériatim, près du mont Liban. In-8, Dunkerque, Mlle Anne, 54.

BAUME (A.P.A.). Notice historique sur Boulogne. In-8 (Malteste), 52.

BAUME (V.) et Poirier. Abrégé des leçons élémentaires de physique. In-18, Lecoffre, 57. 1 50

— Leçons élémentaires de physique à l'usage des écoles primaires. In-12, Lecoffre, 53. 2 50

— Leçons élémentaires de physique à l'usage des maisons d'éducation de demoiselles. In-12, Lecoffre, 53. 2 50

BAUMEISTER (der) in Thann. In-12 (Strasbourg, veuve Berger Levrault et fils), 51.

BAUMÈS. De la limite des possessions portugaises au sud de l'équateur. In-8, Paul Dupont, 58.

BAUMÈS (P.). Précis théorique et pratique sur les diathèses. In-8 (Lyon), Baillière et fils, 53. 6 »

BAUMÈS. Théodule, évêque d'Orléans et abbé de Fleurysur-Loire. Thèse. In-8 (Orléans, Jacob), 60.

BAUMESTER (E.). La Chanson des rues. Recueil de romances. In-12 (Moquet), 58.

BAUMHAUER (F.). Mystère du système planétaire dévoilé. Premier essai. In-8 (Bruxelles), Borrani, 54.

BAUNARD. Quid apud Graecos, de institutione puerorum senserit Plato. In-8 (Orléans, Jacob), 60.

BAURANDONT (M.). Le diamant; pendant un siècle; la leçon paternelle. In-8, René (6, rue d'Assas), 54.

BAUREGARD (le chev. Sourdeau de). Mémoire sur la fabrication de la chaux et sur son usage en agriculture. In-12, Hubert (24, rue Condé), 55.

BAURIN (J.). L'art d'engraisser les bœufs, les vaches, etc. In-12, Tissot, 52. » 50

BAUSSET (le card. de). Histoire de Fénelon, archevêque de Cambrai. 4 vol. in-12, Périsse, 60. 5 »

— Histoire de Fénelon, formant le tome X des œuvres de Fénelon. Gr. in-8, Jouby, 52. 8 »

BAUSSET-ROQUEFORT (de). Les droits de l'homme et de ses devoirs dans la société. In-12, Vaton, 54.

— L'économie domestique de l'Exp. univ. en 1855. In-8 (Marseille, Roux), 58.

— Enfants trouvés; rapport présenté à la réunion internationale de charité. In-8, A. Le Clerce, 55.

— Quest. relat. à l'assist. des enf. confiés à la charité publique. In-8 (Marseille, Roux), 59.

BAUTAIN (l'abbé). La belle saison à la campagne, conseils spirituels. In-12, Hachette, 59. 3 50

— La chrétienne de nos jours. 1re partie : La jeune fille et la jeune femme. In-12, Hachette, 59. 3 50

Id. 2e p. : L'âge mûr et la vieillesse. In-12, Hachette, 60. 3 50

Id. 3e p. : Une conversion. In-12, Hachette, 60. 1 50

— La conscience, ou la règle des actions humaines. In-8, Didier et Cie, 60. 7 »

— L'esprit humain et ses facultés, ou psychologie expérimentale. 2 vol. in-12, Didier et Cie, 59. 7 »

— Etude sur l'art de parler en public. In-12, Douniol, 56. 2 50

— Imitation de Jésus-Christ, orn. de gravures. Gr. in-8, Furne, 56. 12 50

Id. In-12, Furne, 55. 3 50

— Morale de l'Evangile. In-8, Vaton, 55. 6 »

— Panégyrique de saint Paul. In-8, A. Le Clerc, 56. 1 »

— Philosophie des lois au point de vue chrétien. In-8, Didier et Cie, 60. 7 »

Id. In-12, Didier et Cie. 3 50

BAUTEREAU. Nouveau Vignole du charpentier. In-8, Roret, 57. 20 »

BAUTIER (A.). Tableau analytique de la flore parisienne. Gr. édition. In-18, Asselin, succ. de Labé, 60. 4 »

BAUTY (A.). Fictions et réalités. In-8 (Abbeville), Meyrueis, 54. 2 50

BAUVAL (l'abbé). Recueil de cantiques. In-32, Gaume, 50.

BAUX (J.). Histoire de la réunion à la France des provinces de Bresse, etc. In-8 (Bourg, Milliet-Bottier), 52. 7 »

BAUX-LAPORTE. Histoire populaire du protestantisme. In-12, Grassart, 57. 2 »

BAUZON (L.). Le commerce à Alexandrie d'Egypte, son organisation. In-8 (Marseille), Guillaumin, 53.

BAVANT. Caen, port de mer; sa renaissance. In-8 (Caen, Laporte), 58. » 50

BAVARDE (la) des bavardes, ou la cancanière de la ville et de la campagne. In-18, Le Bailly, 56. » 40

BAVAY (de). Procès du comte d'Egmont. In-8 (Bruxelles), Bossange, 54.

BAVAY (L. de). Traité des arbres fruitiers. In-8, Roret, 50. 3 »

BAVILLIER (de). L'omnibus du roulage. In-8, Durand, 57. 1 20

BAVOUX (E.). Du communisme en Allemagne et du radicalisme en Suisse. In-8 (Schiller), 51.

— et A. F. Voltaire à Ferney; sa correspondance avec la duchesse de Saxe-Gotha, suiv. de notes historiq. entièrement inéd. In-8, Didier et Cie, 60. 7 »

BAWR (Mme de). Donato et sa lanterne magique. In-18, F. F. Ardant frères, 60.
— Une existence parisienne. 3 vol. in-8, de Potter, 59. 22 50
— Mémoires d'une héritière, imités de l'anglais. 5 vol. in-8, Passard, 52. 30 »
— Nouveaux contes pour les enfants. In-16, Hachette, 60. 2 »
— Nouvelles. In-12, Passard, 53. 3 »
— Raoul ou l'Enéide. In-18, Passard, 54. 3 »
— Robertine. In-12, Passard, 54. 3 »
— Soirées des jeunes personnes. In-12, Passard, 54. 3 »
— Mes souvenirs. 1re éd. In-8, Passard, 52. 5 »
— Id. 2e éd. In-12, Passard, 52. 3 »
— La suite d'un bal masqué, comédie. In-18, Tresse, 55. 1 »
— et Bouilly et de Saintes. Le petit faiseur de tours; la discrétion; l'enfant paresseux. In-18, Limoges, Ardant, 52.

BAX (L.). Guide des négociants en grains. In-4 (Lectoure, Deville-Chenous), 54.

BAXTER (R.). Le repos éternel des saints. Trad. de l'anglais. In-18, Libr. protest., 59. 1 »

BAY-ALOS (de). Le deux décembre 1851. In-8 (Claye), 52.
— Epître à M. le baron de Rothschild. In-8 (Claye), 53.

BAYARD (l'abbé). Notice de l'église Saint-Gengault, de Toul. In-8 (Nancy, Lepage), 59.

BAYARD (A.) Influence de la vaccine sur la population. In-8, Masson et fils, 55. 2 »

BAYARD (le doct. H.). Notice sur les eaux minérales et ferrugineuses de Château-Gontier. In-8, Château-Gontier, Delaplace, 52.

BAYARD (J.F.). M. Barbe-Bleue, comédie-vaud. In-8, Beck, 52. » 60
— Le canotier, com.-vaud. In-12, M. Lévy fr., 51. » 60
— Le démon de la nuit, opéra, musique de Rosenhain. In-18, M. Lévy fr., 51. 1 »
— Les fées de Paris, com.-vaud. In-8, Beck, 60. » 60
— Pas de fumée sans feu, com. prov. In-12, M. Lévy fr., 52. » 60
— Id. In-4, M. Lévy fr., 59. » 20
— Une poule mouillée, vaud. In-8, Beck, 53. » 60
— Un soufflet n'est jamais perdu, com.-vaud. In-8, Beck, 57. » 60
— Théâtre, précédé d'une notice par Eug. Scribe. 12 v. in-12, Hachette, 55 à 60. Le vol. 3 50
— Tout tient à qui sait attendre, coméd.-prov. In-12, M. Lévy fr., 51. » 60
— et Barrière. Quand on attend sa belle, vaudev. In-18, M. Lévy fr., 50. » 60
— et Beauplan. Hortense de Cerny, com. In-12, Michel Lévy fr., 51. » 60
— et Beauplan. Thérèse, ou ange et diable, com.-vaud. In-12, Mich. Lévy fr., 53. » 60
— Id. In-4, Mich. Lévy fr., 55. » 20
— et Biéville. L'année prochaine, ou qui vivra verra. In-12, Mich. Lévy fr., 51. » 60
— et Biéville. Les danseres espagnoles, pièce. In-8, Beck, 52. » 60
— et Biéville. Deux aigles, com.-vaud. In-12, Mich. Lévy frères, 50. » 60
— et Biéville. Si Dieu le veut, com.-vaud. In-12, Michel Lévy fr., 51. » 60
— et Biéville. Les enfants de la balle, com.-vaud. In-8, Tresse, 52. » 60
— et Biéville. Les enfants de troupe, pièce. In-4 (12, boulev. Saint-Martin), 54. » 20
— et Biéville. Un fils de famille, com.-vaud. In-12, Mich. Lévy fr., 53. 1 »
— et Biéville. L'ombre d'Argentine. In-8, Tresse, 53. » 60
— et Corval. Un divorce sous l'empire, com.-vaud. In-12, Mich. Lévy fr., 50. » 60
— et Davrigny. Le miroir, opéra-comique. In-8, Beck, 53. » 60

BAYARD (J. M.) et Dennery. La comtesse de Sennecy, drame. In-4, Mich. Lévy fr., 58. » 20
— et Devorme. Mairoud et compagnie, coméd.-vaudev. In-8 (Dubuisson), 60.
— et Dumanoir. La bossue, coméd.-vaud. In-12, Mich. Lévy fr., 50. » 60
— et Dumanoir. La douairière de Brionne, com.-vaud. In-12, Mich. Lévy fr., 50. » 60
— et Dumanoir. Indiana et Charlemagne, vaudev. In-8 (12, boulev. Saint-Martin), 56. » 60
— et Dumanoir. Princesse et charbonnière. In-12, Mich. Lévy fr., 50. » 60
— et Dumanoir. Le vicomte de Létorières, coméd. In-8, Beck, 56. » 60
— et Dupin. Alexandre et Apelles, coméd.-vaud. In-12, Mich. Lévy fr., 53. » 60
— et Lemoine. La niaise de Saint-Flour, coméd. In-12, Mich. Lévy fr., 55. 1 »
— et Potron. Laure et Delphine, com.-vaud. In-12, Giraud et Dagneau, 51. 1 »
— et Vanderburch. Le gamin de Paris, coméd.-vaudev. In-8, Tresse, 60. 1 »
— et Varner. Les échelons du mari, coméd.-vaud. In-8, Tresse, 52. » 60
— et Varner. La fille d'Hoffmann, drame. In-8, Beck, 52. » 60
— et Varner. Habitez donc votre immeuble, com.-vaud. In-8, Beck, 53. » 60
— et Varner. Le sous-préfet s'amuse, com.-vaud. In-12, Mich. Lévy fr., 50. » 60
— et Varner. Le vol à la fleur d'orange, coméd.-vaud. Mich. Lévy fr., 50. » 60
— et Vermont. L'enfant de l'amour, ou les deux marquis de Saint-Jacques, comédie. In-8, Mich. Lévy fr., 60. » 20
— et de Wailly. Le mari à la campagne, comédie. In-8, Tresse, 59. 1 »
— et autres. Boccace, ou le décaméron, com. In-12, Michel Lévy fr., 53. 1 »

BAYLE. Nouvelles observations sur quelques espèces de rudistes. In-8 (Martinet), 58.

BAYLE (l'abbé). L'âme à l'école de Jésus enfant, trad. de l'italien. In-12, Bray, 56. 3 50
— Vie des saints de l'Eglise de Marseille. Saint Sérénus. In-18, Marseille, Chauffard, 55. 1 »
— Id. Saint Victor. In-18, Marseille, Chauffard, 55. 1 »
— Vie de saint Philippe de Méri, fondateur de l'Oratoire, 1515-1595. In-8, Bray, 59. 6 »
— Vie de saint Vincent Ferrier. In-8, Bray, 55. 6 »
— Id. In-12, Bray, 55. 3 »

BAYLE (le doct. A. L. J.). Eléments de pathologie médicale. 2 v. in-8, Germer Baillière, 56-57. 14 »
— Titres et travaux scientifiques. In-4 (Plon), 56.
— Traité élémentaire d'anatomie, ou description succincte des organes qui composent le corps humain. 6e éd. In-32, Labé, 55. 4 50
— et Gibert. Dictionnaire de médecine usuelle et domestique. 2e éd. Gr. in-8, Labé, 59. 18 »

BAYLE-MOUILLARD (Mme). Loisirs des vacances. In-12, Clermont-Ferrand, Thibaud Landriot, 51.
— Récréations de la jeunesse. In-12, Clermont-Ferrand, Thibaud Landriot, 51.

BAYLE-PRADON. Principes de droit sur les petits cours d'eau. In-8, Clermont-Ferrand, Hübler, 57.

BAYLEN (de). Commission hippique. Rapport sur la question chevaline. In-4 (Paul Dupont), 59.

BAYLET (L.). Les Français en Orient, poëme. In-12, Sarlit, 59. 3 50

BAYMA (le P. J.). Du zèle de la perfection chrétienne, trad. par Olivaint. In-12, A. Le Clerce, 56. » 80

BAYON (A.). Observations sur l'interprétation donnée par la jurisprudence de la Cour de cassation à l'art. 11 de la loi du 21 avril 1810, concernant les mines. In-8, Durand, 51.

BAYVET (G.). De l'exercice des raffineries. In-8 (Dondey-Dupré), 51.
— Note sur la question des sucres. In-4 (Mourgues), 50.

BAZAN. La guerre d'Orient, poëme national. In-8 (Cherbourg, Coupey), 59.

— Notice sur la tour de l'église appelée la Tour des Faisans. In-8 (Cherbourg, Noblet), 51.

BAZANCOURT (le baron de). Album appendice pour illustrer l'expédition de Crimée (armée), contenant 10 gravures, 4 portraits, 4 plans de bataille, 1 carte de Sébastopol, 2 affiches du théâtre des zouaves. In-f°, Amyot, 60. 8 »

— Ange et démon. 2 vol. in-8 (Sesanne, Cousin), 52.

— La campagne d'Italie. 2 vol. in-8, Amyot, 59-60. 12 »

— Id. 2 vol. in-12, Amyot, 60. 7 »

— Cinq mois au camp de Sébastopol. In-12, Amyot, 57. 3 50

— Georges le montagnard. 5 vol. in-8, Baudry (34, rue Coquillière), 51-52.

— La guerre d'Orient ; l'armée française en Crimée. 2 v. in-8, Amyot, 60. 15 »

— Id. In-12, Amyot, 58. Sans grav., 7 fr.; avec grav., 12 »

— La guerre d'Orient ; la marine française en Crimée et dans la Baltique. 2 vol. in-8, Amyot, 58. 15 »

— Les hommes noirs. 2 vol. in-8, Souverain, 50. 5 »

— Noblesse oblige. 2 vol. in-8, Chappe, succ. de Souverain, 54. 5 »

— La princesse Pallianci. 5 vol. in-8, Baudry, 52.

BAZARD (A.). Une aventure en Russie. In-12, Lacroix-Comon, 54. 2 50

BAZELAIRE (E. de). Le bienheureux Pierre Fourrier. In-18, Clermont-Ferrand, Libr. cathol., 53.

BAZELAIRE (H. de). Manuel du cantonnement des droits d'usage. In-8, v⸰ Berger-Levrault et fils, 58. 1 80

BAZERGNE (Mme H.). Les enfants de la nature. Poés. In-12 (Bonaventure), 51.

BAZILLE (G. P. F.). Lutte entre l'Université et les religieux mendiants au XIIIᵉ siècle. Thèse. In-8 (Montauban, Forestié neveu), 51.

BAZIN. Marche des orages dans le département de la Côte-d'Or. In-8 (Dijon, Jobard), 58.

BAZIN. Notice sur un insecte (cécidomyie du froment). Gr. in-8, Libr. agricole, 56. 1 50

BAZIN (A.). Grammaire mandarine, ou principes généraux de la langue chinoise parlée. In-8 (Imprimerie impériale), 54.

— Notes historiques sur la vie de Molière. 2ᵉ éd. In-18, Techener, 51. 3 50

— Le siècle des Youen, ou tableau historique de la littérature chinoise. In-8 (Imprimerie impériale), 52.

BAZIN (Ch.). Carrelages anciens. In-4, Didron, 50.

— Description historique de l'église et des ruines du château de Folleville, département de la Somme. Grand in-8 (Amiens, Duval et Herment), 50.

BAZIN (E.). De l'acné varioliforme. In-32 (Brière), 51.

— Considérations générales sur la mentagre et les teignes de la face. In-8 (Plon), 54.

— Cours de séméiotique cutanée, suivi de leçons sur la scrofule. In-8 (Plon), 56.

— Leçons sur les affections cutanées parasitaires. In-8, A. Delahaye, 58. 5 »

— Leçons théoriques et cliniques sur les syphilides. In-8, A. Delahaye, 59. 4 »

— Leçons théoriques et cliniques sur les affections cutanées de nature arthritique et dartreuse. In-8, Delahaye, 60. 5 »

— Leçons théoriques et cliniques sur la scrofule. In-8, A. Delahaye, 58. 4 50

— Recherches sur la nature et le traitement des teignes. In-8 (L. Leclerc), 53. 2 50

— Des teignes achromateuses. In-8 (Plon), 53.

BAZIN (F.) et Cadet. Atlas de la géographie de la France en 2 parties. In-f°, Delalain, 56. Chaque partie. 6 »

BAZINCOURT (E. de). Le droit commercial expliqué. In-12, Pick, 55. » 50

— Le véritable conseiller en affaires. In-12, Pick, 60. 3 50

BÉALLE (A. Le). — Voy. — Le Béalle.

BÉATRIX. Histoire du pays de Gex. In-8 (Lyon, Dumoulin), 51.

BÉATRIX DE TÉNDA, opéra-mus. de Bellini. Ital., franç. In-8 (13, rue Grange-Batelière), 54. 2 »

— Id. Analyse de la pièce. In-8 (d'Aubusson), 54. » 20

BEAU. Catalogue des coquilles recueillies à la Guadeloupe. In-8 (Paul Dupont), 58.

— De l'utilité de certains mollusques marins. In-8 (Tinterlin), 58.

BEAU. Les vies des grands capitaines de Cornelius Nepos. In-12, Hachette, 57. 2 50

BEAU (J. H. S.). Traité clinique et expérimental d'auscultation appliquée à l'étude des maladies du poumon et du cœur. In-8, Baillière et fils, 56. 7 50

— De la valeur thérapeutique des saignées dans les phlegmasies. In-8 (Plon), 59.

BEAU (Th.). Méthode pour apprendre à lire dans vingt-cinq jours, etc. In-8, Bordeaux, Lafargue, 56.

BEAU (le) JEU de la jolie poupée de la petite fille obéissante. In-18, Delarue, 53.

BEAU (le) VASE, ou le cœur nouveau. In-18 (Meyrueis), 59.

BEAUCHESNE (A. de). Le livre des jeunes mères (poésies). In-8, Plon, 58. 8 »

— Id. 2ᵉ éd. In-12, Plon, 60. 4 »

— Louis XII ; sa vie; son agonie; sa mort. 2 vol. in-8, Plon, 52. 15 »

— Id. 2 vol. in-12, Plon, 53. 8 »

BEAUCHET-FILLEAU. Recherches sur Airvau, son château et son abbaye. In-8 (Poitiers, Dupré), 59.

BEAUCLAIR (A.). Dictionnaire des stations desservies par les chemins de fer français. In-12, chez l'auteur (27, rue Neuve-Coquenard), 56. » 15

BEAUDEMONT (E.). Eloge de Delatour, peintre de Louis XV. In-8 (Saint-Quentin, Cottenest), 56.

BEAUDEMOULIN (L. A.). Assainissement. Londres et Paris. In-8, Dunod, 58. » 75

— Assainissement de Paris. Etat de la question. In-8, Dunod, 55. 1 »

— Examen du projet de traité entre la ville de Paris et M. W. Scott. In-8, Dunod, 56.

— Vidanges, les cabinets, les égouts. In-8, Dunod, 59. » 75

— Suppression des ruisseaux, des vidanges, de la boue. In-8 (Tinterlin), 56.

BEAUDOIN (H.). Notice historique sur l'abbaye d'Almenêches. In-8 (Alençon, Poulet-Malassis), 56.

BEAUFFORT (le marq. de). Souvenirs d'Italie, 8ᵉ édit. In-8. Lille, Lefort, 60. 1 25

— Id. In-18. Lille, Lefort, 60. » 90

BEAUFILS (L.). Les secrets du hasard. In-12, Cadot, 59. 1 »

BEAUFORT (le comte A. de). L'école des pères, drame. In-18, Tresse, 56.

BEAUFORT (C. L. de). La féodalité dans les batailles au quatorzième siècle. In-8 (Martinet), 56.

BEAUFORT (Mme V. de). Jenny ou la séparation. In-8, chez l'auteur (38, rue St-Sulpice), 57. 3 »

— Leçons d'astronomie. In-8, Périsse, 52. 5 »

BEAUFRAND (C.). Biographie des grands inventeurs dans les sciences, les arts et l'industrie, 2ᵉ éd. In-18, Léautey, 58. 1 50

— Guide historique. Les deux cents rois du palais de l'Industrie. In-18, Léautey, 55. 1 50

BEAUFUMÉ. Chauffage par le gaz. In-4 (Bénard), 57.

BEAUGENDRE (dom A.). Le père des pauvres. Vie de M. Bénigne Joly, chanoine de St-Etienne de Dijon, nouv. éd. In-16, Plancy. Société de St-Victor (16, rue de Tournon), 54.

BEAUGEOIS (l'abbé). Méthode de plain-chant, de musique, d'harmonie et de serpent. 3ᵉ éd. In-12, Amiens, Caron et Lambert, 54. 3 »

— Nouveau choix de cinq cents cantiques sur les plus beaux airs. In-12, Amiens, Caron et Lambert, 59.

— Recueil des plus beaux airs anciens et nouveaux. In-12, Amiens, Caron et Lambert, 58. 4 »

BEAUGIER (Mmᵉ). Historiettes morales ou contes à mes enfants. In-18, Limoges, Barbou, 56. » 25

BEAUGRAND (le doct. E.). Accidents causés par les vers arsenicaux employés dans l'industrie. In-8 (Plon), 59.

BEAUGRAND (le doct. E.). L'hygiène ou l'art de conserver la santé. In-16, Hachette, 56. 2 »
— La médecine domestique et la pharmacie usuelle, 2ᵉ éd. In-12, Hachette, 60. 2 »
BEAUHARNAIS (le prince E. de). Mémoires et correspondance politique et militaire publiés par A. Du Casse. 10 vol. in-8, Mich. Lévy fr., 58 à 60. 60 »
BEAUJEAN. Un relais dans la Manche, vaudeville. In-8, Mifliez, 53. 1 »
BEAUJEAN (A.). Breviarium historiæ græcæ. In-12, Dezobry et Magdeleine, 60. 1 25
BEAULAINCOURT (A. de). Renvoy de l'ordre de France par la majesté de l'empereur Charles cinquième, publ. p. Ch. de Linas. In-8 (Valenciennes, Prignet), 55.
— Translation des restes de Charles le Téméraire de Nancy à Luxembourg, manuscrit publ. par Ch. de Linas. In-8 (Nancy, Lepage), 55.
BÉAULARD (L.). La Tonré de Lavesqué. In-12 (Nîmes, Ballivet), 50.
— Li sournéto dé Berbésé. In-12 (Nîmes, Ballivet), 50.
BEAULARD (L.). Lou Languedocien, armana patois per 1860. In-12 (Nîmes, Roumieux), 59.
— Lou furet, recueil de poésies. In-12 (Nîmes, Ballivet), 52.
— Poésies patoises. In-12 (Nîmes, Baldy), 55.
— Uno Cousso de Bioou à Reouvesin. Poèmo. In-12 (Nîmes, Baldy et Roger), 57.
— Uzès, ou souvenirs et regrets. Poème. In-12 (Nîmes, Ballivet), 51.
BEAULIEU. Antiquités des eaux minérales de Vichy, Plombières, Bains et Niederbronn. In-8, veuve Le Normant, 51.
BEAULIEU (M. D.). Caractère que doit avoir la musique d'église. In-8 (Chaix), 58.
— Mémoire sur quelques airs nationaux qui sont dans la tonalité grégorienne. In-8 (Niort, Favre), 60.
— Musique de l'ancienne Grèce dans les chants de l'église. In-8 (Niort, Favre), 58.
BEAULIEUX (P.). Arboriculture et défrichement, 1810 à 1840. In-8 (Crapelet), 51.
BEAUMARCHAIS. Le barbier de Séville, comédie; le mariage de Figaro, coméd. In-16, Hachette, 53. 1 »
— Mémoires, nouv. éd. In-12, Garnier fr., 59. 3 50
BEAUMARCHEY (L.). Indicateur astronomique ou carte céleste, 2ᵉ éd. In-plano (Marseille, Seren), 51.
BEAUMOND. Camin dé la Crous. In-16, Marseille (veuve Marius Olive), 57.
BEAUMONT. Annuaire des perruquiers-coiffeurs de la France et de l'étranger. In-18, chez l'auteur (42, quai des Orfévres), 57.
BEAUMONT. Lauriers civils et religieux. Poésies, 1ʳᵉ livr. In-8, Ledoyen, 52.
— Notice sur le tunnel sous la Tamise. In-8, Paul Dupont, 58.
— Obéron, opéra. In-18, Mich. Lévy fr., 57. 1 »
— et Nuitter. Préciosa, opéra-comique. In-12, Mich. Lévy fr., 58. 1 »
— Id. In-4, Mich. Lévy fr., 59. » 20
— et Nuitter. Rose et Narcisse, opéra-comique, mus. de Barbier. In-18, Beck, 55. » 60
Voyez - aussi Nuitter (Ch.).
BEAUMONT (A.) et Mayer. Chauffage sans combustible. In-8 (Remquet), 55.
BEAUMONT (Ch.). Anne de Montmorency. In-12, Limoges, Barbou, 59. » 65
— Julia, ou le triomphe de la croix. In-8, Limoges, Barbou, 59. 3 50
— Id. In-12, Limoges, Barbou, 59. » 65
— Les vainqueurs du paganisme. In-12, Limoges, Barbou, 58. » 79
BEAUMONT (de). Etude sur l'utilité du phosphore. In-8, veuve Bouchard-Huzard, 57.
BEAUMONT (de). Littérature, réaction classique, satires, épigrammes, contes en vers et en prose, précédés d'une conversation avec M. de Chateaubriand. In-8, Amyot, 52. 7 »
BEAUMONT (A. de). Les deux balcons, opéra-bouffe, mus. de Louis. In-8 (Reims, Maréchal-Gruat). 53

BEAUMONT (A. de). Recherches sur l'origine du blason et la fleur de lis. In-8, Leleux, 53. 6 »
BEAUMONT (E. de). Cours de géologie. Ecole impériale des mines, 1858-1859. In-4 (Hédin), 60.
— Notice sur les systèmes de montagnes. 3 vol. in-18, P. Bertrand, 52. 15 »
BEAUMONT (G. de). De l'influence, de l'autorité en matière d'opinion. A propos d'un ouvrage de Lewis. In-8 (Hennuyer), 53.
BEAUMONT (de). - Voyez - Mᵐᵉ Leprince.
BEAUMONT-VASSY (le vic. de). Un dernier rêve de jeunesse. In-8, Chappe, 52. 1 50
— Garibaldi et l'avenir, étude politique. In-8, Amyot, 60. 1 »
— L'histoire de mon temps. 4 vol. in-8, Perrotin, 55 à 58. 24 »
— Histoire des Etats européens depuis le congrès de Vienne. 6 vol in-8, Amyot, 53. Chaque vol. 7 50
T. I. Belgique et Hollande.
II. Suède et Norwége, Danemark, Prusse.
III et IV. Grande-Bretagne.
V. Etats italiens.
VI. Empire russe.
— La politique des honnêtes gens. In-8, Amyot, 51. 1 »
— La préface du 2 décembre. In-8, Amyot, 53.
BEAUNIS (H.) L'Italienne, drame. In-12 (Alger, Challamel), 59. 1 »
BEAUPERTHUY. Notes scientifiques sur quelques idées qui dérivent des sciences. In-4, Lacroix, 59. 1 »
BEAUPLAN (Amédée de). Fables. In-12 (Imprimerie impériale), 53.
BEAUPLAN (A. de). L'école des ménages, comédie. In-18, Mich. Lévy fr., 58. 1 50
— Id. In-4, Mich. Lévy fr., 59. » 20
— Elisa, ou un chapitre de l'oncle Tom, coméd. In-18, Mich. Lévy fr., 53. » 60
— Le lys dans la vallée. In-4, Mich. Lévy fr., 57. » 20
— Les marrons glacés, coméd. In-18, Mich. Lévy fr., 57. 1 »
— Les piéges dorés, coméd. In-12, Mich. Lévy fr., 56. 1 50
— Id. In-4, Mich. Lévy fr., 59. » 20
BEAUPOIL. Sulfate de quinine dans certaines maladies. In-8, Metz, Verronnais, 57.
BEAUPRÉ (J. N.). Documents sur les coutumes du comté de Vaudemont. In-8 (Nancy), Aubry, 57.
— Nouvelles recherches de bibliographie lorraine, de 1500 à 1700. In-8 (Nancy), Aubry, 53 à 56.
BEAUPRÉ (de). Vie et culte de saint Eugène. In-8, Chaix, 56.
BEAUQUET. Amicis et inimicis et à bon entendeur salut! In-8 (Nîmes, Ballivet), 57.
BEAUQUIN (le doct. F. A.). Médecine généralisée, ou pratique de la médecine. In-16 (Pontarlier, Faivre), 54.
BEAUREGARD (l'abbé J. Barthélemy de). Histoire de la vie de N.-S. Jésus-Christ. In-12, Lecoffre, 59. 1 50
— Mission divine de Jeanne d'Arc. Panégyrique prononcé dans la cathédrale d'Orléans, par l'auteur. In-8 (Orléans, Jacob), 53.
BEAUREGARD (le doct. F. V.). Causeries villageoises sur les dangers qui résultent de l'abus des liqueurs fortes. In-18, Graville Havre, Prudhomme, 53.
— Recherches sur la nature et le traitement du choléra épidémique. Observ. rec. au Havre, 1848 à 53. In-8 (au Havre, Carpentier), 54.
BEAUREPAIRE (Ch. de). Entrée et séjour du roi Charles VIII à Rouen en 1485. In-8, Caen, Hardel, 54.
— Essai sur l'asile religieux dans l'empire romain. et de la monarchie française. In-8, Durand, 54. 3 »
— Les états de Normandie sous la domination anglaise. In-8, Durand, 59. 4 »
— Notes sur la prise du château de Rouen par Ricarville, en 1432, Durand, 58. 2 »
— Notes sur six voyages de Louis XI à Rouen. In-8 (Rouen), Durand, 58. 2 »

BEAUREPAIRE (Ch. de). Notice sur l'hospice d'Avranches. In-18, Avranches, Tostain, 58.
— Notice sur maître Jean Masselin. In-4, Caen, Hardel, 51.
— De la vicomté de l'eau de Rouen et de ses coutumes au XIIIe et au XIVe siècle. In-8, Durand, 56. 7 \ »
BEAUREPAIRE (E. de). Etude sur la poésie populaire en Normandie. In-8 (Avranches), Aubry, 56. 2 50
— Fouilles entreprises à Avranches. In-8, Caen, Hardel, 58.
— Le tombel de Chartrose et le chant du roussigneul, poëmes mystiques du XIVe siècle. In-8 (Caen), Aubry, 54. 1 25
BEAUSSE (M. de). Égoïsme et charité, nouvelle. In-12 (Evreux, Hérissey). » 60
BEAUSSIRE (l'abbé). Légende de sainte Geneviève. In-32 (Plancy), Jourdan, 55.
— Légende de sainte Marie-Madeleine. In-8 (Plancy), Bray, 52.
— Légende de saint Sébastien. In-32, Plancy, société de Saint-Victor, 50.
— Légende de sainte Tranche. In-32 (Plancy), Waille, 50.
— Vie de saint Roch. In-32 (Plancy), Jourdan, 56.
BEAUSSIRE (E.). De summi apud Britannos poetæ tragœdiis e Plutarcho ductis. In-8 (Grenoble), Durand, 55. 1 50
— Du fondement de l'obligation morale. In-8 (Grenoble), Durand, 55. 3 »
— Lectures philosophiques. In-12, A. Durand, 57, 3 »
BEAUTEMPS BEAUPRÉ. Coustumes du pays de Vermendois. In-8, Durand, 58. 5 »
— Note sur un manuscrit du grand coustumier de France. In-8, Durand, 58. 5 50
— De la portion des biens disponibles et de la réduction. 2 vol. in-8, 56. 14 »
BEAUTERNE (de). Sentiment de Napoléon Ier sur le christianisme. In-18, Bray, 60. » 80
BEAUTÉS (les) de l'histoire des croisades et des ordres religieux et militaires. In-12, Guérin, Muller et Cie, 59. » 80
— de l'histoire romaine. In-12, Ducrocq, 51. 1 25
— de l'histoire sainte, texte explicatif des livres saints, illust. de 19 gravures. Grand in-8, Garnier frères, 52, 16 »
— des leçons de la nature. In-12, Lille, Lefort, 58. 1 »
— de la morale chrétienne. In-8, F. F. Ardant frères, 60. » 90
BEAUVAIS. Des croisades; notice historique. In-8, Angers, Lainé frères, 53.
BEAUVAIS. Notice sur les fondations franciscaines en France. In-18 (Bolbec, Valin), 59.
BEAUVAIS (le doct. A. G. de). De la cautérisation des bourrelets hémorroïdaux. In-4, Labé, 52. 3 »
BEAUVAIS (J.). Des obstacles au crédit. In-8, Guillaumin, Martinon, 50.
BEAUVAIS (de). Œuvres oratoires complètes. Ce volume contient aussi les œuvres de l'abbé Cossart, de Noé, et l'analyse des sermons du P. Beauregard. Gr. in-8, Migne, 56. 6 »
— Les quarante martyrs, ou la vie du B. H. Ignace d'Azévédo. In-12 (Bruxelles), Lethielleux, 54. 2 »
— Considérations sur les corps administratifs de la marine militaire. In-8, Dentu, 51. » 50
BEAUVALET (A.) Nos rapports avec l'Angleterre. In-8, Dentu, 60. 3 »
BEAUVALET (E.) Divers extraits des nuits d'Young, mis en vers. In-12, Saclas, dép. de Seine-et-Oise, chez l'auteur, 52.
— Nouvelle méthode pour enseigner à lire. In-18, Dezobry, 52. » 25
BEAUVALLET (L.). Rachel et le nouveau monde. In-16, Cadot, 56. 1 »
— Les princesses de la rampe. In-18, Mich. Lévy frères, 57. 1 »
— Sur terre et sur mer, comédie. In-8, Beck, 54. » 60

BEAUVALLET (L.) et de Jallais. Le guetteur de nuit, operette-bouffe. Libr. nouv., 56. » 50
— et de Jallais et Nouvière. Ninon et Ninette, vaudeville. In-18, librairie théâtrale de madame Claye, 58. » 60
— et Marc le Prévost. Il signor Pulcinella. In-18, Bestel, 57.
— et Nouvière. Je ne mange pas de ce pain-là! vaudeville. In-18, Michel Lévy frères, 57. » 60
— et Saint-Agnan Choler. La filleule du chansonnier, drame. In-4, Michel Lévy frères, 57. » 20
BEAUVALLET (P. F.). Le dernier Abencérage, drame. In-12, Giraud et Dagneau, 51. 1 »
BEAUVERGER (E. de). La colonie de Mettray, poëme. In-8 (Hennuyer), 52.
— Des constitutions de la France et du système polit. de Napoléon. In-8, Franck, 52. 6 »
— De la propriété dans le système des lois impériales. In-8 (Hennuyer), 51.
— Etudes sur la représentation nationale. In-8 (Hennuyer), 50.
— Etudes sur Sieyès. In-8 (Hennuyer), 51.
— Opinion dans la discussion du projet de loi sur les douanes. In-8 (Hennuyer), 56.
— Progrès de la philosophie politique. In-8, Leiber et Faraguet, 58. 5 »
BEAUVERIE (J. E.). Albert, ou l'initiation, poëme. In-12 (Lyon, Chanoine), 54.
BEAUVILLE (de). Histoire de la ville de Montdidier. 3 vol. in-4, Firmin-Didot, 58.
BEAUVISAGE (E). Guide du déposant à la caisse des retraites pour la vieillesse. In-4, Paul Dupont, 60. » 50
BEAUVOIR. Voyez Hiver de Beauvoir.
— Voyez Roger de Beauvoir.
— Voyez Roger de Beauvoir (madame).
BEAUVOIS (L.). De la possession en droit romain. In-8, Maresq jeune, 58. 8 »
BEAUVPLAN (le chev. de). Description de l'Ukranie, nouv. édit. publiée par le prince A. Galitzine. In-16, Techener, 60. 10 »
BEAUX. Economie rurale domestique. Du pain. In-12, Goin, 55. 1 50
BEAUX (le doct. J. J.). De l'influence de la magnétisation sur le développement de la voix. In-12, Dentu, 55.
— Dissertation philosophique sur l'indivisibilité à l'infini de l'espace. In-8, Garnot, 52. 1 »
BEAUX (les) exemples. In-12, Lille, Lefort, 60. » 50
— traits de l'adolescence. In-12, Versailles, Beau, 55.
— Id. In-8, Versailles, Beau, 55.
— traits du christianisme, ou anecdotes édifiantes. In-12, F. F. Ardant frères, 60. » 90
— traits de l'histoire des naufrages. In-12, Rouen, Mégard, 56. 1 »
BEAUX-ARTS (les). Revue nouvelle. Grand in-8. 2 fois par mois. Fondée le 15 avril 1860. (19, rue Taranne). Prix annuel. 12 »
BEAUZÉE. Preuves historiques de la religion chrétienne. In-12, Ardant, 58.
BEC (l'abbé). Vie de saint Fuleran. In-12, Lodève, Brieu, 59. 2 »
BEC (Jehan du). Discovrs de l'antagonie dv chien. In-16, Jannet, 50. 10 »
BECCARIA. Des délits et des peines, nouv. éd. commentée par F. Hélie. In-8, Guillaumin, 56. 3 »
BÉCEL (l'abbé J. M.). L'âge de raison. In-12, Le Clere et Cie, 56. 2 50
— Exhortation à l'occasion de l'ouverture du mois de Marie. In-8, Ad. Le Clere et Cie, 59.
— Lettre de condoléance à un jeune enfant. In-18, Lesort, 57. » 50
— Souvenirs de catéchisme. In-18, A. Le Clere et Cie, 56. 3 50
— Souvenirs du pélerinage de Sainte-Anne-d'Auray. In-18, A. Le Clere et Cie, 56.
— Souvenirs de première communion et de confirmation. In-18, A. Le Clere et Cie, 55. 1 60

BÉENNAS (C. de). Emile et Adolphe. In-12, Périsse frères, 53.

BEER (A.). Introduction à la haute optique, traduit de l'allem. par Forthomme. In-8 (Nancy, Mellier), 58. 12 »

BEESAU (l'abbé A.). Le chapelet récité, médité et appliqué aux diverses circonstances de la vie chrétienne. In-18, Lecoffre, 58. 1 25
— Vie du R. P. Anne-François de Bauveau. In-12, Lecoffre, 57. 1 20

BEETS (H. N.). Pêcheur et pharisien. Discours traduit du hollandais. In-8, Grassart, 57.
— Scènes de la vie hollandaise, trad. de L. Wocquier. In-12, Michel Lévy frères, 58. 3 »

BÉGEL (l'abbé). Intérieur de Nazareth. Extrait de la vie de la sainte Vierge. In-16 (Saint-Nicolas, Trenel), 54.
— Vie de la sainte Vierge. 2 vol. in-12, Bray, 54.

BÉGIN (E.). Histoire de Napoléon. 5 vol. in-8, Plon, 54. 30 »
— Voyage pittoresque en Espagne et en Portugal. Gr. in-8. Morizot, 52. 28 »
— Voyage pittoresque en Suisse, en Savoie, etc. Gr. in-8, Morizot, 52. 20 »

BÉGIN (L. J.). Etudes sur le service de santé militaire en France. In-8, V. Rozier, 60. 5 »
— Sur avortement provoqué pendant la grossesse. In-8, Baillière et fils, 52. » 75

BÉHAGNON (Ch.). Mémoire sur l'enseignement de la lecture. In-8, Dezobry, Magdeleine et Cie, 60. 1 »
— Nouvelle épellation, ou épellation par les parties distinctes. In-folio, Dézobry, Magdeleine et Cie, 60.

BÉHAGUE (N. de). Note sur l'engraissement précoce des bêtes à cornes. In-8 (Bouchard-Huzard), 52.
— et Baudemont. Expériences sur l'emploi du sel dans l'alimentation du bétail. In-8 (Bouchard-Huzard), 50.
— et Baudemont. Expériences sur l'influence que le sel, ajouté à la ration des vaches, peut exercer sur la consommation du fourrage. In-8 (Bouchard-Huzard), 50.

BÉHIER (J.). Étude sur la maladie, dite fièvre puerpérale. Lettres adressées à M. Trousseau. In-8, Labé, 58. 3 »
— et Hardy. Traité élémentaire de pathologie interne. 4 vol. P. Asselin, 60. Le vol. 8 »
(Il n'y a que 3 volumes de parus.)

BEHR (le baron). Recherches sur l'histoire des temps héroïques de la Grèce. In-8, Didot, 56. 7 »

BEILAC (de). Répertoire général du contentieux de la procédure et de la jurisprudence en matière de douanes. 2 vol. in-8, Durand, 50. 14 »

DÉJAMBES. Considérations sur les engorgements de l'utérus. In-4 (Montpellier, Bœhm), 58.

BEJOY (C.). Paris amusant. Conseils donnés aux étrangers pour dépenser leur argent. In-32 (Maulde), 55. » 15

BEL (A.). Trésor des travailleurs de tout état, ou manuel de leur prospérité et bonheur. In-18 (Lons-le-Saunier, Gauthier), 56.

BELAMY (Th.). Rome; impressions et souvenirs. 2 vol. in-12, Vermot, 58. 4 »
— Rome; nouveaux souvenirs. 2 vol. in-12, Vermot, 60. 4 »

BÉLANGER. Essais dramatiques. In-12, Dentu, 55.

BÉLANGER (J. B.). Résumé de leçons de géométrie analytique, 2e édit. In-8, Mallet-Bachelier, 59. 6 »
— Théorie de la résistance et de la flexion plane des solides. In-8, Mallet-Bachelier, 58. 3 »

BELBEUF (le marquis de). Histoire des grands pannetiers de Normandie. Gr. in-8, Dumoulin, 56.

BELEHRUNG über die Cholera. In-8 (Strasbourg, veuve Berger, Levrault et fils), 55.

BÉLET. Voyez Schmid.

BELÈZE (G.). Arithmétique mise à la portée des enfants. In-18, Delalain. 1 50
— Atlas élémentaire de géographie moderne, 10 cartes. Petit in-4, Delalain. 2 50

BELÈZE (G.) Atlas élémentaire de géographie moderne, avec les cartes muettes. In-4. 4 »
Chaque carte, séparément. » 25
— Cosmographie mise à la portée des enfants. In-18, Delalain. 1 50
— Dictées et lectures. In-18, Delalain. 1 50
— Dictionnaire universel de la vie pratique à la ville et à la campagne. 1 vol. gr. in-8, Hachette, 59. 21 »
— Éléments de littérature. In-18, Delalain. 1 50
— Exercices de mémoire et de style. In-18, Delalain. 1 50
— Exercices français sur la grammaire. In-18, Delalain. 1 50
— Corrigés des exercices. In-18, Delalain. 2 »
— Géographie mise à la portée des enfants. In-18, Delalain. 1 50
— Grammaire française. In-18, Delalain. 1 50
— Histoire d'Angleterre mise à la portée des enfants. In-18, Delalain. 1 50
— Histoire de France mise à la portée des enfants. In-18, Delalain. 1 50
— Histoire du moyen âge mise à la portée des enfants. In-18, Delalain. 1 50
— Histoire ancienne mise à la portée des enfants. In-18, Delalain. 1 50
— Histoire moderne mise à la portée des enfants. In-18, Delalain. 1 50
— Histoire naturelle mise à la portée des enfants. In-18, Delalain. 1 50
— Histoire romaine mise à la portée des enfants. In-18, Delalain. 1 50
— Histoire sainte mise à la portée des enfants. In-18, Delalain. 1 50
— Les jeux des adolescents. In-16, Hachette, 58. 2 »
— Livre de lecture courante. In-18, Delalain. 1 50
— Le livre des ménages. In-16, Hachette, 60. 3 »
— Méthode d'écriture, cahier in-4, Delalain. » 75
— Modèles d'écriture, en gros, moyen et fin. Delalain. le demi-cent. 2 50
— Mythologie mise à la portée des enfants. In-18, Delalain. 1 50
— Petit dictionnaire de la langue française. In-18, Delalain. 1 50
— Petite arithmétique. In-18, Delalain. » 75
— Petite géographie moderne. In-18, Delalain. » 75
— Petite grammaire française. In-18, Delalain. » 75
— Petite histoire de France. In-18, Delalain. » 75
— Petite histoire ecclésiastique. In-18, Delalain. » 75
— Petite histoire sainte. In-18, Delalain. » 75
— Physique et chimie mises à la portée des enfants. In-18, Delalain. 1 50
— Syllabaire, grand in-18, Delalain. » 10
— Syllabaire et premières lectures. In-18, Delalain. » 75
— Tableaux de lecture, extraits du syllabaire. In-folio, Delalain. 1 25
Le collage des tableaux sur cartons. 2 50
— Transparents en gros, moyen et fin. Delalain, le demi-cent. 1 25
(Éditions Delalain publiées entre 1850 et 1860.)

BELGIOJOSO (la princesse de). Asie-Mineure et Syrie; souvenirs de voyages. In-8, Mich. Lévy frères, 58. 7 50
— Histoire de la maison de Savoie. In-8, Michel Lévy frères, 60. 7 50
— Histoire romaine, premières notions d'histoire. In-18, Renouard. 1 50
— Scènes de la vie turque. In-12, Michel Lévy fr., 58. 3 »
— Souvenirs dans l'exil. In-4 (Prost), 50.

BELGIQUE (la) et l'Europe, ou la frontière du Rhin. In-8 (Liège), Borrani, 60. 1 »
— Devant l'Empire français. In-12 (Bruxelles), Borrani, 60. » 50
— et le mariage autrichien, par un Belge. In-12, Ledoyen, 53.

BELGIUM MARIANUM. Histoire du culte de Marie en Belgique, par l'auteur des saints et grands hommes

en Belgique. Grand in-8 (Tournai), Lethielleux, 59.
4 50

BELGRAND (E.). Monographie des eaux de source de la banlieue de Paris. In-8 (Dubuisson), 55.
— Recherches statistiques sur les sources du bassin de la Seine. In-4 (Vinchon), 55.

BÉLIARD (J.) Souvenirs d'un voyage en Algérie. In-8 (Pillet fils aîné), 53.

BÉLIÈRES. Vie d'Anne Gertrude, pieuse créole de Cayenne. In-12, Nyons, Pénable, 59.

BÉLIME (W.) Philosophie du droit, ou cours d'introduction à la science du droit, 2e édit. 2 vol. in-8, Durand, 56.
15 »

BELIN (E.). Rapport sur la clinique ophthalmologique de la faculté de médecine de Strasbourg, 1854-55. In-12 (Strasbourg, Silbermann), 56.
— De la version du fœtus. Thèse. In-4, Strasbourg, Silbermann, 56.

BELIN (V.). Analyse comparative du lait d'une jument. In-8 (Versailles, Montalant, Bougleux), 52.

BELIN DE LAUNAY (J.) Abrégé de géographie de la France. 2 vol. in-12, Hachette, 57.
2 »
— Histoire générale depuis la création jusqu'à Napoléon III. In-8, Bourges, Bernard, 54.
— Id. 2e édit. In-12, Amiens, Lenoël-Hérouard, 56.
— Petite géographie de la France. In-12, Hachette, 57.
» 15

BELINGAN (le P. de). Retraite spirituelle, ou les vertus de Jésus-Christ. In-18, Albanel, 58.
1 30

BELIZAL (de). La semaine sainte à Jérusalem. In-8 (Nantes, Forest), 58.

BELL (G.). Gérard de Nerval. In-8, Lecou, 55.
1 »
— Mademoiselle Person. In-8, Bourguet, 54.
— Le miroir de Cagliostro (hypnotisme). In-18, Libr. nouvelle, 60.
1 »
— Pradier. In-18, Giraud et Dagneau, 52.
» 50
— Scènes de la vie de château. In-12, Mich. Lévy fr., 60.
1 »
— Voyage en Chine du capitaine Montfort. In-12, Libr. nouvelle, 60.
3 »
— Voyez Currer-Bell.

BELLAGUET. Chronique du religieux de Saint-Denis. 6 vol. in-4, Didot, 52.
72 »

BELLAMY (J.). Gloire de Jeanne d'Arc et de beaucoup d'autres serviteurs et servantes de Dieu. In-8, Laisné, 56.
1 25
— Réunion des communions chrétiennes. In-18, Laisné, 57.

BELLAMY (P.). Multiplication et amélioration des espèces chevalines, tome 1er. In-8 (Rennes, Castel), 56.
— La vache bretonne. In-12 (Rennes), Huzard, 58. 2 50

BELLANGER. Manuel analytique à l'usage des commissaires de police. In-8, Boucquin, 59.
5 »

BELLANGER (l'abbé). Histoire de Neuilly, près Paris. In-18; se vend à la mairie de Neuilly, 55.
1 50

BELLANGER (le doct.). Le magnétisme, vérité et chimères de cette science occulte. In-18, Guilhermet (25, rue Rousselet), 54.

BELLARD (A.). Le système métrique mis à la portée des élèves des écoles primaires. In-12, Clermont-Ferrand, veuve Escot, 53.

BELLARMIN (le cardinal R.). Les œuvres trad. en français, par Daras, Ducruet et Berton. 10 vol. in-8, Vivès.
50 »

On vend séparément ce qui suit :

— Démonstration victorieuse de la foi catholique tirée des controverses et trad. par Ducruet. 3 vol. in-8, Vivès, 55.
18 »
— Explication des psaumes, préc. d'une notice, par Daras. 3 vol. in-8, Vivès, 56.
18 »
— Les sermons, trad. du latin, par Berton. 4 vol. in-8, Vivès, 55-56.
20 »
— Id. 4 vol. in-12, Vivès, 55-56.
14 »

— Abrégé de la doctrine chrétienne. In-18 (Laval, Feillé-Grandpré), 58.
— La doctrine chrétienne, ou petit catéchisme, trad. de l'italien, en arabe et en latin, par Scialac et Sio-

nita, et du latin en français, par Guillois. In-12, Julien, Lanier, 52.
» 75

BELLARMIN (H.). Histoire du maréchal de Luxembourg. In-12, Limoges, Barbou, 60.
» 55
— Histoire de Marie Stuart, reine d'Ecosse. In-12, Limoges, Barbou, 59.
» 55
— Les merveilles de l'île d'or. In-12, Limoges, Barbou, 58.

BELLE. Mémoire sur la constitution géologique de Roanne. In-8 (Roanne, Ferlay), 54.

BELLÉCIUS (le R. P. L.). La solide vertu, ou traité des obstacles, trad. par Berthon. In-12 (Poitiers), Palmé, Lagny frères, 50.
— La vertu solide, ou ses obstacles, trad. par Charbonnier. In-8, Périsse, 56.
5 »

BELLECOMBE (A. de). Elisa, poème véritable. In-8, Taride, 55.
4 50
— Histoire universelle, tom. I à VI. Furne, 52 à 60.
le volume. 5 »

BELLÉE (A.). Des résultats du tourniquet et la bourse. In-18, Dentu, 58.
» 80

BELLEFONDS (A. de). Guide à l'usage des militaires et des marins voyageant sur les chemins de fer. In-18, Chaix, 57.
» 50

BELLEFORT DEVAUX. La bourse et la vie. En vers. In-4 (Dondey-Dupré), 56.

BELLEGARDE (L. de). Considérations sur le dessèchement des terrains marécageux. In-8, Bordeaux, Gounouilhou, 53.

BELLEGARRIGUE (A.). Les femmes d'Amérique. In-32, Blanchard, 53.
— et Dugers. Jean Mouton. In-12 (Meulan, Moulinard), 50.
» 15

BELLEL (J. G.). Les Vosges; vingt dessins d'après nature, lith. par Laurens, texte par Th. Gauthier. In-folio avec 20 pl. Morel et Ce, 60.
50 »

BELLEMARE (A.). Abrégé de géographie à l'usage des élèves des écoles arabes-françaises. In-12, Hachette, 53.
— Grammaire arabe (idiome d'Algérie), 4e édit. In-8, Challamel, Hachette, 60.
3 50
— L'interrupteur kilométrique, ou moyen de rendre impossibles les rencontres sur les chemins de fer. In-8 (Lahure), 56.

BELLEMARE (A. G.). Pau, considéré dans ses rapports avec les étrangers. In-8 (Pau, Vignancour), 54.
— Question internationale. Recours à l'Empereur. Capture et confiscation du brick anglais « the Fame. » In-4 (Pau, Vignancour), 54.

BELLENGER. Nouveau guide de conversations anglais-allemand. In-32, Baudry, 55.
1 50
— Nouveau guide de conversations en français et en anglais. In-32, Baudry, 59.
1 50
— Nouveau guide de conversations en français et en anglais. In-16, Baudry, 60.
2 25
— et Witcomb, Steuer et Ziardini. Nouveau guide de conversations modernes, en quatre langues : français, anglais, allemand, italien. In-32, Baudry, 55. 2 25
— et Witcomb, Steuer, Ziardini, Pardal et Moura. Nouveau guide de conversations modernes, en six langues : français, anglais, allemand, italien, espagnol, portugais. In-16, Baudry, 55.
3 »

BELLENGER (le doct.). Lettres sur la rage humaine. In-8, Bar-le-Duc, Laguerre, 52.

BELLENGER (F.). Liber psalmorum vulgatæ editionis. In-12, Jouby, 53.
3 »

BELLES actions morales recueillies par M. D. In-18, Rouen, Mégard, 57.
» 30

BELLESRIVES (L. de). L'ange des prisons. In-12, Limoges, Barbou, 52.
— Le cardinal G. d'Amboise, ministre de Louis XIII. In-12, Limoges, Barbou, 54.
— Le comte Paoli. In-8, Limoges, Barbou, 51.
1 20
— Une famille, ou histoire des personnages qui ont illustré le nom de Montmorency. In-8, Limoges, Barbou, 55.
— Sobieski, ou la gloire de l'Europe chrétienne. In-8, Limoges, Barbou, 56.

BELLET (L.) Des compagnies françaises d'assurances sur la vie. In-16, chez l'auteur (32, rue Notre-Dame-des-Victoires), 58. » 10
— Explications des assurances sur la vie. In-32, chez l'auteur, 60. » 50
— Le guide de l'emprunteur, ou ce que c'est que le crédit foncier. In-32, chez l'auteur, 54. » 15
— Du nouveau mode de libération du service militaire. In-16, chez l'auteur, 55. » 40
— Le propagateur des assurances contre l'incendie. In-32, chez l'auteur, 59.
— Les propriétaires et les loyers à Paris. In-32, Dentu, 57. » 50
— Question fiscale. Le timbre et l'exposition de 1855. In-8, Librairie nouvelle, 55. » 75
BELLET (V.). Offices et officiers ministériels. In-8, Cosse, 60. 6 »
BELLEVILLE (le capit. G.). Entretiens de Pierre Giberne sur les devoirs du soldat, 2e édit. In-18, Tanera, 59. » 75
BELLEVILLE (J.) Notice sur le générateur inexplosible à vaporisation instantanée. In-8 (Nancy, Raybois), 53.
— Observations sur les machines à air dilaté par l'hydrogène et l'étincelle électrique. In-8 (Wittersheim), 60.
BELLEY (Mgr. l'év. de). Pieux souvenirs des âmes du purgatoire, pendant l'octave des morts. In-18, Pélagaud, 54. 1 20
BELLEYME (de). Ordonnances sur requêtes et sur référés selon la jurisprudence, 3e édit. 2 vol. in-8, Cosse, 55. 16 »
BELLIARD. Des agences théâtrales et leur manière d'opérer. In-12 (Marseille, Vial), 59.
BELLIER DE LA CHAVIGNERIE (E.). Biographie et catalogue du graveur Miger. In-8, Dumoulin, 55, 5 »
— Pleurs et sourires. Esquisses poétiques. In-12, Dentu, 58. 3 50
— Recherches sur Mlle A. R. Strésor, 1851-1713. In-8, Dentu, 60. 6 »
BELLIOL (le doct.). Conseils aux hommes affaiblis. Traité des maladies chroniques, 10e édit. In-8, Dentu, 59. 7 »
— Maladies des femmes. Traité des maladies utérines, 4e édit. In-8, Dentu, 58. 2 »
BELLIVIER (L. D.). Historique de la lutte de Bossuet et de Fénelon sur le quiétisme. Thèse. In-8 (Montauban, Forestié), 50.
BELLOC (A.). Code de l'opérateur photographe. In-18, Leiber, 60. 1 »
— Compendium des quatre branches de la photographie. In-8, Leiber, 58. 5 »
— Traité théorique et pratique de la photographie sur collodion. In-8, au bureau du Cosmos, 54.
— Rapport fait à l'académie de médecine sur le charbon végétal. In-8 (Martinet), 50.
BELLOC (Mme). Pierre et Pierrette, 5e édit. In-18, Dézobry et E. Magdeleine, 60. » 60
— et Mme Montgolfier. Education familière. 12 vol. in-18, Renouard, 50 à 60. 18 »
(Ces volumes se vendent séparément.)
BELLON. Souvenir des pauvres. In-8 (Valence, Chenevier et Chavet), 59. 1 50
BELLOT (l'abbé). Pensées sur la religion. In-12 (Poitiers), Palmé, 59. 1 »
BELLOT (P.). Lou Galégeaire, vo la liasso entiero deis. In-16, Marseille, Boy, 55. 3 »
BELLOT (Ph.). Vœux et conseils de saison ; la civilisation de notre siècle. In-8, Ledoyen, 60. » 50
BELLOT (J. R.). Journal d'un voyage aux mers polaires à la recherche de Franklin. In-8, Perrotin, 54. 6 »
BELLOTI (L.). Spensieratezza e buon cuore (étourderie et bon cœur), comédie. In-8, Mich. Lévy frères, 54. 1 »
BELLOY (le marquis A. de). Le chevalier d'Aï, ses aventures et ses poésies. In-12, Lecou, 54. 3 50

BELLOY (le marquis A. de). Légendes fleuries. In-18, Lecou, 55. 3 »
— La Mal'aria, drame. In-12, Mich. Lévy fr., 53. 1 »
— Orpha. In-8 (Fillet), 53.
— Phitas et Damon, comédie. In-12, Giraud, 53. 1 »
— Portraits et souvenirs. In-24, Mich. Lévy frères, 59. 1 »
— Le Tasse à Sorrente, pièce in-18, Charlieu, 57. 1 50
— Les toqués. In-12, Mich. Lévy fr., 60. 3 »
BELLU (l'abbé). Le bon chrétien. Nouveau paroissien à l'usage du diocèse d'Orléans, en latin et français. In-32, Orléans, Niel, 54.
BELLUGOU. Arithmétique des écoles rurales. Livre de l'élève. In-18, Pézenas, Richard, 59.
BELLY (F.). Percement de l'isthme de Panama par le canal Nicaragua. In-8, Libr. nouv., 59. 2 »
BELLY (Mme L.). Les violettes en vers. In-8 (Prève), 53.
BELMAR (A. de). El bano pieza. In-8 (Delacombe), 52.
BELMER. Les règles des participes. In-16 (Strasbourg, Dannbach), 52. » 30
BELMONT. Harmonithéisme. Nouvelle doctrine philosophique et religieuse. In-12, Desloges, 55. 2 »
BELMONTET (L.). Les braves de l'empire. In-18 (Hennuyer), 50.
— La campagne de Crimée. In-8, Libr. nouv., 55.
— La constance du soldat français. In-8, Libr. nouv., 55.
— Les impérialistes, ou une page d'histoire. In-8 (Hennuyer), 53.
— Le luxe des femmes et la jeunesse de l'époque, en vers. In-16, Amyot, 58. » 30
— Odes nationales sur la campagne d'Italie. In-8, Libr. nouv., 59. » 50
— Poésie de l'empire français. In-8, Amyot, 53.
— Poésies guerrières. In-8, Amyot, 58. 3 »
BELOT (A.). A la campagne, comédie. In-12, Michel Lévy fr., 57.
— Châtiment. In-18, Eugène Didier, 55. 3 »
— Marthe; un cas de conscience. Nouvelles. In-12, Hachette, 57. 1 »
— Un secret de famille, drame. In-4, Barbré, 59. » 20
— La vengeance du mari, drame. In-12, Libr. nouv., 60. 1 50
— et Villetard. Le testament de César Girodot, comédie. In-12, Barbré, 59. 1 50
BELOUINO (P.). La femme. Physiologie, histoire, morale, 2e édit. In-8, Périsse frères, 60. 5 »
— Histoire générale des persécutions de l'Église. 10 vol. in-8, Périsse frères, 50 à 60. 50 »
— Histoire d'un coup d'état (décembre 1851). In-8, Brunet, 52. 5 »
— Des passions. 2 vol. in-8, Périsse frères, 55. 10 »
BELTREMIEUX (E.). Description des falaises de l'Aunis. In-8 (La Rochelle, Siret), 56.
BELUGON (J. D.) De l'emploi médical des semences de phellandrie. In-8 (Montpellier, Grollier), 55.
BELUZE (J. P.). Adresse des Icariens fidèles. In-4, chez l'auteur (3, rue Bailleul), 56.
— Aux Icariens. In-16, chez l'auteur, 56. » 15
— La colonie icarienne à Saint-Louis. In-12, chez l'auteur, 57. » 25
— Contrat social. In-12, chez l'auteur, 57. » 50
— Inauguration du cours icarien à Cheltenham. In-12, chez l'auteur, 58. » 60
— Lettres icariennes; 1re à 4e. In-12, chez l'auteur, 56 à 59. Chaque lettre » 50
— Lettre à Maximilien sur l'Icarie. In-12, chez l'auteur, 58. » 50
— Id. Deuxième. In-12, chez l'auteur, 58. » 25
— Loi du 21 juillet 1857. In-12, chez l'auteur, 57. » 25
— Mort du fondateur d'Icarie. In-12, chez l'auteur, 56. » 15
— Notre situation à Saint-Louis. In-12, chez l'auteur, 57. » 25
— Organisation du travail dans la communauté icarienne. In-12, chez l'auteur, 57. » 25

DELUZE (J. P.). Premier anniversaire de la naissance du fondateur d'Icarie. In-12, chez l'auteur, 57. » 25

DEM (le généril). Atlas chronologique formant nomenclature de la carte chronologique de. l'histoire de France, arrangé par siècles. Seize tableaux. In-4, Renouard, 54.

— Méthode mnémonique franco-polonaise. Table chronologique formant nomenclature de la carte chronogique de l'histoire de France, comprenant plus de 7C0 principaux événements. In-16, Renouard, 54.

BEN (P.) et Desrez. Science du bien vivre, ou monographie de la cuisine. In-8, Martinon, 60. 4 »

BEN BARUCH. Voyez Créhange.

BÉNARD. Recueil des règles d'orthographe de la langue française. In-12, Maire-Nyon, 59. 1 25

BÉNARD (l'abbé). Bienfaits du christianisme dans la société. In-12 (Nancy), Gaume, Bray, 56.

— Examen à l'usage du clergé. In-12 (Nancy), Palmé, 60.

— L'école du prêtre, de Tanner, adaptée aux mœurs françaises, t. 1. In-12, Nancy, Vagner, 60.

— Histoire de la révélation. 3 vol. in-12 (Nancy), Bray, 50.

— Histoire sainte, ancien et nouveau testament à l'usage des écoles et familles, en 2 parties. In-12, Nancy, Vagner, 58. 1 50

Chaque partie séparément. 1 »

BÉNARD (A. C.). Lettre édifiante et curieuse du R. P. jésuite au citoyen Michelet. In-8 (Desoye), 51. » 25

BÉNARD (Ch.). Les crimes de l'amour. In-32, Delahays, 58. 4 »

— La logique enseignée par les auteurs. In-8, Dezobry, 58. 3 50

— Précis de philosophie. In-8, Dezobry, 57. 7 50

— Voyez—Manuel d'études pour la préparation au baccalauréat ès-lettres, et manuel pour la section des sciences.

BÉNARD (P.) et Collas. Guide pratique pour la culture du pavot-œillette et l'extraction de l'opium. In-8 (Prissette).

BÉNARD (Th.). Abrégé de l'histoire de France. In-18, Belin, 56. » 75

— Dictionnaire classique universel français, historique, etc. In-12, Belin, 60. 2 60

— Nouveau manuel de civilité chrétienne. In-12, Belin, 56. » 90

— Petit abrégé de géographie moderne. In-18, Belin, 54. » 50

— Petite civilité chrétienne. In-18, Belin, 54. » 50

BÉNARD (T. N.). Banque française de l'Amérique et des Indes. In-8 (Chaix), 56.

— Lettre à M. Ch. Dupin sur le projet de loi qui doit régler le commerce de l'Algérie avec la France et l'étranger. In-8 (Dupont), 50.

— Lettre à M. le ministre de l'agriculture et du commerce sur les droits de navigation et le pavillon tiers. In-8 (Dupont), 50.

— Les lois économiques. In-32, Guillaumin, 56. 2 »

BENARDAKI (L.). Les chasses en Russie. In-8 (Le Normant), 52.

BÉNARÈS (de). Les souhaits d'un bon homme. 2 vol. in-18, Ballay et Conchon, 60.

BÉNAT. Etudes administratives sur les chemins de fer. Du caractère économique des entreprises des chemins de fer. In-8 (Hennuyer), 53.

BENAZECH (J.). Clef de l'interprète français et anglais, ou exercices, 1re partie. In-8, Toulouse, Privat, 58. 2 50

— Cours progressif de la langue anglaise. In-8, Toulouse, Gimet, 55. 5 »

— L'interprète français et anglais, ou vocabulaire. In-8, Toulouse, Privat, 58. 6 »

BENCKENDORFF (de). Souvenirs d'une campagne au Caucase en 1845. In-8 (Firmin Didot), 58.

BENDZ (le doct. J. Chr.). Considérations pratiques sur l'adénite meïbomienne et la périchondrite tarsienne. In-8 (Copenhague), Franck, 57. 1 50

— Quelques considérations sur la nature de l'ophthalmie militaire. In-8 (Bruxelles), Franck, 58, 3 »

BENÉCH. La cour de parlement de Toulouse, séant à Castel-Sarrasin, épisode des troubles de la Ligue. In-8 (Toulouse, Douladoure), 54.

— Du droit de préférence en matière de purge des hypothèques légales, etc. In-8, Alph. Leclère, Durand, 53. 4 »

— De l'élément gallique et de l'élément germanique dans le code Napoléon. In-8 (Hennuyer), 53.

— Etudes sur les classiques latins appliqués au droit civil romain. In-8, Franck, 53. 4 »

— Mélanges de droit et d'histoire. In-8 (Toulouse), Cotillon, 57. 7 »

— Nantissement appliqué aux droits, créances et reprises de la femme sur les biens de son mari. In-8, Cotillon, 55. 3 »

— Les Visigoths et les études à Toulouse. In-8 (Toulouse, Bonnal et Gibrac), 55.

BENECH (L. V.). Médecine naturelle comparée à la médecine ordinaire ou empirique dans la maladie vénérienne. In-8 (Plon), 50.

— Pathologie naturelle générale, t. 1. In-8, Baillière et fils, 51. 7 »

— Supériorité de la médecine naturelle prouvée par des milliers de cures inconnues jusqu'à ce jour. In-8, Baillière et fils, 50.

BÉNÈCHE (J.). Aux bords du Permesse ; quelques poésies. In-8, Rouen, Giroux et Renoux, 59. 4 »

— Fleurs des champs. Poésies. In-18 (Elbeuf, Levasseur), 60. 5 »

BÉNÉDICK. Simples observations aux ouvriers sur les moyens qu'ils ont d'améliorer par eux-mêmes leur position. In-8 (Lyon, Boursy), 54.

BÉNÉDIT (G.). Chichois. Poëmes, contes et épîtres en vers provençaux. In-12 (Marseille, Barlatier-Feissat et Demonchy), 53.

— Le jeu de dominos. Poëme. In-12 (Marseille, Farlatier-Feissat et Demonchy), 57.

BENEDIX (R.). La prison, comédie. In-12, Bohné et Schultz, 56.

BENEY (l'abbé L. E.). Cours d'instructions sur le sacrement de la pénitence. In-12, Liernais, chez l'auteur, 53. 3 75

— Le grand jour de la vie. In-32, Périsse fr., 55.

— Pratique de la retraite des quatre temps. In-12, Liernais, dép. de la Côte-d'Or, chez l'auteur, 53. » 60

BENEYTON (C. A.). Chroniques, contes et légendes. In-4, Dumoulin, 54. 8 »

BÉNÉZET (E.). Lettres à un ouvrier sur l'éducation de son fils. In-12, Dillet, 58. 1 25

— Le repos dominical. Lettres au rédacteur du Siècle. In-8 (Toulouse, Montauban), 55. » 30

BENFELD (P.). Philosophie des gens mariés. In-18, Moquet, 55. 2 »

BENGY-PUYVALLÉE (C. A. de). Mémoire sur la culture du pêcher, 2e édit. In-12, Librairie agricole, 60. 3 50

BENJAMIN. Traité abrégé des connaissances extérieures du cheval. In-18, Lacroix-Comon, 54. 4 50

BENJAMIN (I. J.). Cinq années de voyage en Orient. 1846 à 1851. In-8, Mich. Lévy fr., 56.

— Les mœurs et l'existence des israélites dans l'Inde, texte hébreu. In-12 (Alger, Cohen Solal), 54.

BENJAMIN (la sœur). Six mois sur l'Océan pour le rachat et le salut des petits Chinois. In-12 (Chartres), Camus, 60. 4 »

BENJAMIN, ou les mauvais livres. In-18, Tours, Mame, 57.

BENLOEW (L.). Aperçu général de la science comparative des langues. In-8, Durand, 58. 2 »

BENNET (J. H.). Traité pratique de l'inflammation de l'utérus, trad. par Aran. In-8, Labé, 50. 6 »

BENOID (J.). Etudes et parallèles des mots. In-8 (Gannat), Hachette, 60. 5 »

BENOIST (F.). Une visite chez les trappistes. Notice sur l'abbaye N.-D de la trappe de Melleray. In-18 (Nantes, Charpentier), 54.

BENOIST (H.) et Hudelot. Cours de thèmes calqués sur

les versions de l'epitome historiæ sacræ, avec texte latin en regard. (Beaune), Maire-Nyon, 54. 2 50

BENOIST (V.). Les chiffonniers et les balayeurs, pièce. In-32 (Gerdès), 51.

BENOIST et Gaullet. Notice sur l'emploi des pulpes et résidus de betteraves. In-8 (Bar-sur-Aube, Jardeaux-Ray), 56.

BENOIT et de Fontenelle et Malpeyre. Nouveau manuel complet du boulanger. 2 vol. in-18, Roret, 56. 7 »

BENOIT (Ch.). Des chants populaires dans la Grèce antique. In-8, Nancy, Grimblot, 57.

— Essai historique et littéraire sur la comédie de Ménandre. In-8, Didot, 54. 5 »

BENOIT (E.) La chaumière de Haut-Castel. Gr. in-8 (Tournai, Lethielleux), 59. 1 20

— Le Père François. In-12 (Tournai), Lethielleux, 59. 1 20

— Visites de madame Marguerite. In-12 (Tournai), Lethielleux, 60. 1 20

BENOIT (E.). Traité élémentaire et pratique de manipulations chimiques. In-8, Baillière et fils, 54. 8 »

BENOIT (Emile). Notes sur les terrains tertiaires entre le Jura et les Alpes. In-8 (Martinet), 60.

— Système du drainage, 2e édit. In-8, Librairie agric., 58.

BENOIT (Eug.). Table pour établir les intérêts d'un capital quelconque, etc. In-32, Limoges, Ardant, 53. 1 »

BENOIT (Mlle E.). Cécile, la jeune organiste. In-12, Limoges, Ardant, 56.

— Les fils de la veuve. In-18, F. F. Ardant fr., 60.

— Victorin de Feltro. 2 vol. in-8, Gaume, 53. 10 »

BENOIT (H.). Du choléra dans la vallée de Giromagny en 1854. Strasbourg, Treuttel et Würtz, 56.

BENOIT (J.) Cas rare d'abcès urineux de la fosse iliaque. In-8, Montpellier, Dumas, 57.

— De l'efficacité du traitement arabique dans les syphilis. In-8 (Montpellier, Bœhm), 54.

— Mémoires de médecine et de chirurgie cliniques, t. I, 1re part. In-8, Baillière et fils, 50.

— Des principes qui doivent diriger dans l'étude et l'enseignement de l'anatomie humaine. In-8 (Montpellier, Martel aîné), 52.

— Des tumeurs hémorrhoïdales et de leur traitement. In-8 (Montpellier, Bœhm), 60.

BENOIT (J. T.) et Biat-Chrétien. Communication universelle et instantanée de la pensée. In-folio (Serrière), 50.

— Id. In-16 (Serrière), 50.

BENOIT (L.). Notes sur la Lorraine allemande. Les rhingraves et les rettres au XVIe siècle. In-8 (Nancy, Lepage), 60.

BENOIT (L.). Système du drainage. In-8, Libr. agric., 57.

BENOIT (P. J.). Voyage à Surinam ; description des possessions néerlandaises dans la Guyane. In-4, Bruxelles, Bruylant-Christophe et Ce, 58. 20 »

BENOIT (P. M. N.). La règle à calcul expliquée, ou la règle à tiroir. In-12, Mallet-Bachelier, 53. 6 »

BENOIT XIV. Vie des saints pour tous les jours de l'année, trad. en français. In-18, Plancy, société de Saint-Victor (16, rue Tournon), 54. 3 »

BENOIT (le R. P.). Nos consolations en Marie, trad. de l'allemand. In-12 (Tournai), Lethielleux, 58. 2 »

BENOIT (S.). Le système légal des poids et mesures. In-12, Paul Dupont, 60. 3 »

— Le système métrique français. In-12, Fouraut, Paul Dupont, 57. 1 50

BENOIT (saint) et les ordres religieux dont il fut le fondateur. In-12, Lille, Lefort, 59. » 75

BENOIT (Sc.). Des miracles du nouv. testament au point de vue apologétique. Thèse. In-8 (Strasbourg, Berger Levrault et fils), 53.

BENOIT ou le pieux mandarin. In-18, Limoges, Barbou, 59.

BENOIT-DUPORTAIL (A. C.). Calcul des essieux pour les chemins de fer. In-8, Roret, 56.

— Considérations sur la perspective. In-8, Roret, 56.

— Constructions des boulons, harpons, écrous, clefs, etc. In-8, Roret, 57.

BENOIT-DUPORTAIL (A. C.). De la réception du matériel des chemins de fer. In-8, Roret, 51.

BENONI et le petit manteau bleu. Simple récit pour les enfants, trad. de l'allemand. In-12, Cherbuliez, 58. 1 25

BENSA (A. M.). Juris naturalis universi summa. 2 vol. in-8, Jouby, 56. 12 »

— Manuel de logique pour le baccalauréat à l'usage des collèges catholiques. In-12, Jouby, 55. 3 »

— Le vrai point de la question entre traditionalistes et semi-rationalistes. In-8, Jouby, Gaume, 55.

BENTZ (A.). La Vierge immaculée. En vers. In-8 (Sèvres, Cerf), 55.

BENTZ (L.). Exercices logiques élémentaires propres à développer l'esprit et le cœur des enfants. In-18, Fouraut, 53.

— Les petits pépiniéristes. In-18, Verdun, Pierson, 59.

— et Chrétien. Premiers éléments d'agriculture. In-18, Fouraut, 57. 1 75

BENTZIEN (J. D.). Lettre aux conseils généraux de France en 1860. In-8, Grassart, 60. » 60

BER (F. J.) et Jacquot. Grammaire française analytique réduite à la plus simple expression. In-plano, Metz, Alcan, 54.

BÉRANGER (C.). L'instituteur de saint Martin. In-8 (Auxerre), Hachette, 52.

BÉRANGER (J.). Notice statistique sur les progrès et les résultats des bureaux de pesage et mesurage publics. In-8, chez l'auteur (à la mairie du 3e arrondissement, à Lyon), 55.

BÉRANGER (P. J. de). Œuvres complètes. 4 vol. illust. in-8, Perrotin, 50 à 60. 52 »

On vend séparément (Edition in-8 ill.), les :

— Œuvres, ou chansons anciennes, édit. illust. 2 vol. in-8, Perrotin. 28 »

— Œuvres posthumes contenant les dernières chansons et ma biographie, édit. illust. 2 vol. in-8, Perrotin, 60. 24 »

(Les deux volumes des œuvres posthumes sans gravures chacun 6 fr. ; les gravures se vendent aussi séparément en 12 livraisons au prix de 1 fr. chacune.)

— Œuvres complètes. 4 vol. in-12, Perrotin, 58. 14 »

On vend séparément (Édition in-12), les :

— Œuvres, nouvelle édit., contenant dix chansons nouvelles avec un portrait gravé sur bois. 2 vol. in-12, Perrotin. 7 »

— Dernières chansons avec notes inédites. In-12, Perrotin. 3 50

— Ma biographie, avec l'appendice. In-12, Perrotin, 3 50

— Œuvres complètes. 2 vol. in-32, Perrotin, 58. 7 »

On vend séparément (Edition in-32), les :

— Chansons : 1815 à 1854, nouv. édit., contenant les dix chansons publiées en 1857. In-32, Perrotin, 3 50

— Œuvres posthumes, contenant les dernières chansons et ma biographie, avec appendice et notes inédites. In-32, Perrotin. 3 50

— Le Béranger des familles. In-12 (c'est un extrait de ses œuvres), Perrotin, 59. 3 50

— Correspondance recueillie par M. P. Boiteau. 4 vol. in-8, Perrotin, 59-60. 24 »

— Dix chansons. Complément des éditions publiées avant 1847. In-8, Perrotin, 58. 1 50

— Quarante-cinq lettres. In-18, Libr. nouv., 57 1 »

BÉRANGER (Jean-Pierre de), célèbre poëte français ; sa vie, sa mort. In-8 (Morris), 57. » 15

BÉRARD. Campagne de la corvette l'Alcmène en Océanie, pendant 1850-51. In-8, Dupont, 54.

BÉRARD, Chancel et Cauvy. Sur le plâtrage des vins. In-4 (Montpellier, Dumas), 56.

BÉRARD (l'abbé). Panégyrique de saint Aignan, évêque d'Orléans. In-8 (Orléans, Gatineau), 53.

BÉRARD (A.). Description nautique des côtes de l'Algérie. 3e édit. In-8, Ledoyen, 50.

BÉRARD (A.), Denonvilliers et Gosselin. Compendium de chirurgie pratique, livrais. 1 à 14. In-8, P. Asselin, 58. La livraison. 3 50
(Sera complet en 24 livraisons.)

BÉRARD (P.). Cours de physiologie, t. I à III, ou livr. 1 à 31. In-8, P. Asselin, 50 à 55. — Prix actuel pour tout ce qui a paru. 16 »
Chaque livraison. » 60

On vend aussi séparément :

Histoire de la digestion, 700 pages. 7 »
Histoire de l'absorption, 235 pages. 2 50
Histoire du sang, 222 pages. 2 »
Histoire de la respiration, 340 pages. 3 »
Histoire de la circulation, 377 pages. 3 »

— Eloge d'Orfila, prononcé le 15 nov. 54. In-8, P. Asselin, successeur de Labé, 55.
— De la surdi-mudité. In-8, Baillière et fils, 53. 1 »

BÉRARD (V.). Cours élémentaire d'histoire de France, livre de franc-maçonnerie. In-8 (Alger), Challamel, 51.
— Indicateur général de l'Algérie. Description géographique, etc., 2e édit. In-18, Chalamel, 58. 4 »
— Poëmes algériens et récits légendaires. In-18 (Alger), Challamel, 58. 3 50
— Les saints de l'Algérie. In-18, Valence, Marc-Murel, 57.

BÉRARD DES GLAJEUX (A.). Des échanges. In-8 (Mourgues), 56.

BÉRAT (E.). Mes adieux à Rouen. Stances. In-4 (Rouen, Lecointe), 52.
— L'aveu à Béranger. In-8 (Rouen, Lecointe), 50.
— Une bonne fille. In-4 (Rouen, Lecointe), 56.
— La chasse aux souvenirs. Epître. In-4 (Rouen, Lecointe), 55.
— Conseils d'une mère à sa fille. In-4 (Rouen, Lecointe), 53.
— Conseils d'un père à son fils à son entrée dans le monde. Poésie. In-8 (Bénard), 52.
— La croix d'honneur. In-8 (Rouen, Lecointe), 51.
— Epître aux mauvais riches. In-8 (Rouen, Lecointe), 55.
— Le mal du pays. Élégie. In-4 (Rouen, Périaux), 53.
— Les petites sœurs des pauvres. In-8 (Rouen, Lecointe), 51.
— Visite d'un ancien moine des chartreux à Petit-Quevilly. In-8 (Rouen, Lecointe), 50.

BÉRAT (F.). Album pour 1850. Au bureau du magasin des familles, 50.
— Chanson, paroles et musique, illust. In-8, Martinon, 53. 7 »

BÉRAUD. De l'avenir de la magistrature. In-8 (Angers, Cosnier et Lachèse), 58.
— Etudes minéralogiques à Angers. In-8 (Angers, Cosnier et Lachèse), 58.
— Système des réserves de la boulangerie. In-8 (Angers, Cosnier et Lachèse), 58.

BÉRAUD (A.). Un festival, comédie-vaud. In-8, Beck, 53. » 60
— et Albert. Entre l'enclume et le marteau, com.-vaud. In-8 (12, boulevard St.-Martin), 50. » 50
— et Brisebarre. Les guides de Kinrose, drame-vaud. In-12, Dagneau, 54. » 40
— et Clairville et Taconnet, ou l'acteur des boulevards, vaudev. In-8. Beck, 52. » 60

BÉRAUD (E.). De la détermination du volume et de la valeur des arbres. Deux mémoires. In-8 (Le Mans, Monnoyer), 60.

BÉRAUD (J. B.). Essai sur le cathérisme du canal nasal. In-8, Germer Baillière, 55. 2 50
— Recherches sur l'orchite et l'ovarite varioleuses. In-8, Germer Baillière, 59. 1 50
— et Robin. Physiologie de l'homme et des principaux vertébrés, 2e édit. 2 vol. in 12, Germer Baillière, 57. 12 »

BÉRAUD-REGNY. Les amours de Stamboul. In-8 (Schiller aîné), 56.

BÉRAULT DES BILLIERS. Manuel abrégé du saint rosaire. In-18, Vaton, 58. » 30
— Nouveau manuel du rosaire vivant. In-18, Vaton, 58. » 25

BERBEY (S.). Manuel toxicologique à l'usage de tout le monde. In-18, Dôle, Prudon, 53. 1 25
— Tableau toxicologique. In-plano, Dôle, chez l'auteur, 51. 3 »

BERBRUGGER (A.). Curso de temas franceses, e gramatica pratica. In-8, Rosa et Bouret, 59. 2 »
— Du meilleur système à suivre pour l'exploration de l'Afrique centrale. In-8 (Alger, Bourget), 60.
— Les époques militaires de la Grande Kabilie. In-18, Bestel, 57.
— Géronimo, le martyr du fort des Vingt-Quatre Heures. In-12 (Alger), Chalamel, 59. » 75
— Grande Kabilie sous les Romains. In-8, Challamel, 53.
— Nouveau dictionnaire portatif français-espagnol et espagnol-français. In-18, Thiériot, Morizot, 57.
— Le Pégnon d'Alger, ou les origines du gouvernement turc en Algérie. In-8, Challamel aîné, 60. 2 50
— Projet d'exploration dans la seconde ligne des oasis algériennes. In-8, Challamel, 50.

BERCEAU (le) de Jésus enfant. 2 vol. in-12, Lyon, Girard et Josserand, 60. 5 »

BERCHEVILLE (A. de). Ancienne et nouvelle académie des jeux. In-18, Le Bailly, 57. » 40
— Règle complète du jeu de cartes. In-12, Le Bailly, 59. » 20
— Règles complètes du jeu de piquet. In-12, Le Bailly, 54. » 20

BERCHON (le doct.). Le tatouage aux îles Marquises. In-8, Masson et fils, 60.

BERCIOUX (E.). La bonne d'enfant, opérette. In-4, Michel Lévy fr., 56. » 20
— Maître bâton, opérette. In-8, Michel Lévy fr., 58. » 20
— Voyez aussi Battu, Decourcelle, etc.

BÉRENGER (de l'Inst.). De la répression pénale. 2 vol. in-8, Cosse, 55. 14 »

BÉRENGER (R.). De la dot mobilière. In-8 (Cosse), 53. 4 »

BÉRENGER-FÉRAUD. Mesures prophylactiques à opposer sur les navires de l'état. In-4 (Montpellier, Cristin). » 60

BÉRENGUIER (le doct. A.). Considérations pratiques sur la hernie étranglée. In-8, Toulouse, Chauvin, 54.
— Mémoire sur l'infanticide. In-8 (Toulouse, Montaubin), 52.
— Topographie physique, statistique et médicale de Rabastens, départ. du Tarn. In-8 (Toulouse, Chauvin), 50.

BÉRERD (N.). Nouvelle méthode de lecture. In-8 (Lyon), Périsse frères, 59.

BÈRES (E.). Etudes économiques pratiques. Compte rendu de l'exposition en 1849. In-12, Mathias, 50. 3 50
— Liste des membres du jury ; complément du livre ci-dessus. In-12 (Gratiot), 50.
— Les landes de la Gascogne, leur nature géologique, etc. In-8, Guillaumin, 57.
— Manuel de l'emprunteur et du prêteur aux caisses du crédit foncier. In-16, Guillaumin, 53. 1 50
— Moyens de figurer avec plus d'avantages et d'économie à l'exposition de Londres. In-12 (Gratiot), 51.

BERGA (el P. de). Finezas de Maria. In-32, Rosa et Bouret, 52. 2 40

BERGAMASQUE. Aquarelle-gouache, peinture orientale. In-12 (Saint-Etienne, Delarue), 51.

BERGAME (le P. C. M. de). Pensées et affections sur la passion de N.-S. Jésus-Christ pour tous les jours de l'année, trad. de l'italien par le R. P. Benoit. 3 vol. in-12, Ve Poussielgue-Rusand, 59. 6 »
— Le tiers ordre de saint François d'Assise, ou exer-

cices pour une retraite de huit jours, trad. de l'ital. In-18, Lyon, Girard, 56.   1 50

BERGASSE (A.). Recherches sur la consommation de la viande et du poisson à Rouen depuis 1800. In-8 (Rouen, Péron), 52.

BERGE (H.). Le commis banquier à Paris, peint par lui-même. In-18 (Bordeaux, Metreau), 56.

— Sylvia, ou le secret d'une jeune fille. In-16 (Bordeaux, Dupuy), 56.

BERGE (J.). Pêche côtière de la Méditerranée. Appel aux gouvernements. In-8 (Perpignan, Mlle Tastu), 52.

— Roulage et lettres de voiture. In-8 (Perpignan, Mlle Tastu), 56.

BERGÉ (l'abbé). Amélia, essai de démonstration catholique au XIXᵉ siècle. In-8, Périsse, 51.

BERGEAUD. Stella. In-18, Dentu, 59.

BERGER. Discussion des courbes et des surfaces du second degré. In-18 (Montpellier, Bœhm), 58.

— Leçons sur les séries. In-18 (Montpellier, Bœhm), 59.

— Théorie élémentaire des séries, 2ᵉ édit. In-12, Mallet-Bachelier, 59.   1 »

BERGER. Principes du jeu de billard. In-12, chez l'auteur (6, galerie Montpensier), 55.

BERGER (A. S.). Le salut légal de la France et de l'Europe; un bon avis, etc. In-8 (Lyon, Boursy), 50.   » 50

BERGER (E.). L'oiseau, par M. Michelet. In-8 (Angers, Cosnier et Lachèse), 58.

BERGER (J. B.). Blanche, ou la conversion d'un père. In-18, Limoges, Barbou, 50.

— Edouard et Paulin, ou les avantages d'une éducation chrétienne. In-18, Limoges, Barbou, 50.   » 30

— Julia, ou la captive de Dastagerd. In-12, Limoges, Barbou, 52.   » 65

BERGER (le) de la plaine de Salisbury. In-12 (Meyrueis), 57.

— et son troupeau. In-18, Toulouse, Libr. protestante, 51.

— improvisé, suivi d'autres histoires morales. In-12, Limoges, Ardant, 59.

BERGER DE XIVREY (J.). Discours prononcé aux funérailles de M. Monmerqué. In-8 (Firmin-Didot), 60.

— Etude sur le style et le texte du nouveau testament. In-8, Meyrueis, 56.   3 »

— Institut de France. Rapport fait au nom de la commission des antiquités de la France. In-4 (Didot), 55.

— Lien des questions d'Orient et d'Italie. In-8, Dentu, 60.   2 »

— Recueil des lettres missives de Henri IV. 7 vol. in-4, Didot, 50 à 58.   Chaque vol. 12 »

— Sur les relations littéraires entre Cicéron et César. In-4 (Firmin-Didot), 60.

— Tradition française d'une confédération de l'Italie. Rapprochement historique, 1609 à 1859. In-8 (imprimerie impériale), Ledoyen, 59.   4 »

BERGÈRE. Nouvelles et poésies. In-18, Vanier, 59.

BERGÈRE (la) des Alpes, suivi de la rose d'amour, etc. Contes. In-18, Avignon, Offray, 59.

BERGERET (le doct.). De l'abus des boissons alcooliques. In-18 (Orange-Raphael), 52.

— Maladies de l'enfance. Erreurs générales sur leurs causes et leur traitement. In-12, Baillière et fils, 55.   3 »

BERGERET (E.). La dot de Mariette, vaudev. In-18, Mich. Lévy fr., 50.   » 60

BERGERON (le doct. E. J.). De la stomatite ulcéreuse des soldats. In-8, Labé, 56.   4 »

— Note sur l'emploi du chlorate de potasse dans le traitement de la stomatite ulcéreuse. In-8 (Henry), 56.

BERGEROT (A.) et Diegerick. Histoire du château et des seigneurs d'Esquelbecq en Flandre. Gr. in-8, Bruges, Vandecasteele Werbrock, 59.   6 50

BERGERRE (J.). Les lois popularisées. In-12, Goujon et Milon, 52.

BERGERY (C. L.). Cosmographie des écoles primaires. In-12 (Metz), Hachette, 53.

BERGES (C.). Lectures morales et notions très-succinctes de cosmographie, 1ᵉʳ vol. In-12, Toulouse, Ansas, 53.

— Méthode de lecture sans épellation. In-12, Toulouse, Bourdin, 55.

BERGEZ (J.). Nouveau système d'après lequel on peut éviter toute erreur dans la multiplication et addition. In-8 (Carré), 54.

— La preuve de l'addition, etc. In-8, chez l'auteur, rue Pradier, 57.   » 50

BERGIER (J.). Mémoire sur les moyens législatifs d'éteindre la mendicité. In-8, Riom, Jouvet, 53.

BERGIER (l'abbé J. B.). Histoire de la communauté des prêtres missionnaires de Beaupré, etc. In-12, Besançon, Monnot, 53.   3 50

— Histoire de saint Jean Chrysostome; sa vie et ses œuvres. In-8, Bray, 56.   6 »

— Importance d'une retraite, ou mission, avantages qu'elle prouve. In-18, Besançon, Cornu, 51.

— Pratique de la perfection chrétienne et religieuse. 2 vol. in-12, Périsse, 59.   6 »

BERGIER (l'abbé N. S.). Dictionnaire de théologie. 6 vol. in-8, Gaume, Jouby, 58.   18 »

(On a supprimé le 7ᵉ vol. de l'édition ci-dessus.)

— Dictionnaire de théologie. 5 vol. in-8, Vivès, 52.   18 »

— Dictionnaire de théologie. 4 vol. in-8, Lille, Lefort, 52.   18 »

— Œuvres complètes. 8 vol. gr. in-8, Migne, 55. 50 »

— Sermons inédits. In-8, Gaume, Jouby, 52.   5 »

— Vie de sainte Marguerite de Cortone. In-12, Tours, Mame, 59.   » 60

BERGIER (P.). Correspondance inédite des cinq étudiants martyrs brûlés à Lyon. In-12, Genève, Beroud, 54.

BERGMANN (F. G.). Les amazones dans l'histoire et dans la fable. In-8 (Colmar, Vᵉ Decker), 53.

— Les aventures de Thor dans l'enceinte extérieure, rac. par Snorri, fils de Sturla; morceau tiré de l'Edda en prose, traduit sur le texte norrain, et accompagné d'un commentaire. In-8 (Colmar, Vᵉ Decker), 53.

— Les chants de Sôl (Sôlar Liôd); poëme tiré de l'Edda de Saemund, avec traduction et commentaire. In-8 (Strasbourg), Jung-Treuttel, 58.   4 »

— Les Gètes, ou la filiation généalogique des Scythes (Strasbourg), Jung-Treuttel, 60.   5 »

— Les peuples primitifs de la race de Japhat. Esquisse ethno-généalogique et historique. In-8 (Colmar, Vᵉ Decker), 54.

— Les Scythes, les ancêtres et les peuples germaniques et slaves. In-8, Jung-Treuttel, 58.   3 50

BERGONZI. Quelques réflexions sur l'état précaire de l'agriculture en France. In-8 (Boulogne, Delahodde), 54.

BERGOUNIOUX. Essai sur la vie du général Lazare Hoche. In-8, Julien Lanier, 52.   8 »

— Les capucins à Clermont pour le jubilé de 1850. Notice. In-8 (Clermont-Ferrand, Perol), 51.

— Le guide de l'adolescence, instructions chrétiennes. In-18, Clermont-Ferrand, Thibaud, 58.

— Le guide de l'enfance, complément des catéchismes. In-18, Clermont-Ferrand, Thibaud, 58.

— Le livre des enfants. In-18, Clermont-Ferrand, Libr. catholique, 56.

— Le livre du laboureur, du vigneron et du jardinier. In-18, Clermont, Libr. catholique, 55.

BERGSON (J.). Aperçu historique sur les origines du droit civil moderne de l'Europe. In-8 (Schiller), 56.

— Compte-rendu : Livre Iᵉʳ du code Napoléon. Gr. in-8 (Berlin, Behr), Durand, 60.   2 »

BÉRIGNY (le doct.). Observations ozonométriques sur le papier. In-8 (Noblet), 56-57.

BÉRILLE (L.). Comptabilité spéciale pour les travaux des chemins de fer. In-8, Dijon, Badet (2, rue Bossuet), 55.

BERNARD (Claude). Leçons sur les propriétés physiologiques et les altérations pathologiques des liquides de l'organisme. 2 vol. in-8, Baillière et fils, 59.   14 »
— Leçons de physiologie expérimentale. 2 vol. in-8, Baillière et fils, 55-56.   14 »
— Leçons sur la physiologie et la pathologie du système nerveux. 2 vol. in-8, Baillière et fils, 58.   14 »
— Mémoire sur le pancréas. In-4, Baillière et fils, 56.   12 »
— Nouvelle fonction du foie. In-4, Baillière et fils, 53.
— Recherches expérimentales sur le grand sympathique. In-8 (Thunot), 54.
— Thèse de zoologie. In-4 (Martinet), 53.
— et Huette. Précis iconographique de médecine opératoire et d'anatomie chirurgicale. In-12, Méquignon-Marvis, 54.
   Avec fig. noir. 24 »
   — sepia. 36 »
   — col. 48 »
BERNARD (Félix). Thèses de physique et de chimie. In-4. Bachelier, 52.
BERNARD (Fréd.). Guides des voyageurs, chez Hachette, publiés entre 1850 et 60, savoir :

Fontainebleau et ses environs. In-16.   1 »
Guide de Lyon à Marseille. In-18.   2 »
Guide de Paris à Marseille. In-16.   5 »
Guide de Strasbourg à Bâle. In-16.   1 »
Le parc et les eaux de Versailles. In-32.   » 30
Les bords du Rhin. In-16.   2 »
Petit guide de l'étranger à Paris, illust. avec plan. Gr. in-18.   » 75
   Id. sans illustrations. In-16.   1 »

BERNARD (H.). De l'exercice des raffineries libres. In-8 (Dondey-Dupré), 51.
BERNARD (le doct. J.). Traité des maladies nerveuses. In-12, Viat, 57.
— Traité des maladies des yeux. In-12, chez l'auteur (161, rue Montmartre), 59.   1 »
BERNARD (Joseph). Béranger et ses chansons. In-8, Dentu, 58.   5 »
— Cinq nouvelles. Gr. in-8, Dentu, 59.   3 50
— Les soirées de M. Jean, ou la morale du sens commun. Gr. in-8, Perrotin, 60.   7 50
BERNARD (J. S.). Plan d'organisation du travail. In-18 (Desoye), 50.
BERNARD (Mme Laure). Histoire de Perse. In-8, Rouen, Mégard, 52.
— Les mythologies de tous les peuples racontées à la jeunesse. Gr. in-12, Didier et Cᵉ, 60.   3 50
BERNARD (dom Marie). Les héros du christianisme à travers les âges. 8 vol. gr. in-8, Dufour et Mulat, 56 à 58.   72 »
BERNARD (Martin). Dix ans de prison au Mont-Saint-Michel. 2 livraisons. In-8, Joubert, 51.
— Id. In-12, Bruxelles, 53.
BERNARD (P.). L'a. b. c. de l'esprit et du cœur. In-12, Librairie nouv., 60.   2 »
— La bourse et la vie. In-18, Libr. nouv., 55.   2 »
— Poésies. In-8, Lille, Vanackere, 53.
BERNARD (saint). Lettres appropriées aux besoins des personnes pieuses. In-32, Lyon, Bouchu, 59.
— Le livre de l'âme. Gr. in-32, Mame, 54.   » 60
— Traité de la conscience, ou de la connaissance de soi-même. In-18, Périsse, 56.
BERNARD (Thalès). Adorations. Poésies. In-12, Krabbe, 55.
— Couronne de saint Étienne, ou les colliers rouges. In-18, Krabbe, 53.
— Étude sur les variations du polythéisme grec. In-18, Franck, 53.
— Mélodies pastorales. In-4, Taride, 56.   » 30
— Poésies mystiques. In-12, Rigaud, 55.   3 50
— Poésies nouvelles. In-18, Vannier, 57.
— Les rêves du commandeur. In-18, Krabbe, 54.
BERNARD (V.). Code poétique. In-8, Dézobry, 50.   » 75

BERNARD-ACARRY. La franc-maçonnerie du Grand-Orient de France. In-8, Ledoyen, 59.   1 50
BERNARD-DURAND. Méthode et instruction pratique pour l'extinction progressive de la gattine, etc. In-8, Savy, 60.   1 50
BERNARD-SAINTE-MARIE (E.). Des Grecs et des Troyens de la Flandre et du Hainaut. In-8 (Bonaventure et Ducessois), 60.
BERNARD ET ARMAND, ou les ouvriers chrétiens, par E. M. In-18, Tours, Mame, 53.
BERNARDI (le chev. A. C.). Monographie des genres Galatea et Fischeria. In-4, Baillière et fils, 60.   30 »
BERNARDIN (le P.). La communion de Marie. In-8, Lecoffre, 60.   1 20
BERNARDIN-DE-SAINT-PIERRE (J. H.) L'Arcadie. In-18 (Avignon, Offray), 56.
— Études et harmonies de la nature. In-12. Nancy, Vagner, 55.
— Œuvres choisies. 2 vol. in-16, Ruel aîné, 54.
— Paulo e Virginia. In-18 (Pillet fils aîné), 55.
— Pablo y Virginia. In-12, Rosa et Bouret, 54.   4 »
— Paul et Virginie. In-18, Béchet, 58.   » 40
— Id. In-12, Delarue, 59.   5 »
— Id. 2 vol. in-18, Vᵉ Desbleds, 53.
— Id. Illustr. In-8, Furne, 52.   15 »
— Id. In-16, Hachette, 60.   1 »
— Id. In-18, Le Bailly, 56.
— Id. Illustr. In-12, Lebrun, 53.   2 »
— Id. In-8. Lecou, 52.   6 »
— Id. In-18, Passard, 58.   » 50
— Id. 2 vol. in-8, Renault et Cᵉ, 60.
— Id. 2 vol. in-12, Renault et Cᵉ, 57.
— Id. In-12, Vermot, 60.   3 »
— Id. 2 vol. in-18 (Avignon, Offray), 53.
— Id. 2 vol. in-18, Épinal, Pellerin, 54.
— Id. In-18, Limoges, Ardant, 57.
— Id. In-18, Limoges, Barbou, 57.
— Id. In-18, Metz, Gangel, 57.
— Id. In-16 (Pont-à-Mousson, Haguenthal), Guérin-Müller, 55.
— Id. 1 vol. in-12, Tours, Mame, 59.   1 »
— Id. Texte français et traduction arménienne en regard. In-8 (Walder), 56.
— Id. Texte arménien, seul. In-8 (Walder), 56.
BERNCASTEL (F.). Récréations de la jeunesse. In-18, Maire-Nyon, 58.   » 75
BERNCASTEL (Mme F.). Perles de la littérature française. In-12, Magnin, Blanchard, 59.   3 »
BERNE (le doct. A.). Influence des découvertes physiologiques. In-8, Vᵉ Masson et fils, 57.   3 50
BERNÈDE (Ch.). Essai sur les condamnés libérés. In-8, Dubey (31, r. de Seine), 54.
BERNELLE (J.) et Colleville. Histoire de l'ancienne légion étrangère, créée en 1831, licenciée en 1838. In-8, Lacroix-Comon, 50.   8 »
BERNÉTAS (A. de). Biographie de M. le curé d'Ars. In-18, Lyon, 57, chez l'auteur.
— Id. Complément de la biographie du curé d'Ars. In-12 (Lyon, Mongin-Rusand), 60.
BERNEZAI (le P. M. de). Méditations sur les mystères de la passion de N.-S. Jésus-Christ. In-32, Périsse, 59.   » 75
BERNHARD (C.). Chronique du temps d'Erik de Poméranie, trad. du danois par Mlle Du Puget. In-16, chez Mlle Du Puget, 60.   3 50
BERNHARD (K.). Gedichte eines Strassburgers. In-8, Strasbourg, Noiriel, 60.   2 50
— Strassburger Wibble. In-12 (Strasbourg, Dannbach), 56.
BERNIER (J.). Fables morales, à l'usage de la jeunesse. In-12 (Moquet), 59.
BERNIER (H.) Le Doute, lég. sur l'apparition de la très-sainte Vierge à la Salette. In-8, Angers, Cosnier et Lachèse, 59.
— Dom Guéranger et les jésuites. In-8, Angers, Cosnier et Lachèse, 58.

DERNIER (H.). Etude sur le jansénisme. In-8, Angers, Cosnier et Lachèse, 58.

— Notice historique sur le collége de Beaupréau et sur M. Urbain Loir-Mongazon. In-8, Angers, Cosnier et Lachèse, 55.

BERNIER (Mme L.). Amélie, ou le triomphe de la piété. In-12, Tours, Mame, 60.   1 »

BERNIER (Victor). Journal d'un inconnu, ou lettre d'un père à son fils. In-12, E. Belin, 59.   3 50

BERNIÈRES (G. de). Dieu ne veut plus de Babylone! libre discours. In-12, Dentu, 51.   » 75

BERNIÈRES-LOUVIGNY (de). Le chrétien intérieur. 2 vol. in-12, Périsse, 56.   4 »

BERNIER DE MALIGNY (A.). Nouveau manuel théâtral. In-18, Roret, 54.   3 50

BERNINO (D.). Vie de saint Joseph de Cupertin, trad. de l'angl. In-8, Ve Poussielgue, 56.   5 »

BERNIS (L.). Contes parisiens. En vers. In-18, Boisgard, 54.

BERNOS (A). Le diamant dit le régent, origine, vol et découverte. In-8 (Vanackère), 56.

— Théâtre. 2 vol. in-8 (Lille, Lefebvre-Ducrocq), 55.

BERNOT (E.). Notions élémentaires de grammaire et d'arithmétique. In-18, Lille, Druart, 60.   » 30

BERNUTZ (G.) et Goupil. Clinique médicale sur les maladies des femmes, t. I. In-8, Chamerot, 60.   8 »

BÉROALDE DE VERVILLE. Le moyen de parvenir. In-32, Charpentier, 51.   3 50

BÉRODE (F.). Manuel des connaissances usuelles commerciales. In-8, Arras, Courtin, 60.   3 50

BÉRON (P.). Atlas météorologique. In-4, Mallet-Bachelier, 60.   16 »

— Grand atlas cosmobiographique, in-folio et texte. In-4, Mallet-Bachelier, 58.   26 »

— Le déluge. In-4, Mallet-Bachelier, 58.   6 »

— Origine des sciences physiques et natur. In-4, Mallet-Bachelier, 58.   6 »

BÉROUD FILS. Analyse des attributions spéciales que confère au percepteur receveur municipal la loi du 15 mars 1850. In-8 (Bourg, Dufour), 51.

BERQUIN. Œuvres complètes. 4 vol. in-12, Didier, 55 à 59.   12 »

On vend séparément :

— L'ami des enfants. 2 vol. in-12.   6 »
— Le livre de famille. 1 vol. in-12.   3 »
— Sandford et Merton. 1 vol. in-12.   3 »

— L'ami des enfants, par Bouilly. Gr. in-8, Didier et Cie, 59.   9 »

— L'ami des enfants, par Bouilly. Gr. in-8, Garnier fr., 58.   10 »

— L'ami des enfants, par Champagnac. In-8, Lehuby. 58.   10 »

— L'ami des enfants, illust. par Staal. In-12, Garnier fr., 60.   5 »

— L'ami des enfants. Extraits par R. d'Isle. In-4 (Limoges), Guérin-Müller et Ce, 60.   3 »

— L'ami des enfants. In-16, Lecou, 53.

— El amigo de los niños, par Bouilly. In-8, Garnier fr., 60.

— Astronomie pour la jeunesse. In-16, Lecou, 52.

— Les beautés et les merveilles de la nature. In-12, Limoges, Ardant, 54.

— Caroline et Frédéric; suivi de Julie et des deux frères. In-16, Rouen, Mégard, 56.   » 20

— Choix de lectures pour les enfants. 2 vol. in-18, Périsse, 51.

— Choix de petits drames et de contes. In-16, Hachette, 57.   2 »

— Contes. In-32, Tours, Mame, 60.

— Contes et historiettes. In-18, Delalain, 52.   » 75

— Le conteur de Romanet-sous-Isle. In-12, Limoges, Ardant, 52.

— Conversations et historiettes. In-32, Tours, Mame, 60.

— Les fleurs, extraites de cet auteur. In-12, Limoges, Ardant, 59.

BERQUIN. Histoire naturelle pour la jeunesse. In-12, Lecou, 51.

— Historiettes à l'usage de la première enfance. In-18 (Nancy, Ve Raybois), 58.

— Historiettes, drames et contes pour le jeune âge. In-8, Bedelet, 55.   Noir. 3 25

— Historiettes et petits contes à l'usage des enfants, t. I. In-18, Périsse, 59.

— Introduction à la connaissance de la nature. In-12, Périsse, 53.

— Le jeune naturaliste, études sur la nature, ext. par R. d'Isle. In-12 (Limoges), Guérin-Müller, 60.

— Jules, ou le petit téméraire; suivi de Marcel et Agathe. In-16, Rouen, Mégard, 56.

— Le livre de famille, extrait de cet auteur. In-12, Limoges, Ardant, 59.

— Lydie et Gersin. In-18, Limoges, Ardant, 53.

— Id. In-18, Périsse, 55.

— Œuvres choisies. In-12, Maresq, 57.   » 70

— Le petit Grandisson. In-18, Périsse, 57.

— Les récréations du jeune âge. In-18, Lefèvre, succ. de Langlumé, 50.   » 55

— Sandford et Merton. In-18, Delalain, 52.   1 25

— Théophile, ou la prière. In-32, Limoges, Ardant, 57.

— Valentin, ou le jeune orphelin. In-32, Limoges, Barbou, 56.

BERR. Rosa, ou la piété filiale. In-12, Lehuby, 51. 1 20

BERR DE TURIQUE (A.). Le choléra et la peur. In-8 (Besançon, Deis), 54.   1 »

— L'échelle de Jacob. In-8, Souverain, 54.

BERRANGER (l'abbé). Abrégé de géographie moderne. In-18.   » 40

— Abrégé de grammaire française. In-18.   » 40

— Abrégé de l'histoire de France. In-18.

— Abrégé de l'histoire sainte. In-18.   » 40

— Epitome historiæ sacræ, in grec. In-18.   1 25

— Le même, grec-français, par Frémont. In-18.   1 75

— Syllabaire et livre de lecture. In-18.   » 40

Chez Delalain, 50 à 60.

BERRETONI (A). Un curieux accident, ou l'échange des valises, opéra-bouffe. In-8, Mich. Lévy fr., 59. 2 »

— Les trois mariages, opéra-bouffe. In-8 (13, rue Grange-Batelière), 51.   2 »

BERRIAT-SAINT-PRIX (Ch.). Etude pratique sur l'instruction criminelle préjudiciaire. In-8, Cosse et Marchal, 59.   1 50

— Etudes sur les principaux criminalistes. In-8, au bureau de la gazette des tribunaux, 55.

— Des juridictions du petit criminel en 1789. In-8, au bureau de la gazette des tribunaux, 53.

— Le jury en matière criminelle. In-12, Cosse et Marchal, 58.   5 »

— Manuel de police judiciaire, 3e édit. In-18, P. Dupont, 56.   4 »

— Mazas; étude sur l'emprisonnement individuel. In-8, Cosse et Marchal, 60.   1 "

— Traité de la procédure des tribunaux criminels, suite de l'instruction judiciaire, Ire partie. Tribunaux de simple police. In-8, Cosse, 51.   7 50

— Tribunaux correctionnels. 2 vol. in-8, Cosse et Marchal, 54.   15 »

— Des tribunaux et de la procédure du grand criminel au XVIIIe siècle. In-8, Aubry, 59.   3 »

BERRIAT-SAINT-PRIX (F.). Analyse du code pénal; table synoptique et raisonnée des délits. In-8, Cotillon, 55.   4 »

— Guide pour l'étude des examens de droit, 4e édition. In-18, Cotillon, 60.   2 50

— Guide pour les thèses. Manuel de logique judiciaire. In-18, Cotillon, 55.   2 50

— Manuel de la saisie immobilière d'après la loi de 1841. In-8, Plon, 55.   2 »

— Méthode de lecture. In-8, Renouard, 52.   2 50

— Notes théoriques sur le code civil. 3 vol. in-8, Videcoq, 56.   22 50

— Théorie du droit constitutionnel français, esprit des

constitutions de 1848 à 1852. Videcocq, 51 à 53. 9 »
BERRIAT-SAINT-PRIX (J.). Cours de procédure civile et criminelle. 3 vol. in-8, Plon, 56. 12 »
BERROYER (A.) Démoralisation de la France monarchique vers la fin du XVIIIe siècle. 2 vol. in-18 (Grenoble, Prudhomme), 54-55.
BERRURIER. Code électoral contenant un extrait de toutes les constitutions. In-16, Plon, 50. » 75
BERRUT. Traitement des vaches laitières par l'iodure de potasse. In-8 (Marseille, Barlatier-Feissat et Demonchy), 59.
BERRUYER. Epître adressée en 1827 à M. le marquis de la Londe, maire de Versailles, par Munito, chien savant. In-8 (Kleffer), 56. » 75
BERRUYER (de) et A. Giraud. L'inconstant, vaudev. In-18, Pesron, 52. » 50
BERRUYER (le P.) Histoire du peuple de Dieu. 10 vol. in-8 (Besançon), Jouby, 51. 36 »
BERRY. Description des monuments funéraires gallo-romains de Baugy. In-8 (Bourges, Joll et Souchois), 56.
— Etudes et recherches historiques sur les monnaies de la France. 3 vol. in-8, Dumoulin, 53. 36 »
— Etudes historiques sur les monnaies et le monnayage des Romains. In-8, Dumoulin, 52.
BERRY-REYNAL. Mémoire sur un nouvel aménagement des bois et forêts. In-8, Châlon-sur-Saône, Ferrand, 58. 1 »
BERRYER. Barreau de Paris. Discours prononcé le 9 décembre 1852. In-8 (Simonet-Delaguette), 53.
— Discours de réception, prononcé à l'académie le 22 février 55. In-8, Didier, 55.
— Sur l'indépendance de l'église et l'inamovibilité des desservants. In-12, Lecoffre, 50.
— Lettre de M. le comte de Chambord et discours du 16 janvier 1851. In-8 (Simon-Dautreville), 51.
BERSEAU (l'abbé). L'évangile et le siècle. In-12 (Nancy), Guyot et Roidot, 60. 2 »
— Les grandes questions religieuses. In-12 (Nancy), Lecoffre, 59. 2 25
BERSET (le R. P.). La grande arme du salut, ou la dévotion à la mère de Dieu, 3e édit. In-32 (Tournai), Lethielleux, 58. » 25
BERSEZIO (V.). Nouvelles piémontaises, trad. de l'ital. In-12, Hachette, 59. 2 »
BERSIER (E). Des causes qui éloignent les jeunes gens du christianisme. In-12, à l'union chrétienne (9, rue Jacob), 55.
BERSOT (E.). La correspondance de Voltaire. In-fol. (Pillet), 57.
— Essai sur la providence. In-18, Durand, 55. 3 50
— Etudes sur la philosophie du XVIIIe siècle. Diderot. In-12, Ladrange, 51. 1 50
— Etudes sur le XVIIIe siècle. Etude générale; études particulières. 2 vol. in-18, Durand, 55. 7 »
— Etudes sur la philosophie du XVIIIe siècle. Montesquieu. In-12, Ladrange, 52. 1 50
— Lettres sur l'enseignement, 1 à 3. In-8, Hachette, » 90
— Mesmer, ou le magnétisme animal. In-16, Hachette, 54. » »
— Saint-Sébastien. Arcachon. Fragments. In-4, Hachette, 57. » 30
BERTAL. Discours choisis; sermons et panégyriques choisis de Champigny; sermons, essais de sermons, dominicales, mystères choisis de Dujary; œuvres choisies de Charaud. Gr. in-8, Migne, 54. 5 »
BERTAL (A.). La famille Need, ou les établissements philanthropiques aux Etats-Unis. In-18, Cherbuliez, 55. 2 »
— Histoire de la fondation des colonies espagnoles. In-4, Borrani, 57.
BERTAULD (A.). Loi abolitive de la mort civile. In-8, Durand, 57. 3 »
— Cours de code pénal et leçons de législation, 2e édit. In-8, Marescq aîné, 58. 8 50
— Etudes sur le droit de punir. Mémoire. In-8 (Caen, Poisson), 50.

BERTAULD (A.). De l'hypothèque légale des femmes mariées sur les conquêts de la communauté. In-8, Durand, 52. 3 »
— Questions et exceptions préjudicielles en matière répressive. In-8, Durand, 56. 4 »
— De la subrogation à l'hypothèque légale des femmes mariées; études critiques. In-8, Durand, 54. 4 »
BERTÉCHÉ (G. B.). Denis Papin. En vers. In-4, Cambrai, Deligne, 52.
— Le siége de Dunkerque, par le duc d'York, en 1793. En vers. Cambrai, Deligne, 54.
BERTET (A.). La Savoie dans la balance politique de l'Europe. In-8 (Grenoble), Dentu, 60. 1 »
BERTEUIL (A.). L'Algérie française. 2 vol. in-8, Dentu, 56. 15 »
BERTHAUD. Le nouveau parfait bouvier. In-18, F. F. Ardant frères, 60. 3 »
— Le quadrille des enfants, ou nouveau système de lecture. In-8, Arthus Bertrand, 54. 15 »
— Le quadrille des enfants, ou nouveau système de lecture. In-8, Périsse, 56.
BERTHAULT (A.). Introduction à l'histoire des sources du droit français. In-12 (Caen), Marescq aîné, 60. 3 50
BERTHAULT-DUCREUX. Eclairage. Note sur les principes et les procédés fondamentaux de l'éclairage; la veilleuse, le phare. In-8, Dunod, 55.
BERTHAULT-GRAS. Appréciation au point de vue religieux. In-12 (Châlon-sur-Saône, Montalan), 54.
— Essai sur l'art d'être heureux. In-8 (Châlon-sur-Saône, Dejussieu), 59.
— Traité d'harmonie politique. In-12 (Châlon-sur-Saône, Montalan), 54.
BERTHAUMIER (l'abbé). Histoire de saint Bonaventure. In-18, Ve Poussielgue-Rusand, 58. 4 50
— Le livre des âmes pieuses. In-18, Vivès, 55. 1 25
BERTHAUX (L.) Le parfait carrossier. In-8, Dijon, chez l'auteur, 55.
— Le parfait charron. In-8, Dijon, chez l'auteur, 52.
— Le parfait serrurier. In-8 (Dijon), Maison, 50. 9 »
BERTHE. Physiologie. De l'utilité des substances grasses dans la nutrition. In-8, Baillière et fils, 56.
BERTHE (le past. E.) Origine de la réforme en Normandie. Discours. In-8, Grassart, 60. » 50
BERTHE (L.). Grand atlas universel, 36 cartes avec texte imprimé chez Panckoucke. Se vend chez l'auteur, 50. 110 »
BERTHE aux grands pieds. Aucassin et Nicolette. Alboufaris. In-8, Lecrivain et Toubon, 60. » 50
BERTHE, ou les inconvéniens d'un mauvais caractère. In-32, Limoges, Ardant, 59.
BERTHÉ (F. L.). Une lettre à M. Jules Janin. In-12, Dentu, 59. 1 »
BERTHÉ. Organisation du suffrage universel. In-12, Garnier frères, 56. » 30
— Des huiles de foies de morues médicinales. In-8 (Raçon), 55.
— Etude chimique physiologique, thérapeutique, etc. In-8 (Plon), 56.
— Procédés proposés pour doser la morphine de l'opium. In-8 (Dubuisson), 56.
— Du tirage de l'opium. In-12 (Dubuisson), 59.
BERTHELIN (E.) Etude sur Amadis Jamyn, poëte du XVIe siècle. In-8, Troyes, Bouquot, 60.
BERTHELLOT (C. S.). Essai sur le caractère et les tendances de l'empereur Napoléon III. In-8, Plon, 58, 5 »
BERTHELOT (M.). Chimie organique fondée sur la synthèse. 2 vol. in-8, Mallet-Bachelier, 60. 20 »
— Combinaisons de la glycérine avec les acides. In-8, Mallet-Bachelier, 54.
BERTHELOT (S.). Histoire naturelle des îles Canaries. 3 vol. in-4, plus divers atlas. Mellier, 50. noir. 636 » colorié, 1272 »
BERTHERAND (le doct. A.). Campagne d'Italie de 1859. Lettres médico-chirurgic. In-8 (Alger), Baillière et fils, 60. 3 50
— Eaux minérales de l'Algérie. Ofoun-Sekhakhna, dans

la Bou-Zárria, au Frais-Vallon, près d'Alger. In-8,
Baillière et fils, 56. 》 75
BERTHERAND (le doct. A.) Etudes sur les eaux miné-
rales de l'Algérie. In-8 (Alger), Baillière et fils, 59.
3 》
— Mémoire sur la rupture spontanée du cœur. In-8,
Baillière et fils, 56. 1 25
— Notice sur les sources chaudes salées d'Hammam
Mélouane, près Rovigo, province d'Alger. In-8, Bail-
lière et fils, 56. 1 》
— Des pansements des plaies sous le rapport de leur
fréquence et de leur rareté. In-8, Baillière et fils,
51. 2 》
— Des plaies d'armes à feu de l'orbite. In-8, Baillière
et fils, 51. 1 》
— Précis des maladies vénériennes. In-8, Ve Berger-
Levrault et fils, 52. 5 50
— Sidi-Siouti. Livre de la miséricorde dans l'art de
guérir les maladies et de conserver la santé. In-8,
Baillière et fils, 56. 2 》
— Traité des adénites idiopathiques, et spécialement
de celle du col. In-8, Baillière et fils, 52. 2 50
BERTHERAND (le doct. E. L.). Les eaux minérales et
les bains de mer de l'Algérie. In-8, à la gazette des
eaux (30, rue Jacob), 60.
— De l'emploi thérapeutique des eaux ferrugineuses de
Téniet-el-Had, province d'Alger. In-8 (Gerdez), 51.
— Etat du commerce, de l'industie, des lettres, etc., à
Poligny. In-8 (Poligny, Mareschal), 60.
— Médecine et hygiène des Arabes. In-8, Germer-Bail-
lière, 54. 7 50
— Notice sur le chancre du Sahara. In-8 (Lille, Alcan-
Lévy), 54.
— Du traitement des fièvres intermittentes en Algérie.
In-8, Baillière et fils, 50. 1 50
BERTHEREAU (L.). Les rats et les grenouilles. Poëme.
In-18, Amyot, 51.
BERTHET (E.). Antonia. In-16, Cadot, 58. 1 》
— Id. In-4 (16, rue du Croissant), 60.
— La Bastide rouge. 2 vol. in-8, Passard, 53. 10 》
— Id. In-12, Librairie nouvelle, 59. 4 》
— La belle drapière. Gr. in-8 (Gaittet), 56.
— Id. In-4 (16, rue du Croissant), 60. 1 20
— La bête du Gévaudan. 5 vol. in-8, de Potter, 58.
37 50
— Le cadet de Normandie. 2 vol. in-8, Passard, 53.
10 》
— Le capitaine Remy. In-4 (Montpellier, Dumas), 56.
— Les catacombes de Paris. 4 vol. in-8, de Potter, 55.
28 》
— Les catacombes de Paris. In-4 (16, rue du Croissant),
60. 2 50
— Les chauffeurs. 5 vol. in-8, Cadot, 56.
— Id. In-4 (16, rue du Croissant), 60. 2 》
— Id. In-12, Librairie nouvelle, 59. 1 》
— Le colporteur, etc. In-4 (16, rue du Croissant), 60.
1 20
— Le dernier Irlandais. 3 vol. in-8, Passard, 52. 15 》
— Id. In-12, Librairie nouv., 60. 1 》
— Le douanier de mer, 5 vol. in-8, de Potter, 56.
37 50
— La dryade de Clerfont. 4 vol. in-8, Cadot, 59. 30 》
— Id. 2 vol. in-12, Cadot, 59. 7 》
— Les eaux de Balarue. In-8 (Prève), 53.
— Les émigrants; la colonie du Kansas. 5 vol. in-8,
de Potter, 59. 37 50
— Les émigrants. In-4 (16, rue du Croissant), 60.
— El Espectro de Châtillon. In-12 (Renou et Maulde),
57.
— L'étang de Précigny, illust. Gr. in-8, Libr. centrale
(5, rue du Pont de Lodi), 55. 1 30
— Id. In-4 (16, rue du Croissant), 60. 1 20
— Id. In-12, Cadot, 57. 1 》
— La falaise Sainte-Honorine. 3 vol. in-8, Passard, 51.
15 》
— La ferme de la Borderie. 2 vol. in-8, Passard, 53.
10 》
— La fille des Pyrénées. 3 vol. in-8, Passard, 51. 15 》

BERTHET (E.). Le garçon de banque. 2 vol. in-8, de
Potter, 53. 9 》
— Le garde-chasse. 3 vol. in-8, de Potter, 54. 13 50
— Justine, ill. In-8 (5, rue du Pont-de-Lodi), 55. 》 70
— La maison murée, etc. In-4 (16, rue du Croissant), 60.
1 20
— Id., ill. In 8, Boisgard, 55. 》 50
— Une maison de Paris. In-12, Cadot, 60. 1 》
— La malédiction de Paris, précédée des souvenirs
d'une cigale pythagoricienne. In-12, Passard. 52. 2 》
— La marquise de Norville. 3 vol. in-8, de Potter, 53.
13 50
— Les mésaventures de Michel Morin, racontées aux
enfants. In-12, Passard, 51.
— La mine d'or. In-4 (16, rue du Croissant), 58. 1 25
— Id. In-18, de Vresse, 56. 1 》
— Les missionnaires du Paraguay. In-4, Boisgard, 58.
》 70
— Les mystères de la famille. 3 vol. in-8, Passard, 53.
15 》
— Le nid de cigogne. In-4 (16, rue du Croissant), 59.
1 25
— Id. In-16, Cadot, 57. 1 》
— La nièce du notaire. 2 vol. in-8, de Vresse, 56. 6 》
— Nouvelles choisies. In-4, 2 livraisons (16, rue du
Croissant), 58. La livraison. 1 25
— Nouvelles et romans choisis. In-4 (16, rue du Crois-
sant), 58. 1 25
— Le pacte de famine. In-8, Tresse, 57. 1 》
— Le réfractaire. 2 vol. in-8, Passard, 52. 12 》
— Id. In-4 (16, rue du Croissant), 60. 1 20
— Richard le fauconnier, etc. In-4 (16, rue du Croissant),
60. 1 20
— La roche tremblante. 2 vol. in-8, Passard, 51. 10 》
— Id. In-12, Libr. nouv., 59. 1 》
— Le roi des ménétriers. 3 vol. in-8, Passard, 50. 15 》
— Id. In-4 (16, rue du Croissant), 60. 1 20
— Id. In-12, Cadot, 59. 1 》
— Le spectre de Châtillon. 5 vol. in-8, Cadot, 55. 37 50
— Id. In-12, Hachette, 60. 2 》
— La tombe Issoire, faisant suite aux catacombes. 4 vol.
in-8, de Potter, 58. 28 》
— La tour de Castillac. In-4 (Périgueux, Dupont), 53.
— Le val perdu. In-4 (Simon-Dautreville), 50.
— Le vallon suisse. 2 vol. in-8, Passard. 52. 10 》
BERTHET ET HENRY. Histoire de Napoléon, avec les
détails sur sa captivité, etc. In-12, Renault et Cie,
60.
BERTHÉVILLE (A. de). Des donations entre époux dans
le droit romain, etc. In-8 (Thunot), 55.
BERTHEZÈNE (le général baron). Souvenirs militaires
de la république et de l'empire, publ. par son fils.
2 vol. in-8, Dumaine, 55. 15 》
BERTHIER. Des causes de la décadence de la peinture.
In-8 (Bordeaux, Métreau), 51. 》 25
BERTHIER (E.). Pyrame et Thisbé, poëme comique.
In-16 (Beaulé), 53.
BERTHIER (F.). L'abbé de l'Epée, sa vie, son aposto-
lat, etc. In-8, Michel Lévy frères, 52.
— Observations sur la mimique. In-8 (Martinet), 53.
— Sur l'opinion de feu le docteur Itard. In-8, Michel
Lévy frères, 52.
BERTHIER (G. F.). Les psaumes traduits en français.
9 vol. in-12, Périsse, 57. 16 》
BERTHIER (le doct. P.). Médecine mentale, 2e étude.
Des causes. In-8, Masson et fils, 59. 4 》
BERTHOLET (C.). Leçons d'un père de famille. In-32,
Montbrison, Bernard, 56. 1 50
BERTHOLET-BRIDEL. Baruch ou le désir des gran-
deurs. In-18, Meyrueis, 57. 》 20
— Ephèse et Laodicée ou l'abandon du premier amour.
In-18, Meyrueis, 56. 》 50
BERTHOLON (C.). L'Inde et le droit. En vers. In-18,
Ledoyen, 58. 》 75
BERTHON. De l'hypothèque légale des femmes mariées
sous le régime dotal. In-8, Cotillon, 51. 1 25

BERTRAND (Emile). L'individualisme, principe moral. In-12, Dentu, 57. » 30
— Livre intime des familles. In-12, Dentu, 57. 1 »
— Les religions au point de vue du progrès. In-12, Dentu, 58. 1 »
— Sauvons le genre humain! A M. Victor Hennequin. Critique. In-8, Garnier fr., 54. 1 50
BERTRAND (F.). Les eaux minérales de Cusset, près Vichy. In-8 (Tinterlin), 56.
BERTRAND (l'abbé F. M.). Les psaumes disposés suivant le parallélisme. In-8, Leroux et Jouby, 57. 4 »
— Vocabulaire hindoustani-français pour le texte des aventures de Kramrup, édit. par Garcin de Tassy. In-8, Duprat, 58. 3 »
BERTRAND (l'abbé Id.). Les causeries d'un solitaire. Journalistes et journaux, 1re livraison. In-12, Douniol, 60. 1 »
BERTRAND (J. E.). Essai sur la musique dans l'antiquité. In-8, Firmin-Didot, 56.
— Histoire ecclésiastique de l'orgue. In-8 (De Mourgues), 59.
BERTRAND (le P. J.). La mission du Maduré. 4 vol. in-8, Ve Poussielgue, 54. 24 »
BERTRAND (Jos.). Notice sur les travaux mathématiques. In-4 (Mallet-Bachelier), 56.
— Traité d'algèbre. In-8, Hachette, 55. 6 »
— Traité d'arithmétique. In-8, Hachette, 54. 4 »
BERTRAND (Jules) et Colliot. Les ombres blanches. Poésies. In-12, Giraud et Dagneau, 53. 2 »
BERTRAND (L.) Du faisan. In-8, au bureau du journal des chasseurs (26, rue de la Chaussée-d'Antin), 59. 3 50
BERTRAND (le doct. L.). Traité du suicide, considéré dans ses rapports avec la philosophie. In-8, Baillière et fils, 57. 5 »
BERTRAND (L. A.) Autorité divine, ou réponse à cette question : Joseph Smith était-il envoyé de Dieu? In-8 (Ducloux), 53.
BERTRAND (l'abbé M.). Lectures pour le chapelet. In-18, Vivès, 53.
BERTRAND (R. de). Les frères cellites de Furnes. In-8 (Lille, Lefebvre-Ducrocq), 60.
BERTRAND (St.). De la pourriture d'hôpital et de son traitement. In-4 (Montpellier, Bœhm), 60.
BERTRAND (Th.). La clef de toutes les tenues de livres, seul moyen d'étude sans maître. In-8, Maire-Nyon, 53. 3 »
— Cours d'arithmétique commerciale. In-12, J. Delalain, 57. 1 75
— Cours d'études commerciales, recueil, etc. In-12, Delalain, 60. 1 50
— Tenue des livres en partie double. In-12, J. Delalain, 57. 3 50
BERTRAND (l'abbé V.). Garo et son curé, ou prônes. In-12, Dillet, 59. 2 »
— Un mois de fête. Nouvelles méditations pour le mois de Marie. In-18, Toulouse, Douladoure, 56. 1 »
— Roman contre les romans. In-12, Dillet, 60. 2 »
BERTRAND BOCANDÉ (E.). Rapport à M. le ministre de la marine sur les ressources des comptoirs français sur les bords de la Casamance. In-8 (P. Dupont), 56.
BERTRANDY. Recherches historiques sur l'origine, l'élection et le couronnement du pape Jean XXII. In-8, Treuttel et Würtz, 54.
— Voyage de Paris à Rouen. In-18, Dentu, 57.
BERTRÈS. Code des affaires, parfait jurisconsulte des familles. In-12 (21, quai Malaquais), 59. 3 50
BERTRON (A.). Une combinaison nouvelle en matière d'économie sociale. In-8 (Bénard), 52.
— Suppression des impôts, bien-être et sécurité pour tous. In-4 (Delacombe), 52.
BERTSCH (A.). Photographie sur verre; notice sur l'emploi du collodion rapide. In-8, Alex. Gaudin (9, rue de la Perle), 52. 2 »
BERTTIER. Manuel de médecine et de chirurgie vétérinaires. In-8 (5, rue Madame), 56.
BERTULUS (le doct. E.). Action réelle de la chaleur,

du froid et de l'humidité. In-8 (Montpellier, Bœhm), 59.
BERTULUS (le doct. E.). Mémoire d'hygiène publique sur cette question : Rechercher l'influence que peut exercer l'éclairage au gaz sur la santé des masses dans l'intérieur des villes. In-8 (Marseille, Ve Olive), 53.
— Des préparations de quinquina, traitement des fièvres dites typhoïdes. In-8 (Marseille, Roux), 58.
BERTY (A.). Les grands architectes français de la renaissance : P. Lescot, Ph. de l'Orme, etc. In-8, Aubry, 60.
— La renaissance monumentale en France, livr. 1 à 33. In-4, Gide, 59-60. Chaque livr. 1 75
Sur papier chine. 2 50
(L'ouvrage comprendra 200 planches qui seront publiées en 100 livraisons.)
BÉRULLE (le card. de). Jésus n'est pas aimé, ou sources des maux qui affligent la société, etc. In-32. Paulmier, 56.
— Œuvres complètes. In-8, Migne, 56. 8 »
BERVANGER (Mgr de). Œuvre de Saint-Nicolas pour l'éducation chrétienne. In-12 (Vrayet de Surcy), 53.
BERVILLE (S. A.). Du droit de plainte en matière de diffamation. In-8 (Malteste et Ce), 60.
— Épître à M. Bignan. In-8 (Amiens, Herment), 57.
— Étude sur Fr. G. J. Stanislas Andrieux. In-8 (Malteste), 59.
— Étude sur Casimir Delavigne. In-8 (Malteste), 59.
— Les jardins de Paris. En vers. In-8 (Amiens, Herment), 57.
— Mélodies amiénoises. In-8 (Raçon), 53.
— Un mot sur Boileau. In-8 (Amiens, Herment), 57.
— Notice sur Jean-Jacques Rousseau. In-8, Caen, Hardel, 59.
— Notice sur Voltaire. In-8, Caen, Hardel, 58.
— La retraite. Poésie. In-8 (Amiens, Yvert), 60.
— Travaux de la société philotechnique. In-12 (Malteste), 58.
BERVILLE (de). Nouvelle espèce de crustacé fossile. In-8 (Martinet), 57.
BESANCENOT (J.). Des causes de la chute des cheveux et des moyens de la prévenir. In-8, Vincent et Bourselet, 52. » 50
BESANÇON (G.). De l'emploi que les pères de l'Eglise ont fait des oracles sibyllins. In-8 (Montauban, Forestié neveu), 51.
BESANÇON-ROBINET. Arithmétique pratique des écoles primaires. In-18 (Chaumont), Fourant, 60. 1 25
BESANÇON VAN OYEN (N. R.). Nouvelle méthode préparatoire de chant. In-8, chez Mme Cendrier (11, rue du Faubourg-Poissonnière), 51. 2 »
BESCHERELLE aîné. L'art de conjuguer. In-12, Fouraut, 60. 2 50
— Dictionnaire classique de la langue française. In-12, Fouraut, 58. 1 50
— Grammaire française élémentaire et pratique. In-12, Fouraut, 55. 1 25
— Petit dictionnaire national. In-12, Garnier fr., 60. 2 25
— L'instruction popularisée par l'illustration. 2 vol. in-4 ill., Lecrivain, 53. 9 »

Ces 2 volumes contiennent onze brochures qui se vendent séparément, savoir :

L'art de briller en société. 1 30
Mythologie illustrée, 1re partie. » 90
Id. 2e partie. » 90
Monuments élevés à la gloire militaire. 1 30
Les grands guerriers des croisades. » 50
Histoire des ballons. » 50
Les jeux des différents âges. » 70
Les beaux-arts illustrés. » 70
Histoire de l'armée. » 90
La mythologie grecque et romaine. » 90
Les marins illustres. 1 10

BESCHERELLE aîné. Plus de grammaires, ou simples règles d'orthographe. In-12, Durand, 51.

— Réponse à la réclame de M. Poitevin. In-8 (Noblet), 54.

— Réponse faite le 1er novembre 1854, à une lettre datée du 25 octobre de la même année. In-4 (Noblet), 54.

— et Devars. Grand dictionnaire de géographie universelle ancienne et moderne. 2 vol. en 4 parties. Gr. in-4, Garnier fr., 58.   60 »

— et Prudhomme. Petit secrétaire des écoles, ou modèles de lettres. In-18, Fouraut, 56.   1 25

BESCHERELLE frères. Dictionnaire usuel de tous les verbes français. 3e édit. 2 vol. in-8, Garnier frères, 58.   12 »

— Petit manuel des conjugaisons. In-32, Paul Dupont, 60.

— Réfutation de la grammaire de Noël et Chapsal. In-12, chez l'auteur, 53.   3 75

— Le véritable manuel des conjugaisons. In-12, Dentu, 52.   5 75

— et Litais de Gaux. Grammaire nationale. In-8, Garnier frères, 60.   10 »

BESCHERELLE jeune. L'art de la correspondance. 2 vol. in-12, Dentu, 58.   6 »

— Les cinq langues : le français, l'anglais, l'allemand, l'espagnol et l'italien, en soixante leçons. 4 vol. in-12, Dentu, 54.   24 »

— La première orthographe d'usage. 3 parties. In-12, Dentu, 57.   4 50

— Le véritable manuel des participes. In-12, Dentu, 56.   7 50

BESCHET (A.). Les années de voyage de Sainte-Adresse à Bagnères de Luchon. In-12, Giraud et Dagneau, 52.   1 50

BESKOW (B. de). Éloge de Fogelberg, trad. du suédois. Gr. in-8, Hauser, 56.

BESNARD (J.). Des subsistances. In-8, Lacroix-Comon, 56.   » 75

BESNARD (P. M.). Armée de réserve ; organisation militaire des sapeurs-pompiers de France. In-8 (Chartres), Dentu, 60.   1 »

BESNIER (F. C. de). Syllabaire musical dédié aux enfants. In-8 (Lyon), Albanel, 53.   » 60

BESNIER (le doct. H. E.). Des étranglements internes de l'intestin. Anatomie patholog. In-8, Coccoz, 60.   4 50

BESNOU. Fabrication d'un cidre économique. In-8, Caen, Hardel, 58.

— Recherches médico-légales sur une intoxication phosphorique. In-8 (Cherbourg, Feuardent), 56.

— Recherches sur les causes de la production de l'oïdium aurantiacum. In-8 (Cherbourg, Feuardent), 56.

BESOMBES. Poésies de l'enfance. In-12 (Bordeaux, Dupuy), 50.

BESQUEUF. Questions économiques. Les fers en 1860. In-8, Dentu, 60.   1 »

BESSAC (P. J. G.). Rémus et Romulus à la recherche du vrai. In-12, Versailles, Bise jeune, 54.   1 25

BESSE (Ph.). Esprit de Bordeaux, ou étude de dénombrement des habitants. In-18 (Bordeaux, Moulins), 52.   2 »

BESSE (V.). De la pomme de terre. Thèse. In-4 (Thunot), 55.

BESSE DES LARZES. Fondements du spiritualisme. In-12, Dezobry, 60.   » 75

— Nabuchodonosor, ou orgueil et humiliation d'un ambitieux, drame. In-12 (Lyon), Ballay et Conchon, 54.

— Napoléon III. En vers. In-8, Périsse, 53.

— La science et la foi. In-8, Périsse, 52.   3 »

— Le tartufe-roi. In-18 (Lyon), Tross, 55.

— Les voix du Rhône, satires et méditations. In-12 (Lyon), Dentu, 60.   1 »

BESSÈDE (D.). Le marquis de Rhéac. In-4, Gille (7, rue de la Verrerie), 50.

BESSÈDE (D.). Le socialisme. In-4, Cassanet (25, rue des Gravilliers), 50.

BESSENVAL (le comte de). Observations pratiques sur un moyen économique d'assainissement des terres en culture. In-8 (Didot), 53.

BESSET (F.). Le général marquis de Pimodan. In-8, Dentu, 60.   1 »

— Le véritable instituteur des villes et des campagnes. In-12 (Angoulême, Lefraise), 56.   2 »

BESSIÈRE (L.). La misère et la bienfaisance. In-8, Masgana, 51.

BESSIÈRES (H. J.). Le jour des morts. Gr. in-8 (Desoye), 50.

BESSOLO (A.). Mémoire sur quelques applications de l'électricité à l'artillerie. In-8, Corréard, 57. 5 »

BESSON (C.). Essais poétiques. In-18 (Bordeaux, Delmas), 54.

— La France et les deux Napoléon, petit poëme. In-8, (Pilloy), 52.

— Loisirs littéraires. In-18 (Bordeaux, Ragot), 60.

BESSOU (E. del). Syntaxe latine. In-12, Basse-Terre, à la Guadeloupe, chez l'auteur, 60.   2 »

BESSY (L. de). Les ruines de mon couvent, trad. de l'esp. 2 vol. in-12, Douniol, 58.   6 »

BESSY-JOURNET (F.). Essai sur les monnaies françaises du règne de Louis XIV. In-8 (Châlon-sur-Saône, de Dejussieu), 50.

BEST (C.). Dissertation sur les biens communaux de la Haute-Loire. In-8 (Le Puy, Marchessou), 60.

— Dissertation sur l'estimation des biens-fonds. In-8 (Le Puy, Gaudelet), 52.

BÉSUCHET DE SAUNOIS (le doct.). Gastrites, gastralgies, maladies nerveuses, affections chroniques de l'estomac, de la poitrine et des intestins, hystérie, hypocondrie. In-8, Labé, 59.   5 »

BESZE (Th. de). Les vrais portraits des hommes illustres en piété et doctrine, trad. du latin, accomp. de pièces et notes variées, par Goguel. In-12, Strasbourg, Treuttel et Würtz, 59.   2 50

BETHMONT. Procès du capitaine Gœtschy devant le tribunal civil d'Orléans. In-8, Grassart, 56.   2 »

BETHMONT (L. F. R.). De la séparation des patrimoines. Thèse. In-8 (Plon), 55.

BETHMONT (P.). De la publicienne. Des caractères généraux de la possession en droit français au point de vue de la prescription. In-8 (Mourgues), 56.

BÉTHUNE (L.). Improvisation. Hommage aux amis de la littérature. In-4 (Metz, Mayer), 55.   » 50

BÉTOLAUD (V.) Traité de l'accentuation grecque. In-12, Hachette, 53.   1 25

BETTENCOURT (H.). La charité dans la terre sainte. In-8 (A. Leclerce), 55.

BETTINI (G.) et Aury. Clef, ou corrigé des thèmes de la grammaire française à l'usage des Italiens. In-12 (Bastia, Fabiani), 56.

— Nuova grammatica per imparere la lingua francese. In-12 (Bastia, Fabiani), 55.

BEUDANT (S. F.). Cours élémentaire d'histoire naturelle. Minéralogie et géologie. In-12, Masson et fils, 60.   6 »

BEUF (C.). Essai de poésies catholiques. In-12, Douniol, 59.   1 50

BEUF (l'abbé E.). Beautés du christianisme, ill. de vignettes. Gr. in-8, Lecou, 53.   16 »

BEUF (F.). Premières fleurs. Poésies. In-16, Grenoble, Merle et Ce, 60.

BEUF-LAMY (C.). Apothéose de Béranger. In-8, Clermont-Ferrand, Hübler, 58.   » 50

BEUGNOT. Avis aux honnêtes gens sur leurs erreurs et sur leurs devoirs. In-8 (Bailly), 50.

BEUGNOT (le comte). Derniers temps de l'empire. Extraits des mémoires. In-8, au bureau de la revue contemporaine (1, rue du Pont de Lodi), 52.

— Le grand-duché de Berg. Extrait des mémoires. In-8, au bureau de la revue contemporaine, 52.

— Les premiers temps de la restauration. Extraits des mémoires. In-8, au bureau de la revue contemporaine (1, rue du Pont-de-Lodi), 54.

BEUGNOT (de l'institut). Mémoire sur le régime des terres dans les principautés fondées en Syrie par les Francs à la suite des croisades. In-8, Dumoulin, 54.

— Vie de Becquy. In-8 (Didot), 52.

BEUIL (du). Imitation de Jésus-Christ; trad. nouvelle. In-18, Toulouse, Privat, 56.

— Id. Limoges, Ardant, 56.

BEULÉ (E). L'acropole d'Athènes. 2 gr. vol. in-8, Didot, 54.   20 »

— Archéologie; architecture nationale et religieuse. In-8 (Cosson), 57.

— Les arts et la poésie à Sparte. Gr. in-8 (Didot), 53.

— An vulgaris linguæ apud veteres Græcos existerit? In-8 (Didot), 53.

— Cours d'archéologie. La peinture décorative et le grand art. In-8, Didot, 60.

— Dictionnaire de l'académie des beaux-arts. In-4 (Imprimerie impériale), 58.

— Études sur le Péloponèse. In-8, Didot, 55.   10 »

— Fouilles à Carthage, aux frais et sous la direction de M. Beulé. In-4, Klincksieck, 60.   15 »

— Les frontons du Parthénon. In-8, Leleux, 54.

— Les monnaies d'Athènes. In-4, Rollin, 58.   40 »

— Les temples de Syracuse. In-8 (P. Dupont), 56.

— De l'union des arts et de l'industrie. In-8 (P. Dupont), 56.

BEURET (l'abbé). Canonisation de Jeanne d'Arc. In-4 (Charleville, Pouillard), 55.

— Repos et sanctification du dimanche. In-8 (Mézières, Lelaurin-Martinet), 56.

BEURGAU. In p'tit pilot d'Achet. In-16, Didot, 60.

BEURMANN (le baron J. de). Traité de l'infanterie légère. In-18, Dumaine, 54.   1 »

BEURRIER. Œuvres oratoires complètes. Ce volume contient aussi ceux de Fauchet, Lecouturier, Argentré, Ingoult, Talbert, l'Ecluse des Loges et de Roquelaure. Gr. in-8, Migne, 56.   6 »

BEUVE (Ch. de). Le Louvre depuis son origine jusqu'à Louis-Napoléon. In-12, Ledoyen, 52.   1 »

BEUVELET. Méditations sur les principales vérités de la vie chrétienne et ecclésiastique. 2 vol. in-8 (Lebon), 53.

BEUZELIN (l'abbé). Néographisme oriental, ou nouvelle méthode pour faciliter la première étude de l'arabe. In-8, E. Belin, 56.   2 50

BEUZEVILLE (C.). Les fleurs du chemin. In-12, Charpentier, 50.   3 »

BEVEGNATI (F. G.). Légende de la vie et des miracles de sainte Marguerite de Cortone. In-12, Vᵉ Poussielgue-Rusand, 59.   3 »

BEY DE TUNIS (le) et la civilisation. Poésies. In-8, Alger, Dubos, 60.

BEYLE (H.). - Voy. - Stendhal.

BEYNAC (F. A.). Cours de mécanique rationnelle. In-8, Delalain, 59.   5 »

— Programme détaillé des connaissances mathématiques. In-8, Mallet-Bachelier, 55.   3 »

BEYNET (A.). De fil en aiguille. In-18, Masgana, 53.   1 »

BEYRAN (J.) Mémoire sur la paralysie syphilitique du nerf moteur externe de l'œil, 6ᵉ paire. In-8, Germer Baillière, 60.   1 25

— Notice sur la Turquie, 2ᵉ partie. In-8, Germer Baillière, 55.   1 50

— Traité pratique de pathologie générale, Iʳᵉ partie. In-8, Germer Baillière, 55.   5 50

— La Turquie médicale au point de vue des armées expéditionnaires et des voyageurs. In-8, Germer Baillière, 54.   1 50

BEYSSET (F.). Einige einfache Worte über die Frage sind wir Christen oder Lutheraner. In-8 (Strasbourg, Vᵉ Berger-Levrault et fils), 54.

BEZ (l'abbé). M. Viannay, curé d'Ars, et Maximin Giraud, berger de la Salette, ou la vérité récupérant ses droits. In-18 (Lyon, Guyot), 51.

— Notice sur l'abbé Bonnevie. In-8, Lyon, Brun, 50.

BEZAUDUN (l'abbé). Dissertation sur le pèlerinage chrétien. In-16 (Montauban, Forestié), 55.

BÈZE. Les vrais portraits des hommes illustres. In-12 (Strasbourg, Silbermann), 58.   1 25

BÉZIAT (J.). Essai sur l'importance de la révélation chrétienne. Thèse. In-8 (Montauban, Forestié neveu), 56.

BEZON. Almanach des manufactures de Lyon. In-16, Ballay et Conchon, 57.   » 60

— Dictionnaire général des tissus, anciens et modernes, tome I à IV. In-8 (Lyon), Savy, 56 à 61. Chaque volume.   7 50

L'ouvrage aura 8 volumes.

BEZOUT (E. M.). Elementos de aritmetica. In-8, Aillaud et Monlon, 58.   3 »

— Eléments d'algèbre. In-12, Delalain, 57.   » 50

— Eléments d'arithmétique, par Honoré. In-12, Delalain, 51.   1 25

— Eléments d'arithmétique, par Saigey. In-8, Hachette, 52.   1 25

— Eléments d'arithmétique à l'usage de la marine, de l'artillerie et du commerce. In-8, F. F. Ardant fr., 53.   3 »

— Traité d'arithmétique à l'usage de la marine et de l'artillerie, avec notes, par Reynaud. In-8, Mallet-Bachelier, 54.   3 50

BIAGIOLI (G.). Grammaire italienne à l'usage de la jeunesse, par Ronna. In-12, Hingray, 59.   1 80

— Nouveau dictionnaire italien-français et français-italien, par Ronna. In-12, Hingray, 59.   5 »

BIAN (L.). Réflexions à l'occasion de l'enquête sur l'industrie du coton. In-8 (Martinet), 60.

BIANCHI (J. A.). De la puissance ecclésiastique, trad. par Peltier. 2 vol. in-8, Gaume, 57.   14 »

BIANCHI (T. X.). Khaththy humaïoun, ou carte impériale ottomane du 18 février 1856, en français et en turc. In-8 oblong (Vᵉ Dondey-Dupré), 56.

— Le nouveau guide de la conversation, en français et turc. In-8 oblong, chez l'auteur (11, rue Taranne), 52.   15 »

— et Kieffer. Dictionnaire turc-français. In-8, chez l'auteur, 50.   75 »

BIANCHI GIOVINI (A.) L'Autriche et l'Italie, traduit de l'italien. 2 vol. in-8, Amyot, 54.   8 »

BIANQUIS (A.). Recherche sur l'essénisme. Thèse. In-8 (Toulouse, Chauvin), 51.

BIART (G.). Bible des idées nouvelles. In-18, Ballard, 50.

BIART (L.). Les mexicaines. In-18 (Chaix), 53.

— Présent et passé. Poésies. In-12, Dentu, 59.   1 »

BIAS. Guerre à l'église du village. In-18, Sagnier et Bray, 51.

BIBLE. Les saintes écritures depuis José, avec tous les livres de l'ancien testament. Texte hébreu et la traduction française en regard, par Henri Clévi, 1ʳᵉ livraison. In-8, chez le traducteur, 58. Chaque livraison.   » 60

— de famille, ou l'histoire de l'ancien testament. en faveur de la jeunesse. 6ᵉ édit. In-12, Lille, Lefort, 60.   1 »

— Id. In-18, Lille, Lefort, 60.   1 20

— de la famille, publiée par la société israélite pour la propagation des livres religieux et moraux. In-12, Cahen, 58.   3 »

BIBLE (la) de Royaumont. Histoire de l'ancien et du nouveau testament. Gr. in-8, Morizot, 54.   20 »

BIBLE (la sainte), ou l'ancien et le nouveau testament, d'après la version revue par Osterwald. In-18 (Meyrueis), 60.

— ou l'ancien et le nouveau testament. Edition stéréotype, d'après la version revue par Osterwald, publiée par la société biblique protestante de Paris. Gr. in-8 (Smith), tirage de 1859.

— contenant l'ancien et le nouveau testament, traduite sur la vulgate par Lemaistre de Sacy. In-8 (Meyrueis), 60.

— contenant l'ancien et le nouveau testament, trad. par le R. P. de Carrières. 6 vol. in-8, Gaume et Duprey, 60.   25 60

BIBLE (la sainte) qui contient l'ancien et le nouveau testament, d'après la version revue par Osterwald. In-8 (Meyrueis), 60.
— des familles chrétiennes, ill. de 180 grav. sur bois, d'après les dessins d'Overbeck, Steinlé et autres; avec introd. et notes d'Allioli, approuvées par le saint-siége, trad. par Schleininger, t. I. Ancien testament, trad. par Lemaistre de Sacy, 1ʳᵉ livraison. In-4, Glaeser, 58.   4 »
— Traduction de Genoude, nouv. édit. 3 vol. gr. in-8, Garnier fr., 58.   24 »
— Traduite par Lemaistre de Sacy, ill. par Nanteuil, t. I. In-4, Martinon, 58.   7 50

Cette édition est publiée en livr. à 15 cent., dont 50 forment un volume.

BIBLE (la) enfin expliquée. In-12, Nancy, Vagner, 57.
— en estampes. In-4, Bédelet, 58. Noir. 8 » Col. 12 »
— est-elle la vérité? ou pierre de touche de la foi chrétienne. In-18 (Toulouse), Libr. protest., 53.   40 »
— et son histoire. In-12, Libr. protest., 57.   2 »
— de mariage. In-12 (Meyrueis), 57.
— du marin. In-12 (Meyrueis), 58.
— est la parole de Dieu. In-12 (Meyrueis); 58.
— en Toscane, ou épreuves et persécutions des époux Madiaï. In-18, Grassart, 53.
BIBLIA SACRA vulgatæ editionis Sixti V pontificis maximi jussu recognita, et Clementis VIII auctoritate edita. In-8, Leroux et Jouby, 55.   6 »
— vulgatæ editionis Sixti V et Clementis VIII pont. max. jussu recognita atque edita. In-8, Pélagaud, 60.   4 »
— vulgatæ editionis Sixti V pont. max. jussu recognita, et Clementis VIII auctoritate edita. In-12, Périsse, 60.
— vulgatæ editionis Sixti V pontificis maximi jussu recognita, et Clementis VIII auctoritate edita. In-18, Plon, 59.   5 »
BIBLIOGRAPHIE, ou catalogue général et complet des livres de droit et de jurisprudence publiés jusqu'au 31 décembre 1855. Cosse, 56.
— Id. Nouv. édition. In-8, Cosse, 58.
— catholique; une fois par mois. Gr. in-8, 20ᵉ année (31, rue de Sèvres), 60.   Prix annuel. 15 »
— des chansons, fabliaux, contes, facéties. In-8, Claudin, 59.   3 50
— de la France. Journal général de la librairie.Tous les samedis. In-8, fondé en 1811. Deuxième série, 4ᵉ année, ou 49ᵉ de la publication (1, rue Bonaparte), 60.   Prix annuel. 20 »
— des ingénieurs, des architectes. In-8, Lacroix et Baudry, 60.   1 »
BIBLIOPHILE (le) du nord de la France. In-8, 1ʳᵉ année, Douai, Crépin, 60.   Prix annuel. 3 »
BIBLIOPHILE JACOB. — Voy. Lacroix.
BIBLIOTECA religiosa, o vidas de los santos. Edicion ilustrada, t. I. In-8, Romoneda (65, rue Meslay), 52.
— selecta de predicadores. 25 vol. in-8, Rosa et Bouret, 50 à 60.   Chaque vol. 6 »
BIBLIOTECZKA dla dzieci wiejskich. Tomik pierwszy. Jas, i Marynia. In-16, Librairie polonaise (20, rue de Seine), 56.
BIBLIOTHECA Patrum concionatoria, hoc est, anni totius evangelia, etc. Editio castigata ed. J. A. Gonel et Lud. Pere, t. I. (Les fêtes de Notre-Seigneur.) Gr. in-8, Didot, 59.   10 »
BIBLIOTHÈQUE des bons romans. Les fiancés; La famille Cazotte; Mémoires de Cléry; L'âme exilée; Quarante heures de la vie de ma mère; La science funeste; M. Rétif; Le maçon. Gr. in-8, Desoye et Bouchet, 54.
— complète des sous-officiers et caporaux d'infanterie. Juillet 1860. In-18, Dumaine, 60.   3 »
— de l'école des Chartes. Grand in-8, six fois par an. Fondée en septembre 1839. Septembre 1860 à août

1861 forment la 22ᵉ année ou la 2ᵉ année de la 5ᵉ série, Dumoulin.   Prix annuel. 10 »
BIBLIOTHÈQUE facétieuse, historique et singulière. In-16, 1ʳᵉ livr. Claudin, 58.   3 »
— de la société de Saint-Vincent-de-Paul. Catalogue in-8 (La Flèche, Jourdain), 60.
— universelle de Genève, 6ᵉ année. In-8, le 20 de chaque mois, Cherbuliez, 60.   Prix annuel. 50 »

Cette revue paraît en deux parties, on peut y souscrire séparément :

Partie littéraire.   Prix annuel. 25 »
Archives des sciences physiques et naturelles.
                                         Prix annuel. 25 »
— utile. 17 vol. in-32 de parus. Dubuisson et Cᵒ, 59-60. Chaque vol.   » 56
BIBO. La lanterne magique. In-8 (Vrayet de Surcy), 53.
BIBRON (Mᵐᵉ). Cours de dessin linéaire. In-12, Hachette, 59.   5 »
BICHAT (F.). Recherches physiologiques sur la vie et la mort. In-12, Masson et fils, 59.   3 »
BICHEBOIS. Arithmétique et système métrique. In-8 (Bar-le-Duc, Vᵉ Laguerre), 57.
— Grammaire des commerçants. In-8 (Bar-le-Duc, Vᵉ Laguerre), 57.
DICHEL (P.). A M. de Lamartine. Réponses à ses 53ᵉ et 54ᵉ entretiens du cours de littérature. In-8 (Nantua, Arène), 60.
BICHOT (A.). Siége de Lyon en 1793. In-8 (Martinet), 53.
BICKERSTEDT (E.). Compagnon à la cène, trad. de l'anglais. In-18, Meyrueis, 55.   1 »
BICKÈS (F. H.). Système de la culture sans engrais. In-8, chez l'auteur (46, rue du Faubourg-Poissonnière), 54.   1 50
BIDARD (le doct. A.). De l'influence des chagrins sur l'homme. In-18 (Saintes), Schultz et Thuillié, 56.
                                                 1 50
BIDARD (G.). Feuilles tombées. Poésies. In-18 (Caen), Dentu, 58.   3 »
BIDARD (L.). Dictionnaire de la jurisprudence de la cour impériale de Caen. In-8 (Caen), Durand, 55.
                                                 15 »
BIDAULT (le doct.). Examen médico-légal des causes de la mort de Mme Langlois-Duroulle. In-8 (Evreux, Canu), 55.
BIDAULT (J.) et Hennequin. Histoire populaire de l'empire napoléonien. In-12, Bourges, Just-Bernard, 54.
BIDAUT (J. N.). De la santé et du bonheur possible dans ce monde. In-18, Dentu, 60.   » 60
— La vérité sur les femmes. In-18, Dentu, 59.   » 40
BIDON (le capit. Th.). Des réserves de l'armée française. In-8 (Schiller), 50.
BIEBUYCK (J.) Mémoire sur quelques faits observés dans une épidémie de fièvre intermittente. In-8 (Martinet), 60.
BIÉCHY (A.). Charles d'Anjou, ou la terreur de Naples. In-8, Limoges, Barbou, 58.   » 70
— La croix sur la Baltique. In-12, Limoges, Barbou, 52.   » 65
— Essai sur la méthode de Bacon. De l'idée de la science. In-8 (Toulon, Aurel), 55.
— Histoire de la domination des Maures en Espagne. In-12, Limoges, Barbou, 52.
— Histoire de Jérusalem. In-8, Limoges, Barbou, 59.   » 65 »
— Id. in-12, Limoges, Barbou, 59.   » 55
— Historiæ interpretationem secundum D. A. Augustinum in libro de civitate Dei. In-8 (Toulon, Aurel), 55.
— Marie d'Alezzio, ou la divine providence. In-12, Limoges, Barbou, 52.
— Saint Augustin, ou l'Afrique au Vᵉ siècle. In-8. Limoges, Barbou, 52.   1 20 »
— Saint Louis, ou la France au XIIIᵉ siècle. In-8, Limoges, Barbou, 52.   1 20

BIECHY. Le siége de Jérusalem par Titus. In-12, Limoges, Barbou, 52. » 65
— Tableau du siècle de Léon X. In-8, Limoges, Barbou, 52. 1 20
BIECHY (E.). Du brownisme et du contre-stimulisme. In-8 (Strasbourg, Silbermann), 55.
— Des modifications de l'économie. Du principe d'action du café. In-8 (Colmar, Decker), 56.
— Philosophie médicale. Principes de pharmacologie et de thérapeutique. In-8 (Strasbourg, Silbermann), 56.
BIEN (le) d'autrui, comédie. In-18 (Claye), 57.
BIENASSIS DE CAULUSON (A. B. E.). Le christianisme en face du socialisme. In-8, Bordeaux, Ducot, 50. 3 »
BIENAYMÉ (J. J.). Considérations à l'appui de la découverte de Laplace. In-4 (Mallet-Bachelier), 54. 1 25
— De la mise à l'alignement des maisons. In-12 (Dondey-Dupré), 51.
— Erreurs d'après la méthode des moindres carrés. In-4, imprimerie impériale, 58. 3 50
— Notice sur les travaux scientifiques. In-4 (Bachelier), 52.
BIENFAISANCE (la). In-48, Limoges, Barbou, 59.
— suivie de Zacharie, ou le petit nègre. In-32, Limoges, Ardant, 58.
BIENFAIT (le doct. J.). Etude sur le traitement médical du croup. Emploi du soufre. In-8 (Reims, Maréchal-Gruart), 54.
— Nouvelle note sur l'emploi de la solution d'iodure de potassium. In-8. Reims, Dubois, 60.
BIENFAIT (le) de Jésus-Christ crucifié envers les chrétiens, trad. de l'italien par L. Bonnet. In-12, Grassart, 56. 1 50
BIENFAITEURS (les) de l'humanité, ou le rachat du captif. In-12, Lille, Lefort, 58. » 75
— de l'humanité, ou la religion recommandée par ses œuvres, trad. de l'italien par Isnard. In-8 (Avignon, Aubanel), 52.
— de l'humanité, Vies de saint Vincent de Paul, etc. In-12, Limoges, Ardant, 59.
BIENFAITS découlant de la mort du Christ. In-32, Librairie protestante, 59. » 20
BIENFAITS (les) de l'Eglise envers la société de Saint-Vincent de Paul. Discours. In-8 (Besançon, Jacquin), 56.
BIENHEUREUX (le) Benoît-Joseph Labre, ou le triomphe de l'humilité. In-18, Lille, Lefort, 60. » 30
— Benoît-Joseph Labre; sa vie composée sur des manuscrits inédits. In-12, Lille, Lefort, 60. » 90
— Pierre Fourier de Mattaincourt, par M. F. In-18, Lille, Lefort, 60. » 30
BIENSÉANCES (des) sociales au point de vue chrétien. In-12, Périsse, 53.
BIENVENU (le). In-4, trois fois par mois, 1re année. (14, rue Neuve-Saint-Merri), 60. Prix annuel. 8 »
BIERMANN (Ch.). Notice sur le berceau de saint Vincent de Paul. In-12, Auch, chez l'auteur, 58. 1 »
— Notice sur la mort du capitaine Dubois-d'Huart. In-12 (Auch, Loubert), 57.
— Notre-Dame de France. Appel aux catholiques. In-8, Auch, Falières, 58. » 20
— Religion et amitié. In-18, Auch, Brun, 57. 2 »
— Translation solennelle des reliques de saint Clair à Lectoure. In-8, Auch, Falières, 58.
BIERNE-REY (Mme de). Dictées morales et grammaticales. In-12, Ve Maire-Nyon, 55. 1 50
BIERVLIET (le doct. A. L. van). Eléments de pathologie générale. In-12 (Louvain), Baillière et fils, 54. 1 50
— Premiers éléments de physiologie humaine et comparée. In-8 (Louvain), Baillière et fils, 53.
— La science du vrai bonheur pour les personnes du monde, 2e édit. In-18 (Tournai), Lethielleux, 60. 4 »
BIET (l'abbé F. J.). Essai historique et critique sur l'école juive d'Alexandrie. In-8, E. Belin, 54. 3 »
BIÉTRY (L.). Lettre adressée à MM. les membres du

jury de la 20e classe à l'exposition de 1855. In-8 (Pinard), 55.
BIÉTRY. La marque de fabrique. Le cachemire de l'Inde; le cachemire français. In-8 (102, rue Richelieu), 52.
BIÉVILLE (E. de). La bégueule. Pièce. In-12, Michel Lévy fr., 55. 1 »
— Ce que deviennent les roses. Pièce. In-12; Michel Lévy fr., 57. 1 »
— Le meunier, son fils et Jeanne, coméd.-vaud. In-12, Mich. Lévy fr., 54. » 60
— Préparation au baccalauréat, comédie-vaud. In-12, Mich. Lévy fr., 54. » 60
BIGARNE (Ch.). Etude historique sur le chancelier Rolin et sur sa famille. In-8, Dijon, Lamarche, 60.
BIGEL (le doct.). Notice historique de l'homœopathie. In-8 (Raçon), 54.
BIGEL (l'abbé L. A.). Cours facile et complet de botanique. In-12, Nancy, Libr. univ., 52.
BIGNAN (A.). L'Iliade, trad. en vers français. In-12, Ledoyen, 53.
— Jugements de la presse sur les 36 volumes des travaux de la France littéraire. In-8 (Vrayet de Surcy), 52.
— L'Odyssée et les petits poëmes d'Homère, trad. en vers français. In-12, Ledoyen, 53.
— Poëmes évangéliques. In-12, Ledoyen, 50. 3 »
— Romans et nouvelles. In-12, Dentu, 58. 3 50
— Variétés en prose. In-18 (Saint-Germain-en-Laye), Dentu, 57.
BIGNON. Histoire de France sous Napoléon, ouvrage terminé en 1850, par M. Ernouf. 14 vol. in-8, Didot, 50. 96 »
BIGNON (H.). Le pape et ses défenseurs. Réponse en vers à Mgr. Dupanloup. In-8, Dentu, 60. » 50
BIGO (E.). Observations sur le vinaigre. In-8 (Lille, Danel), 56.
BIGONI (le R. P. A.). Pieuses élévations de l'âme de Dieu, trad. de l'italien par Pamo et Pascal. In-12, Lethielleux, 60. » 80
BIGORIE (de). L'amour de son état. In-8 (Angers, Lainé), 57.
— Une église métropolitaine en Bretagne. In-8 (Rouen, Rivoire), 58.
— Le prince blanc, chronique du XIVe siècle. In-8 (Angers, Cosnier et Lachèse), 58.
BIGORIE DE LASCHAMPS (F.). Michel de Montaigne; sa vie, ses œuvres et son temps. In-12, Didot, 60. 3 50
BIGORNE (E.). Refonte et analyse des circul. et instr. de l'adm. de l'enregistr. 2 vol. in-4, Ve Joubert, 60. 15 »
BIGOT (A.). Découverte de Malestrait. In-8 (Rennes, Catel), 57.
— Essai sur les monnaies du royaume et duché de Bretagne. In-8, Rollin, 57. 26 »
— Mémoire sur les monnaies anonymes de l'échiqueté de Dreux. In-8 (Rennes, Catel), 54.
BIGOT (A.). Poésies patoises. Fables imitées de La Fontaine. Nîmes, Salles, 59.
— Les rêves du foyer. In-12 (Nîmes, Clavel-Ballivet), 60.
BIGOT (Ch.) Etude et enseignement de la langue française à l'étranger. In-8, Didot, 58. 6 »
BILBAO (F.). Iniciativa de la América. Idea de un congreso federal de las republicas. In-8 (d'Aubusson), 56.
— Lamennais como representante del dualismo de la civilizacion moderne. In-12 (d'Aubusson), 56.
BILLARD. Edouard II, drame. In-8 (Le Havre, Carpentier), 57.
BILLARD. Guide du compteur, ou manuel pour le titrage des soies. In-4, chez l'auteur (29, chaussée des Martyrs-Montmartre), 55.
BILLARD. Des dents minérales. In-8, chez l'auteur (29, rue Coquillière), 51.
— Traité pratique de la fabrication du platine. In-8, chez l'auteur (29, rue Coquillière), 55. 10 »
BILLARD (le doct.). De l'influence des matières putrides

BIOGRAPHIE d'Abd-el-Kader, par Théodore B... In-12, chez Mme Breau (114, rue du Bac), 53.　　》 30
— ancienne et moderne, tome 83-84 (Stack-Van). In-8, Beck, 58.　　Le vol. 8 》

Forme le supplément de l'ancienne biographie Michaud.

— du célèbre Genara, coureur espagnol. In-16 (Malteste), 55.
— du clergé contemporain, par un solitaire. 121 cahiers formant 10 vol. in-18, Appert et Vavasseur.
　　Chaque livr.　　》 30
　　Chaque volume.　　3 60
— de deux Indiens de la haute Californie. In-18 (Gaittet), 55.
— de la famille Abatucci, ill. par Lange. In-8, Barba, 58.　　》 50
— générale (nouvelle) publ. sous la direction du docteur Hœfer, tomes 1 à 32 (A.—Malde). In-8, Didot, 50 à 60.　　Le vol. 3 50

L'ouvrage sera publié en 45 vol. ; la publication se fait aussi par livraisons, prix de chaque livraison, 35 centimes.

— du général Foy, par V. L. In-8, Noyon, Cottu-Harlay, 52.
— des grands hommes, dédiée à la jeunesse. In-12, Rouen, Mégard, 55.
— des hommes utiles. L'éclusier du Pont-Neuf, Simon Faivre. In-12 (1, rue Guénégaud), 59.　　》 50
— inédite de Bertrand de Colombier, abbé général de Cluny. In-8 (Valence, Marc-Aurel), 60.
— de Jeanne d'Arc, par L. C. In-12, Orléans, Constant aîné, 55.
— de Laferrière. In-8, Dechaume (57, rue Charlot), 55.　　》 50
— du maréchal Niel. In-16 (34, rue Saint-Marc).　　》 10
— des membres du sénat. In-18, Michel Lévy fr., 52.　　1 50
— de M. Montaubry. de l'Opéra-Comique. In-8 (61, rue d'Amsterdam), 59.　　》 50
— de Mozart. In-12 (Lille), A. Leclerce, 59.　　》 80
— de Mlle Olympia Corilla. In-8, au bureau du monde-dramatique (64, rue d'Amsterdam), 60.　　》 50
— portative universelle, par Lud. Lalanne, J. Renier, Th. Bernard, C. Laumier, S. Choler, J. Mongin, E. Janin, A. Deloye, C. Friess. In-12, Garnier, 51.　　7 50
— du prince Louis-Napoléon-Bonaparte. In-8 (Plon), 52.
— de la reine Victoria. In-4 (Gaittet), 55.
— universelle (Michaud), publ. sous la direction de Michaud; t. 1 à 27 (A.-Meo). Gr. in-8, Mme Desplaces, 50 à 60.　　Le vol. 12 50

L'ouvrage sera publié en 42 vol.

— von Garibaldi. In-8 (Mulhouse, Risler), 59.
— de Rancourt. In-4 (Saint-Gaudens, d'Abadie), 51.
BIOGRAPHIES du maréchal Mac-Mahon et des généraux Espinasse et Cler. In-16 (34, rue Saint-Marc), 59.　　》 10
BIOT (E.). Le Tcheou-li, ou rites des Tcheou, trad. du chinois. 2 vol. in-8, Duprat, 51.　　15 》
BIOT (J. B.). M. le baron Cauchy. Lettre à M. de Falloux (Raçon), 57.
— Etudes sur l'astronomie indienne. In-4 (Imprimerie impériale), 56.
— Mélanges scientifiques et littéraires. 3 vol. in-8, Michel Lévy fr., 58.　　22 50
— Recherches de quelques dates absolues. In-4 (Didot), 54.
— Sur un calendrier astronomique et astrologique trouvé à Thèbes, en Egypte, dans les tombeaux de Rhamsès VI et IX, deuxième et dernier mémoire. In-4 (Didot), 54.
— Traité élémentaire d'astronomie physique. 5 vol. in-8, Mallet-Bachelier, 57.　　65 》

BIOT. La vérité sur le procès de Galilée. In-4, Impr impériale, 58.
— et Guizot. Discours prononcés pour la réception d M. Biot (Firmin-Didot), 57.
— et Lefort. Commercium epistolicum J. Collins et alic rum de analysi promata, etc. In-4, Mallet-Bachelier, 56.　　15
BIRADIEU (H.). Histoire de Bordeaux pendant le règn de Louis XVI. In-8, Bordeaux, Chaumas, 53.　2 2
BIRAN. - Voy. - Maine de Biran.
BIRAT (H.). Chanson dialoguée, à propos des élections In-8 (Narbonne, Caillard), 50.
— Lou partachur acaprissat. In-8 (Narbonne, Caillard) 50.
— La passiou dal paouré causounié. In-8 (Narbonne Caillard), 50.
BIRCH (S.). Fragments du livre de Chérémon sur le hiéroglyphes. In-8 (Crapelet), 51.
— Introduction à l'étude des hiéroglyphes. In-8 (La hure), 57.
— Sur une patère égyptienne du musée du Louvre In-8 (Lahure), 58.
BIRCH-PFEIFFER (Mme). Sainte Claire (santa Chiara) opéra, musique d'Ernest, duc de Saxe-Cobourg, e publ. en français, par Oppelt. In-12, Mich, Lévy fr. 55.　　1
— Santa Chiara (Sainte Claire), opéra. In-folio (Bruxel les, Detrie Tourson), 54.
BIRETTE (la), ou les craintes ridicules et les conséquen ces funestes de la peur, par V. D. In-32, Rouen, Mé gard, 56.
BIRGLIN (P. E.). Programme du cours de géométrie élé mentaire. In-4 (Bar-le-Duc, Laguerre), 52.
BIRIEUX (A. F. de). Annuaire de la bourse et de l banque. In-12, Claye, 56.　　20
BIRMANN. Grammaire allemande. In-12, Dezobry, 56　　3
BIROT (F.). Traité élémentaire des routes et ponts. In- (Carcassonne), Lacroix et Baudry, 59.　　6
BIS. Guillaume-Tell, opéra. In-8, Tresse, 57.　　1
BISCARRAT et Mme d'Hautpoul. Nouveau manuel com plet du style épistolaire. In-24, Roret, 58.　　2 5
BISEAU (L.). Tableau chronologique des principau personnages de l'histoire romaine jusqu'à Auguste In-folio, Tardieu, 58.　　》 7
BISSETTE (C. A.). A mes compatriotes. In-8 (Pous sielgue), 50.
— Une Cause célèbre coloniale. In-8 (Poussielgue), 50
— Discours sur le projet de loi concernant la press dans les colonies. In-8 (Panckoucke), 50.
— A M. Etienne Arago; au clergé; aux membres de conseils généraux; à mes compatriotes. In-8 (Pous sielgue), 50.
— Réponse à M. Schœlcher; la vérité aux ouvriers de l Martinique. In-8 (Poussielgue), 50.
BISSEUX (J.). Quelques réflexions sur le culte public ré formé. Thèse. In-8 (Strasbourg, Ve Berger-Levraul et fils), 53.
— Réflexions sur le culte de Marie. In-8, Meyrueis, 55　　》 2
BISSEY (l'abbé E.). Les révélations de l'évangile à l raison et au cœur de la femme. In-32, Bray, 51.
BISSON (le doct.). Guide médical à l'usage des employé de chemins de fer. In-12, Mallet-Bachelier, 58
BISSON (A. P.). Inauguration du tombeau de Napo léon Ier aux Invalides. In-8 (Guiraudet), 53.
— Quelques mots sur la quatrième dynastie en France In-8 (Guirandet), 54.
BISTAGNE (Ch.). Aux bords du lac. Poésies. In-1 (Marseille, Arnaud), 54.
BISTON (P.). De la modification de l'article 25 du cod pénal et de la légitimité des titres nobiliaires. In-8 Cosse et Marchal, 58.　　》 7
— De la noblesse maternelle en Champagne. In-16 Châlon, Martin, 59.　　1
BISTON et Hanus. Nouveau manuel complet du char pentier. In-18, Roret, 55.　　3 5

BISTON et Magnier. Manuel complet du chaufournier. In-18, Roret, 56.   3 »

BITAUBÉ. Joseph. In-12, Tours, Mame, 51.   » 85
- Joseph, poëme rev. par Jouhanneaud. In-12, F. F. Ardant frères, 52.

BITOT. Un cas de décollation traumatique de l'épiphyse supér. de l'humérus. In-8 (Bordeaux, Gounouilhou), 59.
- Deux observations de plaies des doigts. In-8 (Bordeaux, Gounouilhou), 57.
- De la saignée des veines ranines dans les maladies du pharynx. In-8 (Bordeaux, Gounouilhou), 57.
- Tumeur fibro-plastique. In-8 (Bordeaux, Gounouilhou), 58.

BITUWA. Raclawicka. Us tepz Poematu. In-12, Librairie polonaise, 59.   2 »

BIUNDI (F. E.). Breve trattato sull' erisipela e sue varieta. In-8 (Crapelet), 52.

BIZALION (H.). Le port d'Arles et le traité de commerce. In-4 (Arles, Dumas et Dayre), 60.

BIZARELLI (L.). Du mercure et de l'iodure de potassium dans le traitement de la syphilis. In-8 (Montpellier, Boehm), 60.

BIZE (l'abbé). Hymnes et prières à la sainte Vierge. In-12, Lecoffre, 55.
- L'imitation de Jésus-Christ. In-32, Guyot et Roidot, 57.   1 25

BIZET (P.). Appel aux amis des belles et bonnes-lettres refusé par l'Akhbar. In-8 (Alger, Challamel), 56.   » 10
- Contr'encyclique d'un simple fidèle à tous les fidèles catholiques. In-8, Challamel, 60.
- Le procès d'un homme dangereux. In-8, chez Ballard (1, rue des Bons-Enfants), 50.   » 20
- Réponse à Satan. In-8 (Alger), Challamel, 60. » 50

BIZEUL. Deux mémoires sur les voies romaines de Bretagne. In-8 (Rennes, Catel), 51.
- Des murailles romaines du château de Brest. In-8, Nantes, Guéraud, 58.
- Des Nannètes aux époques celtique et romaine, 1ʳᵉ part. Epoque celtique. In-8, Nantes, Guéraud, 56.
- Des Osismii. In-8 (Rennes, Catel), 53.
- Du pèlerinage de Saint-Julien de Vouvante, au diocèse de Nantes. In-8 (Nantes, Guéraud), 59.
- De Rezay et du pays de Rais. In-8, Nantes, Guéraud, 57.
- Voie romaine de Poitiers à Nantes. In-8, Nantes, Guéraud, 54.

BIZOS. Memento des recteurs, des secrétaires d'académies, etc. In-32, Dézobry, 53.   2 25

BIZOUARD. Histoire et notice biographique de S. A. I. le prince Jérôme. In-8, Roger, 60.

BLACHE (le doct. G.). Titres et travaux scientifiques. In-4 (Brière), 55.
- Du traitement de la chorée par la gymnastique. In-4, Baillière et fils, 55.

BLACHEZ (P.) De l'ictère grave. Thèse. In-8, L. Leclerc, 60.

BLACKFORD. The scottish orphans, a moral tale. In-12, Truchy, 58.   2 50

BLAENKCHEN, oder die treue Schwesterliebe. In-18 (Strasbourg, Vᵉ Berger-Levrault et fils), 53.

BLAIN. Lettre à M. de Montenon. In-8 (Poitiers, Coignard), 50.   » 15
- Réfutation de l'égalité sociale. In-8 (Poitiers, Dupré), 52.

BLAIN DES CORMIERS (le doct. H.). De l'action physiologique et thérapeutique des ferrugineux. In-8 (Malteste), 56.
- Des causes qui président au développement de l'hypertrophie. In-8, Germer Baillière, 53.

BLAINVILLE (de). Lettres sur les crocodiles vivants et fossiles. In-4 (Caen, Hardel), 53.

BLAIR (D.). Class book. 2 vol. in-18, Vᵉ Baudry, 57.   6 »
- Nouvelle encyclopédie, ou résumé des sciences et des arts, trad. de l'angl. par Hesse. In-12, Limoges, Ardant, 55.

BLAIS (l'abbé A.). Notice historique et archéologique sur Notre-Dame-de-la-Couture de Bernay. In-8 (Evreux, Hérissey), 52.

BLAIZE (A.). Essai biographique sur Lamennais. In-8, Garnier, 58.   5 »
- Des monts-de-piété et des banques de prêt sur gage. 2 vol. gr. in-8, Pagnerre, 56.   15 »

BLAIZE (E.). Considérations sur le recrutement du personnel de la flotte. In-4 (Renou et Maulde), 60.

BLAMPIGNON (l'abbé E.). De l'esprit des sermons de saint Bernard. In-8, Douniol, 58.   5 »
- Histoire de sainte Germaine, patronne de Bar-sur-Aube. In-12 (Troyes), Schutz et Thuillié, 55.

BLANC. La prise de Montbrison par le baron des Adrets, tragédie. In-18 (St-Etienne, Théolier). 53.

BLANC. Sirop laryngophile. In-8 (Marseille, Vᵉ Olive), 60.

BLANC. Très-Bluétas, patuezas. In-8 (Cette, Bonnet), 60.

BLANC (A.). La Savoie et la monarchie constitutionnelle. In-8, Dentu, 59.   1 »

BLANC (Anna). Falkland. In-8, Moulins, Enault, 55.

BLANC (Ch.). Grandville. In-32, Havard, 55.   » 50
- Histoire des peintres, de toutes les écoles, avec ill. Livr. 1 à 320. In-4, Vᵉ Renouard, 50 à 60. Chaque livr. 1 »
- L'œuvre complet de Rembrandt. Catalogue raisonné, etc. 1ʳᵉ livr. Gr. in-8, Gide, 59.   6 »
- L'œuvre de Rembrandt reproduit par la photographie. In-folio, Gide, 50 à 60.   400 »
Cette collection a paru en deux séries de 10 livraisons chacune à 20 fr.
- De Paris à Venise. Notes au crayon. In-16, Hachette, 57.   3 »
- Les peintres des fêtes galantes. In-16, Renouard. 53.   1 »
- Les trésors de l'art à Manchester. In-18, Pagnerre, 57.
- Le trésor de la curiosité. 2 vol. in-8, Vᵉ Renouard, 57-58.   16 »

BLANC (le doct.). Questions cliniques relatives à la cataracte. In-8, Masson et fils, 60.

BLANC (D.). Préparation historique du salut au sein du peuple juif. Thèse. In-8 (Toulouse, Chauvin), 56.

BLANC (E.). Bains et lavoirs publics de la ville de Paris, In-8 (Tinterlin), 57.
- Les mystères de la boucherie et de la viande à bon marché. In-8, Dentu, 57.   6 »

BLANC (Etienne). Brevets de Goodyear. Vulcanisation du caoutchouc. Plaidoirie. In-8 (Bénard), 56.
- Traité de la contrefaçon en tous genres. 4ᵉ édit. In-8, Plon, 55.   10 »
- et Blanme. Code général de la propriété industrielle. In-8, Cosse, 54.   7 50

BLANC (E. F.). Grammaire musicale. In-8, Chaix, 56.

BLANC (l'abbé). L'Homme-Dieu, rédempteur et modèle de l'homme. Sermon. In-8 (Nancy, Nicolas), 60.
- Impressions de campagne. In-8, Nancy, Hinzelin, 60.

BLANC (François). Des valeurs étrangères en France. In-8, Dentu, 60.   1 »

BLANC (Frédéric). Du bénéfice de discussion. Thèse. In-8 (Remquet), 53.

BLANC (H.). De l'inspiration des camisards. In-12, Plon, 59.
- Petit manuel d'administration pour les affaires du culte catholique. In-18, Plon, 52.   » 40

BLANC (le doct.). De l'ulcération de la fourchette. In-8 (Montpellier, Dumas), 56.

BLANC (J.) Enseignement méthodique de l'orthographe d'us. sans le secours du grec et du latin. Livre du maître. In-18, Larousse et Boyer, 60.   2 50
- Id. Livre de l'élève.   2 25

BLANC (J.). Le pape et point de congrès. In-8 (Montpellier), Dentu, 60.   » 50

BLANC (J. B. M.). De l'action de l'air sur les plaies, les ulcères, etc. In-8 (Montpellier, Bœhm); 60.
— Application de l'exciseur au diagnostic des tumeurs solides. In-8 (Montpellier, Bœhm), 59.
BLANC (L.). Mémoire sur une magnanerie hygiénique et économique. In-8 (Alais, Veirun), 59.
BLANC (L.). Rapport sur les eaux thermales d'Aix en Savoie. In-8 (Didot), 56.
BLANC (L.). Méthode d'orthographe. In-18 (Laval, Feillé-Grandpré), 50.
BLANC (Louis). Histoire de la révolution française, t. 1 à 11. In-8, Furne, Pagnerre, 50 à 60. Le vol. 5 »
— Organisation du travail, 9e édit. In-12 (Beaulé), 50.
1 »
— Pages d'histoire de la révolution de février 1848. Gr. in-8 (Schneider), 50.
— Le parti républicain et l'amnistie. In-12, Bruxelles, Rozez, 60. 1 50
— Plus de Girondins. In-18, Joubert, 51. » 60
— La république une et indivisible. In-12 (Brière), 51.
» 60
— Révélations historiques, ou réponse au livre : A year of revolution in Paris. 2 vol. in-12, Bruxelles, Melinc, Cans et Ce; 59. 7 »
BLANC (l'abbé). Vie de saint Camille de Lellis. In-12, Périsse, 60. 3 »
BLANC (l'abbé P. S.). Cours d'histoire ecclésiastique à l'usage des séminaires, 3e édit. 2 vol. in-8, Lecoffre, 59-60. 15 »
BLANC (S.). Essai d'une histoire universelle. In-12, Cherbuliez, 59.
BLANC (S. H.). Dictionnaire portatif franç.-ital. et ital.-franç., abrégé de celui de Cormon et Manni. In-18, Maisonneuve, 51.
— Grammaire de la langue basque, d'après celle de Larbamendi. In-12, Maisonneuve, 55.
— A new pocket dictionary of the italian and english languages, from Baretti, etc. In-32, Maisonneuve, 58.
— Nouveau dictionnaire franç.-espag. et espag.-franç. 2 vol. in-18, Maisonneuve, 51.
— Nouveau maître d'espagnol. In-12, Maisonneuve, 51.
— Nueva grammatica italiana, esplicada en español. In-12, Maisonneuve, 54.
BLANCAS. Le domino, complainte. In-8 (Bonaventure et Ducessois), 60. » 10
BLANCH (L.). De la science militaire, trad. par Haca. In-8, Corréard, 54. 7 50
BLANCHARD. Choix de poésies fugitives. In-8, Marseille, Arnaud, 57. » 75
BLANCHARD (A.). Abbecedario dei fanciulli, illustrato. In-18, Fonteney et Peltier, 60.
— Abbecedario delle arti e dei mestieri. In-18, Fonteney et Peltier, 60.
— Abécédaire des enfants, ill. In-12, Fonteney et Peltier, 60. Noir. » 60
Col. 1 »
— Les anges de bonté. In-18, Fonteney et Peltier, 55. Noir. 1 50
Col. 2 »
— Conduite chrétienne, ou méthode de lecture en 24 exercices. In-folio, Wazemmes, Horemans, 54.
— Délices de la jeunesse. In-12, Fonteney et Peltier, Noir. 2 »
Col. 3 »
— Les histoires de grand papa. In-12, Fonteney et Peltier, 54. Noir. 1 50
Col. 2 »
— Loisirs de l'enfance. In-16, Fonteney et Peltier, 56. Col. 2 40
— Modèles de vertu. In-12, Fonteney et Peltier, 56. Noir. 1 50
Col. 2 »

BLANCHARD (A.). Petites histoires pour les enfants. In-18, Fonteney et Peltier, 55. Noir. 1 »
— Les plaisirs du jeune âge. In-12, Fonteney et Peltier, 57. Noir. 1 75
Col. 2 50
— Qualités et défauts des enfants. In-12. Fonteney et Peltier, 57. Noir. 1 »
Col. 1 50
— Les récits du conteur. In-32, Fonteney et Peltier, 52.
— Les récits de la maman. In-18, Fonteney et Peltier, 56. Noir. 1 »
Col. 1 50
— La récompense des enfants. In-32, Fonteney et Peltier, 58. Noir. 1 »
Col. 1 50
BLANCHARD (l'abbé). L'école des mœurs, ou réflexions morales et historiques sur les maximes de la sagesse. 2 vol. in-12, Périsse, 52. 3 50
— L'école des mœurs; abrégé pour la jeunesse, 2 vol. in-12, Tours, Mame, 58. 1 60
— Escuela de costumbres, trad. Malo. 2 vol. in-12. Rosa, 50. 9 »
BLANCHARD (C. F.). Répertoire général des lois, décrets, règlements, etc., sur la marine, t. 1 à 3. In-8. Impr. impér., 50 à 59.
BLANCHARD (Émile). Du grand sympathique chez les animaux articulés. In-8 (Martinet), 59.
— Note sur la conf. part. de la tête obs. dans le Limousin. In-8 (Limoges, Chapoulaud), 60.
— Notice sur les travaux d'anatomie et de zoologie 1835 à 1850. In-4 (Plon), 51.
— Organisation du règne animal, liv. I à XXXII. In-4, Masson et fils, 51 à 60. Chaque livr. 6 »
— La zoologie agricole. Les plantes d'ornement, 1re livr. Gr. in-8, Masson et fils, 54. 1 50
— et Brullé. Histoire naturelle des insectes, 1re et 2e part. In-8 (Lacour), 50.
BLANCHARD (Ernest). Laurencin, ou le batelier du Rhône, drame. In-8 (Avignon, Bonnet fils), 53.
BLANCHARD (H.). De la mort volontaire, ou considérations sur le suicide. In-8 (Morris), 55.
BLANCHARD (H.). Itinéraire de Paris à Constantinople In-12, Hachette, 55. 7 50
BLANCHARD (J. A.). De la puissance paternelle à Rome In-8 (Aix, Pardigon), 56.
BLANCHARD (P.). Les accidents de l'enfance. In-12 Ducrocq, 60. 3
— A mes enfants, ou les fruits d'un bon exemple. In-12 Ducrocq, 55. 3
— Beautés de l'histoire de France. In-12, Ducrocq, 55 1 2
— Le Buffon de la jeunesse : zoologie, botanique, minéralogie. Gr. in-8, Morizot, 58. Noir. 16
Col. 28
— Conseils à la jeunesse. In-12, Rouen, Mégard, 59 » 3
— Délassements de l'enfance. In-12, Lehuby, 53.
— Délassements de la jeunesse. In-12, Lehuby, 53.
— Les jeunes enfants. In-12, Ducrocq, 56. 3
— Mélanges d'histoire et de littérature. In-18, Ducrocq 54. » 9
— Petit voyage autour du monde. In-12, Ducrocq, 57 1 2
— Plutarque de la jeunesse. In-8, Morizot, 57. 10
— Premières connaissances à l'usage des enfants. In-18 Ducrocq, 59. » 7
— Récréations utiles. In-12, Ducrocq, 56. » 9
— Le trésor des enfants : la morale, la vertu, la civilité In-12, Morizot, 59. 2
BLANCHE, comédie, par Mme la comtesse de L** In-4 (Montargis, Chrétien), 52.
BLANCHE DE CASTILLE, reine de France, mère de saint Louis. In-12, Lille, Lefort, 59. » 7
BLANCHE ET MARIE. In-18, Lille, Lefort, 53. » 3
BLANCHE (Alfred). Dictionnaire général d'administration, avec supplément. Gr. in-8, P. Dupont, 58. 30
Le supplément séparément. 9

BLANCHE (Armand). De l'expropriation pour cause d'utilité publique. In-8, P. Dupont, 53. 3 50

BLANCHE (E. E.).Dissertation sur la nostalgie.Thèse. In-4 (Strasbourg, Huder), 60.

BLANCHE (de). Cantiques au Saint-Sacrement. Musique. In-8. 3 »
— Les paroles seules. In-18. » 30
— Cantiques des fêtes. Musique. In-8. 3 »
— Les paroles seules. In-8. » 30
— Cantiques des paroisses. Musique. In-8. 3 »
— Les paroles seules. In-8. » 30
(Chez Sarlit, 50 à 60.)

BLANCHECOTTE (Mme A. M.). Nouvelles poésies.In-12, Perrotin, 60. 2 50
— Rêves et réalités. In-18, Ledoyen, 56.

BLANCHEMAIN (P.). Hymne pendant l'avent. In-8 (Claye), 51.
— Idéal. Poésies. In-18, Aubry, 58. 3 »
— Poésies. In-18, Masgana, 58.
— Le rosaire. Légende. In-8 (Malteste), 51.

BLANCHET (le doct. A.). Moyens de généraliser l'éducation des aveugles. In-8, Hachette, 59. 2 »
— Moyens d'universaliser l'éducation des sourds-muets. In-8 (Orléans), Labé, 57.
— Rapport à M. le ministre de l'intérieur sur l'enseignement et le développement de la parole dans les établissements sourds-muets belges et allemands. In-4, Labé, 51. 1 50
— La surdi-mutité, traité philosophique et médical, t. I, II. In-8, Labé, 50 à 52. Le vol. 8 »

BLANCHET (F.). De Aristophane Euripidis censore. In-8 (Strasbourg, Silbermann), 56.
— Le Faust de Gœthe expliqué. In-12 (Strasbourg), Dentu, 60. 2 »
— Du théâtre de Schiller. Thèse. In-8 (Strasbourg, Silbermann), 56.

BLANCHET (S. A.). Code administratif de l'empire français. In-8, Dupont, 53.
— Cours élémentaire et pratique de droit commercial. In-18, Cotillon, 55. 1 50
— Petit cours de morale pratique à l'usage des lycées. In-16 (Tarbes, Lavigne), 60.

BLANCHIN (J.). Le disciple de Lhomond. 2 vol. in-12, Périsse, 59.
— Nouvelle cacographie historique, morale et religieuse.In-12, Périsse, 58.
— Le petit élève de Lhomond. In-12, Delalain, 60. 2 50
— Id. Corrigés des thèmes.In-12, Delalain, 60. 3 50

BLANCHON (le doct.). L'oracle médical du peuple. In-18 (Clermont-Ferrand, Hubler), 53.

BLANCMESNIL (Mme V. de]. La cuisinière du bon marché pour la ville et la campagne.In-12, Librairie populaire (8, rue du Paon-St-André), 53.

BLANDET (le doct.). Le chœur des muses antiques. Recueil de traductions et d'imitations. In-12 (Dondey-Dupré), 53.

BLANDIN. Culture de l'ajonc, ou genêt épineux., In-8, Dupont, 57. 1 50

BLANDIN. Aperçu de la bienfaisance en France. In-8 (Pau, Vignancour), 57.
— La bienfaisance à Pau. In-12 (Pau, Vignancour), 52.
— Etude sommaire sur les anciens forts et la coutume réformée de Béarn. In-8 (Pau,Vignancour), 56.
— Le médecin des pauvres dans les Basses-Pyrénées. In-8 (Pau,Vignancour), 52.
— Misère et charité à Rome. In-16 (Pau, Vignancour), 51.

BLANDIN (E.). Frédégonde et Brunehilde, poëme dramatique. In-12, Michel Lévy fr., 51. 1 50

BLANGIS. Essai historique sur le prisonnier de Gisors. In-8, Rouen, Le Brument, 59.

BLANGY (C. F.).Grammaire latine à l'usage des classes élémentaires. In-8, Rouen, Herpin, 53.

BLANQUART-EVRARD, Album photographique, 12 livraisons contenant chacune 3 planches. Roret, 50 à 60. L'ouvrage complet. 72 »
Une planche séparément. 3 »
Chaque livraison. 6 »
— Traité de photographie sur papier. In-8, Roret, 51. 4 50

BLANQUET. Les bains de mer des côtes normandes. Guide pittoresque. In-18, Hachette, 59.

BLANQUET (A.). Les amours d'Artagnan. 8 vol in-8, Cadot, 59. 60 »
— Id. In-8 (Bordeaux, Ve Crugy), 60.
— La Giralda de Séville. In-12, Lécrivain et Toubon, 60. 1 »
— Id. In-4, Lécrivain et Toubon, 60. » 70
— Id. In-8, Giraud et Dagneau, 52.
— Laurence. In-4 (Troyes, Chardon), 55.
— Le parc aux cerfs. 5 vol. in-8, Cadot, 60. 37 50
— Le roi d'Italie, roman historique. In-12, Librairie nouvelle, 60. 2 »
— Id. In-12, Lécrivainet Toubon, 60. 2 »
— Id. In-4 (Blot), 60.

BLANQUI (A.). Alcide Fonteyraud. Nécrologie. In-8 (Hennuyer), 50.
— Histoire de l'économie politique en Europe; 4e édit. 2 vol. in-12, Guillaumin, 60. 6 »
— Id. 2 vol. in-8, Guillaumin, 60. 8 »
— Lettres sur l'exposition universelle de Londres. In-18, Guillaumin, 51. 1 »
— Précis élémentaire d'économie politique. In-18,Guillaumin, 57. 2 50
— Tableau des populations rurales de la France en 1850. In-8 (Panckoucke), 50.

BLANQUI (E.). Arithmétique élémentaire, Ier livre. In-8.(Toulon, Aurel), 52. 1 »

BLAQUART (l'abbé). Biographie de M. le curé Sergeant. In-18, Arras, Lefranc, 55.
— Renseignements historiques, archéologiques et statistiques sur l'église de Wierre-Effroy. In-18, Arras, Lefranc, 55.

BLAS (R.). Le Lotus, par Scipion Doncieux. In-12, Comon, 50.

BLASINI (J.). Aperçu général sur le rhumatisme articulaire aigu. In-8 (Gratiot), 54.

BLASPHÈME (le) flétri par des considérations familières. In-32 (Toulouse, Chauvin), 50.

BLATAIROU (l'abbé). Cours de mathématiques élémentaires, 3 parties. In-8, Bordeaux, Ducot, 51-52.

BLAUD (le doct. P.). La logique du catholicisme. In-8, Avignon, Séguin aîné, 59. 3 »

BLAVIER. Cours théorique et pratique de télégraphie électrique. In-18, Lacroix, 57. 8 »

BLAVIGNAC (J. D.). Histoire de l'architecture sacrée du IVe au Xe siècle dans les anciens évêchés de Genève. Lausanne et Sion. In-8 (Lausanne), Didron, 53.

BLAYE (l'abbé J. F. de). Archéologie religieuse. Description de l'ostensoir gothique de la cathédrale de Toul. In-8 (Nancy, Vagner), 56.

BLAYS (Mme M. de). Adrienne, ou la jeune Arabe. In-18, Limoges, Barbou, 54 » 30
— Marie de Talcy, ou N. D. du Château. In-8, Limoges, Barbou, 52. 1 20

BLAZE (E.). Le chasseur au chien d'arrêt.In-12,Tresse, 58. 3 50
— Le chasseur au chien courant. 2 vol. in-12, Tresse, 59. 7 »
— Le chasseur conteur, ou les chroniques de la chasse, 2e édit. In-12, Tresse, 60. 3 50

BLAZE DE BURY (la baronne). Voyage en Autriche, en Hongrie et en Allemagne pendant les événements de 1848 et 1849. In-12, Charpentier, 51. 3 50

BLAZE DE BURY (H.). Le comte de Chambord. Un mois à Venise. In-12, Mich. Lévy fr., 50.
— Episode de l'histoire du Hanovre. In-12, Mich. Lévy fr., 55. 3 »
— Intermèdes et poëmes. In-12, Mich. Lévy frères 59. 3 »

BLAZE DE BURY (H.). Musiciens contemporains. In-12, Mich. Lévy fr., 56. 1 »
— Souvenirs et récits des campagnes d'Autriche. In-12, Mich. Lévy fr., 54. 3 »
BLETTON (l'abbé). Explication des quinze mystères du rosaire. 15 vol. in-18, Périsse, 55. 5 »
— Id. 3 vol. in-18, Périsse, 59. 4 »
— Nouveau mois de Marie. In-18, Périsse, 59.
— Nouveau mois de Mars consacré au très-glorieux patriarche saint Joseph. In-18, Périsse, 60.
— Traité sur l'Ave-Maria. In-18, Périsse, 59.
BLEYNIE. Traitement de la mort apparente du nouveau-né. In-8 (Limoges, Chapoulaud), 59.
BLEYNIE (L.). Les Landes. In-8, Toulon, Laurent, 58.
— Provence et Brésil. In-12, Toulon, Laurent, 54.
BLICK auf das Feld der évanglischen Mission in Aus-ralien. In-8 (Strasbourg, Silbermann), 55.
BLIER (L. A.). Histoire du crucifix miraculeux à Rue en Picardie. In-18, Amiens, Lenoël-Herouart, 55.
BLIGNIÈRES (A. de). Essai sur Amyot et les traducteurs français au XVIe siècle. In-8, Durand, 51. 7 »
— Eléments de grammaire française sur un plan nouveau. In-12, Ve Renouard, 60. 2 »
— Mélanges et fragments, rec. par Jourdain. In-8 (Lahure), 54.
— Petite géographie ancienne. In-18, Hachette, 60.
— Premières notions de grammaire française, extraites des éléments de grammaire française. In-12, Ve Renouard, 60. »
— et M. de Blignières. Exercices gradués et variés d'analyse grammaticale. In-12, Renouard, 51. 1 50
BLIGNIÈRES (C. de). Exposition abrégée de philosophie et de la religion positives. In-18, Chamerot, 57. 3 75
— La vraie liberté. In-8, Dentu, 60. 1 »
BLIGNY (le comte B. de). Un bâtard des ducs de Bourgogne. In-16, Dentu, 56.
BLIN (A.). Eléments d'histoire et de géographie, 1re part. In-18, Dezobry, 56. 1 »
— Eléments de législation comm. et de tenue des livres. In-12, P. Dupont, 60. 1 50
BLIN (Aimé). Du caractère spécial de Jésus-Christ. Thèse. In-8 (Strasbourg, veuve Berger-Levrault et fils), 52.
BLIN (l'abbé J. B.). A. S. M. Napoléon III. In-8 (Caen, Bonneserre), 54.
— Antidote contre le choléra-morbus. Liqueur de benjoin composée. In-8 (Caen, Bonneserre), 51.
— Le modèle du prêtre. In-12, Gaume, 56.
— Prière à S. S. le pape Pie IX, sur la résurrection de Napoléon à Rome. In-8 (Caen, Laporte), 53.
— Sermons à l'usage des missions. 4 vol. in-12, Gaume, 56. 10 »
BLIN (L.). Recherches sur les eaux ferrugineuses de St-Quentin. In-8 (St-Quentin, Moureau), 60.
BLIQUE (l'abbé). Nouvelle civilité lithographiée. In-12, Beauvais, Boquillon-Porquier, 53.
BLISMON. Almanach perpétuel. In-18, Delarue, 50 à 60.
— L'ami de la famille, couplets pour les fêtes, etc. In-32, Delarue, 58. 1 »
— Le bréviaire de Grégoire, recueil de chansons bachiques. In-32, Delarue, 55. 1 »
— Chansonnier du hymen. In-32, Delarue, 57. 1 »
— Eloge de l'ivresse; recueil d'anecdotes bachiques. In-32, Delarue, 60. 1 »
— Formulaire de tous les actes que l'on peut faire sous seing privé. In-18, Delarue, 60. » 75
— Le gastronome en goguette. In-32, Delarue, 55. 1 »
— Gastronomiana. Trésor de bons mots, plaisanteries, aventures, etc. In-12, Delarue, 60. 1 »
— Jurisprudentiana. Trésor des anecdotes. In-32, Delarue, 58. 1 »
— Malice et imperfection des femmes mises à nu. In-32, Delarue, 58. 1 »
— Les mille et un secrets, remèdes et procédés utiles, etc. In-32, Delarue, 60. 1 50

BLISMON. Les mille et un tours de physique amusante. In-18, Delarue, 56. 2 »
— Muliérana. Trésor des anecdotes. In-32, Delarue, 58. 1 »
— Nouvelle sélamographie. Language allégorique des fleurs, etc. In-18, Delarue, 58. 1 25
— Sermoniana. Choix de sermons facétieux, etc. In-32, Delarue, 58. 1 »
— Sévigniana. Esprit des lettres de Mme de Sévigné. 2 vol. in-32, Delarue, 57. 2 »
— Trésor des anecdotes comiques. In-32, Delarue, 60. 1 »
— Trésor des arlequinades. In-32, Delarue, 56. 1 »
— Trésor des bons mots; pensées, traits des personnages célèbres, Molière, Voltaire, etc. In-32, Delarue. 56. 1 »
— Trésor des curiosités et des originalités. In-32, Delarue, 57. 1 »
— Trésor des énigmes, charades et logogriphes. In-32, Delarue, 55. 1 »
— Trésor des gasconnades. In-32, Delarue, 55. 1 »
— Trésor des singularités en tous genres et de philologie amusante. In-32, Delarue, 57. 1 »
BLOC. Aperçu général sur l'industrie du vêtement confectionné. In-18 (Dubuisson), 59.
BLOCH (S.). La foi d'Israël, In-8, chez l'auteur (38, rue des Martyrs) et à la librairie israélite, 59. 7 »
— Le judaïsme et le socialisme. In-8, chez l'auteur, 50.
— Méditations bibliques. In-8, Libr. israélite (9, rue Notre-Dame-de-Nazareth), 60. 4 »
BLOCK (M.). Des charges dans les divers pays de l'Europe. In-8, Bouchard-Huzard, 51. 5 »
— Dictionnaire de l'administration française. In-8, Ve Berger-Levrault et fils, 56. 25 »
— L'Espagne en 1850. In-12, Guillaumin, 51.
— Etat du bétail en France. In-8, Bouchard-Huzard, 50. 1 50
— Statistique de la France comparée avec les autres Etats de l'Europe. 2 vol. in-8, Amyot, 60. 18 »
— Table aux mémoires d'agriculture, depuis l'an VII jusqu'en 1850. In-8, Bouchard Huzard, 51. 3 50
BLOCKHAUSEN (A. de). La famille Durandel, ou il ne faut pas maltraiter les animaux. In-12 (Mulhouse), Meyrueis, 55. 1 50
— Conseils et entretiens, suite de la famille Durandel. In-12 (Mulhouse), Meyrueis, 55. 1 50
— Petit cours de mythologie. In-18, Meyrueis, 53. » 75
BLOIS (L. de). Le guide spirituel, ou le miroir des âmes religieuses, trad. par Lamennais. In-32, Bray, 60. » 80
— Histoire abrégée de l'aimable Jésus. In-32, Laval, Genest, 58.
— Instruction spirituelle et pensées consolantes. In-18, Périsse, 60.
— Pieuse explication de la passion de N.-S. Jésus-Christ, trad. du latin par Poulide. In-18, Bray, 56. 1 50
BLOMMAERT (P.). Fragment d'un roman de chevalerie du cycle carlovingien. In-8 (Lille, Lefebvre-Ducrocq), 60.
BLONDEAU (Ad.) Année encyclopédique des dames. 12 vol. in-16, au bureau du Magasin des familles, 55.
BLONDEAU (C.). Analyse des eaux minérales de Cransac, dép. de l'Aveyron. In-8 (Rodez, Ratery), 50.
— De l'eau et de son emploi comme force motrice. In-8 (Rodez, Ratery), 57.
— Projet d'amener à Rodez 1900 mètres cubes d'eau par 24 heures. In-8 (Rodez, Ratery), 53.
— Les voix plébéiennes. In-16 (Poligny, Mareschal), 60.
BLONDEL. Nouvelle méthode de dessin artistique. In-folio, Hachette, 57. 5 »
BLONDEL (Mme A.). Les cloches. In-12, Rouen, Mégard, 58. 1 »
— Élise, ou l'éducation particulière. In-12, Mégard, 60. 1 »

BLONDEL (Mme A.). Fêtes de famille. In-32, Rouen, Mégard, 57. » 50

BLONDEL (E.). Monographie alphabétique de l'extradition. In-8, Cosse et Marchal, 59. 6 50

BLONDEL (H. L.). Le guide du tailleur. In-4, Troyes, Bouquot, 55. 5 »

BLONDEL (J.). La pipe et l'étudiant. In-8, Marpon, 60.

BLONDELET (Ch.). Le diable au corps, féerie-vaudev. In-8, Libr. théâtrale, 59. » 30

— et Bordet. Ah! il a des bottes, Bastien, vaudev. In-8, Libr. théâtrale, 59. » 30

— et Bordet. La-i-tou et tralala, folie-vaudev. In-8, Dechaume (27, rue Charlot), 58. » 30

— et France. Un homme bien amusant. In-4 (Morris), 56.

— et Vinet. Couplets chantés dans les raseurs, vaudev.-revue. In-12, Dechaume, 56.

— et Vinet. La révolte aux enfers, revue (Beaulé), 51.

BLONDET. (N.). Des concrétions fibrineuses du cœur. In-8 (Malteste), 57.

— Etablissement des fistules gastriques artificielles. In-8 (Martinet), 58.

— Manière d'agir du suc gastrique. In-8 (Nancy, veuve Raybois), 57.

— Nouvelles recherches chimiques sur la nature et l'origine du principe acide qui domine dans le suc gastrique. In-8, Masson et fils, 51.

— Recherche de l'arsenic par la méthode de Marsh. In-8 (Nancy, Vᵉ Raybois), 57.

— Recherches sur la digestion des matières grasses. Thèse. In-4, Masson et fils, 55.

BLOOD (le Rév. W.). La perte de l'Amazone, vapeur parti de l'Angleterre pour les Etats Unis, le 2 janvier 1852. In-18, Meyrueis, 60. » 10

BLOSSEVILLE (le marquis de). Histoire de la colonisation pénale et des établissements d'Angleterre en Australie. In-8, Guillaumin, 59. 7 50

BLOT. Barême, ou comptes faits. In-folio, Blot, 58. » 20

— Barême de la solde de la troupe des régiments d'infanterie. In-8, Blot, 53.

— Id. Des officiers. In-8, Blot, 53.

— Livret du caporal d'infanterie. In-18, Blot, 50.

— Notice historique sur le palais des Tuileries. In-18, Blot, 55. » 60

— Nouvelle table de Pythagore. In-4, Blot, 58. » 20

— Ordonnance du 25 décembre 1837, portant règlement sur le service de la solde. In-12, Blot, 53.

— Le prompt calculateur. In-folio, Blot, 59.

— Tarif de la solde d'après les tarifs du 1er avril 1853. In-plano, Blot, 53.

BLOT (E.). Un regard en arrière sur ma vie d'ouvrier et d'artiste. In-8 (Boulogne, Delahodde), 60.

BLOT (le doct. H.). De l'anesthésie appliquée à l'art des accouchements. In-8, Masson et fils, 57.

— De la glycosurie physiologique des femmes en couches. In-8, Masson et fils, 56.

BLOT (J. T.). La passion de N.-S. Jésus-Christ, selon saint Mathieu, texte hébreu, avec un dictionnaire hébreu-franç. In-12 (Rennes, Vatar), 51. » 75

BLOT (L.). Nouveau système de locomotion sur les routes ordinaires. In-12, Passy, chez l'auteur (51, avenue de la porte Maillot), 56.

BLOT-LEQUESNE. De l'autorité dans les sociétés modernes. In-8, Dentu, 55. 5 »

BLOTTAS. Analyses de prix, ou sous-détails et détails des ouvrages de terrassement, etc. In-8, Dunod, 59. 2 50

— Manuel d'évaluation des propriétés immobilières. In-12, Dunod, 56. 1 25

BLOU (A.). La locomotive, en vers. In-8 (Vernon, Aubin-Hunebelle), 60.

— La sœur de lait, roman, t. I. In-12, Vernon, Aubin-Hunebelle, 60. 3 »

BLOUET (V.). Un fontanarose. In-8 (Hagueneau, Edler), 51.

BLOUME (E.). Cahier d'analyse grammaticale française. In-4, Hachette, 51. » 30

— Cahier d'analyse grammaticale latine. In-4. Hachette, 56. » 30

— Cahier d'analyse logique. In-4, Hachette, 56 » 30

— Une première année de latin. In-12, Hachette, 56. 2 »

BLOUNT. Une expédition dans les forêts d'Usas. In-12, Limoges, Barbou, 60. » 40

BLOUQUIER (G.). Rapport et observations méd. recueillies aux eaux sulfureuses de Fonsanche. In-8 (Montpellier, Bœhm), 56.

BLOUT (A. C.). Le Mont-Saint-Michel. In-8 (5, rue Coq-Héron), 50.

BLUETTES par un touriste. Constantinople, Egypte, Rome, Venise, Espagne, Pyrénées. In-12 (Nancy), Douniol, 58. 1 50

BLUETS (les). Nouvelle anthologie des familles et des écoles. In-8 (Mulhouse, Barat), 59.

BLUM (A.). Agenda-memento des écoles et des nouvelles études. In-18. Mallet-Bachelier, 54. 1 »

BLUM (E.). Une femme qui mord. In-8 (12, boulevard St-Martin), 55. » 60

— et Flan. Les délassements en vacances. In-4, Libr. théâtrale, 59. » 30

BLUMENKRAENZCHEN. Kleine Gedichte für Kinder. In-18, Truchy, 57.

BLUNT (E.) et G. W. Blunt. Le pilote côtier des États-Unis, trad. de l'anglais par Pigeard. In-8, Ledoyen, 54. 7 «

BLUTEAU (l'abbé V.). Catéchisme catholique d'après saint Thomas-d'Aquin. 4 vol. in-12, Sarlit, 59-60. 14 »

BOAÇA (F. A. de). Couronne poétique pour le mois de Marie. In-12 (Perpignan), Allouard, 52.

BOBE-MOREAU. Les eaux minérales ferrugineuses de la Rouillasse. In-8 (Saint-Jean-d'Angely, Saudan), 59.

BOBEAU. Histoire sainte. In-12, Hivert, 57.

BOBIERRE (A.). De l'alliance franco-ibérique. In-8 (Nantes, Busseuil), 51.

— Commentaires sur la nouvelle législation des engrais. In-8, Nantes, Guéraud, 50.

— Considérations théoriques et pratiques sur l'action des engrais. In-8, Libr. agricole, 54.

— Leçons élémentaires de chimie appliquée aux arts. In-12, Masson et fils, 52. 5 »

— Législation répressive sur les engrais industriels. In-8 (Nantes, Vᵉ Mellinet), 57.

— Moyen de doser l'azote des principaux engrais. In-8 (Nantes, Vᵉ Mellinet), 57.

— Le noir animal. In-12, Libr. agricole, 56. 1 75

— Du phosphate de chaux. In-8, Libr. agricole, 59. 3 »

— Rapport sur la production et le commerce des engrais, pendant 1855-56, adressé au préfet de la Loire-Infér. In-8 (Nantes, Busseuil), 56.

— et Moride. Note sur la composition chimique des sources ferrugineuses de la Loire-Inf. In-8 (Nantes, Busseuil), 52.

BOBILLIER (E. E.). Cours de géométrie. In-8, Hachette, 60.

— Principes d'algèbre. In-8, Hachette, 56. 3 50

BOBIS (A. V.). Oraison funèbre d'Antoine Lusinchi, curé de la paroisse de Saint-Jean-Baptiste. In-8 (Bastia, Fabiani), 60.

BOBLET (Mlle S.) et Mme Charrier-Boblet. Aperçu chronologique d'histoire d'Angleterre, comparée à la chronologie des rois de France. In-12, Dezobry, 50.

— Id. Voy. aussi - Charrier-Boblet.

BOBOEUF (P. A. F.). Gare à nos vaisseaux. In-8, Dentu, 60. 1 »

BOBY. Méthode de lecture en dix leçons. In-12, Lons-le-Saunier, Gauthier, 59.

BOCAGE (P.). La duchesse de Mauves. 4 vol. in-8, Cadot, 60. 30 »

— Palma, drame. In-4, Michel Lévy, fr., 57. » 20

— Les puritains de Paris, 5 vol. in-8, Cadot, 60. 37 50

BOCAMY (le doct. J.). Rapport sur le choléra épidémique dans les Pyrénées-Orient. en 1854. In-8 (Perpignan, Tastu), 56.

BOCCACE. Contes traduits par A. Sabatier de Castres. In-12, Garnier fr., 60. 3 50

BOCHER (E.). Des biens de la maison d'Orléans; réponse à M. Granier de Cassagnac. In-8 (Noblet), 52.

Décrets du 22 janvier. Biens de la maison d'Orléans. Distribution d'écrits destinés à la défense. Explications et plaidoiries d'Odilon-Barrot, etc. In-8 (Noblet), 52.

BOCHET. Mémoire sur le gisement d'étain de Piriac. In-4, chez Cabasson (15, rue de la Chaussée-d'Antin), 56.

— Résumé du cours public de chimie professé à Nantes. In-4 (Nantes, Charpentier), 51.

BOCK (Fr.). Les trésors sacrés de Cologne, traduits de l'allemand, livr. I à XII. Gr. in-8, Morel et Cᵉ, 60. Chaque livraison. 3 »

L'ouvrage complet, 40 fr.

BODART. Alimentation des enfants du premier âge. In-8 (Tours, Ladevèze), 58.

BODEMANN (F. G.). Jean Gaspard Lavater, sa fin et sa profession de foi sur le lit de mort. In-8 (Strasbourg, Vᵉ Berger, Levrault et fils), 56.

— Id. En langue allemande.

BODENSTEDT (F.). Les peuples du Caucase, traduit de l'allemand par le prince de Salm Kyrburg. In-8, Dentu, 59. 8 »

BODET (M.). Cour de cassation. Chambre criminelle. Mémoire pour M. Bocher, administrateur des biens de la maison d'Orléans, contre un arrêt de la cour d'appel de Paris, chambre des appels de la police correctionnelle, en date du 18 mars 1852. In-4 (Henri Noblet), 52.

BODICHON (le doct.). Hygiène à suivre en Algérie. Hygiène morale. In-16 (Alger, Rey), 51. » 50

— Id. Acclimatement des Européens. In-12 (Alger, Rey), 51.

BODIN et Clément. Marseille régénéré. In-4 (Marseille, Vᵉ Marius Olive), 56.

BODIN (C.). Traité complet et rationnel des principes élémentaires de la musique. In-4 (338, rue St-Honoré), 50. 5 »

BODIN (Mᵐᵉ C.). Alice de Lostange. In-12, De Vresse, 60. 1 »

— Anaïs. In-12, De Vresse, 59. 1 »

— La cour d'assises. In-12, De Vresse. 60. 1 »

— Francine de Plainville, 3 vol. in-8, Baudry (rue Coquillière), 50. 22 50

— Mémoires d'un confesseur. In-12, De Vresse, 59. 1 »

BODIN (l'abbé H.). Les livres prophétiques de la sainte Bible, traduits en français. 2 vol. in-8, Jouby, 55. 12 »

BODIN (J.). Agriculture. Quelques observations pratiques. In-18, Goin, 56. » 15

— La culture et la vie des champs. In-12, Rennes, Verdier, 58. 1 »

— L'école d'agriculture de Rennes. In-8 (Rennes, Oberthur), 58.

— Eléments d'agriculture. In-12, Dezobry, 56. 1 50

— Herbier agricole. In-18, Dezobry, 56. 1 50

— Lectures et promenades agricoles. In-18, Dezobry, 59. » 60

— Notice sur les instruments aratoires. In-12 (Rennes, Marteville), 56.

— Petit questionnaire agricole pour les écoles primaires. In-12 (Rennes), Goin, 60. » 60

BODIN (J. F.). Recherches historiques sur l'Anjou. 2 vol. in-12 (Augers, Cosnier), 51.

— Recherches historiques sur la ville de Saumur. 2 vol. in-8, Saumur, Godet, 51.

BODIN-DESPLANTES (J.). Réponse d'un lâche aux braves. In-18 (Nantes, Guéraud), 50. » 25

BOECK (le doct. W.). Recherches cliniques sur la syphilisation. In-8 (Dupont), 54.

— De la syphilisation appliquée aux enfants, traduit de l'allem. par Hagen. In-8 (Bailly), 56.

— Traité de la radesyge ou syphilis tertiaire. In-8 (Christiania), Franck, 60. 3 »

— et Danielssen. Recueil d'observations sur les maladies de la peau, livr. I et II. In-folio (Christiania), Franck, 55 à 60. Chaque livr. 15 »

BOECKEL (E.). Météorologie et constitution médicale du Bas-Rhin. In-8 (Strasbourg, Silbermann), 59.

— De l'ozone. Thèse. In-4 (Strasbourg, Silbermann), 56.

— L'ozone, ou recherches chimiques, etc., sur l'oxygène électrisé. In-8 (Strasbourg, Silbermann), 57.

— De la périostite phlegmaneuse. In-8 (Strasbourg, Silbermann), 58.

— Des sutures sur plusieurs rangs. In-8 (Strasbourg, Silbermann), 60.

BOEGNER (C. F.). Etudes historiques sur l'église protestante de Strasbourg, considérée dans ses rapports avec l'église catholique, 1681-1727. Thèse. (Strasbourg, veuve Berger, Levrault et fils), 51.

BOEHLER (J.). Appendice à l'examen du projet de loi sur le rengagement et le remplacement militaire. In-8 (Chaix), 55.

— Examen du projet de loi sur le rengagement et le remplacement militaire. In-8 (Simon-Dautreville), 55.

— Extraits d'une brochure intitulée : Examen du projet de loi sur le recrutement de l'armée présenté à la chambre des députés, en 1841, par le maréchal Soult. In-4 (Simon-Dautreville), 55.

— Réflexions critiques sur l'exposé des motifs et les dispositions du projet de loi relatif au rengagement et au remplacement militaire. In-8 (Chaix), 55.

BOERESCO (B.). Examen de la convention du 19 août, relative à l'organisation des principautés danubiennes. In-8, Dentu, 59. 1 50

— La Roumanie après le traité de Paris du 30 mars 1856. In-8, Dentu, 56.

BOERO (le P. J.). La sainte bergère, ou vie de la B. H. Germaine Cousin, trad. par M. de Montrond. In-12, Lille, Lefort, 60. » 30

— Vie et miracles de la B. H. Germaine Cousin. In-18, Périsse, 55.

— Vie de la B. H. Marianne de Jésus de Parédès y Florès, traduit de l'italien, par l'abbé Alix. In-12, Douniol, 54. 1 »

BOESE (C.). Exercices pratiques sur les parties du discours variable, en français et en allemand. In-12, Vᵉ Berger, Levrault et fils, 56.

— Schatzkæstlein für gute Kinder. In-16 (Strasbourg, Dannbach), 56.

BOESWILWAD (E.). L'église de Nieder-Haslach et le projet de la restauration. In-18 (Strasbourg, Silbermann), 53.

BOËTTIERS DE MONTALEAU. Notice historique sur l'établissement des fonderies de Romilly-sur-Andelle, départ. de l'Eure. In-4 (Cosson), 50.

BŒUF (le) enragé, pantomime-arlequinade. In-18, chez Deschamps (27, rue Charlot), 50.

BOGAERTS (F. G. M.). Œuvres historiques et littéraires. In-8, Anvers, Buschmann, 50.

BOICERVOISE (L. A.). Quelques réflexions au sujet du projet de loi relatif aux enfants trouvés, etc. In-8, au bureau de la revue municipale, 50.

BOICHOZ. Nivellement de la contribution foncière entre les départements. In-8, P. Dupont, 51.

BOIGEOL (L.). La filature du coton en France et en Angleterre. 2 cahiers, Strasbourg, veuve Berger, Levrault et fils, 60. 2 50

BOIGNE (Ch. de). Les chemins de fer étrangers devant la loi française. in-8, P. Dupont, 60.

— Dans les Highlands. In-12 (Brière), 52.

— Petits mémoires de l'Opéra. In-18, Libr. nouvelle, 57. 1 »

BOILAT (l'abbé P. D.). Esquisses sénégalaises. Physionomie du pays. Grand in-8, P. Bertrand, 53. 10 »

BOILAT (l'abbé P. D.). Grammaire de la langue woloffe (Sénégal). In-8, Impr. impér., Stassin et Xavier, 58. 20 »

BOILEAU. Débat sur l'application du métal à la construction des églises. In-4, Bance, 55.

BOILEAU (A. V.). La czariade. Etrennes à S. M. Nicolas. In-12, Taride, 54. » 50

BOILEAU (J.). De l'abus des nudités de la gorge attribué à l'abbé J. Boileau. In-12, Delahays, 58. 3 »

BOILEAU (L.). Le château d'Amboise et ses environs. In-8, Tours, Guilland-Verger, 60.

BOILEAU (Mme de). Fastes napoléens. Tableau historique. In-plano (Versailles, Beau jeune), 53.

BOILEAU (P.). Jaugeage des cours d'eau faible ou à moyenne section. In-4, Mallet-Bachelier, 50.
— Instruction pratique sur les scieries. In-8, Mallet-Bachelier, 55.
— Traité de la mesure des eaux courantes. In-4, Mallet-Bachelier, 54. 20 »

BOILEAU DE CASTELNAU (le doct.). De la folie affective. In-8, Baillière et fils, 56.
— De l'épilepsie dans ses rapports avec l'aliénation mentale. In-8, Baillière et fils, 52. 1 50

BOILEAU DESPRÉAUX. Art pratique, avec notes, par E. Géruzez. In-12, Hachette, 58. » 30
— L'art poétique, avec notes, par Dubois. In-12, Delalain, 60. » 30
— Id. Traduit en vers latins par Laval. In-12, Delalain, 60. 1 50
— Correspondance entre Boileau et Brossette. In-8, Techener, 58. 10 »
— Epîtres, avec notes, par Dubois. In-12, Delalain, 60. » 60
— Le lutrin, avec notes, par Dubois. In-12, Delalain, 60. » 30
— Id. traduit en vers latins par Laval. In-12, Delalain, 60. 1 50
— Œuvres, édit. classique. In-18, Vᵉ Maire-Nyon, 56. 1 »
— Œuvres, avec notice, par Sainte-Beuve. In-8, Furne, 58. »
— Œuvres, nouv. édit., conforme au texte donné par Berriat-Saint-Prix, précédée d'une notice sur la vie et les ouvrages de Boileau, par Sainte-Beuve. In-12, Garnier frères, 60. 2 »
— Œuvres à l'usage des écoles. In-18, Limoges, Ardant, 56.
— Œuvres choisies. In-18, Lecoffre, 56. » 80
— Œuvres choisies à l'usage de la jeunesse. 2 vol. in-12, Lecoffre, 59. 2 »
— Œuvres complètes. Malherbe et J.-B. Rousseau. In-8, Didot, 59. 10 »
— Œuvres complètes, nouv. édit., conforme au texte donné par Berriat-Saint-Prix, avec les notes de tous les commentaires, publ. par Paul Chéron; précédée d'une notice sur la vie et les ouvrages de Boileau, par Sainte-Beuve, et suivie du Bolaeana d'un extrait de La Harpe. Gr. in-8, Garnier fr., 60. 12 50
— Œuvres complètes. In-12, édit. Lahure, Hachette, 59. 2 »
— Œuvres complètes. In-8, Renault et Cⁱᵉ, 56. 5 »
— Œuvres poétiques. In-4. G. Barba, 51. » 80
— Œuvres poétiques. In-18, E. Belin, 55. 1 »
— Œuvres poétiques. In-18, Charpentier, 57. 3 50
— Œuvres poétiques, avec notes, par Dubois. In-12, Delalain, 60. 1 25
— Id. sans notes, avec notice, par Estienne. In-18, Delalain, 60. » 80
— Œuvres poétiques, avec notes, par M. J. Travers. In-12, Dézobry et Magdeleine, 60. 1 25
— Œuvres poétiques, édit. Lefèvre. 1 vol. in-8, Didot, 53. »
— Œuvres poétiques, avec notes, par Géruzez. In-12, Hachette, 59. 1 25
— Œuvres à l'usage de la jeunesse. In-18, Périsse, 57.
— Œuvres à l'usage de la jeunesse. in-18, Albanel, 60.
— Satire inédite. In-8 (Didot), 52.

BOILEAU DESPRÉAUX. Satires, avec notes, par Dubois. In-12, Delalain, 60. » 75
— Satires inédites. In-8 (Epernay, Boucart), 58.

BOILEUX (J. M.). Commentaire sur le code Napoléon, 6ᵉ édit. 7 vol. in-8, Marescq aîné, 55 à 60. 52 50

BOILLOT (A.). Nouvelle théorie des parallèles. In-8, Cahu, 51.

DOINET (A. A.). De l'alim. iodée comme moyen prév. et cur. dans les maladies où l'iode est employé. In-8 (H. Noblet), 60.
— Du diagnostic différentiel des tumeurs du ventre avec les kystes des ovaires. In-8, Masson et fils, 60.
— Iodothérapie, ou de l'emploi médico-chirurgical de l'iode. In-8, Masson et fils, 55. 9 »
— Traitement des tumeurs hydatiques du foie. In-8 (Firmin-Didot), 60.

BOINVILLIERS (É.) Conférence Molé. Projet de loi sur le régime pénitentiaire. In-8 (Duverger), 50.
— Eléments d'histoire de France. In-18, Hachette, 60. » 75
— Les tarifs de chemin de fer. In-8, Hachette, 60. 1 50
— Des transports à prix réduits sur les chemins de fer. In-8, Hachette, 59. 2 50

BOINVILLIERS (J. F.). Apollineum opus, In-12. 1 50
— Apollinei operis Carmina, In-12. 1 50
— Cacographie. in-12. 1 50
— Corrigé de la même. In-12. 2 »
— Cacologie. In-12. 1 50
— Corrigé de la même. In-12. 2 »
— Cours pratique de la langue latine, à l'usage de la quatrième. In-12. 1 75
— Corrigé du même. In-12. 2 50
— Dictionnaire des commerçants, français-latin. In-8. »
— Dictionnaire des commerçans, latin-français. In-8. 3 »
— Dictionnaire des synonymes français. In-8. 3 50
— Gradus ad Parnassum. In-8. 4 »
— Grammaire française raisonnée. 2 vol. in-12. 3 »
— Manuel des enfants et des adolescents. In-12. 1 25
— Manuel latin. In-12. 3 »
— Corrigés du même. In-12. 4 »
— Mémorial latin. In-12. 1 50
— Petit Dictionnaire français. In-16. 1 25
— Petit vocabulaire du bon et du mauvais langage. In-16. » 90
Delalain, 50 à 60.

BOINVIN. Feuilles au vent. Poésies. In-8 (Bénard), 57.

BOIRON (J. P.). Discours en vers patois, suivi d'une chanson. In-16 (Lyon, Boursy), 60.

BOIS (le) de Boulogne architectural. Recueil des embellissements, par Alphand et Davioud, dess. p. d'Acquer. Petit in-folio, Caudrillier, 60. 45 »

BOIS. Neue Art die Tauben zu erziehen. In-16 (Mulhouse, Risler), 60.

BOIS. Nouvel art d'élever les pigeons. In-12, Tissot, 50. » 50

BOIS. Les soupirs du cœur. Poésies. In-12 (Nancy), Charpentier, 50.

BOIS (V.) Les chemins de fer français. In-16, Hachette, 53. 1 »
— La télégraphie électrique. In-16, Hachette, 54. 1 »

BOIS-AUBRY (de). La vie de saint Vincent de Paule. In-12, Société de St-Victor (16, rue Tournon), 56.

BOIS-ROBERT (J. D. de). Nil et Danube. Souvenirs d'un touriste. In-8, Courcier, 55. 7 »

BOISDUVAL (J. A.). Lépidoptères de la Californie. In-8 (Malteste), 52.
— et Guénée. Histoire naturelle des insectes. Lépidoptères. (Papillons.)

Diurnes, par Boisduval, t. Iᵉʳ, avec 2 livrais. de planches. Noir. 12 50 / Col. 18 50

Nocturnes, par Guénée, t. V à X, avec 5 livrais. de planches. Noir. 54 » / Col. 69 »

(Nouvelles suites à Buffon), chez Roret, 50 à 60.

6

BOISDUVAL (J. A.). Nouveau manuel de botanique, 2e partie, Flore française, ou description synoptique des plantes qui croissent sur le sol français. 3 vol. in-18, Roret, 50 à 60. 10 50
— Atlas de botanique pour la flore française. In-8, Roret, 50 à 60. Noir. 9 »
Col. 18 »

BOISGARD (A.). A M. le président et messieurs les membres du comité et de la société des gens de lettres, In-4 (Bonaventure), 53.

BOISGELIN (le card. de). Œuvres oratoires complètes; ce volume contient aussi ceux de l'abbé Cormeaux, Gérard, d'Anot et du P. Guénard. In-8, Migne, 56. 6 »

BOISGONTIER (Mme A.). La parjure de Jules Denis. In-12, Michel Lévy fr., 52. » 60
— Id. In-4, Michel Lévy fr., 54. » 20

BOISGONTIER (Mlle E.). Nouveau théâtre des demoiselles. In-18, Fonteney et Peltier, 52.

BOISGONTIER (D. H. de) L'abeille, choix graduée de poésies. In-12 (Orléans), Ducrocq, 57. 1 25

BOISROND TONNERRE. Mémoire pour servir à l'histoire d'Haïti. In-12, France, 52. 2 »

BOISSARD. Des substitutions et des majorats. In-8, Durand, 58. 3 »

BOISSARD (F.) Dante révolutionnaire et socialiste, mais non hérétique, 2e édit., Douniol. 58. 2 50
— Justice, le journal l'Univers et Frédéric Ozanam. In-8, Dentu, 56.

BOISSARD (G. D. F.). Histoire de la Bible. In-18, Hachette, 55. 1 50

BOISSAY (E.) et Verhaeghe. Le nouveau tarif du bâtiment, publié en 1854 :
1re part. Maçonnerie, terrasse, carrelage. In-18. 1 25
2e part. Charpente, couverture, plomberie, peinture. In-18. 1 25
3e part. Serrurerie. In-18. 1 25
4e part. Menuiserie. In-18. 1 50
Chez Grim (19, boulevard St-Martin).

BOISSE (A. A. M.). Recherches sur l'histoire, la nature et l'origine des aérolithes. In-8 (Rodes, Ratéry), 50.

BOISSEAUX (H.). La clef des champs, opéra-comique. In-12, Michel Lévy fr., 57. 1 »
— Le duel du commandeur, opéra-comique. In-12, Mich. Lévy fr., 57. 1 »
— La maison du docteur, opéra-comique. In-12, Tresse, 55. » 50
— Mam'selle Pénélope, opéra-comique. In-12, Barbré, 60. 1 »
— On guérit de la peur, opéra-comique. In-12, Tresse, 55. » 50
— Les ressources de Jacqueline, comédie. In-12, Mich. Lévy fr., 54. » 60
— La saint Hubert, drame. In-12, Charlieu, 59. 1 »
— Le secret de l'oncle Vincent, opéra-comique. In-12, Michel Lévy fr., 56. 1 »

BOISSELIER (A. F.). Notice historique et nécrologique sur Coupin, peintre d'histoire. In-8 (Versailles, Montalant-Bougleux), 52.

BOISSELOT (P.). Amour et amour-propre, vaudeville. In-8, Miflier, 56. » 30
— A coup de bâton, comédie. In-4, Miflier, 54. » 20
— Un bal à émotions, vaudeville. In-8, Miflier, 54. » 30
— La cassette à Jeanneton, comédie. In-8, Miflier, 57. » 40
— L'embuscade, coméd.-vaudev. In-8, Barbré, 59. » 60
— La marche des Tartares. In-16, Dechaume, 57.
— Minuit, ou un arrêt du destin, coméd.-vaudev. In-8, Miflier, 54. » 60
— 28 et 60, coméd.-vaudev. In-18, Libr. théâtrale de Mme Claye, 58. » 60
— La table des délices, grande ronde, etc. In-4 (Dondey-Dupré), 52.

BOISSELIER (A. F.) et Hugot. Le carnaval des blanchisseuses. Gr. in-8, Barbré, 59. » 40

BOISSEUIL (le doct. E. A.). De la contagion du choléra-morbus. In-8 (Bordeaux, Crugy), 56.

BOISSIER (A.). Préludes. In-12 (Nîmes, Durand-Belle), 50.
— La prophétie de Dante, poëme d'après Byron. In-8 (Nîmes, Ballivet), 54.

BOISSIER (G.). Le poëte Attius. Etude sur la tragédie latine. In-8, Giraud, 57.
— Quomodo græcos poetas Plautus transtulerit? Thèse. In-8, Giraud, 57. 1 25

BOISSIER (F. L. C.). Un toast à la sainte alliance. In-8, veuve Berger, Levrault et fils, 54.

BOISSIER DE SAUVAGES DE LA CROIX (F.). Sur la question de savoir si l'amour peut être guéri par des remèdes tirés des plantes. Thèse soutenue en 1724. In-8 (Alais, Veirun), 55.

BOISSIÈRE (Charles). Eloge de l'ennui, dédié à l'académie française. In-18, Dentu, 60. 1 »

BOISSIÈRE (P.). Grammaire graduée, ou méthode de la langue française. In-12, Ducrocq, 51.
— Grammaire du second degré, ou syntaxe. In-12, Ducrocq, 50.

BOISSON (C. F. E.). De la ville de Sommières, départ. du Gard, depuis son origine jusqu'à la révolution de 1789. In-8 (Lunel, Hamelin), 50. 6 »

BOISSON (E. V. L.). Le socialisme. In-8 (Caen, Poisson), 50.

BOISSONNEAU (A.). Mode d'appropriation de l'œil artificiel d'après nature, par correspondance. In-4, chez l'auteur (11, rue Monceau), 56.
— La physionomie chez les personnes privées d'un œil. In-8, chez l'auteur, 58.
— Questionnaire. Instructions sur l'œil artificiel et son usage. In-4, chez l'auteur, 56.

BOISSONNIER (J. T.). Les aventures de Zisca, ou la lutte des momiers et des ministres ramenant une âme droite au catholicisme. In-12, Albanel, 53. 2 »

BOISSIEU Arithmétique mise à la portée de tout le monde. In-16, Grenoble, Baratier, 58.

BOISSIEU (Alphonse de). De l'excommunication. In-8 (Lyon), Albanel, 60. » 50
— Notice sur la vie et les travaux de J. C. Grégori. In-8 (Lyon, Dumoulin), 53.

BOISSIEU (Arthur de). L'acropole d'Athènes. In-8, au bureau de la revue contemporaine, 55.

BOISSIEU (le R. P. A.). Le saint Evangile de J.-C. 3 vol. in-12, Albanel, 58. 6 »

BOISTE (P. C. V.). Dictionnaire universel de la langue française. In-4, Didot, 58. 20 »

BOISTEAU. Les concours agricoles et les prix de la viande. In-8 (Raçon), 57.

BOITAL. Un homme à plaindre, vaudeville. In-8, Dechaume, 59.

BOITARD. Guide-manuel de la bonne compagnie. In-12, Passard, 59. 3 »
— Les vingt-six infortunes de Pierrot. In-12, Passard, 53. 5 »

BOITARD. Le jardin des plantes. In-4. G. Barba, 51. 4 »
— Manuel du naturaliste préparateur. In 12, Roret, 59. 3 50
— Nouveau manuel complet de l'architecture des jardins. 1 vol. in-18, et atl. in-8, Roret, 53. 15 »
— Nouveau manuel de botanique. Partie élémentaire. In-18, Roret, 50. 3 50
— Atlas de botanique pour la partie élémentaire. In-8, Roret, 52. 6 »

BOITARD (M. E.) et Ansart-Densy. Navigation pratique. Gr. in-8, Didot, 58. 4 »

BOITARD (J. E.) et Colmet-Daage. Leçons sur les codes pénal et d'instruction criminelle, 6e édit. In-8, Cotillon, 57. 8 »
— Leçons sur toutes les parties du code de procédure civile, 6e édit. 2 vol. in-8, Cotillon, 57. 17 »
— Complément aux cinq premières éditions de la procédure. In-8, Cotillon. 7 »

BOÎTE (la)de bonbons. In-32, Rouen. Mégard, 60. » 15
BOITEAU D'AMBLY (P.). Les cartes à jouer et la car-
tomancie. In-12, Hachette, 54. 3 50
— De l'enseignement populaire de la musique, 2ᵉ édit.
In-8, Perrotin, 60. 1 »
— L'équité de M. Pelletan. In-8, Perrotin, 60. » 50
— Erreurs des critiques de Béranger. In-32, Dentu,
» 50
— Etat de la France en 1789. In-8, Perrotin, 60. 6 »
— Légendes pour les enfants. In-12, Hachette, 57.
2 »
— Lettre à M. Renan relatif à Béranger. In-8, Perrotin,
60. » 50
— Philosophie et politique de Béranger. In-8, Perrotin,
58. 2 50
BOITEL. Mise en valeur des terres pauvres par le pin
maritime. 2ᵉ édit. In-8, Masson et fils, 57. 3 »
— Note sur une larve d'insecte obs. cet hiver dans les
tiges de seigle provenant de la Champagne, avec
considérations, par M. Guérin-Menneville. In-8,
(Bouchard-Huzard), 52.
BOITEL (l'abbé). Histoire du B. H. Jean, surnommé
l'Humble, seigneur de Montmirail. In-18, Vrayet de
Surcy, 59. 5 »
— Histoire de saint Alpin, vainqueur d'Attila. In-12,
Châlons-sur-Marne, Boniez-Lambert, 53.
— Recherches historiques, archéologiques et statistiques
sur Esternay. In-12, Châlons-sur-Marne, Boniez-Lam-
bert, 50.
BOITEL (L.). Feuilles mortes. Poésies. In-12 (Lyon,
Boitel), 52.
BOIZARD. Les effluves de la pensée. In-8, chez Pay-
rard (29, quai Napoléon), 55.
BOIZOT (père et fils). Répertoire des quadrilles, lan-
ciers, et description de la valse, etc. In-32, chez les
auteurs (247, rue St-Honoré), 59. 2 »
BOLAND (A.) Observations sur l'application de la mé-
canique à la boulangerie. In-4 (Bouchard-Huzard),
54.
— Traité pratique de boulangerie. In-8, Lacroix, 60.
5 »
BOLANOS (H.). Curia Filipica, que trata de los juicios
civiles y criminales, etc. In-4, Rosa et Bouret, 53.
16 »
BOLDENYI (J.). La Hongrie ancienne et moderne, ill.
In-8, Lebrun, 50. 12 »
— Le magyarisme, ou la guerre des nationalités en
Hongrie. In-8, Lebrun, 50.
BOLINTINEANO (D.). Les principautés roumaines. In-8,
Desoye et Bouchet (2, place du Panthéon), 54.
BOLLAERT et Gosselet. Mémoire sur l'état hygiénique
de la ville de Lille. In-18 (Lille, Vanackère), 54.
BOLLE (R.). Souvenirs de l'oncle William. In-12, Mey-
rueis, 60. 1 50
BOLLIAC (C.). Domnul Tudor, trad. du roumain. In-8,
Rouvier, 57.
— Mémoires pour servir à l'histoire de la Roumanie.
Iᵉʳ mémoire. Topographie de la Roumanie. In-8,
Rouvier, 56. 2 »
— Nationale. A. doa ediţie poezii. In-8 (Desoye et
Bouchet), 57.
— Poésies, trad. du roumain. In-8 (Pommeret et Mo-
reau), 57.
— Renasterea Romaniei pœzeii. In-8 (Desoye et Bou-
chet), 57.
BOLLIET (J. G.). La fédération des peuples. In-8, Dentu,
60. » 75
BOLLOT (l'abbé). Abrégé d'instruction religieuse et
d'histoire sainte. In-12, Besançon, Monnot, 58.
BOLO. Eloge de Suchet, maréchal de France, duc d'Al-
buféra. In-8 (Lyon, Vingtrinier), 52.
BOLOGNE (L.). Le général de Lamoricière et la science,
en vers. In-8 (Renou et Maulde), 60.
BOLOT et Berthot. Pisciculture. In-8 (Besançon, Outhenin-Chalandre), 53.
BOLTON (Mlle R.). Fidèle et Minette, trad. de l'anglais. In-8, Courcier, 59. Noir. 4 »
Col. 6 »

BOLTS (W.). Histoire des conquêtes et de l'administra-
tion de la compagnie anglaise au Bengale. In-12,
Michel Lévy fr., 58. 3 »
BOMBARDEMENT d'Odessa et de Bomarsund. in-8,
(Gaittet), 54. » 25
BOMBONNEL le tueur de panthères. Ses chasses écrites
par lui-même. In-12, Hachette, 60. 2 »
BOMPAR. Notice qui traite de la culture des blés. In-8
(Draguignan, Gimbert), 58.
BON. Cours d'instructions neuves et pratiques. In-8
(Charleville, Pouillard), 57. 6 50
BON (le) ange des campagnes. In-12, Lille, Lefort, 59.
— Ange gardien instruisant l'âme qui lui est confiée,
par l'abbé M. In-32, Limoges, Ardant, 56.
— Berger, trad. de l'allem. In-18 (Meyrueis), 59.
— Chemin. In-18 (Meyrueis), 57.
— Cultivateur pour 1861. In-8, Nancy, Hinzelin, 60.
» 20
— Diable. Poésies littérature, etc. In-4 (115, rue du
Faubourg-St-Antoine), 58. 6 »
— Fils, ou courage et persévérance dans l'adversité.
In-12, Limoges, Barbou, 59.
— Grain. In-12 (Meyrueis), 57.
— Guillaume, ou le malheur secourant l'infortune, par
V. D. In-16, Rouen, Mégard, 56.
— Jardinier, almanach horticole pour 1861. In-12,
Libr. agricole, 60. 7 »

Une nouvelle édition est publiée chaque année.

— Id. Gravures de l'almanach du bon jardinier. In-12,
Libr. agricole, 60. 7 »
— Médor, par R. M. In-18, Rouen, Mégard, 56.
— Pasteur. Cours d'instruction destiné à MM. les curés.
In-8 (Mézières, Lelaurin-Martinet), 58. 6 50
— Pasteur. Souvenir d'Ars et des instructions de M. le
curé, Iʳᵉ part. In-18. Périsse, 56.
— Petit écolier, ou l'enfant et ses devoirs. In-18, Beaune,
Batault, 53.
— Roi Dagobert et le grand saint Eloi. In-18 (Mey-
rueis), 58.
— Sens du peuple. In-8, Lille, Lefort, 54. » 30
— Et véritable almanach universel de Milan pour 1861.
In-8, Grenoble, Baratier frères et fils, 60.
— Villageois, ou la vertu dans la tribulation, par l'au-
teur de l'orpheline de Lépaute. In-18, Lille, Lefort,
54. » 30
— Voisin, par l'auteur de l'ami inconnu. In-18, Lille,
Lefort, 52. » 60
BONA (le card.). Chemin abrégé pour aller à Dieu. In-
32, Périsse, 56.
— Le chemin du ciel. In-12, Ad. Le Clere. 60.
— Le guide vers le ciel, trad. par Richard de la Hau-
tière. In-18, Julien, Lanier, 51. 1 25
— De la liturgie, ou traité sur le saint sacrifice de la
messe, trad. en franç., par l'abbé Lobry. 2 vol. in-8.
Vivès, 56.
— Le phénix qui renaît, ou la rénovation de l'âme.
In-12 (Caen), Vaton, 58. 1 50
— De sacrificio missæ. In-32, Périsse, 58. 1 »
BONA (T.). Tracé et ornementation des jardins d'agré-
ment. In-12, Bruxelles, Tarlier, 59. 1 50
BONAFONT. Mémoire sur un nouveau mode d'occlusion
des yeux dans le traitement des ophthalmies. In-8,
Baillière et fils, 56. 2 »
BONAFONS. La rhétorique d'Aristote, trad. en français
avec le texte en regard. In-8, Durand, 57. 7 »
BONAFONS (H.). Les aristocrates sous la république.
In-8, Dentu, 50. » 15
— Encore un peu de tout, 2ᵉ macédoine politique. A
tous pour tous. In-8, Dentu, 50. » 10
BONAFOS-LAZERME (H.). Du legs et de la vente de la
chose d'autrui. In-8 (Toulouse, Bonnal), 54.
BONAFOUX (B.). Le fils d'un compagnon d'armes. In-8.
Brignoles, départ. du Var, chez l'auteur, 55. » 75
BONALD (le card. de). L'avenir prochain de la France.
In-4 (Lyon, Périsse), 51.
— Ce qui allume la colère de Dieu. In-4 (Lyon, Pé-
risse), 55.

BONALD (le card. de). Ce qu'un chrétien doit entendre par le progrès. In-12 (Lyon, Pélagaud), 56.

— Circulaire au clergé du diocèse de Lyon. In-4 (Lyon, Périsse), 60.

— Instruction pastorale sur le chef visible de l'Eglise. In-4 (Lyon, Périsse), 60.

— Œuvres oratoires; ce volume contient aussi ceux de de Mgrs Donnet, Dupont et Charvaz. Gr. in-8, Migne, 56. 6 »

BONALD (V. de). Ignorance de la doctrine chrétienne. In-8, Périsse, 57.

— Œuvres complètes. 3 vol. gr. in-8, Migne. 59. 24 »

— Œuvres très-complètes. 7 vol. in-8, Ad. Le Clere et Ce, 50 à 60. 36 »

On vend tous ces ouvrages séparément :

— Théorie du pouvoir politique et religieux. 2 vol. in-8, 12 »

— Législation primitive. In-8. 6 »

— Recherches et démonstration philosophique du principe constitutif de la société. In-8. 6 »

— Essai analytique : du divorce; pensées; discours politiques. In-8. 6 »

— Mélanges littéraires, politiques et philosophiques, t. I et II. Le volume. 6 »

— Vie et écrits; défense des principes philosophiques; lettre au R. P. V.: lettre au correspondant. Philosophie nouvelle; erreurs; injustice envers Descartes; justification et éloge de ce philosophe. In-8, Avignon, Séguin aîné, 53.

BONALDS (F.) Description de quelques instruments météorologiques et magnétiques. In-8 (Brière), 56.

BONAMY (C.), Broca et Beau. Atlas d'anatomie descriptive du corps humain.

L'anatomie descriptive est publiée par livraisons de 4 planches. In-8. Chaque livraison, noir. 2 »
Col. 4 »

Chaque partie de l'ouvrage est vendue séparément, savoir :

1° Appareil de locomotion, complet en 84 planches, dont 2 sont doubles. Figures noires 44 »
« col. 88 »

2° Appareil de circulation, complet en 64 planches. Figures noires. 32 »
» col. 64 »

3° Appareil de la digestion, de la respiration, génito-urinaire. Première partie, comprenant les appareils de la digestion et ses annexes, l'appareil surrénal et le rein. 50 planches. Figures noires. 25 »
» col. 50 »

Chez Masson et Fils, 50 à 60.

BONAND. De la culture du tabac. In-8, Challamel, 59.

BONAPARTE (Napoléon). Discours écrits en 1791 sur les vérités et les sentiments qu'il importe le plus d'inculquer aux hommes pour leur bonheur, etc., publ. en 1826, par le général Gourgaud, texte français et polonais. In-8, Dumineray, 56.

BONAPARTE (le prince Ch. L.). Conspectus volucrum anisodactylorum. In-8 (Martinet), 54.

— Conspectus volucrum zygodactylorum. In-8 (Martinet), 54.

— Coup-d'œil sur l'ordre des pigeons. In-4 (Mallet-Bachelier), 55.

— Iconographie des pigeons. 1 vol. in-folio illustr. de planches coloriées, sur grand jésus, en 12 livraisons, P. Bertrand, 57-58. Chaque livraison. 20 »

— Note sur les tangaras et leurs affinités. In-8 (Schneider), 54.

— Notes ornithologiques sur les collections rapportées en 1853. In-4, Mallet-Bachelier, 54.

— Notice sur les travaux zoologiques. In-4, Bachelier, 50.

— Tableau des oiseaux-mouches. In-8 (Raçon), 54.

— Tableau des perroquets. In-8 (Raçon), 54.

— Tableau des oiseaux de proie. In-8 (Raçon), 54.

BONAPARTE (le prince L. N.). Discours et proclamations. In-8 (Schiller aîné), 51.

— Etudes sur le passé et l'avenir de l'artillerie, t. I, II. In-4, Dumaine, 51. Le vol. 15 »

— Des idées napoléoniennes. In-12, Amyot, 60. 3 50

— Nouveau système d'artillerie de campagne, publ. par Favé. In-8, Dumaine, 51. 2 »

(Cet opuscule est extrait des études sur le passé et l'avenir de l'artillerie.)

— Observations sur le projet de loi sur la garde nationale. In-8, Ledoyen, 50. » 75

— Proclamations et harangues. In-18 (4, rue de Buci), 50. » 75

BONAPARTE (le prince P. N.). Un mois en Afrique. In-8, Paguerre, 50. 1 50

— Sampiero, légende corse, trad. In-4 (Paul Dupont), 60.

BONAPARTE, les Bourbons et la république et la nécessité de se rallier à Louis-Napoléon, par E. G. In-8, Garnier fr., 52. 3 »

BONAPARTE. - Voy. aussi Napoléon.

BONAR (A.). Un apôtre des temps modernes. Vie du R. Mac. Cheyne, trad. de l'angl., par Tallichet. In-12 (Lausanne), Grassart, 58. 3 »

— La prophétie du temps passé. In-18 (Genève), Meyrueis, 54. » 75

BONAR (H.). La joie du matin. In-18, Meyrueis, 56. 2 »

— Le jour éternel. In-18, Meyrueis, 57. 2 »

— Une nuit dans les larmes. In-18, Grassart, 57. 2 »

BONAUD (l'abbé G.). Messe des Noëls. In-4 oblong, Avignon, Séguin, 53.

BONAVENTURE (saint). Les deux psautiers de B. H. Vierge Marie. In-32, veuve Poussielgue-Rusand 52. » 80

— Histoires et paraboles. In-8, Clermont-Ferrand, Hubler, 57.

— Légende de saint François d'Assise, trad. du latin. In-12, Ve Poussielgue-Rusand, 59. 2 »

— Méditations sur la vie du Christ, trad. par de Riancey. In-12, Poussielgue-Rusand, 59. 3 »

— Méditations sur la vie de J.-C., trad. par M. Lemaire-Esmangard, 2e édit. in-18, Putois-Cretté, 60. 2 50

— Œuvres spirituelles. 6 vol. in-8, Vivès, 55. 32 »

— Philomena, trad. en français. In-8 (Lyon, Girard), 55.

— Psautier de la Sainte-Vierge, trad. par Gallifet. In-18, Albanel, 56. » 80

— Id. (Plancy), Bray, 52.

— Id. Rouen, Mégard, 58. » 65

— Id. Périsse, 59. » 80

— Id. édition d'Avignon, Périsse, 59. » 60

— Les six ailes du séraphin, trad. par le R. P. Possoz. In-32 (Tournai), Lethielleux, 60. » 50

— Le soliloque. In-18, Douniol, 59. 1 50

— Théologie séraphique, choix trad. par Alix, 2 vol. in-12, Lecoffre, 56. »

— Vie de la Très-Sainte-Vierge Marie, trad. par Boullan. In-16, Lecoffre, 54. 2 »

— La voie qui mène à Dieu. In-18, Tours, Mame, 57. » 45

BONAVENTURE GIRAUDEAU (le Père). Histoires et paraboles. In-18, Albanel, 60. » 40

— Id. In-18, Lille, Lefort, 52. » 60

BONCENNE. Introduction à l'étude de la procédure civile, 2e édit. In-8, Cosse et Marchal, 59. 7 50

BONCENNE (F.). Recherches archéologiques sur N.-D. de Fontenay, départ. de la Vendée. In-8 (Luçon, Bideaux), 54.

— Traité du jardinage pour tous, 2e édit. In-12, Libr. agricole, 59. 2 50

BONDIL (l'abbé). Introduction à la langue anglaise. In-8, Dezobry et Magdeleine, 60. 5 »

BONDILH (H.). L'Italie et le libéralisme. Lettre à M. de Cavour. In-8 (Marseille, Arnaud et Ce), 60.

BONNAFONT. Du cathétérisme de la trompe d'Eustache. In-8, Baillière et fils, 54. » 50
— Discussion sur les déplacements de la matrice. In-8 (Malteste), 54.
— Extraction d'un calcul pesant vingt-sept grammes et situé dans la région bulbo-prostatique de l'urètre. In-8 (Malteste), 52.
— Mémoire sur un nouveau mode d'occlusion des yeux dans le traitement des ophthalmies en général. In-8, Baillière et fils, 56. 2 »
— Mémoire sur le traitement des orchites par le collodion. In-8, Baillière et fils, 54. » 50
— Mémoire sur les polypes de l'oreille. In-8, Baillière et fils, 51. 1 »
— Mémoire sur la transmission des ondes sonores à travers les parties solides de la tête. In-8 (Plon), 51.
— Nouveau projet de réformes à introduire dans le recrutement de l'armée. In-8, Corréard, 50.
— Opération de rhinoblépharo-plastie. In-8 (Malteste), 57.
— Rapport sur un cas de surdité consécutif à l'explosion d'une bombe. In-8 (H. et Ch. Noblet), 55.
— De la surdi-mutité. In-8, Baillière et fils, 53. 1 »
— Traité théorique et pratique des maladies de l'oreille. In-8, Baillière et fils, 60. 9 »
BONNAIRE. Cours de thèmes français. In-12, Hachette, 60. 1 20
— Id. Corrigé des thèmes. In-12, Hachette, 56. 1 50
— Nouvelle grammaire française. In-12, Hachette, 53. 1 20
BONNAIRE (U.). Grotte de la Balme en Dauphiné. In-8 (Vienne, Timon), 56. 2 »
— De l'influence de la musique sur les mœurs. In-12 (Vienne, Timon), 56.
BONNAL (de). Un exilé, à M. Louis Blanc. In-8, Poitiers, Oudin, 59. » 50
— Des gouvernements, Ire part. In-8 (Poitiers), Palmé, 58. 3 50
BONNANS (le doct.). Guide du médecin aux eaux thermales d'Ussat. In-8 (Foix, Pomiès, 59).
— Lettre au docteur Vergé, sur la double épidémie, etc. In-8 (Foix, Pomiès), 55.
— Quelques réflexions sur le précis du docteur Ourgaud sur Ussat-les-Bains. In-8 (Toulouse, Bonnal et Gébrac), 60.
BONNARD (C.). L'art de lever les plans. In-4, Lacroix, 58. 10 »
BONNARDEL (G.). Notice historique sur la grotte de la Balme, départ. de l'Isère. In-8 (Lyon, Barret), 54.
BONNARDEL (L.). Traité sur les mouches à miel. In-8, Lyon, chez Mlle Bonnardel (11, place Croix-Pâquet),
BONNARDOT (A.). De la réparation des vieilles reliures. In-8, Castel, 58. 2 »
— Dissertations archéologiques. Etudes archéologiques sur les anciens plans de Paris. In-4, Dumoulin, 52-53.
— Essai sur l'art de restaurer les estampes. In-8, Castel, 58. 5 »
— Etudes archéologiques sur les anciens plans de Paris, des XVIe, XVIIe et XVIIIe siècles. In-4, Deflorenne, 51.
— Fantaisies multicolores. In-18, Castel, 59. 3 »
— L'homme-oiseau, ou la manie du vol. In-16 (Hennuyer), 52.
— Des petits chiens de dames. In-32, Castel, 56.
— Le povrtraict de l'iconophile parisien, painct au vif. In-32, Aubry, 52.
— Des télescopes. In-18, Mallet-Bachelier, 55. 3 »
BONNE (la) congréganiste. In-16 (Toulouse, Labouïsse-Rochefort), 59.
— cuisine simplifiée et mise à la portée de tout le monde. In-18, chez Bureau (14, rue Gaillon), 52.
— cuisinière bourgeoise. In-12, Epinal, Pellerin, 54.
— Fridoline, trad. de l'allem. In-12, Limoges, Ardant, 54.
— institutrice, ou l'enfant gâté. In-12, Limoges, Barbou, 56.

BONNE (la) journée, ou les actions sanctifiées par l'esprit de la foi. In-32 (Toulouse, Labouïsse-Rochefort), 60.
— mère de famille, ou souvenirs de la vie de Mme ***. 4e édit. In-18, Lille, Lefort, 54. » 30
— nouvelle. Le réveil de l'âme. In-12 (Meyrueis), 57.
— nouvelle de la grâce de Dieu expliquée dans une série de méditations. In-32, Meyrueis, 51.
— tante. In-18, Tours, Mame, 60. » 30
— tante, ou les heureuses vacances. In-32, Rouen, Mégard, 58. » 75
BONNE FOI et papauté. In-8, Lecoffre, 60. » 50
BONNEAU. Analyse grammaticale raisonnée. In-12, chez l'auteur (3, place du Palais-Bourbon), 57. 1 25
— Bonneau contre Chapsal et Chapsal contre Bonneau. In-8 (Cosson), 50.
— Issue du procès qu'a intenté M. Chapsal au sujet de la critique de sa grammaire. In-8, chez l'auteur, 50.
— Récréations grammaticales, ou les 190 barbarismes et fautes de français contenus dans la grammaire de M. Chapsal. In-12, chez l'auteur, 50. » 30
— et Lucan. Abrégé de la grammaire. In-12. » 90
— Exercices français. In-12. 1 50
— Corrigé des mêmes. In-12. 2 »
— Exercices raisonnés. In-12. 1 90
— Corrigé des mêmes. In-12. 1 25
— Grammaire française. In-12. 1 50

Chez Delalain, 50 à 60.

BONNEAU (A.). La révolte de l'Inde. In-4, G. Havard, 57.
— Les Turcs et la civilisation. In-8, Dentu, 60. 1 »
— Les Turcs et les nationalités. In-8, Dentu, 60. 1 »
BONNEAU (l'abbé). Le Christ et les sophistes. In-12, Lecoffre, 53.
BONNEAU (le doct. G. A.). Observations de pityriasis et ramollissement de la moelle épinière. In-8 (Moulins, Desrosiers), 55.
BONNEAU DE BEAUREGARD (L.). Du concubinat en droit romain. Des enfants adultérins et incestueux en droit français. In-8 (Poitiers, Dupré), 56.
BONNEAU DU MARTRAY. Nouvelle méthode de guerre. In-8 (Lahure), 59.
— Théorie nouvelle pour manœuvrer et combattre les troupes de toutes armes. In-4, Leneveu, 56. 15 »
BONNECHOSE (E. de). Abrégé facile de l'histoire de France. In-18, E. Belin, 56. » 75
— Abrégé facile de l'histoire sainte. In-18, E. Belin, 59. » 75
— Le chancelier Bacon et son époque. In-8, Comon, 55.
— Les chances de salut, ou les conditions d'existence de la société actuelle. In-18, Comon, 50. 1 50
— Histoire d'Angleterre. 4 vol. in-8, Didier et Ce, 58-59. 28 »
— Histoire de France, 11e édit. 2 vol. in-12, Didot, 59. 7 »
— Notice sur Joseph Droz, de l'académie française. In-18 (Tinterlin), 60.
— Les quatre conquêtes de l'Angleterre. 2 vol. in-8, Didier et Ce, 51. 12 »
— Réformateurs avant la réforme, 3e édit. 2 vol. in-12, Cherbuliez, 60. 6 »
— Saint Thomas Becket de Cantorbéry. In-8, au bureau de la revue contemporaine, 54.
BONNECHOSE (L. de). Dernière légende de la Vendée. In-18, Dentu, 60. 1 »
BONNECHOSE (Mgr. de). Mandements, instructions, lettres pastorales et discours. Ce volume contient aussi ceux d'Angebault, Bardou, de la Bouillerie, Bourget, Debelay, Delebecque, de Dreux Brézé, Gros, Jourdain, Lacroix, Laurence, Lyonnet, Marguérie, Menjaud, Regnault, Pavy, Plantin, Rivet. Grand in-8, Migne, 56. 6 »

BONNEFONS (le R. P.). Véritable piété. In-32, Douniol, 53. 1 »

BONNEFOUS (E.). Histoire de St-Etienne et de ses environs. In-8, Dentu, 51 à 54.

BONNEFOUS (G.). Les hôtels historiques de Paris. Ire livr. In-8, Martinon, 50. 1 »

BONNEFOUS (P.). Jugement de Dieu sur les peuples. In-8 (à la Croix-Rousse, Lépagnez), 51.

BONNEFOUX (le baron de). Gouvernail Fouque, ou gouvernail supplémentaire. In-8, Arthus Bertrand, 54. » 50

— Manœuvrier complet. In-8, Arthus Bertrand, 52. 7 »

— Vie de Christophe Colomb. In-8, Arthus Bertrand, 53. 6 »

— et Paris. Dictionnaire de marine à voiles et à vapeur, t. Ier, marine à voiles, 2e édit. Gr. in-8, A. Bertrand, 56. 20 »

— Id. T. II, marine à vapeur, 2e édit. Gr. in-8, A. Bertrand, 59. 22 »

BONNEFOY (l'abbé). Les angoisses et les espérances de la société contemporaine. In-18, Valence, Favier, 58. 2 50

— Elévation de l'âme dans les diverses situations de la vie. In-18, Douniol, 57. 2 50

BONNEFOY (F.) Les cinq adresses républicaines, en vers. In-8 (Marseille, Senès), 50. » 60

BONNEFOY (J.). Essai sur les tubercules des os. In-8 (Montpellier, Bœhm), 58.

BONNEFOY (P.). De la gutta-percha. In-8 (Boulogne, Delahodde), 50. » 20

BONNEL (B.). Maladies de la vigne. In-12 (Narbonne, Caillard), 55-56.

BONNEL (J. F.). Premiers éléments de cosmographie. In-12, Dezobry et Magdeleine, 60. 2 50

— Premiers éléments de géométrie, à l'usage des lycées. In-12, Dezobry et Magdeleine, 59. 1 50

BONNEL (L. A.). De la controverse de Bossuet et de Fénelon sur le quiétisme. Thèse. In-8 (Mâcon, Dejussieu), 50.

— De partitione generum eloquentiæ apud antiquos. In-8 (Crapelet), 50.

BONNELLIER (H.). Calomnie. In-4, Havard, 58. » 50

BONNÉLYE (F.) Histoire de Tulle et de ses environs. In-12 (Tulle, Drappeau), 50.

BONNEMÈRE (E.). Histoire de l'association agricole et solution pratique. In-18, Libr. agricole, 50. 1 50

— Histoire des paysans. 2 vol. in-8, Chamerot, 56. 10 »

BONNES (A.). De la coxalgie au point de vue du diagnostic et du traitement. Thèse. In-4 (Montpellier, Bœhm), 60.

BONNES (les) étrennes pour l'année 1861, 30e année. In-32, Lille, Lefort, 60.

BONNESOEUR. Manuel de la taxe des frais en matière civile. In-8, Cosse et Marchal, 57. 6 50

BONNET. De l'exercice illégal de la médecine. In-8, Lyon, Mégret, 57.

BONNET. Cours d'écriture et d'orthographie. In-4 (à la Croix-Rousse, Lépagnez), 56.

BONNET. Le liquoriste parfait et fabricant de vins. In-12 (Saint-Servan, Le Bien), 57.

BONNET. Manuel du capitaliste. In-8, Garnier fr., 60. 6 »

BONNET. Manuel de l'employé de l'octroi. 2 vol. in-8 (Bonaventure), 51 à 53. 12 »

BONNET (Amédée). De l'oisiveté de la jeunesse dans les classes riches. In-8 (Lyon), Durand, 58. 1 »

BONNET (Armand). Des dispositions par contrat de mariage. 3 vol. in-8, Durand, 59. 22 »

BONNET (Auguste). Du mode de propagation du choléra-morbus. In-8 (Bordeaux, Dupuy), 56.

— De la monomanie du meurtre. In-8 (Bordeaux), Baillière et fils, 52. 1 25

— Traité des fièvres intermittentes. In-8, Baillière et fils, 53. 6 »

BONNET (D. N.). Cours d'accouchement à l'usage des étudiants et des sages-femmes. In-8, Baillière et fils, 54. 6 »

— Treize années de pratique à la maternité de Poitiers. In-8 (Poitiers, Oudin), 58.

BONNET (le doct.). L'agriculture et les taupes. In-8, Besançon, Ve Baudin. 58. » 75

BONNET (E.). L'Egypte et le canal de Suez. Poëme. In-18 (Avignon, Bonnet), 57.

BONNET (F.). Guide au sanctuaire de N.-D. du Laus, dans le diocèse de Gap. In-32, Gap, Delaplace, 59. » 80

BONNET (H.). Action de l'eau régale sur l'alcool. In-8 (Moquet), 57.

— Analyse des os. In-8 (Martinet), 60.

— Considérations sur la paralysie progressive. In-8, Masson et fils, 60.

— Note sur la constatation du sucre dans l'urine. In-18 (Moquet), 57.

— Observations sur la glycogénie. In-8, Labé, 57.

— Sur la constatation du sucre dans l'urine par le tartrate cuprico-potassique. In-8 (Martinet), 60.

BONNET (J.). Lettres de Calvin. 2 vol. in-8, Meyrueis, 54. 12 »

— La poésie devant la Bible. In-8, Dentu, 58. 6 »

— De Salviani libro ad gubernationem Dei pertinente. In-8 (Ducloux), 50.

— Vie d'Olympia Morata. In-12, Meyrueis, 56. 3 »

BONNET (l'abbé J.). Vie de saint Eloi, évêque de Noyon. In-12, Carpentras, Devillario, 55.

BONNET (L.). Le bienfait de J.-C. crucifié envers les chrétiens, trad. de l'italien. In-12, Grassart, 56. 1 »

— Communion avec Jésus. In-12, Meyrueis, 50.

— La famille de Béthanie. In-12, Meyrueis, 52. 1 50

— Homme banni d'Eden. In-8. Meyrueis, 3 »

— Nouveau testament expliqué. 2 vol. in-8, Meyrueis, 30 »

— La parole de la foi. In-8, Meyrueis, 1 25

— Sermons sur la prière du Seigneur. In-18, Libr. protestante, 57. » 70

— Souvenirs de Rose S. In-18, Meyrueis. » 40

— L'unité de l'esprit. In-8, Meyrueis, 2 50

BONNET (de Lyon). Du décret du 10 avril, dans ses rapports avec l'éducation du médecin. In-8 (Lyon), Baillière et fils, 50. 1 »

— Essai sur l'herpès digitalis, ou le mal des mains des fileuses de soie. In-8 (Montpellier, Bœhm), 56.

— De l'exercice des fonctions considéré dans ses rapports avec l'hygiène. In-8 (Lyon, Rodanet), 50.

— Influence des lettres et des sciences sur l'éducation. In-18, Baillière et fils, 55. 1 50

— Nouvelles méthodes de traitement des maladies articulaires, 2e édit. In-8, Baillière et fils, 60. 4 50

— Parallèle entre la cautérisation et l'enroulement des veines. In-8 (Hennuyer), 52.

— Traité de la cautérisation. In-8, Baillière et fils, 56. 8 »

— Traité de thérapeutique des maladies articulaires. In-8, Baillière et fils, 53. 9 »

BONNET (N.). Le comte de Sologgia. In-8, Ballay et Conchon, 57. 6 »

BONNET (O.). Leçons de mécanique élément., 1re part. In-8, Mallet-Bachelier, 58. 4 50

— Mémoire sur les surfaces dont les lignes de courbure sont planes et sphériques. In-4, Mallet-Bachelier. 4 »

— Thèses de mécanique et d'astronomie. In-4, Mallet-Bachelier, 52.

BONNET (V). Questions économiques. In-8, Guillaumin, 59. 3 »

BONNET (le) vert. In-18, Gabriel Roux, 54. 2 50

BONNET DE MALHERBE. Du choix d'un climat d'hiver dans le traitement des affections chroniques de la poitrine. In-8 (Masteste), 60.

BONNETAIN (J.). Des institutions militaires, ou organisation de la force publique. In-8 (Mâcon, Dejussieu), 50.

BONNETAIN (J.). Des moyens de favoriser l'association entre les prolétaires; organisation de la charité publique. In-8 (Mâcon, Dejussieu), 51.
— La voix des mondes. Dieu, le monde physique, l'humanité et le christianisme, t. I. In-8 (9, rue Cassette), 60.   6 50
BONNETAT. Modes du traitement du rhumatisme articulaire aigu. In-8, Toulouse, Ratier, 59.
BONNETAT (H.). L'empire c'est la paix, en vers (Bureau), 52.
BONNETAT (J.). Caractère et prévarication de la souveraineté temporelle. In-12, Périsse, 51.
— Etudes sur la philosophie, Iᵉ part., t. I et II. In-12, Vivès, 58.   7 50
BONNETTY. Table alphabétique de tous les auteurs qui ont été découverts dans les 43 vol. publ. par le card. Mat. In-8 (10, rue de Babylone), 50.   3 »
BONNEVAL (F.). Traité du tic des chevaux. In-12, Raynal, 53.
BONNEVAL (le comte H. de). L'homœopathie dans les faits. In-8 (Bordeaux), Baillière et fils, 53.   2 50
BONNEVAL (U. de). Le travail économisé. In-12, Guillaumin, 55.   2 50
BONNEVIALE. Le nouveau jardin des racines grecques. In-12, Toulouse, Privat, 57.
BONNEVIE (de). Œuvres oratoires complètes; ce volume contient aussi ceux de Boyer et de Roy. Gr. in-8, Migne, 56.   6 »
BONNEVILLE (A.). De l'amélioration de la loi criminelle. In-8, Cotillon, 55.   10 »
BONNEVILLE (P. A.). Memento monétaire et d'orfévrerie. In-4, chez l'auteur (22, rue de Rambuteau), 52.
BONNICHON (J.). Epître à M. Ponsard, au sujet de sa tragédie Ulysse. In-8, Ledoyen, 52.   » 50
BONNIER. Monographies agricoles. In-16 (Valenciennes, Prignet), 56.
BONNIER (E.). Eléments de procédure civile. In-8, Plon, 53.   9 »
— Traité théorique et pratique des preuves en droit civil et criminel. In-8, Durand, 52.   9 »
BONNIÈRE. Les maladies vénériennes et leur traitement sans mercure. In-18, Wazemmes, Horemans, 58.
BONNIN. Travaux d'achèvement de la digue de Cherbourg, de 1830 à 1853. 2 vol. in-4, Dunod, 57. 20 »
BONNIN (H.). Nouveau manuel complet des aspirants au baccalauréat ès lettres. In-12, Lecoffre, 53.   6 »
BONNIN (Th.). Antiquités gallo-romaines des Eburoviques. In-4, Dumoulin, 60.   50 »
BONNOMET. Le triomphe d'Euripide, poëme. In-8 (Bailly et Divry), 57.
BONNORE (E.). Quatre vues pittoresques de l'église de Souliac. Notice sur ce monument. In-folio (Bordeaux, Faye), 50.
BONS (Ch. L. de). Les hirondelles, poésie. In-12, Genève, Mehling, 58.   2 50
BONS (les) cœurs sont aimés du bon Dieu, ou la portière du faubourg du Temple, par N. A. In-32, Douniol, 55.
— exemples. Nouvelle morale en action, publ. par Delessert et de Gérando, 2ᵉ édit. Gr. in-8, Didier et Cᵉ, 58.   10 »
— petits enfants. In-18, Limoges, Barbou, 58.
— romans, journal illustré. In-4, fondé le 8 mai 1860; deux fois par semaine (26, passage Colbert).   Prix annuel. 8 »
BONSTETTEN (le baron G. de). Recueil d'antiquités suisses. In-folio (Berne), Klincksieck, 55.   72 »
BONTEMPS (G.). Concentration. Avenir de l'industrie. In-8, Dentu, 60.   1 »
— Examen historique et critique des verres, vitraux et cristaux composant la classe XXIVᵉ de l'exposition de 1851. Gr. in-8, Lacroix, 51.   5 »
BONTEMPS (R.). Les acteurs de Paris, grande revue satirique, etc. In-4 (Boisseau), 50.
BON TON (le). Journal de modes, 26ᵉ année; une fois par semaine. In-4 (64, rue Ste-Anne), 60.   Prix annuel 28 »

BONTOUX. Le chemin de fer de la Loire au Rhône. In-8, Dunod, 50.
BONTOUX (B.). Quelques courtes réflexions sur la question si le gouvernement républicain est celui qui convient le mieux à la France. In-18, Ledoyen, 50.
BONTRON (C.). Note sur la vidange en général. In-4 (Lacombe), 50.
BONUS (le Rév. J.). Les ombres de la croix, trad. de l'angl. In-12 (Tournai), Lethielleux, 59.   1 20
— Ombres du crucifix, trad. de l'angl. par Leroi. In-12 (Angers), Blériot, 59.   1 50
BONVALLET (L.). Arithmétique décimale. In-18, Hachette, 57.   1 50
— Arithmétique pratique et raisonnée à l'usage des écoles primaires. In-18, Hachette, 57.
— et Siomboing. Cahier de calcul à l'usage des commençants. Quatre cahiers. In-4, Fouraut, 60.
— et Siomboing. Résultats des exercices et solutions des problèmes contenus dans les cahiers de calcul. Partie du maître. In-16, Fouraut, 60.
BONVALOT (A. F.). Chroniques de tous les temps et de tous les âges, 2 vol. in-8, Permain, 52.
— Fables et contes, récits, historiettes, In-18, Garnier frères, 60.
— Les glanes. In-18, Garnier fr., 58.
— Les hameaux, poésies. In-12, Giraud, 54.
— Harmonie des lois naturelles, morales, politiques et religieuses. In-18, Garnier fr., 59.
— La moisson. In-18, Garnier fr., 57.
— Odes. In-8 (Dondey-Dupré), 50.
— Le semeur. In-12 (Dondey-Dupré), 56.
— Théosophie, ou les fondateurs des cultes primitifs. In-12 (Dondey-Dupré) 53.
— Vieux barde, poésie. In-18 (Dondey-Dupré), 51.
BONVOULOIR (H.). Essai monographique sur la famille des Throcides. In-8, chez Deyrolle (19, rue de la Monnaie), 59.   5 »
BONY (J. A.). Tables des surfaces et des dimensions des profils. In-8, Mallet-Bachelier, 53.   6 »
BONY DE LA VERGNE (le comte). Une auberge, comédie. In-8 (Metz, Gangel), 52,
— Les chiens. In-18 (Metz, Delhalt), 58.
BOONE (L.). Het niew kabinet der christenen kinderen. In-8, Hazebrouck, Debusschère, 51.
BOONE (le P. J. B.). Devoirs de la femme chrétienne. In-16 (Bruxelles), Albanel, 55.
— Manuel de l'adoration perpétuelle. In-18, Bruxelles, Wageneer, 54.   1 25
BOOS (F. de). Le choléra asiatique. In-18 (Houzeaux), 53.
BOPPERT (C.). Scutum fidei ad usus quotidianos sacerdotum. 12 vol. in-12, Julien, Lasnier, 55. 24 »
BOQUET-LIANCOURT (E.). Le discours du roi bonsens. In-18, Comon, 50.   1 25
BOQUILLON (N.). Régulateur de l'écoulement des fluides élastiques sous toutes les pressions. In-4 (Vᵉ Bouchard-Huzard), 55.
BORCHARD (le doct. M.). Hygiène des professions. In-8, Germer Baillière, 59.   1 »
— Commentaires historiques, critiques et pratiques sur la suette. In-8, Germer Baillière, 56.
BORDA. Les réserves de grains en Algérie. In-8, à l'agence orientale (31, rue de Beaune), 60.
BORDAS (l'abbé). Histoire du comté de Dunois. 2 vol. in-8, Dumoulin. 50.
BARDE (P.). Machines-Borde, pour la construction de bâtiments et ouvrages d'art. In-folio, Lacroix, 58.   25 »
— Tables des surfaces pour les calculs des déblais et remblais de chemins de fer. 2 vol. in-8 (Dijon, Douillier), 56.
BORDEAUX (H.). L'art de raisonner juste. In-12 (24, boulevard Saint-Denis), 57.
— Confidences morales. Fleurs du bien. In-12, Dentu, 59.   1 »
BORDEAUX (R.). Démolition de l'étage supérieur du cloître de la cathédrale d'Evreux. In-8, Derache, 54.
— Excursion faite dans la vallée d'Orbec, aux environs de Lisieux, le 11 juin 1850. In-8, Derache, 51.

BORDEAUX (R.). Note sur des méraux inédits des chapitres d'Evreux et de l'abbaye de Saint-Désier de Lisieux. In-8, Caen, Hardel, 53.

— Philosophie de la procédure civile. In-8, Durand, 57.
8 »

— Principes d'archéologie pratique. In-8, Dumoulin, 52.
6 »

— Serrurerie du moyen âge. In-4 (Oxford), Aubry, 59.
20 »

— Verneuil, le Neubourg, Pont-de-l'Arche. Procès-verbaux archéologiques. In-8 (Evreux), Aubry, 58.
1 50

BORDERIE. Le nouveau syllabaire français. In-12, Bordeaux, Lafargue, 59.

BORDERIES. Catéchisme de Versailles. In-18, Hachette, 55.
» 40

BORDERIES et Longin et Doucet. Œuvres oratoires complètes. Gr. in-8, Migne, 56.
6 »

BORDES. De l'influence du chant choral sur les populations rurales. In-12, Foix, Pomiès, 60.

BORDES (A.). Foyers solitaires, poésies. Gr. in 8, Amyot, 54.
7 50

— Noémi. Journal du cœur. In-4 (Pont-l'Evêque, Delahais), 53.

— Sous la tente. Orientales. In-8, Amyot, 55.

BORDES (l'abbé L.). Leçons de mathématiques à l'usage des séminaires et des colléges. 2 vol. in-8, Lecoffre, 53.
8 »

— Leçons de mathématiques et de physique. In-8, Lecoffre, 56.
» 50

BORDET (H.). Revue de dix ans, 1850-1860. Gr. in-8 Dentu, 60.
1 »

BORDET (J. J.). Les écoliers peints par eux-mêmes. In-12, chez l'auteur, 58.
» 60

BORDET (Mme). Feuilles détachées, pensées et poésies. In-12, Vanier, 58.

BORDET (M. et Mme). A quelque chose malheur est bon, proverbe. In-12, chez les auteurs, 58.
» 60

BORDIER (l'abbé). Histoire des catéchismes. In-8, Périsse fr., 58.
2 »

BORDIER (H. L.). Les archives de la France. In-8, Dumoulin, 54.
8 »

— Id. Extrait. In-8, Dumoulin, 55.

— Les églises et monastères de Paris. In-12, Aubry, 56.
5 »

— Du recueil des chartes mérovingiennes. In-8, Dumoulin, 50.

— et Charton. Histoire de France. 2 vol. in-8, au bureau du magasin pittoresque, 58 à 60.
15 »

BORDON (Ch.). Mémoire sur les améliorations à introduire au mode actuel d'exploitation des chemins de fer. In-8 (Desoye), 54.

BORDONI (le R. P.). Discours sur divers sujets, t. I à IV. In-12 (Bruxelles), Albanel, 60. Le vol. 2 »
L'ouvrage aura 12 volumes.

BORDOT (A.). Les fleurs qui parlent. In-12, Vermot, 60.
2 »

— Histoires et nouvelles. In-8, Lefèvre, 60.
4 »

BORDOT (J.). Les déceptions d'un républicain, aventures suivies de : Qui vive? anecdote. In-12 (Plancy), Bray, 53.

— Les Marie-Louise, ou la Champagne en 1814, drame. In-18 (Troyes, Cardon), 52.

BORDS (les) du Saint-Laurent, des lacs et autres fleuves du Canada. In-12, Limoges, Barba, 60.

BORÉ (E.). Question des lieux saints. Gr. in-8, Lecoffre, 50.
2 »

BORÉ (L.). Les stigmatisées du Tyrol, 2e édit. In-8, Lecoffre.
1 80

— Etudes sur Vauvenargues. Thèse. In-8, Hachette, 59.
2 50

BOREAU (A.). Flore du centre de la France et du bassin de la Loire, 3e édit. 2 vol. in-8, Roret, 58.
15 »

BOREAU (V.). Géographie méthodique, 3e édit. In-12.
1 50

— Histoire ancienne, 5e édit. In-12.
2 »

BOREAU (V.). Histoire ancienne élémentaire, et en particulier l'histoire des Grecs, 4e édit. In-18. » 75

— Histoire d'Angleterre, 3e édit. In-12.
2 »

— Histoire élémentaire des temps modernes, 2e édit. In-18.

— Histoire élémentaire des temps du moyen âge, 2e édit. In-18.
1 »

— Histoire de France, 6e édit. 2 vol. In-12,
4 »

— Histoire de France élémentaire, 6e édit. In-18. 1 »

— Histoire générale des temps modernes, 4e édition. In-12.
2 50

— Histoire générale des temps du moyen âge, 6e édit. In-12.
2 50

— Histoire grecque, 3e édit. In-12.
2 »

— Histoire naturelle élémentaire, 2e édit. In-18. » 75

— Histoire romaine, 4e édit. In-12.
2 »

— Histoire romaine élémentaire, 3e édit. In 18. » 75

— Histoire sainte, 15e édit. In-12.
1 80

— Id. Suivie d'un abrégé de l'histoire ecclésiastique jusqu'à la conversion de Clovis, 13e édit. In-12. 2 25

— Histoire sainte élémentaire. 6e édit. In-18. » 75

— Petit cours de géographie. 4e édit. In-18. » 60

— Petite grammaire française méthodique. In-12.
» 60

— et Lartigue. Cours méthodique d'histoire naturelle. 2e édit. In-12.
2 50
Chez Mlle Hivert (1, rue Madame), 50 à 60.

BORÉDON (J. B.). Gabriel et Fiammeta. In-12, Libr. nouvelle, 57.
1 »

BOREL (Ch. de). Du libre examen en matière de foi. Thèse. In-8 (Strasbourg, Silbermann), 56.

BOREL ET ALLIER. Méthode de lecture très-simplifiée. In-12, à Gap, Delaplace, 51.

BOREL D'HAUTERIVE. Armorial de Flandre, du Hainaut et du Cambrésis. Recueil officiel dressé par ordre de Louis XIV, 1696-1710. Gr. in-8, Dentu, 56.
10 »

— Notice historique et généalogique, Textor de Ravisi. In-8, chez l'auteur (30, rue Richer), 54.

— Précis historique et généalogique sur la maison de la Cropte. In-8, chez l'auteur, 55.

— Voy. - Annuaire de la noblesse de France.

BOREL DE MENS (le doct. G.). Guérison radicale de la goutte. In-8, Labé, 51.
1 50

BORELLA ET LÉVY. Variétés médicales et chirurgicales. In-8 (Alais, veuve Veirun), 57.

BORGANI (A.). La France à coup-d'œil. In-8 (Coulommiers, Moussin), 53.

BORGAT. Devoirs de l'agent d'affaires. In-8 (Dubois et Vert), 57.

BORGET (A.). Fragments d'un voyage autour du monde. In-4, Moulins, Desrosiers, 51.

BORGNA (E.). Tableau synoptique des verbes italiens. In-plano, Vrayet de Surcy, 54.

BORIE (V.). L'agriculture au coin du feu. In-12, Guillaumin, 59.
3 »

— Castration des vaches. In-8 (Raçon), 58.

— Les douze mois. Calendrier agricole. In-8. Libr. agricole, 60.
3 50

— La question du pot-au-feu. In-8, Libr. agricole, 57.
1 »

— Les travaux des champs. In-18, Libr. agricole, 57.
1 25

BORIES (le doct. H.). Du recrutement au point de vue du goître et du crétinisme dans les Hautes-Alpes. In-8 (H. et Ch. Noblet), 54.

BORNEMANN Sur les eaux minérales de l'île de Sardaigne. In-8 (Martinet), 58.

BORNÈQUE (L.). De l'emploi de l'arsenic à l'intérieur dans les maladies de la peau. In-4 (Strasbourg, Silbermann), 56.

BORNET. Au hasard, poésie. In-12, Taride, 57.

BORNET (le doct. Ed.). Instructions sur la récolte, l'étude et la préparation des algues. In-8 (Cherbourg, Feuardant), 56.

BORNIER (H. de). A la mémoire d'Edgar, marquis d'Argence. En vers. In-8 (Gerdès), 52.

BORNIER (H. de). Dante et Béatrix, drame. In-18, Mich. Lévy fr., 53.
— La guerre d'Orient. Poëme. In-8, Taride. 58.   1   »
— Hommage à Racine. En vers (Brière), 55.
— Le monde renversé, proverbe en vers. In-8, au bureau de la revue contemporaine, 53.
— La muse de Corneille. In-12, Mich. Lévy fr., 54.
— Le 15 janvier, à propos pour l'anniversaire de la naissance de Molière. In-18, Masgana, 60.
— La sœur de charité au XIXᵉ siècle. Poëme. In-16, Douniol, 59.

BORNOT (L.). Notice historique sur Chatou et ses environs. In-18 (Bureau), 52.

BORRAZ (J. A.). Miscelanea de literatura española. In-18, Bordeaux, Chaumas, 58.   2   »

BORREL (A.). Biographie de Claude Brousson. In-12, Meyrueis, 52.   » 50
— Biographie de Paul Rabaut. In-12, Meyrueis, 54.   1 25
— Etude biblique sur les œuvres visibles de la création. In-12 (Toulouse), Grassart, 60.   2   »
— Histoire de l'église réformée de Nîmes. In-12 (Toulouse), Meyrueis, 56.   2   »

BORRELLI DE SERRES. Notice sur le commerce de la boucherie de Paris. In-8, Guillaumin, 51.   1 50
— Projet d'un chemin de fer entre l'Océan et la Méditerranée. In-8 (Walder), 56.

BORSENDORFF (L.). Un coup de loupe à l'exposition de 1855. In-8, chez l'auteur (1, rue de Vannes), 55.   1   »
— La loupe de l'horloger, almanach pour 1861, 4ᵉ année. In-18, Martinon, 60.   » 75

BORSIERI DE KANILFELD (J. B.). Instituts de médecine pratique, trad. par Chauffard. 2 vol. gr. in-8, Masson et fils, 55.   16   »

BORTIER (P.). Des coquilles marines. In-8 (Didot), 53.
— Moyens préservatifs contre la maladie des pommes de terre. In-8, Libr. agricole, 53.   » 50
— Progrès agricoles. In-8 (Duverger), 51.

BORY (J. T.). De l'état actuel de la langue française à Marseille. In-8 (Marseille, veuve Olive), 59.
— Notice nécrologique sur P. Belot. In-8 (Marseille, Clappier), 53.
— Les origines de l'imprimerie de Marseille. In-8, Marseille, Boy, 58.   10   »

BOSC (A.). Episodes de la guerre d'Afrique, en vers. In-8, Dumaine, 50.   » 50

BOSCH (B.). Practicos de visitar los enfermos ayudar a bien morir. In-18, Rosa et Bouret, 52.   2 40

BOSCHERON DESPORTES. Aperçu historique et analytique du droit hindou. In-8, Durand, 55.
— Notice sur le régime administratif et judiciaire des établissements français dans l'Inde. In-8, Durand, 55.

BOSCO (B.). Satanas, recueil européen. Aventures d'un professeur de prestidigitation. In-8 (Aubusson), 52.

BOSQ (Th.). Nouvelles mélodies, poésies. In-12, Marseille, Clappier, 51.

BOSQUET. Vie de François Iᵉʳ, roi de France. In-12, Rouen, Mégard, 60.   1 50

BOSQUET (J.). Notices sur quelques cirripèdes récemment découverts dans le terrain crétacé du duché de Limbourg. Gr. In-4 (Haarlem), Baillière et fils, 58.   3 50

BOSS (F. Ch.). Etablissement de la réforme dans le ci-devant comté de Saarwerden et le bailliage d'Herbitzheim. Thèse. In-8 (Strasbourg, veuve Berger-Levrault et fils), 55.

BOSSANGE (H.). Ma bibliothèque française. In-18, Hector Bossange (25, quai Voltaire), 55.

BOSSANGE (M.). Discours prononcé le jour du mariage de M. de Caters avec Mlle Lablache. In-8 (Didot), 53.

BOSSELET (H.). La crise. In-18, Garnier fr., 52. 1 »
— Lettres de M. Journal. In-12, Dentu, 60.   2   »
— De la liberté et du gouvernement. In-12, Dentu, 58.   2   »

BOSSERT (A.). Etude sur les commencements de la dogmatique chrétienne. In-8 (Strasbourg, Silbermann), 55.

BOSSI (le comte Ch.). La prière du matin; la prière du soir. In-12, Vaton, 58.   » 50

BOSSIN. Instruction pratique sur la plantation des asperges. In-12, Goin, 55.   » 75
— Histoire et culture de la reine Marguerite et de ses variétés pyramidales. In-12, Libr. agricole, 53. » 25

BOSSIN (C.). Paradoxes. In-8 (au Mans, Du Temple et Cᵉ), 60.

BOSSU L'architecte régulateur, ou tableaux alphabétiques des prix réglés de tous les ouvrages en bâtiments, conformes à ceux adoptés en 1850. In-12, Dalmont, 50.   4   »

BOSSU (le doct. A.). Agenda formulaire des médecins praticiens, pour 1860. In-16 (paraît tous les ans), chez l'auteur (31, rue de Seine), 59.   3   »
— Anthropologie, 5ᵉ édit. 2 vol. in-8, avec atlas, chez l'auteur, 59.   Noir. 15. » Col. 20 »
— Nouveau compendium médical à l'usage des médecins praticiens. In-12, Germer-Baillière, 57.   7   »
— Nouveau dictionnaire d'histoire naturelle et des phénomènes de la nature. 3 vol. gr. in-8 Germer-Baillière, 57 à 59.   27   »
— Petit dictionnaire de médecine usuelle, ou vade-mecum des personnes charitables. In-18, chez l'auteur, 51.   1   »
— Traité des plantes médicinales indigènes. In-8, avec atlas, Baillière et fils, 54.   Noir. 13 » Col. 22 »

BOSSUET. Le Bossuet de la jeunesse, ou morceaux extraits de ses ouvrages. In-8, Tours, Mame, 59.   2 50
— Catéchisme. In-18 (Poitiers), Palmé, 60.
— Chefs-d'œuvre oratoires, édit. Lefèvre, 2 vol. in-8, Didot, 55.   6 «
— De la connaissance de Dieu et de soi-même. In-12, Lecoffre, 57.   1 20
— Id. In-12, Périsse fr., 57.   1 50
— Discours sur l'histoire universelle, édit. Lefèvre. In-8, Didot.   3   »
— Id. 2 vol. in-18, Borrani, 54.
— Id. In-18, Charpentier, 58.   3 50
— Id. In-18, Didot, 55.   3   »
— Id. In-12, Hachette, 59.   2   »
— Id. 2 vol. in-12, Limoges, Barbou, 50.
— Id. annoté par M. Delachapelle. In-12, Dezobry et Magdeleine, 58.   2   »
— Id. p. Drioux. In-12, E. Belin, 56.   2 50
— Id. p. Lefranc. In-12, Delalain, 60.   2 25
— Id. p. Estienne. In-18, Delalain, 60.   1 50
— Doctrine spirituelle. In-12, Douniol, 55.
— Id. In-12, Lecoffre, 60.   2 50
— Elévations à Dieu sur tous les mystères de la religion chrétienne. In-32, Courcier, 54.   1 25
— Id. Gr. in-8, Garnier fr., 58.   16   »
— Id. In-18, Tours, Mame, 59.   1   »
— Id. In-18, Lille, Lefort, 55.   1 50
— Les empires par Lefranc. In-12, Delalain, 60. » 75
— Les époques, par Lefranc. In-12, Delalain, 60. » 90
— Exposition de la doctrine chrétienne, par Saint-Albin. In-18, Bray, 57.   2   »
— Id. In-18, Lecoffre, 60.   » 80
— Id. avec les variantes et une préface de Saint-Albin. In-12, Lecoffre, 60.   2   »
— Le fondateur du christianisme. In-16 (Plancy), Bray, 53.
— Histoire universelle. In-18, Gerdès, 50.
— Lettres de piété et de direction écrites à la sœur Cornuau. 2 vol. in-16, Techener, 55.
— Lettres spirituelles extraites de ses œuvres. In-12, Douniol, 55.   2 50
— Le livre de première communion. In-32, Morizot, 59.   3 50
— Méditations sur l'Évangile. Gr. in-8, Garnier fr., 56.   18   »
— Id. 2 vol. in-12, Lille, Lefort, 60.   3   »
— Le mois de Marie. In-32, Diard, 55.

BOSSUET. Morceaux choisis, par Rolland, 3ᵉ édit. In-12, Delalain, 60. 1 25
— Œuvres. 4 vol. gr in-8, Didot. 40 »
— Id. contenant le discours sur l'histoire universelle et les oraisons funèbres. In-8, Furne, 60. 6 »
— Œuvres complètes. 11 vol. gr. in-8, Migne, 60. 60 »
— Id. par Bausset. 30 vol. in-8, Vivès, 50 à 60 80 »
— Œuvres philosophiques, par Jules Simon. In-12, Charpentier, 53. 3 50
— Id. In-18, Hachette, 57. 3 50
— Oraisons funèbres. In-12, Limoges, Ardant, 53.
— Id. In-12, E. Belin, 60. 1 50
— Id. In-18, Borrani, 59.
— Id. In-18, Didot. 3 »
— Id. par Allain. In-12, Delalain, 59. 1 50
Chaque oraison funèbre séparément. » 30
— Id. sans notes, par Estienne. In-18, Delalain. » 90
Chaque oraison funèbre séparément. » 20
— Id. avec notes, par Aubert. In-12, Hachette, 59. 1 50
— Id. annotées, par Didier. In-12, Dezobry et Magdeleine, 60. 1 50
— Id. rev. par Drioux. In-12, Lecoffre. 54. 1 50
— Id. annotées, par Hignard. In-12. Dezobry et Magdeleine, 60. 1 50
— Id. et sermons choisis. Gr. in-8 ill., Garnier fr., 60. 18 »
— Le pater. In-24, Nancy, Vagner, 56.
— Profession de foi de l'église gallicane. In-16, Mailley, 60.
— Recueil des oraisons funèbres. In-12, Périsse fr., 56.
— La sainte Vierge. In-12, Julien Lanier, 55. 3 »
— Les saints Evangiles, mis en ordre par Wallon. In-8, Didot, 55. 4 »
— Sermons choisis. In-18, Didot. 3 »
— Suite de la religion, par Lefranc. In-12, Delalain, 60. 1 25
— Traité de la connaissance de Dieu et de soi-même, par Lefranc. In-12, Delalain, 59. 1 50
— Traité de logique et de morale. In-12, Lecoffre, 58. 2 50
— Trésor de l'âme fidèle. In-32, Fontency et Peltier, 53.
— La vie de Jésus-Christ. In-8 (Avignon), Périsse, 57.
— et Fléchier. Oraisons funèbres. In-18, Delalain, 60. 1 75
— et Fléchier. Id. annotées par Didier. In-12, Dezobry et Magdeleine, 58. 3 »
BOSSUT (l'abbé). French and english phrase book. In-18, Truchy, 55. 1 »
BOSSY (Louis). Chant religieux en l'honneur de Marie. In-18, Marseille, Chauffard, 58. 3 50
BOST (A.). La lettre et l'esprit de l'écriture sainte. In-18, Grassart, 59. » 40
— Mémoires pouvant servir à l'histoire du réveil religieux. 2 vol. in-8, Meyrueis, 54 à 56. 9 »
BOST (A. A.). Code formulaire des chemins ruraux, 2ᵉ édit. In-8, chez l'auteur (12, rue des Saints-Pères), 59. 2 50
— Code formulaire des élections municipales. In-8, chez l'auteur, 60.
— Encyclopédie du contentieux administratif, Iʳᵉ livr. In-8, Périsse, 60. 2 50
— Encyclopédie des justices de paix et des tribunaux de simple police. 2 vol. in-8, chez l'auteur, 54. 16 »
BOST (J. A.). Le manuel de la Bible, trad. de l'anglais. In-8, Libr. protest., 57. 4 »
— Observations à M. Pelletan. In-12, Meyrueis, 54. » 60
— Petit abrégé de l'histoire des papes. In-12, Meyrueis, 54. 1 »
— La paix de l'église, sermon. In-8 (Ducloux), 53.
— Qu'est-ce que le protestantisme? In-8, Meyrueis, 53. » 30

BOST (J. A.). Le troisième jubilé de la réformation. In-12, Sedan, Tellier, 59. » 50
BOST (T. E.). Quelques idées sur le culte protestant. In-8 (Strasbourg, veuve Berger-Levrault et fils), 53.
BOSVIEUX (A.). Brief discovrs svr la deffaicte des huguenots, le 10 juin 1588. In-8 (Guéret, Vᵉ Bétouille), 55.
BOTANIQUE morale et religieuse à la portée de tous les âges, par une religieuse d'Autun. In-12, Lyon, Girard et Josserand, 59. 2 »
— à l'usage de la jeunesse, par Mme B., 4ᵉ édit. In-12, Lille, Lefort, 58. 1 »
BOTHEREL (E. de). Je crois au peuple. Histoire de la nation française. In-18, Danfeld, 58. 1 »
BOTHEREL (le vic. E. de). Les druidresses en scène. In-8, Rennes, Hauvespre, 58. 1 50
BOTMILIAU (de). De l'assistance publique. In-8, Bray, 51.
— Du paupérisme et de l'assistance publique en France. In-8 (Bailly), 56.
BOTTARO. Diagnostic des tumeurs de la glande testiculaire. In-8 (Rignoux), 57.
BOTTENTUIT (le doct.). Hydrothérapie. In-12, Masson et fils, 58. 3 »
BOTTESINI (J.). Le siége de Florence, drame. In-8, Michel Lévy fr., 56. 2 »
BOTTIN. - Voy. - Annuaire - almanach du commerce.
BOTTON (L. A.). Le dernier seigneur de Poleymieux. In-8, Lyon, Girard et Josserand, 53. 2 »
BOUANGE (l'abbé). Sainte Clémentine, vierge et martyre romaine. In-18 (Toulouse, Gibrac), 54.
BOUBÉE (le F∴ J. S.). Ecole de la vérité. In-8, Dutertre, 54.
— Etudes historiques et philosophiques sur la franc-maçonnerie, 2 livraisons. In-8, chez l'auteur, 53.
BOUBÉE (N.). Bains et courses de Luchon. In-12, Baillière et fils, 57. 3 »
BOUCARUT. Navigation dans le Rio de la Plata. In-8, Ledoyen, 57.
— Note sur le sondeur Lecœntre à cadrans. In-8, Ledoyen, 58. 1 »
BOUCARUT (l'abbé). Instructions historiques et théologiques sur les sacrements. 5 vol. in-8 (Nîmes), Lecoffre, 58. 25 »
BOUCASSE (D.). Prompte formation des arbres fruitiers. In-8 (La Rochelle), veuve Bouchard-Huzard, 60. 1 75
BOUCHACOURT (A.). De l'accouchement laborieux. In-8 (Lyon), Savy, 55.
— Considérations sur le traitement des suites de l'opération césarienne. In-8 (Lyon, Vingtrinier), 60.
— Du galactocèle et de son traitement par l'incision. In-8 (Lyon), Savy 57. 1 »
— Histoire d'une opération césarienne faite avec succès. In-8 (Lyon), Savy, 51.
BOUCHARD (A.). Essai sur les gaines synoviales tendineuses du pied. In-4 (Strasbourg, Vᵉ Berger-Levrault et fils), 56.
BOUCHARD (Ch.). Etudes expérimentales sur l'identité de l'herpès circiné et de l'herpès tonsurant. In-8 (Lyon), Savy, 60.
BOUCHARD (L.). Bibliographie. Ouvrages publiés jusqu'à ce jour sur les constructions rurales et la disposition des jardins. In-8, veuve Bouchard-Huzard, 60.
— Engrais. Disposition des fumières et des latrines. In-8, veuve Bouchard-Huzard, 59. 1 25
— Notice biographique sur le baron Silvestre. In-8 (veuve Bouchard-Huzard), 59.
— Notice biographique sur le chevalier M. de Bonafous. In-8 (veuve Bouchard-Huzard), 53.
— Traité des constructions rurales. Gr. in-8 (Vᵉ Bouchard-Huzard, 58 à 60. 25 »

BOUCHET (le doct. E.). Impressions médicales sur Vichy en 1850. In-8 (Lyon, Ròdanet). 51.
— Nouvelle méthode de traitement du rhumatisme articulaire aigu. In-8 (Lyon, Rodanet), 51.

BOUCHET (H.) Solutions politique, industrielle et sociale. Appel au peuple. In-8, Garnier fr., 50, 1 25

BOUCHET (J.) Compositions antiques, Ire livr. In-4, chez l'auteur, 51.   Blanc. 3 »
                              Chine. 4 »
— Le Laurentin, maison de campagne de Pline, In-4, chez l'auteur (18, rue de Seine), 52.

BOUCHET-RIVIÈRE. Rapport sur l'exploration des danges des Sorelle en 1850. In-8 (Dupont), 51.

BOUCHEZ (G.). Ciel et terre. Poésies. In-8, Garousse, 59.   3 »

BOUCHITTÉ (H.). Confiance en Dieu et courage. Au pauvre et à l'ouvrier. In-18, Dezobry, 56.   » 15
— Leçons d'histoire ancienne. Gr. in-8, Hachette, 55.
                                      3 50
— Leçons d'histoire romaine. Gr. in-8, Hachette, 58.
                                      3 50
— Le Poussin, sa vie et son œuvre. In-8, Didier et Ce, 58.   7 »
— Id. In-12, Didier et Ce, 58.   3 50
— Notice sur quelques objets ayant appartenu à l'abbaye de Port-Royal-des-Champs. In-8 (Versailles, Montalant), 60.
— Notice sur la vie et les ouvrages de Philippe de Champaigne. In-8 (Versailles, Montalant-Bougleux), 56.

BOUCHO (J. B.). Litteræ pastorales. In-12, Lecoffre, 52.

BOUCHON (le) de carafe. In-32, Tours, Mame, 59. » 25

BOUCHOT (A.). Histoire du Portugal et de ses colonies. In-18, Hachette. 54.   4 »

BOUCHOTTE (E.). Essai d'électro-chimie appliquée à l'agriculture. In-8 (Metz, Blanc), 57.
— Etudes sur les piles électriques. In-8 (Metz, Blanc), 59.
— Etude sur la valeur du stade, etc. In-8 (Metz, Blanc), 60.
— Note sur l'alcool de paille. In-8 (Metz, Blanc), 60.
— Observations sur le calendrier grégorien. In-8 (Metz, Blanc), 60.
— De l'origine de l'homme. In-8 (Metz, Lamort), 52.
— Prix des blés dans la Moselle. In-8 (Metz, Blanc), 57.

BOUCHUT (le doct. E.). De l'état nerveux, aigu et chronique. In-8, Baillière et fils, 59.   5 »
— De l'hygiène et de l'éducation physique [des jeunes enfants. In-8, Baillière et fils, 55.   2 50
— Leçons cliniques sur les maladies de l'enfance. In-8, chez l'auteur (15, quai Malaquais), 60.   3 »
— Mémoire sur l'hygiène et l'industrie de la peinture au blanc de zinc. In-8, Baillière et fils, 52.   2 »
— Mémoire sur la nature du ramollissement cérébral sénile. In-8 (Martinet), 50.
— Des méthodes de classification en nosologie. In-4 (Martinet), 53.
— Nouveaux éléments de pathologie générale. Grand in-8, Baillière et fils, 57.   11 »
— Nouvelle étude du croup. In-8 (Malteste), 59.
— Recherches sur les symptômes et le traitement d'une forme particulière du coryza chez les nouveaux-nés. In-18, Baillière et fils, 56.   1 »
— Traité pratique des maladies des nouveaux-nés, 3e éd. In-8, Baillière et fils, 55.   9 »

BOUCLIER (E. C.). Les rayons du matin. In-16 (Lyon, Labaume, 56.

BOUCLON (l'abbé A. de). Histoire de Mgr Olivier, évêque d'Evreux. In-12, Evreux, Damame, 56. 3 50
— Les inondés. Marie, leur salut et leur refuge. In-32, Douniol, 56.   » 25
— Vie d'Auguste Chapdelaine. In-32, Douniol, 57.
                                   » 40
— Vie du révérend P. de Ravignan. In-18, Douniol, 58.
                                   » 75

BOUCLON (l'abbé A. de).Vie de la sœur Rosalie, Jeanne-Marie Rendu, de Saint-Vincent de Paul. In-32, Douniol, 56.   » 25

BOUCLY. Rapport adressé à M. Hébert, garde des sceaux. In-8, Panckoucke, 50.   1 »

BOUCOIRAN (L.). Ariège, Andorre et Catalogne. Guide historique et pittoresque. In-8, Giraud, 54.   7 50
— Languedoc et Provence. Guide dans Nîmes. In-12 (Nîmes, Ballivet), 56.
— Monographie de la fontaine de Nîmes. In-8, Nîmes, Ballivet, 60   5 »

BOUCOURT (A.). Cours de géométrie pratique appliquée au dessin linéaire exact. In-folio (Rouen, Lecointe), 55.

BOUDANT. Nouvelle étude médicale sur le Mont-Dore. In-8 (Clermont-Ferrand, Hübler), 60.

BOUDARD (A.). Mémoire sur la reproduction naturelle des sangsues. In-8 (Nevers, Fay), 53.
— Traitement curatif du choléra. In-8 (Clamecy, Cégrétin), 54.

BOUDARD (P. A.). Essai sur la métrologie attique et romaine. In-8, Leleux, 54.
— Etude ibérienne. In-8, Rollin, 52.   - 8 »
— Numismatique ibérienne, 8 livraisons In-4, Rollin, 59.
                                    40 »

BOUDARD (A. de). Institutions de prévoyance. Les caisses d'épargne, etc. In-8, Valence, Marc-Aurel, 58.   2 »

BOUDET (F.). Notice historique sur la sonde artificielle. In-8, Masson et fils, 52.

BOUDET (N.). Adolescence. Poésies. In-8, Lecoffre, 56.
                                      4 »
— Funérailles de Pierre Chevalier, compositeur. In 8 (Didot), 56.

BOUDIN (Amédée). Histoire généalogique du musée des croisades, palais de Versailles, t. 1, II. Grand in-8 (20, rue Sainte-Anne), 58 à 60.   Le vol. 25 »

L'ouvrage se composera de 4 volumes.

BOUDIN (Antonin). Histoire politique du prince Louis Napoléon Bonaparte, depuis 1815 jusqu'à nos jours. In-8 (Bordeaux, Durand), 52.

BOUDIN (Augustin). Angélo, poëme provençal. In-8 (Avignon, Bonnet fils), 59.   » 50
— La crécho de la santo enfanço; avec traduction en regard. Avignon, Séguin aîné, 56.   » 50
— Garbeto de fablo. In-8, Avignon, Calvet, 53.
— Lis héritié. Fablo. In-8 (Avignon, Offray aîné), 52.

BOUDIN (H.). The palace of universal industry. In-18, Susse frères, 55.
— Le palais de l'industrie universelle. In-18, Susse fr., 55.
— Der Palast der allgemeinen Austellung. In-18, Susse frères, 55.

BOUDIN (J. C. M.). Carte physique du globe terrestre, comprenant la distribution géographique de la température des vents, des pluies et des neiges. In-folio, Dunod, 55.   6 »
— De la circulation de l'eau, considérée comme moyen de chauffage et de ventilation des édifices publics. In-8, Baillière et fils, 52.   3 »
— Compte rendu du congrès général d'hygiène publique de Bruxelles. In-8, Baillière et fils, 53.   3 »
— Etudes sur le chauffage, la réfrigération et la ventilation des édifices publics. In-8, Dunod, 53. 2 50
— Etudes sur l'eau en général. In-8, Dunod, 54. 2 50
— Etudes sur le pavage, le macadamisage et le drainage. In-8, Baillière et fils, 54.   1 25
— Etudes sur la thoracentèse. In-8 (Cosse), 50.
— Histoire de la foudre et des paratonnerres, 3 numéros. In-8, Dunod, 55.   7 50
— Histoire statistique de la colonisation et de la population en Algérie. In-8, Baillière et fils, 53. 2 50
— Histoire du typhus cérébro-spinal, ou de la maladie improprement appelée méningite cérébro-spinale épidémique. In-8, Baillière et fils, 54.   3 50

BOUDIN (J. C. M.). De l'homme physique et moral dans ses rapports avec le double mouvement de la terre. In-8, Baillière et fils, 51. 2 50
— De la production et de la consommation de la viande au point de vue de l'hygiène publique. In-8, Baillière et fils, 50. 1 50
— Des races humaines. In-8, veuve Berger, Levrault et fils, 60.
— Recherches sur l'éclairage. In-8, Baillière et fils, 51. 1 25
— Résumé des dispositions légales et réglementaires qui président aux opérations médicales du recrutement, de la réforme et de la retraite dans l'armée de terre. In-8, Baillière et fils, 54. 1 50
— Statistique médicale des armées. In-8, Baillière et fils. 2 »
— Statistique de la population de la France et de ses colonies d'après les derniers recensements. In-8, Baillière et fils, 52. 2 50
— Système des ambulances des armées française et anglaise, instructions qui règlent cette branche du service administratif et médical. In-8, Baillière et fils, 55. 3 »
— Traité de géographie et de statistique médicales, et des maladies endémiques comprenant la météorologie et la géologie médicale, les lois statistiques de la population et de la mortalité; la distribution géographique des maladies et la pathologie comparée des races humaines. 2 vol. in-8, Baillière et fils, 57. 20 »
— De la ventilation et du chauffage des hôpitaux, des églises et des prisons, Dunod, 54. 2 50
— et Blanc. Eléments de statistique et de géographie générale. In-12, Plon, 60. 2 »
— et Riboulet. Recueil de mémoires de médecine, de chirurgie et de pharmacie militaires, 2e série, 20e vol. in-8, Ch. et H. Noblet, 58. 6 »
BOUDON. Observations sur les hospices civils de Bordeaux. In-4, Bordeaux, Lafargue, 57.
BOUDON (H. M.). Amour de Dieu seul. In-12, Périsse. 1 20
— Amour de Jésus au T.-S.-Sacrement. In-32, Périsse. » 40
— Avis catholiques. In-24, Périsse. » 40
— Le chrétien inconnu. In-12, Périsse. 2 »
— La dévotion aux neuf chœurs des anges. In-18, Périsse. » 90
— Id. In-12, Périsse. 1 50
— La dévotion au règne de Dieu. In-32, Périsse. » 25
— Dieu inconnu. In-18, Périsse. » 75
— Dieu présent partout. In-32, Périsse. » 25
— Id. In-32, Mame. » 40
— Dieu seul. In-32, Périsse. » 30
— Dieu seul; l'amour de Jésus au T.-S.-Sacrement de l'autel. In-32, Clermont-Ferrand, Thibaud. » 60
— Gloire de la sainte Trinité dans les âmes du purgatoire. In-32, Périsse. » 30
— Id. édition d'Avignon, Périsse. » 25
— Gloire de la sainte Trinité dans le secours des âmes du purgatoire. In-32, Périsse. » 30
— L'homme de Dieu. 2 vol. in-12, Périsse. 2 50
— L'homme intérieur. In-12, Périsse. 2 »
— Le malheur du monde. In-18, Périsse. » 80
— Id. In-12, Périsse. 1 50
— Œuvres complètes. 3 vol. gr. in-4, Migne, 57. 24 »
— Opuscules. In-12, Périsse. 2 »
— Respect dû à la sainteté des églises. In-32, Périsse. » 60
— Saintes voies de la croix. In-18, Périsse. » 75
— Id. In-12, Périsse. 1 50
— Science pratique du chrétien. In-32, Périsse. » 40
— Science sacrée du catéchisme. In-12, Périsse. » 90
— Vie cachée avec Jésus en Dieu. In-18, Périsse. 1 »
— Id. In-12, Périsse. 1 50
— Vie du vénérable P. Jean-Chrysostôme. In-12, Périsse. 2 »
— Vie du P. Surin. 2 vol. in-12, Périsse. 2 50
Tous ces ouvrages sont publiés entre 1850 et 1860.

BOUDON (Raoul). L'isthme de Suez et la question d'Orient. In-8, Dentu, 60. 1 »
BOUDON DE SAINT-AMANS. Essais sur les antiquités de Lot-et-Garonne. In-8 (Agen, Noubel), 59.
BOUDOT. Œuvres oratoires. Ce volume contient aussi ceux de Caffort, Feutrier, Guillon, Lambert, Montblanc et Olivier. Gr. in-8, Migne, 56. 6 »
BOUÉ (A.). Statistique méthodique des sociétés savantes. In-8 (Martinet), 60.
BOUÉ DE VILLIERS (A.). Etude historique et archéologique. Villiers-le-Bel, ancien et moderne. In-8, Villiers-le-Bel, chez l'auteur, 53. 1 »
— Haro sur Nicolas! In-8, Nolet, 54. » 50
BOUET et Mante. Méthode de photographie sur ivoire factice. In-8, chez Mante (47, rue Rochechouart), 52.
BOUET (C. E.). Des bénéfices offerts par la pêche de la baleine et du cachalot. In-4 (au Havre, Lemâle), 52.
BOUËT-WILLAUMEZ (le comte E.). Batailles de terre et de mer. In-8, Dumaine, 55. 9 »
— Campagne aux côtes occidentales d'Afrique. In-8 (Dupont), 50.
— Les colonies françaises en 1852. In-8, au bureau de la revue des deux-mondes, 52.
— La flotte française en 1852. In-8, au bureau de la revue des deux-mondes, 52.
— Parallèle historique des principales batailles. In-8, Dumaine, 53.
BOUFFAND (J. C.). Instructions, renseignements et tableaux divers sur le système métrique décimal, etc. In-8, Villefranche, Lucas aîné, 55. 1 50
BOUFFLERS. Œuvres et histoire de cet auteur, publiées par A. Houssaye. In-12, Eugène Didier, 52. 3 50
BOUGAINVILLE (le) de la jeunesse. In-18, F. F. Ardant frères, 60.
BOUGARRE (L.). Satires et pièces diverses; le siècle des vertus, etc. In-8, Masgana, 51. 3 »
BOUGAUD (l'abbé). Etude sur la mission de saint Bénigne, apôtre de la Bourgogne. In-8 (Autun, Dejussieu), 59.
BONGEANT (le R. P.). Exposition de la doctrine chrétienne, nouv. édit. 2 vol. in-8, Bray, 60. 8 »
BOUGEARD (A.). Les moralistes oubliés. Réflexions et maximes. In-32, Michel Lévy fr., 58. 1 »
BOUGEAULT (A.). Kryloff, ou le La Fontaine russe. In-18, Garnier, 52.
— Précis historique et chronologique de la littérature française. In-12, Dezobry et Magdeleine, 60. 3 »
— Principes de composition et de style. In-12, Dezobry et Magdeleine, 53. 3 »
BOUGÈRE. Notice sur l'injecteur automoteur des chaudières à vapeur. In-8 (Chaix), 59.
BOUGY (A. de). La Luizina. In-12, Michel Lévy fr., 52. 3 »
— Un million de rimes gauloises. In-32, Delahays, 58. 2 »
— Voyage dans la Suisse française et le Chablais. In-12, Poulet-Malassis, 60. 3 »
BOUHIER DE L'ÉCLUSE. Le pape et l'Italie. In-8, Ledoyen, 60. 1 »
BOUHOURE (E.). Pêle-mêle. Poésies. In-16, Giraud, 53. 1 »
BOUHOURS (le R. P.). Consolations spirituelles. In-32, Palmé, 60. » 60
— Aux âmes affligées. Paroles tirées de la sainte Ecriture. In-32, Douniol, 60. » 40
— Histoire de Pierre d'Aubusson. In-12, Lille, Lefort, 53. » 85
— Jordana Cristiana. In-18, Rosa et Bouret, 53. 1 60
— Un mois de méditations et de lectures quotidiennes. In-18, Parmantier, 59. » 10
— Paroles tirées de l'Ecriture sainte. In-24, Périsse, 54. » 75
— Pensées chrétiennes pour tous les jours du mois. In-12, Hachette, 59. » 40
— Vie de saint François-Xavier. 2 vol. in-12, Périsse, 55. 2 »

BOUHOURS (le R. P.) Id. Abrégé. In-12, Périsse, 55.
1 »
— Id. In-12, Tours, Mame, 60.
— Id. In-12, Limoges, Barbou, 60.
— Vie de saint Ignace. In-12, Périsse, 56.   1 50
— et Lallemant. Traduction du nouveau testament. In-18, Périsse, 57.   1 50
— Id. revue par Herbet. In-18, Lecoffre, 55.   1 50
BOUILHET (L.). Hélène Peyron, drame. In-12, Taride, 58.   2 »
— Madame de Montarcy, drame. In-12, Michel Lévy fr., 56.   2 »
— Mélaenis. In-12, Michel Lévy fr., 57.   1 »
— Id. In-8, au bureau de la revue de Paris. 51.
— Poésies. In-12, Libr. nouv., 59.   3 »
BOUILLARD (l'abbé J. B.). Notre-Dame de Fourvières. In-12, Lyon, Girard et Josserand, 58.   2 50
BOUILLAUD (J.). De la chlorose et de l'anémie. In-8, Baillière et fils, 59.   1 »
— Du diagnostic et de la curabilité du cancer. In-8, Baillière et fils, 55.   1 25
— Discours sur le traitement médical et chirgical du croup. In-8, Baillière et fils, 59.   1 25
— Discours sur le vitalisme et l'organisme. In-8, Baillière et fils, 60.   1 50
— De l'influence des doctrines, ou des systèmes pathol. In-8, Baillière et fils, 59.   1 »
— Leçons cliniques sur les maladies du cœur, rec. par Racle. In-8, au bureau du moniteur des sciences médicales, 53.
— et Piorry. Opinions sur A. Groux. In-8, Baillière et fils, 56.
BOUILLÉ (le marquis de). Mémoires avec notes par Barière. In-12, Didot, 59.   3 »
— Pensées et réflexions morales et politiques. In-12, Amyot, 51.
BOUILLÉ (R. de). Essai sur la vie du marquis de Bouillé, par son petit-fils. In-8 Amyot, 53.   6 »
BOUILLET (J. B.). Album auvergnat. Gr. in-8, Moulins, Desrosiers, 53.   10 »
— Histoire des communautés des arts et métiers d'Auvergne. In-8 (Clermont-Ferrand, Hübler), 57,
— Dictionnaire héraldique de l'Auvergne. Grand in-8 (Clermont-Ferrand, Hübler), 58.   7 »
— Dictionnaire des lieux habités du département du Puy-de-Dôme. Gr. in-8 (Clermont-Ferrand, Hübler), 54.   3 »
— Nobiliaire d'Auvergne. 5 vol. in-8 (Clermont-Ferrand, Perol), 54.
— Topographie minéralogique du département du Puy-de-Dôme. In-8 (Clermont-Ferrand, Hübler), 54.
BOUILLET (N.). Dictionnaire classique de l'antiquité sacrée et profane. 2 vol. in-8, E. Belin, 50.   14 »
— Abrégé du dictionnaire classique de l'antiquité sacrée et profane. In-12, E. Belin, 60.   4 »
— Dictionnaire universel d'histoire et de géographie, 17e édit., suivi d'un supplément. Gr. in-8, Hachette, 60.   21 »
— Id. Le supplément seul.   1 50
— Dictionnaire universel des sciences, des lettres et des arts. 4e édit. Gr. in-8, Hachette, 60.   21 »
BOUILLEVAUX (C. E.). Voyage dans l'Indo-Chine, 1848-56. In-12, Palmé, 59.   3 50
BOUILLEVAUX (l'abbé R. A.). Notice historique sur le prieuré de Condes. In-8, Techener, 56.
— Notice historique sur Benoitevaux. In-8, Chaumont, Cavaniol, 54.
BOUILLIER (F.). Analyses critiques des ouvrages de philosophie. In-12, Durand, 55.   2 50
— Du cartésianisme de Bossuet. In-8 (Lyon, Dumoulin), 53.
— Causes de la révolution philosophique du XVIIIe siècle. Extrait de l'histoire de la philosophie cartésienne. In-8 (Lyon), Durand, 54.
— Histoire de la philosophie cartésienne. 2 vol in-8 (Lyon), Durand, 54,   14 »
— Sur les offices de Cicéron. In-8 (Lyon, Dumoulin), 55.

BOUILLIER (F.). De l'unité de l'âme pensante. In-8 (Lyon), Durand, 58.   1 50
BOUILLON (A.). Exercices de dessin linéaire. In-folio oblong avec texte, Hachette, 50.   8 »
— Principes de dessin linéaire. In-4, Hachette, 55.   2 »
— Principes de perspective linéaire. In-4, Hachette, 55.   2 50
BOUILLON (L.). Notice pratique sur les procédés et appareils du lessivage du linge. In-8 (Bénard), 53.
BOUILLON (P.). Nouveau mémoire à consulter sur la question des boissons. In-8 (Rennes), Guillaumin, 50.
BOUILLON-LAGRANGE. Remarques sur l'angine couenneuse épidémique. In-8, Masson et fils, 59.
BOUILLON-LANDAIS. La Canebière. Aperçu historique. In-8, Marseille, Boy, 56.
— L'île de Rion. In-8 (Marseille, veuve Olive), 59.
— Notice sur les armoiries de Marseille. In-8 (Marseille, veuve Olive), 57.
BOUILLY (J. N.). Causeries et nouvelles causeries. In-12, Magnin, Blanchard et Ce, 54.   3 50
— Conseils à ma fille. In-8, Magnin Blanchard et Ce, 60.   9 »
— Id. In-12, Magnin Blanchard et Ce, 60.   3 50
— Contes à ma fille. In-8, Magnin, Blanchard et Ce, 60.   9 »
— Id. In-12, Magnin, Blanchard et Ce, 60.   3 50
— Contes à mes petites amies. In-8, Magnin, Blanchard et Ce, 60.   9 »
— Id. In-12, Magnin, Blanchard et Ce, 60.   3 50
— Contes offerts aux enfants de France et les jeunes élèves. In-12, Magnin, Blanchard et Ce, 54.   3 50
— Contes populaires. In-12, Magnin, Blanchard et Ce, 55.   3 50
— Les encouragements de la jeunesse. In-8, Magnin, Blanchard et Ce, 60.   9 »
— Id. In-12, Magnin, Blanchard et Ce, 60.   3 50
— Les jeunes femmes. In-12, Magnin, Blanchard et Ce, 52.   3 50
BOUIN (J. J.). Instruction pour combattre et prévenir la polyhémie consécutive du porc. In-8, chez l'auteur (54, rue de l'Université), 56.
BOUIRE-BEAUVALLON (L.). Code municipal. In-8 (Bordeaux, Suwerinck), 56.
— Des condamnés libérés. In-8 (Bordeaux, Suwerinck), 53.
— Des gardes champêtres et des cantonniers. In-8 (Bordeaux, Suwerinck), 51.
BOUIS (Mme Eugénie). Guide de la mère de famille. In-8, Perpignan, Mlle Tastu, 59.   1 »
BOUIS (J.). Empoisonnement par le gaz. In-8, Mallet-Bachelier, 59.   2 »
— Notice sur les eaux thermales alcalines d'Olette dans les Pyrénées. In-8 (Perpignan, Alzine), 52.
— Thèse de chimie sur l'huile de ricin; thèse de physique, observations sur la fusion. In-4 (Mallet-Bachelier), 55.
BOUIS-BOUIS, bastringues et caboulots de Paris. In-32, Tralin, 60.   1 »
BOUISSON (F.). Du cancer buccal chez les fumeurs. In-8 (Montpellier, Boehm), 59.
— Des hémorrhagies périodiques qui compliquent les suites des opérations. In-8 (Montpellier), Baillière et fils, 54.   1 25
— Mémoire sur l'exploration sous-cutanée des tumeurs. In-8, Baillière et fils, 54.   1 25
— Mémoire sur les fractures longitudinales du corps des os longs. In-8, Baillière et fils, 50.   1 »
— Mémoire sur la luxation traumatique de l'articulation occipito-atloïdienne. In-8 (Montpellier), Baillière et fils, 54.   1 25
— Observation clinique, suivie de réflexions sur les amputations doubles. In-8 (Montpellier), Baillière et fils, 52.   1 »
— De l'opportunité de la réunion immédiate à la suite de l'opération de la castration. In-8 (Montpellier), Baillière et fils, 54.   4 »

BOUISSON (F.). Traité théorique et pratique de la méthode anesthésique. In-8, Baillière et fils, 50.
    7 50
— Tribut à la chirurgie, t. I, II. In-4 (Montpellier), Baillière et fils, 59-60. Chaque vol. 12 »
— De la suture implantée. In-8, Baillière et fils, 51.
    » 75
BOUIX (l'abbé D.). Institutiones juris canonici, savoir : Tractatus de capitulis. In-8, Lecoffre, 52. 7 »
  Id. de curia romana. In-8, Lecoffre, 59. 7 »
  Id. de episcopo. 2 vol. in-8, Lecoffre, 59. 11 »
  Id. de judiciis. 2 vol. in-8, Lecoffre, 55. 12 v
  Id. de jure liturgico. In-8, Arras, Rousseau-Leroy, 60. 3 50
            Avec supplément. 3 90
  Id. de jure regularium. 2 vol. in-8, Lecoffre, 57. 14 »
  Id. de parocho. In-8, Lecoffre, 56. 7 »
  Id. de principiis. In-8, Lecoffre, 52. 6 »
— Du concile provincial, ou traité des questions de théologie et de droit canon. In-8, Lecoffre, 50. 7 »
BOULAND (P.). Études sur les propriétés physiques, chimiques et médicinales des eaux minérales d'Enghien. In-18, Dentu, 50. 2 25
BOULANGÉ (G.). Notes pour servir à la statistique monumentale de la Moselle. In-8 (Metz, Blanc), 56.
BOULANGÉ (l'abbé T.). Cérémonial romain à l'usage des églises paroissiales. In-12, Le Mans, Galienne, 58. 2 »
— Rome en 1848-1849-1851. Correspondance d'un officier français de l'armée expéditionnaire d'Italie. 2 vol. in-8, Limoges, Barbou, 51.
BOULANGER. Étude sur la barre de l'Adour. In-8 (Bayonne, Lespès), 60.
BOULANGER. Description du bassin houiller de Decize, départ. de la Nièvre. In-4, Mathias, 50.
— et Bertera. Texte explicatif de la carte géologique du départ. du Cher. In-8, Impr. Impér., 50.
BOULANGER (E.). Étude sur la novation en matière d'enregistrement. In-18 (Bar-le-Duc), Durand, 60.
    3 »
BOULANGER (J. M.). Méthode phonographique, ou la lecture par l'écriture, Ire partie, lecture. In-16, Orléans, chez l'auteur, 60. » 30
BOULARD-MOREAU (S.). Art de s'enrichir par le drainage. In-18, Auxerre, Gallot, 55.
BOULAT. Pourquoi assassine-t-on les Rois ? In-8 (Marseille, Arnaud), 58.
— Les trois fléaux de la France. In-8 (Marseille, Arnaud), 55.
BOULATIGNIER (J.). L. A. Macarel. In-8, chez Desplaces, éditeur de la biographie Michaud, 60.
BOULAY DE LA MEURTHE (H.). De l'instruction civique dans l'éducation publique sous Napoléon Ier. In-8, chez Malo (3, quai Malaquais), 55.
— Napoléon et l'instruction primaire. Discours. In-4 (Raçon), 52.
BOULAY-PATY (E.). Sonnets. De la vie humaine. In-12, Didot, 52. 4 »
BOULÉ et Brésil. Les œuvres du démon, mélodrame. In-4, Libr. théâtrale, 57. » 20
BOULERY (C.). Épisode de l'histoire de Pologne, drame. In-8, Redon, 55. » 15
BOULET. Cours pratique de langue grecque. In-16 (56, rue Caumartin), 57. 5 »
BOULEY (H.). Éloge de M. Girard, directeur de l'école d'Alfort. In-18 (Penaud), 54.
— Notice historique sur Dupuy, ancien professeur à l'école d'Alfort. In-8 (Penaud), 50.
— De la péripneumonie épizootique du gros bétail. In-8, P. Asselin, 54. 2 50
— Traité de l'organisation du pied de cheval, Ire part. In 8, P. Asselin, 51. Noir. 14 »
                 Col. 23 »
— et Reynal. Nouveau dictionnaire pratique de médecine, t. I à V. In-8, P. Asselin, 56 à 60. Le vol. 7 50
    (L'ouvrage aura 10 volumes.)

BOULGON. Portrait, caractère, mœurs, usages des différents peuples du monde. In-8, Limoges, Ardant, 60.
BOULIER (la mère A. S.). Œuvres. In-8 (Dijon), Loireau-Feuchot), 54.
BOULIN (F.). Histoire complète de la guerre d'Orient. In-18, Lyon, Cajani, 56.
ROULLAND (A.). Mission morale de l'art. In-8, Ladrange, 52. 7 50
BOULLAULT. L'étoile d'Andalousie. En vers. In-8 (Nantes, veuve Mellinet), 56.
— La Reine Victoria à Paris. En vers. In-8 (Nantes, veuve Mangin), 55.
— Souvenirs poétiques. In-12 (Nantes, Masseaux), 59.
— Le vieillard pauvre. Élégie. In-8 (Nantes, veuve Mangin), 60.
BOULLAY. Des règles à suivre au début d'un traitement hydrothérapique. In-8 (Moquet), 59.
BOULLAY (G.). Les danses des salons, par un observateur. In-8, Dentu, 55. 1 »
— Plaidoyer pour la danse des salons contre la réforme d'icelle. In-12, Dentu, 55.
— Réforme de la danse des salons. In-12, Dentu, 55. » 50
BOULLÉE (A.). Essai sur la vie et les ouvrages de M. Portalis, ministre des cultes. In-8, Didier et Cie, 59. 2 50
BOULLENOIS (F. de). Conseils aux nouveaux éducateurs de vers à soie. In-8, Bouchard-Huzard, 51. 3 50
BOULLENOT (F.). Macédoine poético-philosophique. In-12 (Beaune, Lambert), 60.
— La question d'Orient mise en vers. In-12 (Dunkerque, Vanderest), 53.
— Réflexions sur le temps présent. In-12 (Châlon-sur-Saône, Montalant), 58.
— Tristes loisirs d'un employé, poésies diverses. In-12, Garnier, 52. 1 50
BOULLET (le doct.). De la médecine cantonale et des hôpitaux cantonaux. In-8 (Gien, Clément), 54.
BOULMIER (J.). Corrigé des exercices sur les premiers éléments de la grammaire grecque de Dübner. In-8, Hachette, 60. 1 »
— De l'étymographie, ou de la véritable orthographe française. In-32, chez l'auteur, 53.
— Odes saphiques. Essai d'un nouveau rhythme. In-18 (Didot), 52.
BOULNIER. Estienne Dolet. Sa vie, ses œuvres et son martyre. In-8, Aubry, 57. 6 »
BOULOGNE. La morale dans l'histoire naturelle. In-12, Lethielleux, 60. 2 50
BOULOGNE (de). Œuvres oratoires complètes ; ce volume contient aussi ceux de Fournier de la Contamine. Gr. in-8, Migne, 56. 6 »
BOULOGNE-SUR-MER. Bathing town and ville de plaisance. In-32 (Boulogne-sur-Mer, Delahodde), 57.
BOULON. Notice sur un tumulus dans la vallée de Vaulnaveys, près Grenoble. In-8 (Grenoble, Allier), 51.
BOULONGNE (le doct. A.). Photographie et gravure héliographique. In-8, chez Secretan (13, place du Pont-Neuf), 54. 2 »
BOULU (le doct.). De la médication électrique dans certaines affections de l'appareil oculaire. In-8, P. Asselin, 60.
— Traitement des adénites cervicales chroniques au moyen de l'électricité localisée. In-8, P. Asselin, 60.
BOULY (E.). Dictionnaire historique de la ville de Cambrai. Gr. in-8, Dumoulin, 56.
— Histoire de la municipalité de Cambrai, depuis 1789 jusqu'à nos jours, t. I. In-8 (Cambrai, Lévêque), 52.
BOUNET (P.). Moun paure patois, poème avec trad. française en regard. In-12 (Nîmes, Baldy et Royer), 56.
BOUNIN-DELETTRE. L'aumône et la prière. En vers. In-8 (Noblet), 60.

BOUNIOL. Vulgarisation du calcul par le livret d'addition. In-8 (Lyon, Boursy), 57.

BOUNIOL (B.). A l'ombre du drapeau, 2e édit. In-12, Bray, 60.   2 »
— L'art chrétien et l'école allemande. In-18, Schulgen (25, rue Saint-Sulpice), 56.
— L'asile maternel des petits enfants de saint Vincent de Paul. In-8, Bray, 59.
— Les combats de la vie, Ire série. Premiers récits. In-12, Bray, 58.   2 »
— Id. 2e série. La famille du vieux célibataire. In-12, Bray, 59.   2 »
— Id. 3e série. Les épreuves d'une mère. In-12, Bray, 59.   2 »
— Id. 4e série. Les deux héritages. In-12, Bray, 60.   2 »
— Le dimanche, satire. In-8, Bray, 53.
— La joie du foyer. 2 vol. in-12, Julien, Lanier et Ce, 57.   2 »
— Ma croisade, ou les mœurs contemporaines, satires. In-12, Bray, 54.   3 »
— Notre-Dame des arts. In-8, Bray, 59.
— Le peintre, poëme. In-12, Bray, 60.   1 »
— Les sœurs aveugles de saint Paul. In-8, Bray, 58.
— Le soldat, chants et récits, 3e édit. In-18, Bray, 56.   » 60
— Le soldat apôtre, profils héroïques. In-12, Julien, Lanier et Ce, 58.   1 25
BOUQUET (F. F.). De la moralité dans les campagnes depuis 1789 (Châlons-sur-Marne, Martin), 60.
BOUQUET (J. P.). Histoire chimique des eaux minérales et thermales de Vichy, Cusset, Vaisse, Haute-rive et Saint-Yorre. In-8, Masson et fils, 55.   7 50
— et Schœuffele. Recherches et observations pour servir à l'histoire de la quinidine. In-8, Masson et fils, 52.
BOUQUET (M.). Un futur présent, vaudeville. In-8, Marseille, Dutertre, 55.   » 60
— Le loup et le chien. In-8 (Le Havre, Charpentier), 57.   1 »
— Paquerette, comédie. In-12, Marseille, Laffitte et Roubaud, 53.   1 »
— et Jaloux. Sébastopol, ou la revanche de Moscou, tableau militaire. In-12, Michel Lévy fr., 55.
BOUQUET (le) des fiançailles, poésies. In-16 (Raçon), 55.
— de roses, In-12, Limoges, Ardant, 58.
— spirituel offert par les enfants de Marie. In-32 (Au Puy, Audiard), 51.
— Id. ou quatre pensées offertes en méditations aux âmes pieuses. In-16, Montpellier, Dumas, 60.
— de violettes. In-32, Rouen, Mégard, 60.   » 20
BOUQUET (un) de nouvelles. In-18, Josse, 59.   » 50
BOUQUET DE LA GRYE. Note sur l'emploi du cercle méridien de Brunner. In-8, Ledoyen, 58.
BOUQUET DE LA GRYE (A.). Guide pratique et raisonné du garde forestier, 2e édit. In-12, Ve Bouchard-Huzard, 59.   2 »
BOUQUETS (les) du sentiment, ou choix de compliments, ou manuel de famille pour les fêtes, publ. par Maison, éditeur. In-18, Magnin, Blanchard et Co, 51.   » 75
BOUQUILLARD. Prompt-trouveur dans Paris et sur le plan de Paris indicateur, d'après les nouvelles dénominations. In-12 (Guyot), 55.
BOUR (E.). Thèse de mécanique céleste ; thèse d'astronomie. In-4 (Mallet-Bachelier), 55.
BOURASSÉ (l'abbé J. J.). Actes et décrets du concile de la province de Tours, trad. en franç. et texte latin en regard. In-8 (Tours, Mame), 51.
— Archéologie chrétienne, 5e édit. In-8, Tours, Mame, 54.   2 50
— Esquisses entomologiques. In-12, Tours, Mame, 59.   1 »
— Histoire naturelle des oiseaux, des reptiles et des poissons. In-12, Tours, Mame, 58.   1 »
— Les miracles de sainte Katherine de Fierboys. In-12, Potier, 58.   4 »

BOURASSÉ (l'abbé J. J.). Le mobilier de la cathédrale de Reims ; extrait des plus belles églises du monde. In-18, Reims, Jacquet, 56.
— Les plus belles églises du monde. In-8, Tours, Mame, 57.   7 50
— Pillage du château de Chavigny par les protestants. In-8 (Tours, Ladevèze), 58.
— La terre sainte. In-8, Tours, Mame, 60.   12
— La Touraine. In-folio, Tours, Mame, 57.   100 »
BOURBON DEL MONTE. L'indépendance de l'Italie et le Piémont. In-8, Douniol, 59.
BOURCIER (C.). Andrieux, sa vie et ses ouvrages. In-8 (Angers, Cosnier), 51.
BOURDAIS (F.). Guide du distillateur du sorgho à sucre. In-18, Goin, 57.   1 »
BOURDAIS (J.) Traité pratique de la résistance des matériaux. In-8, Mallet-Bachelier, 59.   6 »
BOURDALOUE. Avent. In-12, Périsse, 57.   2 »
— Exhortations. 2 vol. in-12, Périsse, 56.   3 50
— Mystères. 2 vol. in-12, Périsse, 55.   3 20
— Id. Pensées. 3 vol. in-12, Périsse, 55.   3 60
— Œuvres. 18 vol. in-12, Périsse, 50 à 60.   25 »
— Id. 16 vol. in-8, Périsse, 50 à 60.   44 »
— Id. 6 vol. in-8, Gaume et Duprey. Jouby, 59.   20 »
— Id. 3 vol. gr. in-8, Migne, 60.   18 »
— Sur l'indulgence. In-18 (Cambrai, Carion), 57.
BOURDEILLE. (le marquis de). La vérité sur la question romaine. In-8, Ledoyen, 60.   » 50
BOURDEL (E.). Comptabilité des communes et des établissements publics. In-8, Cotillon, 59.
BOURDET (le doct. E.). Causeries médicales avec mon client. In-8, Germer Baillière, 52.   4 »
— Des maladies du caractère. In-12, Germer-Baillière, 59.   3 50
BOURDIER (P.). De la dépopulation des campagnes. In-8 (Mézières, Lelaurin), 59.
BOURDILLON (J. L.). La fin tragique des Nibelons, trad. du vieux allemand. In-12. Cherbuliez, 52.
BOURDIN. Application du drainage à l'épuisement des eaux. In-8 (Rouen, Rivoire). 59.
BOURDIN (le doct. C.). De l'action concomitante du chloroforme. In-18 (Pillet fils aîné), 52.
— De l'hallucination. In-8, Masson et fils, 56.
— Des inconvénients de l'usage du camphre. In-18 (Pillet fils aîné), 59.
— De la nature du suicide. In-8 (Moquet), 51.
BOURDOIS (A.). L'auberge du lapin blanc, vaudeville. In-8, Beck, 55.   » 60
— Avez-vous besoin d'argent ? In-18, Michel Lévy fr., 57.   » 60
— En trois visites, vaudeville. In-8, Beck, 54.   » 60
— La Médée de Nanterre. In-4, Michel Lévy fr., 54.   » 20
— et Colliot. L'ami François, comédie-vaudev. In-12, Michel Lévy fr., 52.   » 60
— Id. In-4, Michel Lévy fr., 58.   » 20
— et Colliot et Lapointe. La course à la veuve, vaudev. In-12, Giraud et Dagneau, 52.   » 60
— et Colliot et Lapointe. Le mari par régime, comédie-vaudev. In-8, Beck, 54.   » 60
— et Colliot et Lapointe. Mêlez-vous de vos affaires, vaudeville. In-8, Beck, 53.   » 60
— et Colliot et Lapointe. Les moustaches grises, vaudev. In-8, Beck, 53.   1 »
— et Delacour. La villa des amours, vaudeville. In-8, Beck, 57.   » 60
— et Desarbres. Deux femmes en gage. In-4, Michel Lévy fr., 55.   » 20
— et Lapointe. Les dames de cœur volant, opéra-bouffe. In-12, Libr. nouv., 59.   » 60
— et Lapointe. Faust et Framboisy, drame burlesque. In-8, Beck, 59.   » 60
BOURDON. Application de l'algèbre à la géométrie, 5e édit. In-8, Mallet-Bachelier, 54.   7 50
— Éléments d'algèbre, 12e édit. In-8, Mallet-Bachelier, 60.   8 »

BOURDON. Éléments d'arithmétique, 31ᵉ édit. Mallet-Bachelier, 60. 4 «
— Trigonométrie rectiligne et sphérique. In-8, Mallet-Bachelier, 54. 3 »
BOURDON. De l'emploi respectif de l'emprisonnement et de l'amende édictés au code pénal. In-8, Cotillon. 51.
BOURDON. De l'origine des noms. In-8, Lille, Vanackère, 56.
BOURDON (Ch.). Excursion archéologique à la cathédrale de Bayeux. In-8 (Caen), Derache, 51.
BOURDON (E.) Explications relatives aux manomètres et baromètres à tubes métalliques. In-4 (Claye), 52.
BOURDON (H.) Recherches chimiques sur quelques signes propres à caractériser le début de la phthisie pulmonaire. In-8, P. Asselin, 51.
BOURDON (le doct. J.). Le choléra-morbus.In-8 (Maulde), 55.
— Recherches sur la glairine ou barégine des eaux minérales. In-8, Baillière et fils, 57. 1 50
— Notions d'hygiène pratique. In-8, Hachette, 60. 3 »
— Id. In-18, Hachette, 60. 1 50
— Précis d'hydrologie médicale. In-12, Baillière et fils, 60. 3 »
BOURDON (Mᵐᵉ M. Froment). Abnégation. In-12, Putois-Cretté. 1 50
— Béatitudes, ou la science du bonheur. In-12, Bray. 2 »
— La charité, légendes. in-12, Bray. 2 »
— Blanche et Selva. In-18, Putois-Cretté. » 30
— Drames pour la jeunesse.— Anneau de paille; Petite glaneuse; Un travers du siècle; Les mères réconciliées; Une antipathie; Swington et Gordon, Les deux cousins. In-18, Putois-Cretté. Chacun de ces drames. » 20
— Le droit d'aînesse. In-18, Bray. 2 »
— Histoire d'Elisabeth, reine d'Angleterre. In-12, Putois-Cretté. 1 »
— Histoire de Marie Stuart. In-12, Putois-Cretté. 1 50
— Imitation de l'enfant Jésus. In-32, Putois-Cretté. » 50
— Lettres à une jeune fille. In-12, Lethielleux. 1 50
— Maria, premiers temps du christianisme. In-12, Putois-Cretté. 1 50
— Le mois eucharistique. In-18, Putois-Cretté. 1 »
— Nouvelles historiques. In-12, Putois-Cretté. 1 50
— Onze nouvelles. In-12, Lethielleux. 1 50
— Politesse et savoir vivre. In-18, Lethielleux. » 60
— Pulchérie. In-12, Putois-Cretté. 1 50
— Quatre nouvelles. In-12, Lethielleux. 1 50
— Quelques heures de solitude.In-12, Lethielleux. 1 50
— Souvenirs d'une famille du peuple. In-12, Putois-Cretté. 1 50
— Souvenirs d'une institutrice. In-12, Bray. 2 »
— Vie de Mlle d'Epernon. In-12, Lethielleux. » 50
— Vie réelle. In-12, Bray. 2 »
Tous ces volumes sont publiés entre 1858 et 1860.

BOURDONNAY (le doct.). Affections rhumat. névralg. et goutt. In-18, chez l'auteur (19, rue de Grenelle-St-Honoré), 57. 1 50
BOURÉE (le doct.). Notice sur la vie et les relations de voyage du capitaine Bossu. In-8 (Châtillon-sur-Seine, Lebeuf), 52.
BOUREL (A.). Chants de l'aurore. In-18, Meyrueis et Cᵉ, 51.
— Orient et occident. Poésies. In-12 (Orléans), Meyrueis et Cᵉ, 58. 1 »
BOUREL RONCIÈRE (A.). Aperçu sur l'établissement d'une commune bretonne. In-8 (Saint-Brieuc, Prudhomme), 52.
BOURELLY (M.). La galino. In-8 (Marseille, Arnaud), 57. » 15
— et Lamy. Les petites affiches, vaudev. In-8, Marseille, Chaix, 51. » 50

BOURET (le doct. A.). Quarante jours de cellule. In-12 (Etampes), Vaton, 52. » 30
BOURET (J.). Dictionnaire géographique de la Lozère. In-8, Mende, Boyer, 54.
BOUREULLE (P. de). Francœur et Giroflet. Conservations sur le socialisme et sur le bien d'autres choses. In-12 (Lange Lévy), 50. 1 25
BOURGADE (l'abbé F.). Baal-Had, c'est-à-dire Mercure représentant le soleil. In-18, Didot, 57.
— La clef du Coran. In-8, Duprat, 52.
— Croisade pour répandre la civilisation chrétienne parmi les musulmans. In-8, Didot, 58.
— Passage du Coran à l'Evangile. In-8, Duprat, 55.
— Soirées de Carthage, ou dialogue entre un prêtre, un muphti et un cadi, texte arabe. In-8, Duprat, 55. 7 50
— Id. texte français, 52. 3 50
— Toison d'or de la langue phénicienne. In-folio, Duprat, 56. 55 »
BOURGAIN (E.). Répertoire général des taxes de navigation. In-18, P. Dupont, 58. 3 »
BOURGAUD. Instruction pour l'aéromètre, ou pèse-lait. In-8, (Arbois, Javel), 57.
BOURGE (R. de). Projet d'avancement dans l'armée de terre pour 1851. In-8, au bureau du spectateur militaire, 51.
BOURGEAT (l'abbé J. B.). Etudes sur Vincent de Beauvais. In-8, Durand, 56.
— Histoire de la philosophie; philosophie orientale. In-8 (Lyon), Ladrange, 50. 6 »
— Programme d'un cours de philosophie. In-8 (Lyon), Ladrange, 53. 6 »
BOURGEAU (l'abbé Th.). Dévotion à la très-sainte Vierge. In-32, Sarlit, 58. » 80
— La perfection chrétienne dans le monde. In-12, Sarlit, 59. » 80
BOURGEAUD (l'abbé). Le mois de Marie des élus. In-18, Albanel, 56. 1 50
BOURGEOIS. Etudes pédagogiques à l'usage des instituteurs primaires. In-12, Dezobry, 59. 2 »
BOURGEOIS (A.). Navigation aérienne. In-4, Cassanet, 50.
BOURGEOIS (l'abbé). Nouveau mois de Marie, ou exposition du culte de la sainte Vierge. In-12, Lille, Quarré, 59. 1 50
BOURGEOIS (l'abbé). La pomme de discorde, ou le pape roi. In-8, Lethielleux, 60. » 75
BOURGEOIS (Anicet). Les honnêtes femmes, drame. In-12, Libr. théâtrale. 1 »
— Id. In-4, Libr. théâtr., 59. » 30
— et Albert. Madeleine, drame. In-4, Barbré, 59. » 20
— et Barrière. La vie d'une comédienne, drame. In-4, Michel Lévy fr., 57. » 20
— et Brisebarre et Laurent. Le diable d'argent, féerie. In-4, Libr. théâtr., 57. » 20
— et Cornu. Marie, ou l'inondation. In-4, Michel Lévy fr., 58. » 20
— et Decourcelle. J'enlève ma femme, comédie-vaudev. In-8, Tresse, 58. 1 »
— et Decourcelle. Les petites lâchetés, comédie. In-18, Tresse, 57. 1 »
— et Dennery. L'aveugle, drame. In-12, Michel Lévy, fr., 57. 1 »
— et Dennery. Le fou par amour, drame. In-12, Michel Lévy fr., 58. 1 »
— Id. In-4, Michel Lévy fr., 58. » 20
— et Dennery. Les sept péchés capitaux, drame. In-4, Michel Lévy fr., 59. » 20
— et Dugué. Les fugitifs, drame. In-12, Michel Lévy fr., 58. 1 »
— Id. In-4, Michel Lévy fr., 59. » 20
— et Dugué. Les Pirates de la Savane, drame. In-4, Libr. théâtr., 59. » 50
— Id. In-18, Libr. théâtrale, 59. 1 »
— et Durantin. Les comédiens de salon. In-18, Michel Lévy fr., 59. » 60
— et Foucher. La justice de Dieu, drame. In-8, Tresse, 58. 1 »

BOURGEOIS (Anicet) et Labiche. L'avare en gants jaunes, comédie-vaudev. In-12, Michel Lévy fr., 58.   1 »

— et Labiche. L'école des Arthur, comédie-vaudeville. In-18, Michel Lévy fr., 59.   1 »

— Id. In-4, Michel Lévy fr., 60.   » 20

— et Labiche. Un monsieur qui a brûlé une dame, coméd.-vaudev. In-18, Michel Lévy fr., 57.   1 »

— et Lafont. La petite Fadette, comédie-vaud. In-4, Michel Lévy fr., 59.   » 20

— et Lockroy. Perrinet Leclerc, ou Paris en 1418, drame. In-8, Tresse, 57.

— et Masson. Atar-Gull, mélodrame. In-8, Barbré, 60,   » 20

— et Masson. Georges et Marie, drame. In-4, Michel Lévy fr., 58.   » 20

— et Masson. Marianne. In-4 Michel Lévy fr., 58.   » 20

— et Masson. Marthe et Marie, drame. In-4, Michel Lévy fr., 58.   » 20

— et Masson. Le muet, drame. In-4, Michel Lévy fr., 59.   » 20

— et Masson. Les orphelins du pont Notre-Dame. In-4, Michel Lévy fr., 57.   » 20

— et Pixérécourt. Latude. In-8, Tresse, 57.

— Voyez aussi — Anicet-Bourgeois.

BOURGEOIS (Ch.) et Cabart. Applications de la géométrie et de la trigonométrie. In-8, Mallet-Bachelier, 57.   3 50

BOURGEOIS (H.) et E. Bourgeois. Rodolfo, ou un cœur d'artiste, comédie. In-8 (Nevers, Gourdet), 55.   » 50

BOURGEOIS (le doct. H.). L'homœopathie professée à la faculté de médecine de Paris. In-8, Baillière et fils, 59.   1 25

BOURGEOIS (le doct. J.). Traité pratique de la pustule maligne et de l'œdème malin. In-8, Baillière et fils, 60.   4 50

BOURGEOIS (le doct. L. X.). Les passions dans leurs rapports avec la santé et les maladies ; l'amour. In-12, Baillière et fils, 60.   1 50

— Qu'est-ce que l'hômœopathie? In-12, Baillière et fils, 58.

BOURGEOIS (P.). Album falaisien. In-folio (Falaise. Trolonge-Levasseur), 60.

BOURGEOIS D'ORVANNE (A.). Lavoirs et bains publics gratuits et à prix réduits. In-8, Maison, 54.   3 50

BOURGEOIS-PIN (J. M.). Traité du choléra et des moyens préservatifs de cette épidémie. In-32, Nantua, chez l'auteur, 55.

BOURGEOISIE (la) et l'empire. In-8, Dentu, 60.   1 »

BOURGES. Obéron, opéra. In-8 (Chaix), 57.

BOURGET (J.). Notice sur l'anneau de Saturne. In-8 (Clermont-Ferrand, Thibaud), 56.

— Notice sur le mouvement perpétuel. In-8 (Clermont-Ferrand), Blériot, 59.   1 75

— Théorie élémentaire des approximations numériques. In-12, Blériot, 60.   1 75

BOURGET (E.). Les chevaliers du brouillard. In-18, Michel Lévy fr., 57.   2 »

— La poissarde, drame. In-8, Tresse, 57.   1 »

BOURGET (Mgr). Appel à l'ancienne France pour relever les ruines de la cathédrale de Montréal, au Canada. In-8, Ad. Leclercq, 55.

— Voy. — Bonnechose (Mgr de).

BOURGNON DE LAYRE. Essai sur le régime général des eaux (In-8. Poitiers, Dupré).

BOURGOGNE. Mémoires sur la campagne de Russie, en 1812 (Valenciennes, Priguet), 57.

BOURGOGNE (le doct.). Lettre à M. Bouilland sur le traitement abortif du choléra asiatique. In-8 (Valenciennes, Henry), 54.

— Traité de la médication complète du choléra asiatique. In-8, Labé, 59.   5 »

BOURGOGNE (la duchesse de). Lettres inédites de Marie-Adélaïde de Savoie, duchesse de Bourgogne. In-8 (Crapelet), 50,

BOURGOGNE (la). Revue œnologique et viticole. In-8, 1re année, 1859, Longuet (90, boulevard de Sébastopol), 60.   Prix annuel. 15 »

BOURGOIN (Mme C.). Dictées sur les principaux homonymes de la langue française. In-12, veuve Maire-Nyon, 56.   1 75

BOURGOING (l'abbé A.). Exhortations et consolations aux malades et aux infirmes. In-18, chez M. le curé de St-Augustin (24, rue de la Pépinière), 54.

BOURGOING (F. de). L'annuaire militaire de 1789. In-8, au bureau de la revue contemporaine, 54.

— L'Europe au XVIIe siècle. In-8, au bureau de la revue contemporaine, 52.

— Du mouvement de la population en France. In-8, Donniol, 58.

— Les nationalités et les frontières naturelles. In-8, Donniol, 60.

BOURGOING (le baron P. de). Aperçus nouveaux de politique internationale. In-8, Garnier, 52.

BOURGOIS (le capt.). Etudes sur l'application de l'hélice à la marine militaire. In-8, P. Dupont, 51.

— Mémoire sur la résistance de l'eau au mouvement des corps, et particulièrement des bâtiments de mer. In-4, Arth. Bertrand, 58.   12 »

— Rapport à S. E. M. Ducos, ministre de la marine, sur la navigation commerciale à vapeur de l'Angleterre. In-4, Arth. Bertrand, 54.   16 »

BOURGON (l'abbé J.). Sainte Potentienne, sa vie, son culte, ses reliques, etc. In-12 (Orléans, Jacob), 56.

BOURGOUIN (J.). Le blé et le pain. In-8, Troyes, Auner-André, 60.

BOURGUIGNAT (A.). Guide légal du draineur. In-8, veuve Bouchard-Huzard, 54.   1 »

— Législation appliquée à des établissements industriels. 2 vol. in-8, Dunod, 58-59.   15 »

— Question de La Plata ; 3 notices. In-8 (Lacour, Chaix), 50-51.

— Textes comparés des projets de traités Le Prédour, des bases Hood et du traité anglais. In-4 veuve Bouchard-Huzard, 51.

— Traité complet de droit rural. In-8, veuve Bouchard-Huzard, 52.   7 »

BOURGUIGNAT (J. R.). Aménités malacologiques. In-8, au bureau de la revue de zoologie (4, rue des Beaux-Arts), 56.

— Catalogue des plantes vasculaires de l'Aube, t. I. In-8, veuve Bouchard-Huzard, 56.   6 »

— Filum Ariadneum. Methodus conchyliologicus denominationis sine quo chaos. In-18, Baillière et fils, 60.   8 »

— Malacologie terrestre de l'île du château d'If, près de Marseille. In-8, Baillière et fils, 60.   7 »

— Notice sur une pierre tombale, conservée en l'église N.-D. de la Ville-au-Bois. In-4 (Bar-sur-Aube, Jardeaux-Raye), 56.

— Testacea novissima quæ Cl. de Saulcy in itinere per Orientem annis 1850 et 1851 collegit. In-8, Baillière et fils, 52.   2 50

BOURGUIGNON (A.). Nouveau guide usuel du propriétaire et du locataire ou fermier. In-12, Garnier, 60.   2 »

BOURGUIGNON (C.) et Royer-Collard. Les codes français. In-8, Durand, 58.   12 »

— Id. In-18 et in-32, Durand, 58.   4 »

BOURGUIGNON (le doct. H.). Appel à des expériences dans le but d'établir le traitement préservatif de la fièvre typhoïde, etc. In-8, Masson et fils, 55.

— De la dyspepsie et de son traitement. In-8, au bureau du bulletin de thérapeutique (4, rue Thérèse), 60

— Nouvelles recherches sur le traitement de la gale de l'homme. In-8, au bureau du bulletin de thérapeutique, 56.

— Traité de la gale chez l'homme. In-4, Baillière et fils, 52.   20 »

BOURGUIN (L. A.). Fables. In-12, Gauguet, 59. 1 »

— Soyez bons pour les animaux. In-12, Ducrocq, 60.   » 75

chimie, la physique et la météorologie. 2 vol. in-8, Béchet jeune, 51.

BOUSSINGAULT (J. B.). La fosse à fumier. In-8, Béchet jeune, 58. 1 25

BOUSSOLES (les). Guides miniatures. Paris dans le gousset. In-64, Conte-Atxem. 57.

BOUSSON DE MAIRET (E.). Annales historiques et chronologiques de la ville d'Arbois, départ. du Jura, depuis son origine jusqu'à 1830. In-8, Arbois, chez l'auteur, 56. 6 50
— Eloge historique de Lecourbe. In-8 (1, rue Christine), 54. 3 50
— Exercices de style et de littérature. In-8 (Lons-le-Saulnier), Hachette, 59.
— Jeanne d'Arc, tragédie. In-8 (Poligny, Mareschal), 60.
— De la position réelle de l'Alésia de Jules César. In-12 (Arbois, Javel), 59.
— Précis de belles lettres à l'usage des écoles primaires supérieures et pensionnats de demoiselles. In-12, Hachette, 57. 2 50
— Les soirées jurassiennes, ou épisodes de l'histoire de la Franche-Comté. In-8, Dumoulin, 58. 3 »

BOUTARD (Ch.). Libre monétisation de la propriété, ou nouveau système d'emprunt hypothécaire. In-12, Guillaumin, 54. » 50

BOUTARIC. Les premiers états généraux, 1302-1314. In-8, Dumoulin, 60.

BOUTAULD (le R. P.). Méthode pour converser avec Dieu. In-32, Julien Lanier, 56. » 75
— De la sagesse, ou recueil des maximes de Salomon. In-12, Julien Lanier, 54. 2 50

BOUTEILLER (J.). Tables des matières des bulletins de la société anatomique de Paris, pour les trente premières années, 1826 à 1855. In-8, Masson et fils, 57. 7 »

BOUTEILLER FILS. Variété nouvelle de monstre double parasitaire. In-8, Masson et fils, 57.

BOUTEILLER (E. de). Histoire de Franz de Sickingen. In-8 (Metz), Aubry, 60. 10 »
— Notice sur l'arsenal d'artillerie de Metz. In-8 (Metz, Blanc), 58.
— Notions sur les grands carmes de Metz et sur leur célèbre autel. In-8 (Metz, Blanc), 60.

BOUTEILLIER (H.). Histoire des milices bourgeoises et de la garde nationale de Rouen. In-8, Rouen, Haulard, 50.

BOUTEREAU (C.). Manuel du dessinateur. In-18, Roret, 57. Noir. 3 50 Col. 4 50

BOUTERWEK (Ch. G.). Vie de Rodolphe de Rodt, trad. de l'allem. par L. R. In-18 (Toulouse), Meyrueis, 56. » 75

BOUTET. Jésus, notre modèle. In-18, Besançon, Monnot, 59.

BOUTET (F.). Correspondance en voyage, 2 parties. In-8 (La Rochelle, Boutet), 50-51.

BOUTET DE MONVEL (B.). Cours de chimie, 4e édit. In-12, Hachette, 60. 5 »
— Notions de chimie, section des lettres. In-12, Hachette, 59. 2 50
— Notions de physique, 5e édit. In-12, Hachette, 60. 3 50

BOUTHORS (A.). Coutumes locales du bailliage d'Amiens, rédigées en 1507, 2 vol. in-4 (Amiens, Duval et Herment), 53. 30 »
— Les proverbes, dictons et maximes du droit rural traditionnel. In-8 (Amiens), Durand, 58. 1 »

BOUTIGNY (P. H.). Etudes sur les corps à l'état sphéroïdal, 3e édit. In-8, Masson et fils, 57. 7 »

BOUTIOT (Th.). Dépenses faites par la ville de Troyes à l'occasion du siège de Montereau, par Charles VII, en 1437. In-8 (Troyes, Bouquot), 56.
— Etudes sur le forage projeté d'un puits artésien à Troyes. In-8 (Troyes, Bouquot), 52.
— Rapport sur les archives municipales de la ville de Troyes. In-8 (Troyes, Bouquot), 58.
— Recherches sur les anciennes pestes de Troyes. In-8, Schultz et Thuillié, 57. 1 50

BOUTIOT (Th.). Recherches sur les grands jours de Troyes. In-8, Troyes, Bouquot, 52.
— Saint Barnabé à Troyes en 1466. In-8 (Troyes, Bouquot), 53.

BOUTON (le) d'or, par Mme C. G. In-18, Tours, Mame, 53.
— de rose ; ouvrage posthume d'une chrétienne. In-18, Meyrueis, 58. » 40

BOUTON (V.). La patrie en danger au 25 février 1848. Conspiration du drapeau rouge. In-18, Dentu, 50. » 50

BOUTOWSKI (A.). Essai sur la richesse nationale et sur les principes de l'économie politique. In-8, Guillaumin, 50.

BOUTRAYE (J. de la). Essai sur l'art dramatique ; épître à M. Sanson. In-8, Avranches, Tostain, 50.
— Origine de la famille Lossau. Légende. In-8, Avranches, Tostain, 50. » 50
— Le renard et le singe, négociants. Fable. In-8 (Avranches, Tostain), 51.

BOUTREUX (le doct.). Poésies. In-8 (Angers, Cosnier et Lachèse), 55.

BOUTRON et Boudet. Hydrotimétrie. In-8, Masson et fils, 60. 2 50
— et Chalard et Henry. Analyse chimique de l'eau de la mer morte et de l'eau du Jourdain. In-8, Masson et fils, 52.

BOUTRY (G.). Essai sur l'histoire des donations entre époux et leur état d'après le code Napoléon. In-8, Durand, 52. 4 »
— Tableau synoptique du droit romain, 1 feuille in-plano, Durand, 53. 1 »

BOUTTIER (J. B.). Le dimanche, dialogue. In-18, Lille, Lefort, 56. » 30

BOUTTIER (l'abbé L.). Entretiens sur les arts, la littérature et les sciences. In-12, veuve Poussielgue-Rusand, 56. 1 80
— Philosophie pour les écoles primaires supérieures, Ire part., logique. In-12 (Tours), veuve Poussielgue-Rusand, 55.
— Les trois religions jugées par un maquignon. In-12, Ve Poussielgue-Rusand, 60. 1 »

BOUVARD (L. J. S.). De l'état juridique des aliénés. In-8 (Gros), 55.

BOUVART (A.). Note sur la culture des bois dans les Ardennes. In-8 (Mézières, Lelaurin-Martinet), 50.

BOUVERAT (P.). La France de 1852 devant le tribunal de la raison. In-8, Garnier, 51.

BOUVET (A.). L'empereur Napoléon et les Polonais. Poëme. In-8, Ledoyen, 51. 2 50
— L'Iliade française, ou la vie de l'empereur Napoléon Ier et de la grande armée. In-8, Ledoyen, 53.
— Sébastopol, ou les camps des alliés en Crimée. In-8, Ledoyen, 56.

BOUVET (F.). La guerre et la civilisation, 2e édit. In-12, Dentu, 56. 3 »
— De l'importance des chemins de fer aux frontières. In-8 (Ch. et H. Noblet), 52.
— La Turquie. In-12, Giraud, 54. 3 »

BOUVIER (A.). Sermons. In-12 (Genève), Cherbuliez, 60. 3 50

BOUVIER (H.). De la chorée, ou danse de Saint-Guy. In-8, Baillière et fils, 59. 1 25
— Etudes historiques et médicales sur l'usage des corsets. In-8, Baillière et fils, 53. 1 50
— Leçons cliniques sur les maladies chroniques de l'appareil locomoteur. In-8, Baillière et fils, 58. 7 »
— Atlas appartenant à l'ouvrage ci-dessus, 20 pl. in-folio, Baillière et fils, 58. 18 »
— Mémoire sur un procédé simple, commode et peu douloureux pour établir et entretenir le séton à la nuque. In-8, Baillière et fils, 55.
— De la méthode opératoire sous-cutanée. In-8, Baillière et fils, 57. 1 25
— De la nécrose phosphorée et de la prohibition des allumettes chimiques. In-8, Baillière et fils, 60.
— Note sur un cas d'étranglement interne de l'intestin

grêle par un diverculle de l'iléon. In-8, Baillière et fils, 50.   1 »

BOUVIER (H.). Note sur un cas de paralysie partielle des muscles de la main. In-8, Baillière et fils, 52.   1 »

— Rapport sur l'électricité médicale. In-8, Baillière et fils, 56.

— De la surdi mutité. In-8, Baillière et fils, 54.   2 »

— De la trachéotomie dans le croup. In-8, Baillière et fils, 59.   1 »

BOUVIER (Hippolyte). Industrie séricicole. De la ventilation des magnaneries, etc. In-8 (Grenoble, Maisonville), 53.

BOUVIER (J. B.). Dissertatio in sextum décalogi præceptum, etc. In-12, Jouby, 58.   1 50

— Histoire du synode diocésain du Mans. In-8 (Au Mans, Monnoyer), 52.

— Institutiones philosophicæ, logica, metaphysica et moralis. In-12, Jouby, 58.   4 »

— Institutiones theologicæ. 6 vol. in-12, Jouby, 57.   16 »

— Officia propria insignis ecclesiæ cenomanensis, etc. In-4 (Au Mans, Monnoyer), 54.

— Précis historique et canonique des jugements ecclésiastiques. In-8 (Au Mans, Monnoyer), 52.

— Statuta diocesis cenomanensis promulgata in synodo habita anno Domini 1851. In-8 (Au Mans, Monnoyer), 52.

— Traité dogmatique et pratique des indulgences. In-12, Jouby, 55.   2 50

BOUVIER (P.). Essai sur le darbysme. In-8 (Toulouse, Chauvin), 54.

BOUVILLE (C. de). France et Algérie. Colonisation. In-8, Pithiviers, Chenu, 50.   » 40

BOUVRY (G. F. J.). Expositio rubricarum breviarii missalis et ritualis romani. 2 vol. in-8 (Tournai, Lethielleux, 58-59.   10 »

BOUVY. Considérations générales sur l'Algérie. In-8 (Didot), 56.

BOUYAT. Avis utiles à suivre pour ne pas se mettre dans les dettes gênantes. In-8 (Limoges, Chapoulaud), 53.

BOUYER (A. C.). Le bon papa, avec grav. In-8, Courcier, 57.   Noir. 3 » Col. 4 »

— Le compère joyeux, avec grav., par Adam. In-8, Courcier, 58.   Noir. 3 » Col. 4 »

— Grand alphabet impérial. In-4, Courcier, 60.   Noir. 5 50 Col. 8 »

— Jean Pacot en Chine. Illust. de grav. In-8, Courcier, 60.   Noir. 3 » Col. 4 »

— Les jeunes artistes, avec grav. In-4, Courcier, 58.   Noir. 3 50 Col. 5 »

— Les plaisirs du Pré Catelan, ill. de grav. In-4, Courcier, 59.   Noir. 3 50 Col. 5 »

— Le seigneur jour de l'an, avec grav. Gr. in-4, Courcier, 58.   Noir. 6 » Col. 9 »

— et de Lassalle. La tante Ursule, ill. de grav., Courcier, 60.   Noir. 3 50 Col. 5 »

BOUYGUES (L.). Coup d'œil sur la science de l'homme et de ses maladies. In-8, Baillière et fils, 51.

BOUYON (B.). Traité complet du crédit foncier avec ou sans le concours de l'état. In-fol. (Brière), 50.   » 25

BOUZERAN (J.). Par le principe trinitaire l'enseignement scientifique et religieux appartient de droit au clergé. In-8, Bordeaux, Ducot, 54.

BOUZIQUE (E. U.). Satires de Juvénal. In-12, Chamerot, 54.   4 50

— Théâtre et souvenirs. In-12, Chamerot, 57.   3 50

BOUZIQUE (L.). Manuel de menuiserie simplifiée. In-18, Roret, 57.   1 50

BOVET (F.). Le comte de Zinzendorf. 2 vol. in-8, Grassart, 60.   7 »

BOVIER-LAPIERRE (G.). Cours de géométrie élémentaire. In-12, Mallet-Bachelier, 55.   4 »

BOWMANN (A.). Laure Temple, ou la jeune institutrice, trad. de l'angl. par Pache. In-12 (Lausanne), Grassart, 58.   3 50

BOYARD (N. J. B.). Les candidats désappointés. In-18, Roret, 52.   3 »

— Un dernier mot sur les projets de chemins de fer de Paris à Nevers. In-8 (Melun, Michelin), 54.

— 1789, ou la liberté conquise, poëme national. In-8, Roret, 53.   12 »

— Des libertés garanties par les institutions de 1789 à 1830, dans leur rapport avec la constitution de 1852, t. I. In-8, Roret, 53.   6 »

— Manuel de la bourse. In-18, Roret, 53.   2 50

— Mémoire sur les eaux de Seine à Fontainebleau. In-8 (Melun, Michelin), 58.

— Nouveau guide des maires. In-18, Roret, 53.   3 50

— Nouveau manuel complet des gardes champêtres. In-18, Roret, 56.   2 50

— Nouveau manuel complet des maires; 2 vol. in-8. Roret, 53.   12 »

— Réplique au conseil des treize, à propos des eaux de Seine. In-8 (Melun, Michelin), 58.

— Révision immédiate de la constitution avec la sanction du peuple. In-8, Roret, 50.

— La Russie et l'empire ottoman. In-8, Roret, 54.   5 »

— et de Mersan. Nouveau manuel complet du chasseur. In-18, Roret, 53.   3 »

BOYÉ. Des féculeries. In-8 (Epinal, Cabasse), 60.

BOYELDIEU D'AUVIGNY (Mme L.). Berthe, ou les suites d'une indiscrétion. In-8, Tours, Mame, 60.   » 80

— Le bonheur dans le devoir. In-8, Tours, Mame, 59.   1 25

— Deux ménages d'ouvriers. In-12, Morizot, 51.   Noir. 3 50 Col. 4 25

— Guide aux menus-plaisirs. Salon de 1853. In-18, Dagneau, 53.   » 75

— Voyage du prince Louis-Napoléon dans le midi de la France en 1852. In-18 (Poissy, Arbieu), 52.

BOYER. La cité humaine. In-8, Giraud et Dagneau, 51.   5 »

BOYER. Eau de mélisse des carmes, monographie historique et médicale. In-18 (14, rue Taranne), 60.

BOYER. De l'usage de l'accord et de l'éducation du piano. In-8 (Au Mans, Monnoyer), 54.

BOYER. Soixante-quatorze psaumes tradi en vers français et le texte en regard, avec les soixante-seize déjà parus, le livre des psaumes. In-8, Au Mans, Galienne, 54.

BOYER (A.). Cours élémentaire de dessin linéaire et d'arpentage, 5e édit. In-12, Larousse et Boyer, 60.   1 25

BOYER (le doct. A. L.). Arguments et réflexions sur les œuvres médico-philosophiques de Stahl. In-8 (Montpellier, Bœhm), 60.

— Des circonstances qui préparent et qui assurent l'avènement des grands siècles. In-8 (Montpellier, Ricard), 56.

— Considérations sur l'avenir scientifique du XIXe siècle. In-8 (Montpellier, Ricard), 57.

— et Girbal. Préceptes et bienséances, traités hippocratiques. In-12, Savy, 55.   1 25

— et Pécholier. Etudes sur les maladies du cœur. In-8 (Montpellier, Bœhm), 59.

BOYER (C.). Le barbier optimiste, ou l'homme content de tout, en vers. In-18 (P. Dupont), 55.

BOYER (H.). Histoire des imprimeurs et libraires de Bourges. In-8 (Bourges, Jollet-Souchois), 54.

— Laurence Fauconnier, peintre prétendu du XVIe siècle. In-8 (Lyon, Perrin), 59.

— Un ménage littéraire en Berri au XVIe siècle. In-8 (Bourges, Ve Jollet-Souchois), 59.

— Les oublieurs d'autrefois. In-8 (Bourges, Ménagé), 56.

BOYER (Jean). Arithmétique simplifiée par demandes et par réponses; 1re partie à l'usage des classes élémentaires. In-12, Dijon, Clunet, 55.

— Cours complet d'arithmétique, 2e édit. In-12, Dijon, Clunet, 53.

BOYER (Jean). Cours élémentaire de géographie. In-12, Dijon, Clunet, 52.
— Cours élémentaire de géométrie. In-18, Dijon, Clunet, 53.
— Cours élémentaire de grammaire française. In-12, Dijon, Clunet, 53.
— Cours raisonné d'arithmétique. In-18, Dijon, Clunet, 59.
— La géographie simplifiée, 6e édit. In-12, Dijon, Clunet, 60.
— Manuel pour les aspirants au brevet de capacité de degré supérieur. In-12, Dijon, Clunet, 60.
BOYER (Jules). Voyage à Londres avant l'ouverture de l'exposition de 1851. In-8 (Dupont), 51.
BOYER (L.) et Nuittier. Un faiseur refait, vaudeville. In-8, Beck, 56.   » 60
— et Nuittier. Une fausse bonne, vaudev. In-18, Libr. théâtrale de Mme Claye, 58.   » 60
— et Nuittier. Le manteau de Joseph, vaudev. In-12. Michel Lévy fr., 54.   » 60
— et Nuittier. Une mèche éventée. In-4, Michel Lévy fr., 58.   » 20
— Id. In-12, Michel Lévy fr., 56.   » 60
BOYER (le baron Ph.). Traité des maladies chirurgicales. 7 vol. in-8, Labé, 53.   30 »
BOYER (Philoxène). Les chercheurs d'amour. In-18, chez Edmond Albert (11, rue de Seine), 56. 1 »
— L'engagement, scènes en vers. In-18 (Claye), 52.
— Henriette de Bellune. En vers. In-8 (Lahure), 54.
— Sapho, drame en vers. In-12, Michel Lévy fr., 50.   » 60
— et de Banville. Le cousin du roi, comédie. In-4, Mich. Lévy fr., 60.   » 20
— Id. In-12, Michel Lévy fr., 57.   1 »
— et de Banville. Le feuilleton d'Aristophane, comédie satirique. In-12, Michel Lévy fr., 53. » 60
BOYER (X.). Histoire d'Alsace. Cet ouvrage paraît par livraisons, au nombre de 30 environ ; les 5 premières sont en vente. In-8, veuve Berger-Levrault et fils, 55.
                                                    La livraison. » 90
- Voy. aussi - Bonneire.
BOYER-FONFRÈDE (J. F. B.). Situation financière de la France. In-8 (Bordeaux, Suwerinck), 51.
BOYER DE FONSCOLOMBE. Manuel d'entomologie élémentaire. In-18, Roret, 51.   3 »
BOYER-NIOCHE. Fables, 4e édit. In-8, Rigaud , 58.
                                                              7 »
BOYER DE SAINTE-SUZANNE (de). Recrutement. Tirage au sort et révision. In-8, P. Dupont, 60. 7 50
BOYLESVE (le R. P. M. de). Appel contre l'esprit du siècle. In-18, Adr. Leclerce et Ce, 58.   » 90
— Les Machabées, drame. In-32, Dillet, 59.   » 50
— Principes de littérature. In-12, Ad. Le Clerc, 57.
— Religion surnaturelle. In-32, Dillet, 59.   » 50
BOYS DE LOURY. Accidents causés par la rétention des matières fécales. In-8, Masson et fils, 58.
— Notice sur Leroy d'Etioles. In-8, Masson et fils, 60.
— Notice sur la vie de Tanchou. In-8, au bureau de la revue médicale, 50.
BOZÉRIAN (Jeannotte). La bourse, ses opérateurs et ses opérations, 2 vol. in-8, Dentu, 58.   12 »
BOZÉRIAN (Jules). Noir et blanc. Vie et aventures de Pierrot et de son ami Arlequin, rac. aux enfants. In-8, Magnin-Blanchard et Ce, 50.   9 »
BRACHELET (A.). L'envie confondue. In-12, Ledoyen, 59.   » 50
— Epître à M. de Mirecourt. In-8 (Douai, Ve Ceret-Carpentier et Obez), 57.
— Les noms de notre mère, ou nouvelle explication en vers, des litanies de la sainte Vierge. In-16 (Douai, Adam d'Aubers), 56.   » 50
— Poëme national à l'occasion de la fête séculaire du Saint-Sacrement de miracle de Douai. In-8, Douai, Madeux, 56.
— Revue littéraire. In-8 (Douai, Adam d'Aubers), 55.
                                                              » 50
— Traduction libre, en vers, de l'épître des proverbes,

chap. XXXI. In-8 (Douai, Ve Céret-Carpentier), 56.
BRACHET. Dictionnaire chiffré. Nouveau système de correspondance occulte. In-32, Garnier frères, 50.
                                                              2 50
BRACHET (A.). Court exposé du principe sur lequel reposent les meilleurs microscopes dioptriques d'Amici et de Panciatichi. In-8, Duprat, 50.   » 50
— Grande restauration scientifique, 1re part., 1re livr. In-8, Duprat, 59.   » 50
— Lettre adressée à M. Babinet. In-8, Duprat, 59. » 50
— Lettre à M. Steinheil, sur le télescope catadioptrique newtonien. In-8, Duprat, 58.   » 50
— Micographie. Avertissement sur le microscope d'Amici, 1re liv. In-8, Duprat, 58.   » 50
— Simples préliminaires sur la restauration du microscope catadioptrique. In-8, Duprat, 60.   » 50
— Simples préliminaires sur la grande restauration des test-objets. In-8 (Bailly et Divry), 57.
— Solution de l'éclairage électrique. In-8, Duprat, 58.
                                                              » 25
BRACHET (J. L.). L'action de l'âme dans les fonctions de l'homme. In-8 (Lyon, Vingtrinier), 58.
— Eloge historique de G. Montain. In-8 (Lyon, Vingtrinier), 55.
— Etudes physiologiques sur la théorie de l'inflammation. In-8 (Lyon), Baillière et fils, 51. 2 »
— De la glycogénie hépatique. In-8 (Lyon, Vingtrinier), 56.
— Physiologie élémentaire de l'homme. 2 vol. in-8, Germer Baillière, 55.   15 »
— Recherches expérimentales sur les fonctions du système nerveux ganglionnaire, 2e édit. In-8, Savy.
                                                              7 »
— Traité pratique de la colique de plomb. In-8, Baillière et fils, 50.   2 »
— L'unité de la médecine. In-8 (Lyon), Baillière et fils, 50.   1 50
BRACONNIERS (les), ou les dangereux effets de la colère et de la taquinerie, par L. F. In-18, Tours, Mame, 56.   » 40
BRACQUART-LEMAIRE (C.). Gymnase grammatical. In-12, Amiens, Caron et Lambert, 60.
— Manuel du moissonneur, à l'usage des ouvriers des champs. In-18 (Amiens, Caron et Lambert), 60.
BRADFORD (M. W.). Mémoires de la princesse Dasch Koff, trad. par Des Essarts. 4 vol. in-18, Franck, 59.
                                                              12 »
BRADI (la comtesse de). Les deux chaumières, ou les petits botanistes. In-18, F. F. Ardant fr., 60.
— Le petit faiseur de tours. In-32, F. F. Ardant frères, 60.
— Du savoir-vivre en France au XIXe siècle. In-18, Ve Berger-Levrault et fils, 60.   1 25
— Le secrétaire au XIXe siècle. In-18, veuve Berger-Levrault et fils, 56.   1 50
BRADY. Loin du monde. Poésie. In-18, Michel Lévy fr., 57.
BRAFF (P.). Administration financière des communes. 2 vol. in-8, Durand, 57.   12 »
— Code des chemins vicinaux de grande et de petite vicinalité des chemins ruraux. In-8, Grenoble, Prudhomme, 57.   1 50
— Des octrois municipaux. In-18, Durand, 57.   4 »
— Principes d'administration communale. 2 vol. in-18, Durand, 60.   8 »
BRAGELONNE (A. de). Le docteur Pereire et les sourds-muets. In-16 (Brière), 55.
— Les mystères des prisons. In-12, de Vresse, 59. 1 »
BRAGER (L.). De l'impôt des boissons. In-8 (Au Mans, Julien Lanier), 50.
— Des modifications à apporter à la législation actuelle sur l'impôt des boissons. In-8, Au Mans, Julien Lanier, 50.
BRAHAUT (le colonel). Notice biographique du général comte de Schramm, sénateur. In-4 (Pilloy), 53.   » 50

BRAINARD (le doct. D.). Mémoire sur le traitement des fractures non réunies et des difformités des os. In-8, Baillière et fils, 54.   3 »

— Recherches expérimentales sur l'empoisonnement par le venin du serpent à sonnettes. In-8 (Thunot), 54.

BRAINNE (Ch.). Baigneuses et buveurs d'eau. Baden-Baden. In-12, Amyot, 60.   2 »

— La nouvelle Calédonie. In-16, Hachette, 54.   2 »

— Les saisons de Bade, extrait des baigneuses et buveurs d'eau. In-12, Amyot, 60.   1 »

— et Debarbouillier et Lapierre. Les hommes illustres de l'Orléanais, t. I. In-8, Orléans, Gatineau, 52.

BRAIT (F.). Itinéraire de Toulon à Aix. In-4 (Toulon, veuve Imbert), 54.

— Les israélites jugés par un chrétien au XIXᵉ siècle. In-8 (Toulon, Baume), 50.

— Quelques réflexions sur le passé et le présent de la société. In-4 (Toulon, Gabert), 53.

— Scènes orientales. Rêve d'un vieux marin. In-8 (Toulon, veuve Baume), 54.

BRALION (le P. de). La vie admirable de saint Nicolas. In-16, Techener, 59.   6 »

BRAME (Ch.). De l'adhésion de la spongiologie. In-8 (Tours, Ladevèze), 57.

— Sciences physiques et naturelles. Résumé des travaux exécutés en l'année 1856. In-8 (Tours, Ladevèze), 60.

— Sur un nouveau mode de fabrication du fumier de ferme et d'écurie. In-8 (Tours, Ladevèze), 60.

BRAME (E.) et Flachat. Chemin de fer de jonction des halles centrales avec le chemin de ceinture. In-8, Dunod, 56.   1.50

BRAME (J.). De l'émigration des campagnes. In-8 (Lille), Maillet-Schmitz, 59.   1 »

— Influence des engrais sur l'abaissement des substances alimentaires. In-8 (Lille, Lefebvre-Ducrocq), 56.

— Réponse aux libre-échangistes. In-8 (Lille, Lefebvre-Ducrocq), 57.

— La vérité sur l'agrandissement de Lille. In-8 (Lille, Lefebvre-Ducrocq), 60.

BRANCHE. Lettres archéologiques sur l'Auvergne. In-8, Pringuet, 57.

BRANCHE (la) d'aubépine. In-32, Rouen, Mégard, 60.   » 15

BRANCOURT. Leçons élémentaires d'arithmétique. In-12 (Saint-Quentin, Moureau), 59.

— Leçons élémentaires de grammaire. In-12 (Saint-Quentin, Moureau), 59.

BRANDNER (E. de). Répertoire général des décisions judiciaires en Belgique de 1818 à 1855, livr. I à VI. In 8, Bruxelles, Bruylandt Christophe et Cᵉ, 60.
                    Chaque livr. 3 »

BRANDT (l'abbé de). Cours de méditations pour la jeunesse, extrait du manuel de piété. In-18, Périsse, 56.

— Méditations pour les ecclésiastiques. 4 vol. in-12, Périsse, 60.   12 »

— Méditations pour les personnes du monde. 5 vol. in-12, Périsse, 60.   10 »

— Méditations pour les religieuses. 5 vol. in-12, Périsse, 60.   10 »

— Nouveau manuel de piété et méditations. In-18, Périsse, 59.

BRANQUART. Éléments de la science des nombres, Iʳᵉ part., arithmétique. In-12, Mallet-Bachelier, 59.
                    1 75

BRANTÔME. Œuvres complètes, t. I à III. In-16, P. Jannet, 58-59.   Le vol. 5 »

— Vies des dames galantes. In-16, Delahays, 57.

— Id. In-12, Garnier, 60.   3 50

BRANVILLE (P. de). Cours élémentaire d'arithmétique. In-12, veuve Maire-Nyon, 60.   2 »

BRARD (R.). Chansons complètes. In-18 (Bordeaux, Faye), 50.

— Galsuinde, tragédie. In-8, Bordeaux, Ragot, 53.

— La petite cour de Lunéville, comédie. In-18 (Bordeaux, Faye), 51.

— Pobrecita. In-12 (Bordeaux, Ragot), 50.

BRARD (R.). Sébastopol. In-8, Bordeaux, chez l'auteur 55.

BRARE-BILBAUT. Le livre du premier âge. In-18 Douai, chez l'auteur, 53.

BRASILEIRA, (Mme F. A.). Itinéraire d'un voyage e Allemagne. In-12, Firmin Didot, 57.   4

BRASSART. Histoire et généalogie des comtes de La laing. In-8 (Douai, Aubers), 55.

BRASSART (P. J.). Guide pratique pour les irrigations le drainage, etc. In-12, Saint-Omer, Van Elslandt 54.   » 5

BRASSEUR (A. J.). Les âmes et les humains, t. I. In-12 chez l'auteur (35, rue Pigale), 59.   1

— Enseignement de la vraie doctrine du magnétisme In-12, chez l'auteur, 55.   1

— Discussion sur la meunerie-boulangerie. In-8 , che l'auteur, 56.   1

BRASSEUR (Ch.). De l'alimentation forcée chez les alié nés. In-8, Nancy, Grimblot et veuve Raybois, 60.

BRASSEUR (H.). Manuel d'économie politique. 2 vol gr. in-8 (Bruxelles), Bohné, 60.   15

BRASSEUR DE BOURBOURG (l'abbé). La dernière ves talé, ou le sérapéon. In-18, Bray, Puttois-Cretté, 53   1 8

— Histoire du Canada. 2 vol. in-8, Bray, 52.   7

— Histoire des nations civilisées du Mexique. 4 vol in-8, Arth. Bertrand, 58.   45

— Histoire du patrimoine de saint Pierre. In-8, Putois Cretté, 60.   3 5

— Le khalife de Bagdad. In-12, Putois-Cretté, 59   4 5

— Voyage dans les états de San-Salvador. In-8 (Mar tinet), 57.

BRASSINE (E.). Précis des œuvres mathématiques d Fermat et de l'arithmétique de Diophante. In- (Toulouse, Douladoure), 53.

BRATIANO (J. C.) Mémoire sur l'empire d'Autrich dans la question d'Orient. In-8 (Voisvenel), 55.

— La situation de la Moldo-Valachie depuis le traité d Paris. In-8, Franck, 57.

BRATIANU (D.). Romaniæ viitore. In-8, à la bibliothè que romane (3, place Sorbonne), 50.   1

BRATKOWSKI (St.). La famille, pièce in-8, Nantes chez l'auteur, 55.

— Gmina i Szkola Wiejska w polsce po zniesieniu pan szczyny. In-8, chez l'auteur (4, impasse Boursault 60.   2

BRAUD (A.). Cours de thèmes latins d'imitation. In-12   2 5

Iʳᵉ partie : classe élémentaire, avec dictionnaire, 3 édit. In-12.   1 5

2ᵉ partie : classe de sixième, 2ᵉ édit. In-12.   1 2

— Corrigé du cours de thèmes, les deux parties réunies 1 vol. in-12.   2 5

— Exercices latins, 6ᵉ édit. In-12.   1 5

— Grammaire latine de Lhomond, entièrement refon due, 10ᵉ édit. In-12.   1 5

— Thesaurus memoriæ : 1ʳᵉ part., classe de sixième e de cinquième, texte lat. In-12, 3ᵉ édit.   » 7.

— Traduction. In-12.   » 3

— 2ᵉ part., classe de quatrième et de troisième, text latin. In-12, 3ᵉ édit.   » 7:

— Traduction. In-12.   » 3:

— Les premières leçons par cœur, pour les enfants d 6 à 9 ans, avec notes et explications, 3ᵉ édit. In-18   » 7:

— Les mêmes, avec notes et explications. Livre d maître, 2ᵉ édit. In-18.   » 9:

— Les premières leçons de grammaire française, peti cours méthodique et pratique, avec exercices à l suite de chaque règle; livre de l'élève. In-12   » 7:

— Les mêmes; livre du maître. In-12.   » 20

— Syllabaire nouveau, ou méthode de lecture, 3ᵉ édit In-12.   » 40

— Abrégé dudit. In-12.   » 10

BRAUD (A.). Tableaux (36) de lecture contenant tout le syllabaire. In-folio. 2 50
Chez Dezobry, Tandon et Cⁱᵉ, publiés entre 1850 à 1860.

BRAUER (L.). Die feinere Kochkunst dargestellt nach den Erfordernissen unserer Zeit. In-8, Mulhouse, Risler, 60.

BRAULIO MORGAEZ. Examen bullæ ineffabilis institutum. In-8, Huet, 58. 1 25

BRAULT (le doct. Cl.). La médecine des pauvres en France, considérée au point de vue de la religion. In-8, Parent-Desbarres, 53. 2 50

BRAUN. Les biens des protestants de la confession d'Augsbourg et les attaques dont ils sont l'objet. In-18 (Meyrueis), 54.
— Einige Worte über die Güter der Protestanten der Augsburgischen Confession. In-8 (Strasbourg, Silbermann), 55.

BRAUN (A.). Photographies des fleurs à l'usage des fabriques de toiles peintes. In-8 (Mulhouse, Baret), 55.
— Id. en langue anglaise. In-8 (Mulhouse, Baret), 55.

BRAUN (le doct.). Des convulsions urémiques des femmes grosses, trad. par Pétard. In-8, Germer Baillière, 58. 1 »

BRAUN (E.). Texte explicatif et planches supplémentaires des spécimens de l'art ornemental de Gruner. In-4, Franck, 50.

BRAUN (F.). Choix de lectures allemandes en trois cours de versions. In-12, veuve Maire-Nyon, 53.
— Résumé de grammaire allemande. In-12, veuve Maire-Nyon, 53. »
— Thèmes servant d'application au résumé de la grammaire allemande, 2ᵉ édit. In-12, veuve Maire-Nyon, 53. 2 »

BRAUN (Th.). Cours théorique et pratique de pédagogie et de méthodologie, 2ᵉ édit. 3 vol. in-8, Bruxelles, Parent, 54.
— Livre élémentaire de première instruction, trois cahiers. In-12, Bruxelles, Parent, 54.
— Manuel de pédagogie et de méthodologie. In-12, Bruxelles, Parent, 59. 3 »
— Nouveau livre de lecture, ou choix de morceaux d'une difficulté graduée. In-18, Bruxelles, Parent, 54.
— et Piré. Recueil de chants notés, à une, deux ou trois parties, 3ᵉ édit. In-12 (Bruxelles, Despret frères), 54.

BRAUNWALD. Züge aus dem Leben des frommen Johannes Huss. In-8 (Strasbourg, Silbermann), 51.

BRAVAIS (A.). Etudes cristallographiques. In-4, Mallet-Bachelier, 51.
— Mémoires sur les systèmes formés par des points distribués régulièrement sur un plan ou dans l'espace. In-4, Mallet-Bachelier, 54.
— Le Mont-Blanc. In-12, Arth. Bertrand, 54. 1 50

BRAVARD (A.). Rapport sur les mines de plomb argentifère d'Esteil. In-4 (Boisseau), 51.

BRAVARD (R.). L'honneur des femmes. In-12, Michel Lévy fr., 60. 1 »
— Louise Miller, drame. In-12, Michel Lévy fr., 57. 1 50
— Une petite ville. In-12, Michel Lévy fr., 59. 1 »

BRAVARD (T.) et Maquet. De la véritable cause du choléra. In-8, Jumeaux-sur-l'Allier, chez M. Bravard, l'auteur, 54. 1 »

BRAVARD-VEYRIÈRES (P.). Explication des lois nouvelles sur les commandites. In-8, Cotillon, 57. 3 »
— Manuel de droit commercial. In-8, Cosse, 54. 9 »
— Des prises maritimes d'après l'ancien et le nouveau droit. In-8, Cotillon, 60. 1 50

BRAVES (les) et honnêtes petits garçons. In-12 (Toulouse), Meyrueis, 52. » 40

BRAY (J. D. de). L'âme des affligés, 2ᵉ édit. In-18, Grassart, 56. » 60
— Journal de Jean Migault, ou malheurs d'une famille protestante. In-12, Grassart, 54. 1 50
— Petite liturgie des familles, 3ᵉ édit. In-18, Mathey (3, rue de la Paix), 56.

BRAY (J. D. de). Tableau général de l'histoire ecclésiastique. In-plano (Strasbourg), Meyrueis, 56. 6

BRAY (Mᵐᵉ M. de). L'ange du pardon. In-12, Sarlit, 6
— Le bonheur de la religion. In-12, Sarlit, 59. 1
— La famille Dumonteil. In-12, Sarlit, 58. 1
— Le pouvoir de la charité. In-12, Sarlit, 58. 1
— Premiers enseignements chrétiens. In-12, Sarlit, »
— Premières leçons de politesse. In-12, Sarlit, 58. »

BRAY (le R. P. L. de). La solitaire des rochers, 2ᵉ éd. 2 vol. in-12, Périsse fr., 56.

BRAYE (l'abbé C. L. V.). Curso elemental de religio In-18, Mezin, 56.
— Doctrine chrétienne en action. In-12, Lecoffre, 5 3
— Explication du catéchisme. In-12, Lecoffre, 51. 3
— Petites leçons d'histoire sacrée, deux parties. In-Metz, Pallez-Rousseau, 56.

BRAYELONNE (A. de). Le guide médical des mères famille. In-32, chez Ploche (5, place de la Bourse),

BRAZIER. Le philtre champenois, comédie-vaud. In-Tresse, 57.
— et Dartois. Les enragés. In-12 (12, boulevard Sai Martin), 56.

BRÉANT (A.). Le nouveau mois de Marie. In-18, moges, Ardant, 56.

BRÉANT (V.). Traité de la culture des fleurs et des bustes d'agrément. In-8, Dentu, 55. 4
— et Boitard. Manuel illustré du jardinier fleuriste. 12, Delarue, 60. 5

BREAU (V. de). Poésies diverses. In-12, chez Bru (37, rue de Sèvres), 54.

BREBIS (la) perdue et retrouvée, 3ᵉ édit. In-32, ve Berger-Levrault et fils, 60. »
— ramenée au bercail. In-12, Meyrueis, 57.

BRÉBISSON (de). Flore de la Normandie. In-12, De che, 59. 7

BRÉBISSON (de). Traité complet de photographie collodion. In-8, chez Secretan, 55. 5

BRÈCHE (une) à la famille, comédie. In-8 (Toulo Delsol), à Paris, rue Bonaparte, au crédit des roises, 60.

BRECHER. L'immortalité de l'âme chez les juifs. In-Franck, 57.

BREDIAH er fer eid er vretened à escobty guened. 12. Vannes, Galles, 58.

BRÉE. Cadeau des muses, ou almanach univer étrennes utiles et agréables. Année commune 18 In-32 (paraît tous les ans), Pagnerre, 60.

BREF de Paris pour l'année 1860. In-12 (paraît tous ans), Adr. Le Clerce. 1
— selon le rit romain, trad. française de l'Ordo, l'année 1860. In-12 (paraît tous les ans), Adr. Clerce.

BREGEAUT (L. R.). Manuel complet de l'imprin lithographe. In-18, Roret, 50.

BRÉGUET (L.). Manuel de télégraphie électrique. In Dunod, 56.

BRÉHAT (A. de). Bras d'acier. In-12, Michel Lévy 59. 1
— Les filles. In-12, Hachette, 59. 3
— René de Gavery. In-12, Hachette, 59. 3
— Scènes de la vie contemporaine. In-12, Michel I fr., 58. 3

BREISTROFF. Episode de 1815 dans le Briançonn In-8 (Grenoble, Prudhomme), 51.

BREM (A. de). Chroniques et légendes de la Ve militaire, 1ʳᵉ et 2ᵉ série. In-12, Nantes, Forest, 60.

BREMER (Mlle Fr.). La famille H., trad. par Mll Puget. In-16, chez Mlle Du Puget (30, rue Neuve Augustin), 54.
— Les filles du président, trad. par Mlle Du Puget édit. In-16 (30, rue Neuve-St-Augustin), 60.
— Le foyer domestique, trad. par Mlle Du Puget, 2ᵉ In-16 (30, rue Neuve-St-Augustin), 55.
— Guerre et paix, trad. par Mlle Du Puget. In-16 rue Neuve-St-Augustin), 57.

BREMER (Mlle Fr.). Hertha, ou histoire d'une âme, trad. par Geffroy. In-16, Reinwald, 56. 3 50
— Un journal, trad. par Mlle Du Puget. In-16 (30, rue Neuve-St-Augustin), 53. 3 50
— La vie de famille dans le nouveau monde, trad. par Mlle Du Puget. 3 vol. in-16 (30, rue Neuve-St-Augustin), 54-55. 10 50
— Les voisins, trad. par Mlle Du Puget, 3e édit. In-16 (30, rue Neuve-St-Augustin), 56. 3 50
— Le voyage de la Saint-Jean. Un pélerinage, trad. par Mlle Du Puget. In-16 (30, rue Neuve-St-Augustin), 55. 2 »

BRÉMOND (A.). Histoire de l'exposition des beaux-arts et de l'industrie de Toulouse en 1858. In-12, Toulouse, Bayret, Pradel et Ce, 59. 2 50

BRÉMONT (Ch. de). Traité élémentaire d'astronomie. In-18 (3, rue de Lulli), 51. 2 »

BRÉMONT (E. de). Nouveau Buffon. Eléments d'histoire naturelle. 2 vol. in-8, Renault et Ce, 58. 5 »

BRÉMONT (V.). Considérations sur les plus belles cures opérées aux Thermes de Chaudesaigues. In-8, Saint-Flour, Viallefont, 51.

BRENEY (l'abbé). Le Paradis des enfants de Marie. In-18, Besançon, Turbergue, 55.

BRENOT (E.). Précis d'un cours de logique conformément aux programmes officiels des baccalauréats ès-lettres et ès-sciences. In-12, Dezobry et Magdeleine, 53.

BRENTANO (C.). La douloureuse passion de N.-S. Jésus-Christ d'après les méditations d'Anne-Catherine Emmerich, trad. nouvelle faite sur la 10e édit. allemande. In-18 (Tournai), Lethielleux, 59. 2 »
— Vie de N.-S. Jésus-Christ d'après les visions d'Anne-Catherine Emmerich. 6 vol. in-18, Lethielleux, 59-60. 12 »
— Vie de N.-S. Jésus-Christ d'après les visions d'Anne-Catherine Emmerich, trad. par Cazalès. 6 vol. in-12, Bray, 60. 15 »
— Vie de la sainte Vierge d'après les méditations d'Anne-Catherine Emmerich, trad. de l'allemand par Cazalès. In-8, Bray, 58. 4 »
— Id. In-18, Bray, 58. 2 50
— Vie de la sainte Vierge, d'après les méditations de la sœur Anne-Catherine d'Emmerich, traduct. nouvelle. In-18, Lethielleux, 60. 2 »

BRÉQUIGNY (de). Table chronologique des diplômes, chartes, titres et actes imprimés, concernant l'histoire de France, t. VI. In-folio, chez Dumont (à l'Institut), 50. 36 »

BRÉS. Les contes de Robert mon oncle. In-4, Magnin, Blanchard et Ce, 58. Noir. 8 » Col. 10 »

BRESCH (J.). Vogesenklange. Gedichte. In-8 (Colmar, Ve Decker), 51.

BRESCIANI (A.). La comtesse Mathilde de Canossa et Yolande de Gronnigue. In-8 (Bruxelles), Albanel, 59. 3 »
— Conseils de Tionide au jeune comte de Léon, trad. de l'italien par Gavard. In-8 (Bruxelles), Albanel, 59. 2 »
— Don Giovanni, ou le bienfaiteur caché, trad. de l'italien par Dillies. In-12 (Tournai), Lethielleux, 59. 2 »
— Edmond; scènes de la vie populaire à Rome, traduction approuvée par l'auteur. In-12 (Tournai), Lethielleux, 60. 2 50
— Le juif de Vérone, ou les sociétés secrètes en Italie. 2 vol. in-12 (Tournai), Lethielleux, 58. 5 »
— La république romaine, traduction autorisée par l'auteur. In-12 (Tournai), Lethielleux, 58. 2 »
— Lionello, faisant suite au juif de Vérone et se rattachant à la république romaine. In-12 (Tournai), Lethielleux, 59. 2 »
— Lorenzo, ou le conscrit, suivi de don Giovanni. In-12 (Tournai), Lethielleux), 60. 2 50
— Lorenzo, ou le conscrit, trad. par Maréchal. In-12 (Tournai), Lethielleux, 50. 1 75
— La république romaine, contenant Lionello et faisant

suite au juif de Vérone. In-8 (Bruxelles), Albanel, 59. 4 »

BRESCIANI (A.). Ubaldo et Irena, traduction approuvée par l'auteur. 2 vol. in-12, Lethielleux, 59. 5 »

BRÉSIL. Les orphelines de la charité, drame. In-12, Michel Lévy fr. 1 »

BRÉSIL (le) et Rosas. In-8, Guillaumin, 51. » 50

BRESNIER (L. J.). Anthologie arabe élémentaire. In-18, Hachette, 52. 5 »
— Chrestomathie arabe. In-8, Duprat, 57. 9 »
— Cours pratique et théorique de la langue arabe. In-8, Duprat, 55. 12 »

BRESSANVIDO (J. de). Instructions morales sur la doctrine chrétienne, trad. par Pétigny. 5 vol. in-12, Périsse, 58. 25 »

BRESSE. Cours de mécanique appliquée. 2 vol. in-8, Mallet-Bachelier, 58-59. 16 »
— Recherches analytiques sur la flexion et la résistance des pièces courbes. In-4, Mallet-Bachelier, 54. 15 »

BRESSEVILLE (H. de). Le parfait cuisinier français moderne. In-12, Bernardin-Béchet, 56. 3 50

BRESSOLES (G.). Explication de la loi du 21 mai 1858. In-8, Cotillon, 58. 2 »
— Transcription en matière hypothécaire, depuis la loi du 23 mars 1855. In-8, Durand, 56. 2 »

BRESSON (E.). Lion et lionne, comédie. In-8 (Nîmes, Durand-Belle), 53.

BRESSON (G.). Histoire du calendrier. In-18, Leiber, 59. 1 50

BRESSON. (H. L.). De l'intoxication mercurielle. In-4 (Strasbourg, Christophe), 60.

BRESSON (J.). Histoire financière de la France. 2 vol. In-8, Dentu, 57. 10 »
— Liberté des taux de l'intérêt. In-8, Dentu, 58. 1 »
— Nouvelle loi du 17 juillet 1856, relative aux sociétés en commandite par actions. In-8, chez l'auteur (31, place de la Bourse), 56. 1 »
— Placements de capitaux, etc. In-12 (31, place de la Bourse), 51.

BRET (L.). Mémoire à consulter pour M. Pollin contre Rioult de Bois, etc. In-4 (Lacombe), 50.

BRET (P.). Guide des travailleurs. In-12, Arles, chez l'auteur, 55. » 50

BRETAGNE (C.). Lecture, écriture, calcul. In-4 (Nevers, Talboutier), 54.

BRETEGNIER (L.). Essai sur Vincent de Lérins. In-8 (Colmar, Decker), 54.

BRETEUIL (J). Les cuisiniers européens. In-12, Garnier, 60. 5 »

BRETIN (M.). Napoléon III. Poésies, Ire part. In-12 (Lyon, Vingtrinier), 53.
— Pensées des deux Empereurs. In-12, Fontaine, 59. 3 »

BRETIN et Cazzoletti. Idalia, ou la fleur inconnue, ballet féerique. In-8 (Bordeaux, Duviella), 56.

BRETON. Feuillets détachés d'un ouvrage en plusieurs volumes, destiné à être publié dans un temps plus reculé. In-8 (Hennuyer), 54.

BRETON. Formulaire du chemin de la croix. In-18 (Noyon, Ribaut-Naquet), 57.

BRETON (E.). Notice sur la vie et les ouvrages de Michel-Ange. In-8, au bureau de l'Investigateur (12, rue St-Guillaume), 60.
— Pompéia, 2e édit. Gr. in-8, Gide, 55. 10 »
— Quatre jours dans le Péloponèse. In-8, au bureau de l'Investigateur, 60.

BRETON (J.). L'aurore de Napoléon IV. In-18 (Clermont-Ferrand, Thibaud), 56.
— Contrôle des Ruines de Volney. In-8, Clermont-Ferrand, Veysset, 60.

BRETON (de C.). Deuxième supplément aux recherches nouvelles sur les porismes d'Euclide. In-4. Mallet-Bachelier, 58. 2 50
— Recherches nouvelles sur les porismes d'Euclide. In-4, Mallet-Bachelier, 58. 4 »
— Tracé de la courbe d'intrados des voûtes de pont en anse de panier. In-4, Ve Bouchard-Huzard, 56. 3 »

BRETON (M.). Les inepties de la langue française. In-32, Coulon-Pineau, 55.

BRETON (Mme). Avis aux mères qui ne peuvent pas nourrir. In-12, chez l'auteur (39, rue St-Sébastien), 57.

BRETON et Beau de Rochas. Pose et conservation des télégraphes en mer profonde. In-18 (Grenoble, Maisonville), 60.

BRETON et Beau de Rochas. Théorie de télégraphes sous-marins. In-8, Dunod, 59. 3 »

BRETON DE LA GITONNIÈRE. Manuel de défrichement des terres incultes et de l'amélioration des terres maigres. In-8 (Blois), V° Bouchard-Huzard, 54. 4 »
— Moyens infaillibles de prévenir la cherté des grains en France. In-8 (Blois, Morard), 54.
— Organisation du crédit agricole eu France. In-8, V° Bouchard-Huzard, 51. 1 »

BRETONNEAU (le doct.). Traitement de la coqueluche. In-8, au bureau du bulletin de thérapeutique, 55.

BRETONNEAU (H.). Les épreuves de la vie au point de vue chrétien. In-12, Bray, 60. 2 50

BRETONNEAU (le Père). Sermons et panégyriques complets ; ce volume contient aussi les oraisons funèbres de Louis Renaud. Gr. in-8, Migne, 54. 6 »

BRETT (J. W.). Position actuelle des travaux pour mettre en communication électrique la colonie de l'Algérie et la France. In-4 (Mourgues), 56.

BRETTE (E.). Du système de Moïse Amyraut. In-8 (Montauban, Forestié neveu), 55.

BREUIL. Notice archéologique sur Sainte-Barbe. In-8, Pringuet, 57.

BREUIL (A.). La confrérie de N.-D. du Puy d'Amiens. In-8 (Amiens, Duval et Herment), 54.
— L'éclair, comédie. In-8, Amiens, Duval et Herment), 52.
— Il me faut trois francs douze sous ! Vers. In-8 (Amiens, Herment), 60.
— Napoléon Bonaparte jugé par les poëtes étrangers. In-8 (Amiens, Duval et Herment), 51.
— Saint Martin à Amiens, 337. In-8 (Amiens, Duval et Herment), 55.

BREULIER (A.). Philologie numismatique. Considérations sur la numismatique gauloise. In-8, Didier et C°, 51.
— Du droit de perpétuité de la propriété intellectuelle. In-8, Durand, 55. 3 »

BREUILLARD. Le guide des élèves de septième. In-12, Auxerre, Gallot, 58.
— Mémoires historiques sur une partie de la Bourgogne. In-12, Avallon, Mlle Chamerot, 59.
— Notice sur saint Bénigne, apôtre de la Bourgogne. In-12, Dijon, Lamarche et Drouelle, 59.

BREVAL (J.). Mazzini jugé par lui-même et par les siens. In-12, Plon, 53. 2 »

BREVARD (F.). Les sinistres en mer rendus dix fois moins fréquents par l'emploi d'un système de sauvetage nouveau. In-8, Grenoble, Prudhomme, 60. 2 50

BRÉVIAIRE ROMAIN, rubriques en français. 4 vol. in-4, de 840 pag. chacun, gros caractère et sur papier superfin collé. Périsse. 44 »

BRÉVIAIRE DU SOLDAT. In-32, Nancy, Vagner, 57.

BREVIARIUM PARISIENSE. 5 vol. gr. in-32, imprimés sur jésus vélin superfin, avec des caractères fondus exprès. Edition très-portative et conforme à celle de 1836, avec Octavaire. Périsse. 20 »
— avec l'Octavaire pour les patrons, édition de 1836. 5 vol. in-12, Périsse. 16 »
— Le même ouvrage, sur papier collé. Périsse. 16 »

BREVIARIUM ROMANUM.

Diverses éditions, savoir :

Editions de Gaume et Duprey.

— ex decreto sacrosancti concilii tridentini restitutum, S. Pii V, pontificis Maximi, jussu editum, Clementis VIII et Urbain VIII auctoritate recognitum, cum officiis sanctorum novissime per summos pontifices

usque ad hanc diem concessis, in quatuor anni tempora divisum. 4 vol. in-12.

Sur papier blanc.	14 »
Le même, en rouge et noir.	16 »
Sur papier de Chine.	18 »
Le même, en rouge et noir.	24 »

OFFICES PROPRES.

Diocèse de Moulins.	Papier blanc.	» 50
	Papier de Chine.	» »
— de Reims.	Papier blanc.	1 20
	Papier de Chine.	1 50
— de Blois.	Papier blanc.	2 »
	Papier de Chine.	2 50
— de La Rochelle.	Papier blanc.	1 60
	Papier de Chine.	2 »
— de Marseille.	Papier blanc.	2 »
	Papier de Chine.	2 40
— d'Aix.	Papier blanc.	1 25
	Papier de Chine.	1 50
— de Châlons.	Papier blanc.	3 50
	Papier de Chine.	3 50
— de Saint-Dié.	Papier blanc.	3 50
	Papier de Chine.	3 50
— de Luçon.	Papier blanc.	» »
	Papier de Chine.	» »
Baltimore.	Papier blanc.	» 60
	Papier de Chine.	» »
Canada.	Papier blanc.	» 60
	Papier de Chine.	» »
Société de Jésus.	Papier blanc.	1 80
	Papier de Chine.	1 80
Congrégation des Sacrés Cœurs de Jésus et de Marie.		
	Papier blanc.	1 50
	Papier de Chine.	» »
Nîmes.	Papier blanc.	» »
	Papier de Chine.	» »

— Id. 4 vol. in-18.

Sur papier blanc.	12 »
Le même, en rouge et en noir.	18 »
Sur papier de Chine.	14 »
Le même, en rouge et noir.	20 »

OFFICES PROPRES.

Diocèse de Blois,	Papier blanc.	2 50
	Papier de Chine.	2 50
— de Marseille, r. et n.	Papier blanc.	5 »
	Papier de Chine.	5 »
Le même, en noir.	Papier blanc.	2 »
	Papier de Chine.	2 40
— de Reims, en noir.	Papier blanc.	1 60
	Papier de Chine.	1 60
— de Saint-Dié.		
	Papier de Chine.	3 50
— de Châlons.		3 50
	Papier de Chine.	3 50
Société de Jésus.	Papier blanc.	1 80
	Papier de Chine.	1 80
Congrégation des Sacrés Cœurs de Jésus et de Marie.		
	Papier blanc.	1 50
	Papier de Chine.	» »
Canada.		» 60
	Papier de Chine.	» »
Diocèse d'Aix, en noir.		1 25
	En rouge et noir.	3 »
Diocèse de Luçon.		» »
Propre de Belgique.		» »

— Id. petit in-12.

En rouge, papier de Chine.	14 »
En rouge, papier blanc.	12 »
En noir, papier de Chine.	7 »
En noir, papier blanc.	6 »

Editions de Mame et C°, à Tours.

BREVIARIUM ROMANUM. 4 vol. in-12, en caractères très-lisibles, orné de 4 magnifiques gravures sur acier, d'après M. Allez. (n° 57.) 11 »
La même édition, imprimée en noir et rouge. 14 »

BREVIARIUM ROMANUM. 4 vol. gr. in-32, papier jésus superfin glacé, 2e édit., ornée de 4 belles gravures d'après M. Hallez. (no 53.) 10 »

Editions de Adr. Le Clercq et Ce.

BREVIARIUM ROMANUM, en rouge et en noir. 4 vol. in-12. Papier de Chine. 24 »
Papier blanc. 16 »
— 4 vol. In-12.
Papier blanc. 14 »
Papier de Chine. 18 »

OFFICES PROPRES.

La Rochelle.	Papier blanc.	1	60
	Papier de Chine.	2	»
Blois.	Papier blanc.	2	»
	Papier de Chine.	2	50
Reims.	Papier blanc.	1	20
	Papier de Chine.	1	50
Marseille.	Papier blanc.	2	»
	Papier de Chine.	2	40
Aix.	Papier blanc.	1	25
	Papier de Chine.	1	50
Châlons.	Papier blanc.	3	50
	Papier de Chine.	3	50
Saint-Dié.	Papier blanc.	3	50
	Papier de Chine.	3	50
Le Puy.	Papier blanc.	3	50
	Papier de Chine.	3	50
Le même, rouge et noir.	Papier blanc.	7	»
	Papier de Chine.	7	»
La Compagnie de Jésus.	Papier blanc.	1	50
	Papier de Chine.	1	80
Canada id.	Papier blanc.	»	60
	Papier de Chine.	»	60
Baltimore. id.	Papier blanc.	»	60
	Papier de Chine.	»	60
Séez. id.	Papier blanc.	»	75
	Papier de Chine.	»	75
Le même, rouge et noir. id.	Papier blanc.	2	50
	Papier de Chine.	2	50
Verdun.	Papier blanc.	»	»
	Papier de Chine.	»	»

— Id. 4 vol. in-18, nouvelle édit., en rouge et noir.
Papier de Chine. 20 »
Papier blanc. 18 »
— Id. 4 vol. in-18, nouvelle édit., en noir.
Papier de Chine. 14 »
Papier blanc. 12 »

OFFICES PROPRES.

Blois.	Papier blanc.	2	»
	Papier de Chine.	2	50
Marseille.	Papier blanc.	2	40
	Papier de Chine.	2	40
id. rouge et noir.	Papier blanc.	5	»
	Papier de Chine.	5	»
Aix, noir.	Papier blanc.	1	25
	Papier de Chine.	1	25
id. rouge et noir.	Papier blanc.	3	»
	Papier de Chine.	3	»
Châlons.	Papier blanc.	3	50
	Papier de Chine.	3	50
Saint-Dié.	Papier blanc.	3	50
	Papier de Chine.	3	50
Reims.	Papier blanc.	1	20
	Papier de Chine.	1	50
La Compagnie de Jésus.	Papier blanc.	1	80
	Papier de Chine.	1	80
Société de Piopus.	Papier blanc.	»	»
	Papier de Chine.	»	»
Irlande.	Papier blanc.	»	»
	Papier de Chine.	»	»
Portugal.	Papier blanc.	»	»
	Papier de Chine.	»	»
Le Puy.	Papier blanc.	3	50
	Papier de Chine.	3	50

Le même, rouge et noir.	Papier blanc.	6	»
	Papier de Chine.	6	»
Séez, en noir.	Papier blanc.	1	»
	Papier de Chine.	1	»
Le même, rouge et noir.	Papier blanc.	2	50
	Papier de Chine.	2	50
Verdun.	Papier blanc.	»	»
	Papier de Chine.	»	»

BREVIARIUM ROMANUM TOTUM, rouge et noir. Petit in-12. Papier blanc. 12 »
Papier de Chine. 14 »
— Le même, en noir seul. Papier blanc. 6 »
Papier de Chine. 7 »

OFFICES PROPRES.

Marseille.	2	50
Société de Piopus.	»	»
Société de Jésus.	»	75
Lazaristes.	»	»
Belgique.	»	»
Meaux. Papier blanc.	1	25

Editions de Pélagaud.

BREVIARIUM ROMANUM ex decreto sacrosancti concilii Tridentini restitutum, S. Pii V jussu editum, Clementis VIII et Urbani VIII actoritate recognitum, cum officiis sanctorum hucusque concessis; gros caractère. 4 vol. in-12. 14 »
— 2 vol. in-12. 12 »
— édition portative. 4 vol. in-32. 12 »
BREVIARIUM ROMANUM TOTUM. In-18.

Editions Périsse frères.

BREVIARIUM ROMANUM ex decreto SS. Concilii Tridentini restitutum, S. Pii V, Pontificis maximi, jussu editum, Clementis VIII et Urbani VIII auctoritate recognitum, cum officiis sanctorum, novissime per summos Pontifices usque ad hunc diem (10 sept. 1852) concessis. Edit. approuvée par Mgr le cardinal de Bonald, et mise en ordre par les Pères jésuites. 4 vol. in-12. 14 »
— Id. Papier de Chine. 16 »
— Supplementum pro aliquibus locis, tiré à part du bréviaire, 4 parties. Gr. in-12. Papier blanc. 3 »
— Supplementum pro Patribus Societatis Jesu, 4 part. In-12. Papier blanc. 1 50
— Id. Papier de Chine. 1 80
— Officium proprium sanctorum summorum Pontificum, et aliorum quæ Clero romano indulta sunt, 4 parties. In-12. Papier blanc. 2 »
— Officia propria diœcesis Rupellensis, a S. R. Congregatione approbata, ac de mandato illustris et rever. DD. Clementis Villecourt, episcopi Rupellensis, edita, 4 parties. In-12. Papier blanc. 1 60
Papier de Chine. 2 »
— Officia propria diœcesis Ambianensis, a S. R. Congregatione approbata ac de mandato illustr. et rever. DD. Joannis de Salinis, episcopi Ambianensis, edita, In-12. Papier blanc. 1 60
— Id. Papier de Chine. 2 »
— Officia propria sanctorum Hispanorum, 4 parties. In-12. Papier blanc. 3 »
— Officia propria sanctorum Mexicanorum, 4 parties. In-12. Papier blanc. » 50
— Officium immaculæ Conceptionis B. M. V., 4 parties. In-12. Papier blanc. » 30
BREVIARIUM ROMANUM TOTUM. 1 vol. in-12, sur caractère neuf et pap. collé, édit. très-correcte. »
— Supplementum Hiberniæ. In-12. » 40

BREVIARIUM VIENNENSIS ECCLESIÆ. 4 vol. in-32, Albanel, 60.

BREWER (le doct. E. C.). La clef de la science, revue par Moigno, In-12, Renouard, 58. 3 50

BREWSTER (D.). Mémoire sur les modifications du stéréoscope, trad. par Hasenfeld. In 4, Leiber, 58. 2 »

BREWSTER (Miss). Le monde ou Dieu. trad. de l'angl. In-18, Grassart, 58.　　　　　　　　　» 30
BREYNAT (C. A.). L'art de songer, poëme mystique. In-18, Moquet, 52.　　　　　　　　　» 75
— Contes des fées. In-18, Garnier frères, 55.
BREZETZ (E. de). Essais historiques sur le parlement de Bordeaux. In-8 (Bordeaux, Crugy), 56.
BREZNER. L'enlèvement, opéra-comique. In-8 (Strasbourg, Huder), 57.
BRIALMONT (A.). Considérations politiques et militaires sur la Belgique. 3 vol. in-8 (Bruxelles), Tanera, 58.　　　　　　　　　　　　　　　　　18　»
— Système de défense de l'Angleterre. In-8, Tanera, 60.　　　　　　　　　　　　　　　　1 25
BRIANCHON (G.). Vie de la sœur Marthe. Gr. in-8, Devarenne, 56.
BRIAND (l'abbé). Restauration de l'église de Sainte-Colombe, à Saintes. In-8 (La Rochelle, Boutet), 50.
— Vie de Mlle Pauline de Saint-André de la Laurencie, de Villeneuve de Saint-Jean-d'Angély, 2e édit. In-12, Périsse, 52.　　　　　　　　　　　　　　　1 50
BRIAND (J.). L'électricité appliquée au traitement curatif des névralgies. In-12, Labé, 55.　　　3　»
— et Chandé. Manuel complet de médecine légale, 6e édit. In-8, Baillière et fils, 58.　　　　10　»
BRIAND DE VERZÉ. Nouveau dictionnaire complet géographique. 2 vol. in-8, Locard-Davi, 57.
BRIAU (le doct. R.). Sur quelques difficultés de diagnotic dans les maladies chroniques des organes pulmonaires. In-8, Masson et fils, 59.　　　　　　1 25
BRICCOLANI. Nouveau dictionnaire français-italien et italien-français. In-18, Ve Thiériot, 51.　　　5　»
— et Fonseca. Dictionnaire français-italien et italien-français. In-18, Ve Thiériot, 60.　　　　　4　»
BRICE (E.). Le caniche; les enfants aux marionnettes; l'hirondelle. Fables. In-8, Maillet, 60.　　　» 25
BRICÉ. Les pommes de terre ne sont malades que dans une culture mal étudiée. In-4 (Wittersheim), 54.
BRICHETEAU (J.). Rapport à l'académie de médecine sur la méthode de traiter les fièvres intermittentes de M. le docteur Goudret. In-8 (Hennuyer), 50.
— Traité sur les maladies chroniques qui ont leur siège dans les organes de l'appareil respiratoire. In-8, Souverain, 51.　　　　　　　　　　　　　8　»
BRICKA (F.). Essai sur la vie, les écrits et la doctrine de H. Suso. In-8 (Strasbourg, Ve Berger-Levrault et fils), 54.
BRICON. La comète; le bourgeois campagnard. In-8 (Moquet), 57.
— Petit théâtre, suivi de pensées, maximes et réflexions. In-8 (Mantes, Prevot), 56.
BRIDAINE (le Père). Le livre du Père Bridaine. Prières, méditations, instructions. In-18 (Bagnols, Broche), 55.
BRIDAULT (Ch.). Les jolis chasseurs. In-18, Mich. Lévy frères, 55.　　　　　　　　　　　　　　» 50
— Id. In-4, Michel Lévy fr., 58.　　　　　　　» 50
— et Duchateau. Nella, ballet-pantomime. In-8, Charlieu, 57.
— et Legrand. La fausse douairière, pantomime. In-8 (Maulde), 57.
— et Legrand. Pierrot Dandin, pantomime. In-8 (Juteau), 54.
— et Perée. Monsieur Deschalumeaux, opéra-bouffe. In-12, Libr. nouvelle, 59.　　　　　　　　» 60
BRIDE (Ch.). Le vignole du serrurier. In-4 oblong, Lefèvre, 60.　　　　　　　　　　　　　　8　»
BRIDEL (L.). Récits américains. 2 vol. in-12, Meyrueis, 54.　　　　　　　　　　　　　　　　3　»
BRIÈRE (l'abbé). Panégyrique de saint Vincent de Paul. In-12, Chartres, Garnier, 59.
BRIÈRE (L. Ch.). Lettre à Sa Sainteté Pie IX. In-8 (Dubuisson), 60.
BRIERRE DE BOISMONT (le doct. A.). De l'ennui. In-8, Germer Baillière, 50.　　　　　　　1 50
— Etudes médico-légales sur la perversion des facultés morales. In-8, Baillière et fils, 60.　　　　» 75

BRIERRE DE BOISMONT (le doct. A.). Des hallucinations, ou histoire raisonnée des apparitions. In-8, Germer Baillière, 60.　　　　　　　　　6　»
— De l'interdiction des aliénés. In-8, Baillière et fils, 52.
— Programme pour la formation de plans d'un asile modèle destiné à la ville de Madrid. In-8 (Martinet), 60.
— Recherches sur l'aliénation mentale des enfants et particulièrement des jeunes gens. In-8, Baillière et fils, 58.　　　　　　　　　　　　　　　1 50
— Recherches sur l'unité du genre humain. In-8, Baillière et fils, 60.　　　　　　　　　　1 50
— Du suicide et de la folie du suicide. In-8, Germer Baillière, 55.　　　　　　　　　　　　7　»
BRIEUC DE SAINT-LAURENT (le vicomte). Quelques mots sur les danses modernes, 3e édit. In-18, Douniol, 56.　　　　　　　　　　　　　　　» 50
BRIFAUT (Ch.). Œuvres publiées par Rives et Bignan. 6 vol. in-8, Diard, 58-59.　　　　　　　36　»
BRIFFAUT (l'abbé). Histoire de Vicq. In-8, Chaumont, Cavaniol, 55.
— Histoire de la ville de Fayl-Billot. In-8, Besançon, Outhenin-Chalandre fils, 60.　　　　　　4　»
BRIFFAULT (E.). Paris dans l'eau. In-4, Havard, 51.　　　　　　　　　　　　　　　　　» 20
— Paris à table. In-4, Havard, 51.　　　　　» 20
BRIGNOLE-SALÈS (le marquis A. de). Des droits temporels du pape. In-8, Vaton, 60.　　　　　1　»
BRIGNON (le R. P. J.). Le combat spirituel. In-32, F. F. Ardant fr., 59.　　　　　　　　　　» 40
— Id. Limoges, Barbou, 59.　　　　　　　　» 25
BRILLANTES époques de l'histoire de France, ou traits mémorables, par P. D. In-12, Limoges, Ardant, 59.
BRILLIAT-SAVARIN. Physiologie du goût, ill. par Bertall. In-4, G. Barba, 59.　　　　　　　1 10
— Id. In-12, Charpentier, 58.　　　　　　　3 50
— Id. In-8 (5, rue Coq-Héron), 50.
— Id. In-32, Passard, 59.　　　　　　　　1 50
— Id. In-16, Ve Pigoreau, 60.
BRILLOUIN (J. M.). Notice sur l'introduction du christianisme en Saintonge. In-8 (Poitiers, Dupré), 60.
BRINCARD. Le nouveau et l'ancien droit du timbre. In-8, Guillaumin, 57.
BRINCKMANN (Mme). Promenades en Espagne pendant les années 1849 et 50. In-8, Franck, 52.　　6　»
BRINS d'herbe. Huit veillées, par M. K. In-12, Meyrueis et Ce, 58.　　　　　　　　　　　1 25
BRIOIS (C. A.). Thèse sur le gluten et les mélanges de différentes farines. In-4 (Thunot), 56.
BRIOL (M.). Biographie du maréchal Pélissier, duc de Malakoff. In-8 (Rouen, Saint-Evron), 56.
— Faisons le bien, cantate. In-4 (Cordier), 53.
— Le panthéon normand, ou le Roi des tonneliers. Pièce in-12, Aillaud, 60.　　　　　　　　　» 50
— Le Roi des Abruzes, cantilène. In-4 (Brière), 55.
— et Grandin. Puisque nous avons la paix. In-4, Rouen, Aillaud, 56.　　　　　　　　　　　　» 20
BRIOLLE (A. de). Mémoire et réponse au questionnaire archéologique, publié à l'académie des sciences de Bordeaux. In-8, Bordeaux, Chaumas, 59.　1 25
BRIOSCHI (F.). Théorie des déterminants et de leurs principales applications. In-8, Mallet-Bachelier, 56.　　　　　　　　　　　　　　　　5　»
BRIOT (Ch.). Cours de cosmographie, ou éléments d'astronomie. In-8, Dunod, 60.　　　　　　　5　»
— Eléments d'arithmétique. In-8, Dezobry, 59.　3　»
— Leçons d'algèbre. 2 vol. in-8, Dunod, 60.　7　»
— Leçons de mécanique. In-8, Dunod.　　　5　»
— Leçons nouvelles d'arithmétique. In-8, Dezobry, 51.　　　　　　　　　　　　　　　4　»
— Leçons nouvelles de trigonométrie. In-8, Dezobry, 58.
— et Bouquet. Leçons de géométrie analytique, 3e édition. In-8, Dezobry, Magdeleine et Ce, 60.　7 50
— et Bouquet. Théorie des fonctions doublement périodiques. In-8, Mallet-Bachelier, 59.　　　6　»

BRIOT (Ch.) et Martin. Géométrie élémentaire. In-12, Dezobry, 58. 2 »
— et Vacquant. Arpentage, levé des plans et nivellement. In-12, Hachette, 58. 3 »
— et Vacquant. Éléments de géométrie conformes aux programmes de l'enseignement scientifique dans les lycées. Théorie, 4ᵉ édit. In-8, Hachette, 60. 5 »
— Id. Application. 5 »
BRIQUET (le doct. P.). Traité clinique et thérapeutique de l'hystérie. In-8, Baillière et fils, 59. 8 »
— Traité thérapeutique du quinquina et de ses préparations. In-8, Masson et fils, 55. 8 »
— et Mignot. Traité pratique et analytique du choléra-morbus. In-8, Masson et fils, 60. 7 »
BRISEBARRE (E.). Le diable d'argent. In-4, Libr. théâtrale, 57. » 20
— L'étudiant marié, scènes de la vie de garçon. In-8, Barbré, 60. » 60
— Né coiffé, comédie-vaudev. In-8, Beck, 50. » 50
— Pincé au demi-cercle, scènes de la vie de garçon, In-8, Charlieu, 57. » 60
— et Anicet Bourgeois. Un premier coup de canif. In-4, Michel Lévy fr., 54. » 60
— et Boisselot. Madame J'Ordonne et Cⁱᵉ. Pièce in-8, Barbré, 56. » 60
— et Couailhac. Marié au second garçon au cinquième. In-8, Beck, 50. » 60
— et Couailhac. Le père nourricier, comédie-vaudeville. In-8, Beck, 50. » 60
— et Couailhac. La première maîtresse, comédie. In-8, 52. » 60
— et Couailhac. La queue de la poêle, comédie-vaudev. In-12, Dagneau, 54. » 40
— et Couailhac. Le voyage d'une épingle. Pièce in-8, Beck, 53. » 60
— et de Léris, Royal-Tambour, comédie-vaudev. In-8, Beck, 51. » 50
— et de Lustières. Militaire et pensionnaire, vaudev. In-12, Giraud et Dagneau, 51. » 60
— et Michel. L'homme aux souris, vaudeville. In-12, Beck, 50. 1 50
— et Michel. Les orientales. Pièce in-8, Beck, 53. » 60
— et Michel. Un tigre du Bengale. Comédie in-8, Beck, 60. » 60
— et Nus. L'automne d'un farceur. Pièce in-8, Beck, 54. » 60
— et Nus. Les drames de la vie, 1ʳᵉ et 2ᵉ série. 2 vol. in-12, Libr. nouvelle, 60. 4 »
— et Nus. L'île Saint-Louis, drame. In-4, Libr. théâtrale, 57. » 20
— et Nus. La légende de l'homme sans tête, drame. In-8, Barbré, 57. » 60
— et Nus. Les ménages de Paris, drame. In-4, Barbré, 59. » 40
— et Nus. La petite province, vaudev. In-8, Tresse, 53. » 30
— et Nus. Les portiers, scènes de la vie parisienne. In-12, Libr. nouvelle, 60. 1 »
— et Nus. Le potager de colifichet, vaudev. In-8, Tresse, 53. » 30
— et Nus. Rose Bernard, drame. In-8, Charlieu, 58. » 60
— Id. In-4, Charlieu, 58. » 60
— et Nus. La route de Brest, drame. In-18, Mich. Lévy fr., 57. 1 »
— et Nus. La servante, drame en sept actes. In-8, Barbré, 56. » 60
— et Nus. Les soupirs de Bolivar, vaudeville. In-12, Dagneau, 54. » 60
— et Nus. Suzanne, drame. In-12, Dagneau, 54. 1 »
— et Nyon. Le baiser de l'étrier, pièce. In-8, Barbré, 55. » 50
— Id. In-18, Beck, 50. » 50
— et Nyon. Les deux paires de bretelles, comédie-vaud. In-8, Barbré, 59. » 40
— et Nyon. Les gens de théâtre, In-4, Mich. Lévy fr., 57. » 20

BRISEBARRE (E.) et Nyon. Histoire d'une femme mariée. In-8, Beck, 53. » 60
— et Nyon. Histoire d'une rose et d'un croquemort, drame. In-8, Beck, 51. » 60
— et Nyon. L'hiver d'un homme marié, pièce. In-8, Beck, 55. » 60
— et Nyon. Le laquais d'un nègre. In-8, Beck, 52. » 60
— et Nyon. Théodore, pièce. In-12, Michel Lévy fr., 54. » 60
— Id. In-8, Michel Lévy fr., 54. » 20
— et Nyon. Les vignes du seigneur, vaudeville. In-8, Beck, 50. » 50
— et Nyon et Labie. Drinn-Drinn, vaudeville. In-8, Beck, 51. » 60
— et Rimbaut. Le jour du frotteur. In-4, Michel Lévy fr., 51. » 20
— et Rimbaut. Les postillons de Crèvecœur, pièce. In-8, Beck, 53. » 60
— et Rimbaut. Le professeur des cuisinières. In-8, Beck, 56. » 60
— et Rimbaut. Trois pour un secret. In-8, Beck, 55. » 60
— et Rimbaut. Le ver luisant, ou la métempsycose, féerie. In-8, Beck, 50. » 60
— Voy. aussi — Nus.
BRISENO (R.). Ejercicio cotidiano perfecto y el mas completo. In-32 (Vrayet de Surcy), 51.
BRISPOT (l'abbé). Manuel de piété pour l'association de la bonne mort. In-18, à l'église Ste-Eustache, 57.
— La vida de N. S. Jesuchristo, traducida al castellano por Urrabieta y de la Llana. 2 vol. in-folio, Lassale et Mélan, 53.
— Vie de N.-S. Jésus-Christ, édit. ill. 3 vol. in-8, Glashin, 57. 48 »
— Vie de N.-S. Jésus-Christ, édit. ill. In-folio, Bertin, 50 à 53. 85 »
— Vie de N.-S. Jésus-Christ. In-8, Périsse, 51. 6 »
BRISSAC (H.). Le banquet. Poème. In-18 (Blondeau), 55. » 50
BRISSAUD (D.). Cours d'histoire de France. 2 vol. in-12, E. Belin, 59. 6 »
— Résumé du cours d'histoire de France. In-12, E. Belin, 60. 1 25
BRISSE (le baron L.). Album de l'exposition universelle. 3 vol. in-4, Tardieu, 58-59. 60 »
— Considérations économiques sur les réformes à introduire dans la monture des blés; extrait de l'album. In-4 (23, quai Voltaire), 56.
— Des richesses forestières de l'Algérie; extrait de l'album. In-8 (Prève), 56.
— Société française de menuiserie mécanique. In-4 (Claye), 56.
BRISSET (J.). M. de Beauregard. In-12 (Dubuisson), 54.
— Hugues le cadavre; mystère du XIᵉ siècle. Gr. in-8, au bureau de la gazette de France, 53.
— Jacquot. Gr. in-8, au bureau de la gazette de France, 54.
BRISSON (C.). Fables. In-12 (La Rochelle, Siret), 56.
— Rapport à M. le ministre de la chambre de commerce de Paris, sur le projet de règlement pour l'application du système régulier de poids et mesures à l'échevettage, etc. In-8 (Christophe), 55.
BRISSON (J.). Adonaï. Pages contemporaines. In-18, Lallemand-Lépine (72, rue de Sèvres), 50.
— Chants élégiaques. In-12, Lallemand-Lépine, 52.
— Jean Baltasar, ou le philosophe millionnaire. In-12, au bureau des salons de Paris, 58. 3 50
BRISSON (L.). Premières notions de grammaire et d'arithmétique. In-18, Troyes, Anner-André, 56.
BRISSOT (J.). Le salon de 1858 à l'exposition de Dijon. In-8 (Dijon), Libr. nouvelle, 58. 1 25
BRIZ (A.). Réflexionon profitabl var ar finvezou diveza eus an den, etc. In-12, Landerneau, Desmoulins, 60.
BRIZARD (C.). Mode de mesurage. In-4, Lyon, chez l'auteur (6, rue des Capucines), 56.

BRIZARD (C.).Tarif des travaux de menuiserie à façon, exécutés dans la ville de Lyon. Année 1856. In-4, Lyon, chez l'auteur, 56.

BRIZEUX (A.). Histoires poétiques. In-18, Lecou, 55. 3 50

— Marie, la fleur d'or. Primel et Nola. In-18, Garnier, 52.

BROCA (le doct. P.). Abcès du canal médullaire de l'humérus, traité par la trépanation. In-8 (Plon), 59.
— Anatomie pathologique du cancer. In-4, Baillière et fils, 56.
— Des anévrismes et de leur traitement. In-8, Labé, 56. 10 »
— Du cancer et des pseudo-cancers. In-8 (Remquet), 57.
— De la cautérisation électrique, ou galvano-caustique. In-8 (Hennuyer), 58.
— De l'étranglement dans les hernies abdominales et des affections qui peuvent le simuler. In-8, Masson et fils, 57. 5 »
— Différences entre les deux espèces principales du mal vertébral. In-8 (Plon), 58.
— Eloge historique de Gerdy. In-8 (Remquet), 56.
— Etudes sur les animaux ressuscitants. In-8, Adr. Delahaye, 53. 3 »
— Etudes sur les doigts et les orteils surnuméraires. In-8, Moquet, 50.
— Remarques sur les fractures spiroïdes. In-8, Masson et fils, 59.
— Sur l'anesthésie chirurgicale hypnotique. In-8 (Noblet), 59.
— Sur la nature du cancroïde épithélial et les tumeurs myéloïdes. In-8 (Plon), 60.
— Du traitement abortif des bubons vénériens suppurés. In-8, au bureau du bulletin de thérapeutique. 56.

BROCARD. Manuel et guide contre les incendies. In-16 (Moquet), 51. 2 »

BROCARD (A.). Le bois de Vincennes. In-12, Ledoyen, 60. 1 »
— Itinéraire de Paris à Mulhouse. In-18 (Walder), 57. » 75

BROCARD (J. L.). Nouvelle théorie sur le choléra-morbus. In-8 (St-Cloud, Ve Belin), 55.

BROCARD DE MEUVY FILS. Un beau-père embêtant et embêté, vaudeville. In-4 (Pilloy), 57. » 20
— Coupe d'amour. In-18 (Pilloy), 56. 1 »
— Rira bien qui rira le dernier. In-16 (Pilloy), 56. » 30

BROCCHIERI (P.). Travaux hydrauliques de la France et de l'étranger. In-8 (Gerdès), 53.

BROCH (A. B.). Défense de l'Escaut. In-8 (Bruxelles), Tanera, 58. 1 50

BROCHARD (le doct.). Du mode de propagation du choléra. In-8, Baillière et fils, 51. 4 »

BROCHARD-DAUTEUILLE (E.). Notions d'histoire et de géographie exigées pour l'admission à l'école polytechnique. In-8, Hachette, 51. 5 »

BRODEUSE (la). - Voy. - Moniteur des dames et des demoiselles.

BRODZINSKIÉGO (H.). Poslanie do braci wygnan cow i mowa o narodowsci polakow, etc. In-12 (Martinet), 50. 1 »

BROECK (V. van den). Catéchisme agricole. In-12, Bruxelles, Tarlier, 56. » 75

BROECKAERT (J.). Abrégé du guide du jeune littérateur. In-8 (Bruxelles), Albanel, 59. 2 60
— Eloquence de la chaire. In-8, Liége, Blanchard, 56.
— Le fait divin. In-8 (Bruxelles), Albanel, 59. 2 60
— Le guide du jeune littérateur. 2 vol. in-12, Liége, Blanchard, 58.
— Modèles français rec. d'après le plan du guide du jeune littérateur. 2 vol. in-8, Liége, Blanchard, 53.
— Saint Jean-Chrysostôme. Panégyrique de saint Ignace d'Antioche. In-8 (Bruxelles), Albanel, 60. 1 »

BROGLIE (le duc de). Discours de réception à l'académie. In-8, Didier et Ce, 56. 1 »
— Rapport sur le concours Félix de Beaujon, relatif au manuel de morale et d'économie politique à l'usage des classes ouvrières. In-4 (Didot), 60.
— sur Othello, trad. en vers français par A. de Vigny, et sur l'état de l'art dramatique en France en 1830. In-8, Didier et Ce, 52.

BROGLIE (le prince A. de). Des caractères de la polémique religieuse actuelle. In-8, Douniol, 56.
— L'église et l'empire romain. 4 vol. in-8, Didier et Ce, 56 à 60. » »
— Etudes contemporaines. Une réforme administrative en Afrique. In-12, Dumineray, 60. 2 »
— Etudes morales et littéraires. In-12, Michel Lévy fr., 53. 3 »
— La lettre impériale et la situation. In-8, Douniol, 60. » 80
— Le moyen âge et l'Eglise catholique. In-8, au bureau de la revue des deux mondes, 52.
— Question de religion et d'histoire. 2 vol. in-8, Mich. Lévy fr., 60. 15 »
— De la religion naturelle, par Jules Simon. In-8, Douniol, 56.

BROGLIE (Mme la princesse de). Récits tirés de l'ancien et du nouveau testament, à l'usage des enfants. 2 vol. in-12, Tours, Mame, 58. 2 40

BROGLIO (J.). Les hauts conspirateurs politiques de 1852, dévoilés. In-8, Garnier fr., 52. 1 »

BROHAN (Mlle). Il faut toujours en venir là, proverbe. In-8 (Panckoucke), 59.
— Les métamorphoses de l'amour, comédie. In-12, Michel Lévy fr., 51. » 60
— Que femme a, guerre a, proverbe. In-18, Libr. nouvelle, 60. 1 »

BROHEC. Méthode universelle pour la lecture du français. In-folio (Brest, Lefournier), 59.

BRON (le doct. F.). Incision des rétrécissements de l'urètre. In-8 (Lyon, Vingtrinier), 59.
— Nouvelles considérations sur les rétrécissements du rectum. In-8 (Lyon, Vingtrinier), 56.
— Nouvelle sonde pour les injections dans le canal de l'urètre. In-8 (Lyon, Vingtrinier), 58.

BRONDEAU (de). Illustrations iconographiques de quelques cryptogames. In-8 (Agen, Noubel), 59.

BRONGNIARD (Ad.). Enumération des genres de plantes cultivées au muséum d'histoire naturelle de Paris. In-12, Baillière et fils, 50. 3 »

BRONGNIARD (Alex.). Traité des arts céramiques. 2 vol. in-8 et atlas. Béchet jeune, 54. 28 »

BRONGNIART (le doct. J.). Considérations sur la dyscrasie veineuse. In-8 (Rignoux), 60.

BRONNE (L.). La réforme postale en Angleterre. In-8, Bruxelles, Périchon, 58. 1 »

BRONNER. Les contes de ma nourrice, ou les féeries amusantes, F. F. Ardant fr., 60.

BROOKE (Ch.). Description des appareils photographiques employés à l'observatoire de Greenwich. In-8, Mathias, 52.

BROQUET. Description d'un procédé de sauvetage. In-4 (Didot), 56.

BROQUISSE (H.). Moyens de conserver un plus grand nombre de bras à l'agriculture. In-8 (Bordeaux, Crugy), 56.

BROSSARD (A. de). Considérations historiques et politiques sur la république de la Plata. In-8, Guillaumin, 50. 7 50
— De la souveraineté française selon l'histoire. In-8, Dentu, 51. 1 »

BROSSARD (J.). L'art de lever les plans. In-4 oblong (Grenoble), Didot, 52.
— Histoire politique et religieuse du pays de Gex. In-8 (Bourg), Périsse, 51. 7 »
— Indicateur de Vichy. In-18, Vichy, chez tous les libraires, 51.
— Tables pour le cubage des bois en mètres. In-18, Grenoble, Baratier frères et fils, 60.

BROSSELARD (Ch.). Les Khouan. In-8 (Alger), Challamel, 59. 3 »

BROSSES (de). Lettres familières écrites d'Italie à quelques amis, en 1739 et 1740, avec une étude, par H. Babou. 2 vol. in-12, Poulet-Malassis, 58. 6 »
— Le président de Brosses en Italie, ou lettres familières écrites d'Italie en 1739 et 1740, à quelques amis, 2e édition, revue par R. Colomb. 2 vol. in-8, Didier et Ce, 58. 14 »
— Id. In-12, Didier et Ce, 58. 7 »

BROSSET (M.). Histoire de la Géorgie, depuis l'antiquité jusqu'au XIXe siècle. 2 vol. gr. in-4 (St-Pétersbourg), Leipzig, Léopold Voss, 50. 93 25
— Les ruines d'Ani. Gr. in-4, avec atlas (St-Pétersbourg), L. Voss à Leipzig, 60. 27 60

BROT (A.). Les deux coups de tonnerre. 2 vol. in-8, Chappe, 53. 6 »
— Les deux péchés. 2 vol. in-8, Chappe, 57. 8 »
— La sirène de Paris. In-4, Lécrivain et Tonbon, 60. » 50
— Les soirées d'hiver. 2 vol in-8, Chappe, 57. 8 »
— et Lemaître. La marnière des saules, drame. In-4, Charlieu, 58. » 20
— Voy. - Nus et aussi Clairville.

BROTHIER (L.). Histoire de la terre. In-32, Pagnerre, 60. » 50

BROUAGE. Méthode de prononciation par lettres ordinaires. In-4 (Amiens, Ve Herment). 59.

BROUARD (E.). Agriculture théorique et pratique à l'usage des écoles. In-18, Ducrocq, 60. » 90
— Le livre des classes laborieuses. In-8, Périsse, 56.

BROUGHAM (lord). Education universitaire, traduit par Pey. In-8, Dentu, 60. 1 »
— Recherches expérimentales et analytiques sur la lumière. In-4 (Didot), 54.

BROUGNES (le doct. A.) Extinction du paupérisme agricole par la colonisation dans les provinces de la Plata. In-8, Guillaumin, 54. 2 50

BROUILLET (l'abbé). Des aumôniers d'établissements publics. In-8 (Angers), Lecoffre, 50.

BROUILLON (le R. P.). Mission de Chine. Mémoire sur l'état actuel de la mission du Kiang-Nan, 1842 à 1855. In-8, Julien-Lanier, 55. 5 »

BROULAND (Mlle J.). Tableau spécimen d'un dictionnaire des signes du langage mimique, 1 feuille in-plano, avec explication. In-8, à l'institution des sourds-muets (254, rue St-Jacques), 55.

BROUSSEL (Mme C.). John et Lucy. In-18, Grassart, 56. 1 50
— Une institutrice en Angleterre. 2 vol in-18, Grassart, 55. 6 »

BROUSSIN (L. F.). La chaste Suzanne, tragédie. In-4 (Abbeville, Jeunet), 56.
— Virginie, ou le ciel découvert, tragédie. In-4 (Abbeville, Jeunet), 51.

BROUSTER (l'abbé). Devoirs français. In-12, Vannes, Lamarzelle, 57.
— Petite grammaire à l'usage des commençants. In-12, Vannes, Lamarzelle, 58.

BROUT (C.). Guide des émigrants aux mines d'or en Australie. In-18 (Lacour), 55. 2 »

BROUTTA (A. F. T.). Précis d'histoire de France pendant les temps modernes. In-8, Delalain, 54. 7 50

BROUWER (E. de). Des richesses créées par l'industrie et les arts. In-8, Ostende, de Brouwer, 50.
— Essai sur la politique industrielle et commerciale. 2 vol. in-8, Ostende, de Brouwer, 54.

BROWN (J.). Du ministère de Jésus Christ envisagé dans sa nature et dans ses résultats, trad. par de Faye. In-8, Ducloux, 52.

BROWN SÉQUARD (E.). Examen de la théorie de M. Longet, relative à la transmission des impressions sensitives, 1re partie d'un mémoire intitulé : Recherches expérimentales sur les voies de transmission des impressions sensitives. In-8 (Thunot), 56.
— Propriétés et fonctions de la moelle épinière, rapport lu par Broca. In-8, au bureau du moniteur des sciences médicales, 55.

BROWN SÉQUARD (E.). Recherches expérimentales sur la transmission croisée des impressions sensitives dans la moelle épinière. In-8, Masson et fils, 55.
— Résumé de plusieurs mémoires de physiologie expérimentale. In-8 (Guiraudet), 50.

BRUC (le comte F. de). Autorité ou anarchie. In-8, Garnier, 51.
— Une fantaisie de duchesse. In-12 (Delcambre), 55. 1 »
— La fusion d'Orléans. In-8, Dentu, 54. 1 50

BRUCH (F.). Christianisme et foi chrétienne, trad. par Cazaux. 2 vol. in-8, Meyrueis, 54-55. 6 »
— Discours prononcé le 15 avril 1853, pour rendre les derniers honneurs à Jos. Willm. In-8 (Strasbourg, Heitz), 53.
— Das Gebet des Herren. In-12, Treuttel et Würtz, 53.
— La liberté protestante. In-18, Meyrueis, 58. 1 25
— Principe de la puissance rédemptrice du christianisme. In-12, Cherbuliez, 58. 1 »
— Weisheitslehre der Hebræer. In-8, Strasbourg, Treuttel et Würtz, 51.

BRUCHON (J. Ch. J.). De l'anesthésie locale par le chloroforme et l'éther. Thèse. In-4 (Strasbourg, Ve Berger-Levrault et fils), 54.

BRUCK (R.). Electricité ou magnétisme du globe terrestre, Ier vol., 1re et 2e parties. In-8, Bruxelles, Delevingne et Callewært, 56.

BRUCKE (R.). Le carême du Roi, comédie. In-16 (Desoye), 53.

BRUCKER. Quarante-huit heures de la vie de ma mère. In-8 (Guettet), 57.

BRUDERSCHAFT vom guten Hirten, um von Gott die Bekehrung der Sünder zn erhalten. In-24 (Strasbourg, Leroux), 54.

BRUÉ (A.). Atlas universel de géographie physique, revu par Picquet et Grangez. 64 feuilles in-folio, Barthélemier, 58. 100 »

BRUEYS. L'avocat Patelin, comédie. In-12, Hachette, 58. » 50

BRUGE (A. de). Un effet du hasard, comédie. In-12, Tresse, 51. » 60
— et Montcavrel. Une aventure sous la Ligue, opéracomique (Bordeaux, Métreau et Ce), 60.

BRUGÈRE (l'abbé). Discours sur l'enseignement de la philosophie. In-18 (Orléans, Jacob), 60.
— Souvenirs religieux d'Orléans; discours. In-8 (Orléans, Jacob), 60.

BRUGHEAT (J. B.). Traité élémentaire sur l'écriture. In-8 (Riom, Brugheat), 51.

BRUGSCH (le doct. H.). Histoire d'Egypte dans les premiers temps de son existence, 1re part. In-4, Leipzig, Hinrichs, 59. 32 »
— Recueil de monuments égyptiens, 1re part. Gr. in-4, Leipzig, Hinrichs, 59. 30 »

BRULAIS (M. des). L'écho de la sainte montagne, visitée par la mère de Dieu. In-8, Nantes, Charpentier, 52.
— Suite de l'écho de la sainte montagne. In-12, Gaume, 55.

BRULART. Choix de lettres inédites écrites par Nicolas Brulat à Louis XIV, au prince de Condé, Mazarin, etc. 2 vol. gr. in-8, Dijon, Rabutot, 59. 8 »

BRULEBOEUF-LETOURNAN. L'époque morale et littéraire. Poëme. In-8, Dentu, 59. 1 »
— Le retour de l'Empire. Poëme. In-8, Ledoyen, 57.

BRULLÉE (l'abbé). Histoire de l'abbaye royale de Sainte-Colombe-lez-Sens. In-8, Sens, Duchemin, 52.
— Vie du R. P. Muard. In-12 (Sens), Vivès, 56.

BRUN. Nouveau dictionnaire des commençants, franç.-latin. In-12, Périsse, 58. 2 »

BRUN (A.). Nouvelles vaudoises. In-12, chez l'auteur (45, rue St-Germain-l'Auxerrois), 60. 2 »

BRUN (A. F.). Tracés et nivellements des chemins de fer, routes et canaux. In-8, Noblet, 59.
— Traité pratique des opérations sur le terrain. In-8, E. Noblet, 60. 4 50

BRUN (Ch.). Récit des événements de décembre. In-18, Ledoyen, 51. » 60

BRUN (Mlle E.). Alphonse et Philippe, ou bonté de cœur et jalousie. In-12, Rouen, Mégard, 60. » 75
— Charles et Félix, ou les deux ateliers. In-12, Lille, Lefort, 59. » 75
— Les charmes de l'ermitage. In-18, Lehuby, 50.
— Les délices de la vertu. In-8, Ducrocq, 57. 3 »
— Jeanne, ou l'élève indocile. In-12, Rouen, Mégard, 57. » 55
— Marie, ou l'empire du bon exemple. In-12, Rouen, Mégard, 54. » 55
— Ordre et désordre. In-12, Rouen, Mégard, 59. » 55
— Les roses de sagesse. In-12, Lehuby, 53.
— Vie de sainte Geneviève, patronne de Paris. In-12, Rouen, Mégard, 56. » 75

BRUN (L.). Chute de Sébastopol, poëme épique. In-8 (Nîmes, Baldy et Roger), 57.
— Portraits et souvenirs. Poëme. In-12 (Nîmes, Ballivet), 59.

BRUN (P.). Une fable en action, comédie-vaudev. In-8 (Bordeaux, Mons), 55. » 75

BRUN-LAVAINNE. Histoire de la lettre I. In-8, Lille, Vanackère, 55.
— Institutions communales de la France et de la Flandre. In-8, Lille, Vanackère, 57.
— Mes souvenirs. In-8, Lille, chez l'auteur, 58. 5 »
— Recherches sur l'ancien diocèse de Tournai. In-8, Lille, Lefebvre-Ducrocq, 54.

BRUN-ROLLET. Le Nil blanc et le Soudan. In-8, Maison, 55. 6 »

BRUN-SÉCHAUD (J. B. P.). Des intérêts moraux et matériels de la profession médicale. In-8 (Limoges, Chapoulaud, fr.), 60.
— Partie à prendre sur la question des enfants-trouvés. In-8 (Limoges, Ardillier), 50.

BRUNARD. Le guide des commissaires-priseurs. In-12, Maillet, Schmitz, 58. 3 50

BRUNE. Les abus dévoilés. In-18, Masgana, 57. » 75
— Appel aux étudians. In-8, Masgana, 55. » 50

BRUNEAU. Projet de l'établissement de magasins généraux de grains. In-4, Cambrai, Simon, 60.

BRUNEAU (R.). Baux à ferme. Recueil des usages du canton de Crécy. In-8 (Meaux, Dubois), 55.

BRUNEAU-ORY (H. G.). Livret de travail à l'usage des écoles primaires. In-8, Vendôme, Devaure-Henrion, 54.

BRUNEEL (H.). Epaves littéraires. In-8 (Lille, Danel), 50.
— Guide de la ville de Lille. In-18, Lille, Vanackère, 50.

BRUNEL. La fiancée du Brabant, ou les brigands des Pyrénées. In-32, Le Bailly, 60.

BRUNEL (le doct. A.). Mémoire sur la fièvre qui, en 1857, a décimé la population de Montevideo. In-8 (Rignoux), 60.

BRUNEL (H.). Avant le christianisme, ou histoire des doctrines religieuses. In-8, Meyrueis, 52. 5 »

BRUNEL (L.). Jérusalem, la côte de Syrie et Constantinople en 1853. In-8, Bray, 54. 7 »

BRUNELLO (F.). Vie du serviteur de Dieu, J. J. Allemand. In-8, Bray, 52. 3 50

BRUNET. Aperçu sur l'état et la question d'amélioration de la Sologne. In-8, chez l'auteur (20, rue Lafayette), 52. 1 »

BRUNET. Le messianisme. Organisation générale. In-18, Cherbuliez. 58.
  Les Alpes. Exploitation minérale. 1 »
  Organisation financière, titres circulants. » 60
  Constitution de la science universelle. » 60
  Fortification, nouveau système général. » 75
  Paris, sa constitution générale. In-8. » 80
  Constitution de la propriété intellectuelle, 1er vol. 2 »
  Organisation vitale de la terre; vie minérale, 1er vol. 3 »

BRUNET. Notice historique sur l'ancienne chartreuse du Glandier. In-8 (Limoges, Chapoulaud frères), 60.

BRUNET. Nouvel armement général des états. In-8, Dumaine, 57. 4 »

BRUNET. Observations pratiques sur la loi relative à la falsification des vins. In-8 (Martinet), 51.

BRUNET (Ad.). Petit cours méthodique de géographie. In-8, Besançon, Bulle, 60. » 30

BRUNET (Ch.). Le père Duchesne d'Hébert. In-12, France, 59. 3 50
—. et Montaiglon. Li romans de dolopathos. In-16, P. Jannet, 56. 5 »

BRUNET (G.). Consommation des vins de France en Angleterre. In-8 (Bordeaux, Suwerinck), 53.

BRUNET (J.) The French translator s'assistant. In-18, Stassin et Xavier, 57.
— New guide to Boulogne-sur-Mer and its environs. In-16, Boulogne-sur-Mer, Watel, 56. 2 »
— Nouveau guide à Boulogne-sur-Mer. In-16, Boulogne-sur-Mer, Watel, 56. 2 »

BRUNET (J. Ch.). Manuel du libraire, t. I, 1, 2, t. II, 1, 2. Gr. in-8, Didot, 56. Chaque partie. 10 »
  L'ouvrage entier formera 6 gros volumes et sera publié en 12 parties. Les 10 premières parties seront payées à raison de 10 fr. chacune. Les 11e et 12e compléteront l'ouvrage, gratis. Le prix de 100 fr. pour les souscripteurs n'existant qu'au 31 décembre 1860; depuis cette époque le prix est porté à 120 fr.
— Recherches bibliographiques et critiques sur les éditions originales des cinq livres du roman satirique de Rabelais. In-8, Potier, 52. 5 »

BRUNET (L.). Le conservateur de la fortune. In-8 (Agen, Barrière), 56.
— Petit secrétaire et pétitionnaire. In-16, (Agen, Barrière), 57.

BRUNET (P. G.). Dictionnaire des apocryphes. 2 vol. gr. in-8, Migne, 58. 14 »
— Dictionnaire de bibliologie catholique. In-8, Migne, 60. 7 »
— Notice sur les proverbes basques. In-8 (Bordeaux), Aubry, 59. 3 »
— Le violier des histoires romaines, ancienne traduction française des Gesta Romanorum. In-16, P. Jannet, 58. 5 »

BRUNET (P. P.). Stéréotomie à l'usage du constructeur. Art du trait, de la coupe des pierres, de la charpente et de la menuiserie, 1re livr. In-4 et 10 pl. in-folio, Orléans, Niel, 51. 7 »

BRUNET (V.). Devoirs de calcul, ou nouvelle arithmétique. In-12, Durand, 59. » 80
— Devoirs sur l'orthographe absolue et sur l'orthographe relative. In-12, Durand, 57. » 80

BRUNET DE PRESLE (W.). Examen critique de la succession des dynasties égyptiennes, 1re partie. In-8, Didot, 58. 9 »
— Extrait d'une notice sur les tombeaux des empereurs de Constantinople. In-8 (Didot), 56.

BRUNETEAU DES MESTARDS (Mme). Blanche et Nathalie. In-12, Lehuby, 56. 3 »
— Le Maine-aux-Ormeaux. In-12, Rouen, Mégard, 59. 1 »

BRUNFAUT (J.). Fabrication du soufre par le traitement des sulfures métalliques. In-8 (Michels-Carré), 60.

BRUNIER. Note sur les distilleries agricoles. In-8, Caen, Hardel, 58.

BRUNNE (Mme C.). Amour et philosophie. Poésies. en-12, Hachette, 55. 3 50
— De l'avenir avec les nouvelles découvertes. In-8 (Delacombe), 54.
— Le marquis de Précieux, ou les trois époques. In-8, Chappe, 50. 2 50
— L'unité du pouvoir. In-8, Ledoyen, 59. » 50

BRUNNER (F. A.). La médecine basée sur l'examen des urines. In-8, Baillière et fils, 58. 5 »

BRUNNIN. Tableau synoptique des déclinaisons et conjugaisons de la langue latine. In-folio oblong, Dezobry, 52.

BRUNO (le chevalier F. de). Théorie générale de l'élimination. Gr. in-8, Leiber, 59. 7 50

BRUNO (W.). Études shakspeariennes. Première série. Don Garc. Fernandez, Xe siècle. In-18, Dentu, 55. 1 »

BRUNO, imité de l'allem., par l'auteur d'Adhémar de Belcastel, 4e édit. In-8, Lille, Lefort, 60. 1 25
— Id. In-18, Lille, Lefort, 60. » 60

BRUNO DANGLETERRE (le chev.). Mémoires, t. Ier. In-8, Dentu, 51. 2 »

BRUNOT. Législation et jurisprudence du notariat. In-4, Riom, Leboyer, 57. 15 »

BRUNSWICK. Dans les vignes, pièce. In-12, Michel Lévy fr., 55. » 60
— et de Beauplan. To be or not to be, comédie. In-12, Michel Lévy fr., 54. » 60
— et de Beauplan. Les toquades de Borromée, vaudev. In-4, Michel Lévy fr., 57. » 20
— Voy. - Leuven (de), - et aussi Varin.

BRUNTON (J.). Les quarante préceptes du jeu de whist en distiques rimés, français et anglais. In-16, Libr. nouvelle, 56. 1 »

BRUSLARD (le marquis de). Le cheval. In-8 (Panckoucke), 56.

BRUSSAUT (A.). Vincent de Paul, esquisses poétiques. In-18, Hivert, 53.

BRUSSEL DE BRULARD. Mémoire sur les fusées de guerre fabriquées à Hambourg en 1813 et 1814, et à Vincennes en 1815. In-8, plus un atlas, Corréard, 53. 15 »
— Notice sur Bapaume, temps anciens et temps modernes. In-8, Meaux, Le Blondel, 54.

BRÜSTLEIN (J.). Essai sur la foi de Pascal. Thèse. In-8 (Strasbourg, Silbermann), 56.

BRUTOLICOLOR (le) dans son application à la fabrication des bières. In-16 (Arras, Degeorge), 50.

BRUYAS (A.). Explication des ouvrages de peinture de son cabinet. In-8 (Plon), 55.

BRUYAS (N.). Cours d'études à l'usage des adultes. 1re partie, syllabaire complet. In-12 (Toulon, Baumel), 53.

BRUYELLE (A.). Éphémérides du Cambrésis avec tables méthodiques. In-8 (Cambrai, Simon), 53.
— L'indicateur des rues de Cambrai, ancien et moderne. In-8, Cambrai, Deligne et Lesne, 50.
— Monuments religieux de Cambrai, avant et depuis 1789. In-8 (Valenciennes, Pringuet), 54.

BRUYS (F.). L'art de connaître les femmes en partie simple. Gr. in-8 (Blot), 60.

BRUZZI. Medea, tragedia. In-8 (Blondeau), 57.

BRYAS (Ch. de). Études pratiques sur l'art de dessécher. 2 vol. in-12, Ledoyen, 57 à 59. 4 »

BRYDOINE (le Père). Voyage en Sicile et à Malte. In-12, Tours, Mame, 54. » 65

BRZEZANSKI (A.). Réponse à L. Mieroslawski sur l'insurrection de Posen en 1848. In-8 (Grimaux), 53.

BRZOZOWSKIEGO (Ch.). Druga epoka sprawy wschodniej i obowiazki polakow. In-8 (Martinet), 54. » 50
— Noe strzelcow w Anatolii. In-12 (Martinet), 56. 3 »

BUCHAN. Medicina domestica. In-12, Rosa et Bouret, 58. 5 »

BUCHÈRE (A.). Étude pratique sur l'instruction et la procédure criminelle en France et en Angleterre. In-8 (Rennes, Leroy), 60.

BUCHEZ. Rapport sur le traité des maladies mentales du doct. Morel. In-8, Masson et fils, 60.

BUCHEZ (P. J. B.). Histoire de la formation de la nationalité française. 2 vol. in-16, Paguerre, 59. 1 »

BUCHON (M.). En province, scènes franc-comtoises. In-12, Michel Lévy fr., 58. 1 »

BUCK (G.). Cours élémentaire de la langue française d'après Lhomond. In-12, Ducrocq, 53.

BUCK (V. de). Travaux et souffrances du B. H. André Bobola. In-32, Bruxelles, Wageneer, 54.

BUCQUET (P.). Prisons, établissements pénitentiaires et transfèrement. In-4, Ve Berger-Levrault et fils, 56.

BUCQUET (P.). Rapport sur la statistique des établissements pénitentiaires. In-4 (veuve Bouchard-Huzard), 56.
— Recherches statistiques sur les colonies agricoles, les établissements correctionnels et les sociétés de patronage de jeunes détenus. In-4, P. Dupont, 53. 5 »

BUCQUOY (J.). Études sur la physiologie pathologique de la congestion sanguine. In-8 (Thunot), 60.
— Les invaginations morbides de l'intestin grêle. In-8 (Clermont, Huet), 57.

BUDAN DE RUSSÉ (le général). Des retraites forcées, dites office. In-8 (Tours, Ladevèze), 50.

BUDD (R.). Méthode de la nature. Cours d'anglais, 2e édit. Hingray, 60. 2 »

BUDGET (le) du presbytère. In-8, Douniol, 58. 1 25

BUDIN (A. F.). Essai sur la culture pratique. In-8, Creil, chez Mlle Budin, 55.

BUEZ (le doct. A.). Du cancer et de sa curabilité. In-8, Baillière et fils, 60. 3 »

BUFFET (J.). Recueil de poésies variées. In-12 (Le Mans, Monnoyer).

BUFFIER (le R. P.). La vie du comte Louis de Sales, frère de saint François de Sales. In-18, Limoges, Barbou, 60.

BUFFIÈRES (L.). Abrégé de la géographie de la France, etc. In-18, Niort, Robin et Favre, 56.

BUFFON. Complément à Buffon (de l'édition Pourrat, par Lesson. 5 vol. gr. in-8). 2 vol. gr. in-8, Garnier. 20 »
— Correspondance inédite, publ. par Nadault de Buffon. 2 vol. in-8, Hachette, 60. 16 »
— (el) de los niños. In-12, Rosa et Bouret, 51. 2 40
— (el) de los niños. In-12, Garnier, 58. Noir. 1 60
Col. 3 »
— Discours académiques, avec notice littéraire, par Genouille. In-18, Delalain, 60. » 50
— (le) des enfants. In-18, Limoges, Ardant, 55.
— Id. In-16, Rouen, Mégard, 56. » 20
— du jeune âge. Promenades au jardin des plantes. In-12, Bédelet, 54. Noir. 4 »
Col. 5 25
— Morceaux choisis. In-18, Renouard, 60. 1 50
— Morceaux choisis, par Rolland. In-12, Delalain, 53. 1 »
— Œuvres choisies, avec notice, par Saucié. In-8, Tours, Mame, 60. 2 »
— Œuvres complètes. 6 vol. gr. in-8, Furne, 60. 75 »
Se publie aussi en 300 livrais. avec fig. col. » 25
— Œuvres complètes, annotées par Flourens. 12 vol. gr. in-8, Garnier, 50 à 60. 120 »
— Œuvres, avec les suppléments de Lacépède, Cuvier, Réaumur, etc., édit. ill. 4 vol. in-12, Vermot, 60. 12 »
— Id. 2 vol. in-8, Vermot, 60. Noir. 11 »
Col. 17 »
— Histoire naturelle des mammifères, des oiseaux, des reptiles et des poissons. In-12, Fonteney et Peltier, 58. 4 »
— (petit) des enfants. In-18, Lefèvre, 60. Noir. » 90
Col. 1 10
— (le) pittoresque de la jeunesse. In-12, Lefèvre, 60. Noir. 2 »
Col. 3 50
— Suites à Buffon. In-8, Roret. Le volume, texte, pour les souscripteurs. 5 50
— Id. pour les non-souscripteurs. 6 50
Le cahier de planches. Noir. 4 »
Id. Col. 6 »
— Voy. - Boisduval, Delafosse, Dujardin et Hupé, Flourens, Lacordaire, Milne Edwards.
— et Lacépède. Morceaux choisis, avec notes, par Desdouits. In-18, Lecoffre, 50. 1 25

BUGEAUD (le maréchal). Aperçus sur quelques détails de la guerre, 4e édit. In-32, Leneveu, 60. 3 »
— Instructions pratiques pour les troupes en campagne. In-32, Leneveu, 54. 3 »

BUGNARD (G. J.). Souvenirs d'Italie, en vers. In-8 (Tarbes, Fouga), 60.

BUGNIOT (l'abbé). Méthode pour servir la sainte messe, suivant le rite romain. In-18, Lethielleux, 60.

— Le sacrement de pénitence expliqué aux enfants. In-8, Lethielleux, 59. » 80

BUGNOLLE. Guerre à l'usure. In-8 (Valenciennes, Prignet), 59.

BUIGNET (H.). Nouveau procédé de dosage de l'acide carbonique dans les eaux minérales. In-8 (Thunot), 56.

— Recherches sur la matière sucrée dans les fruits acides. In-4, Mallet-Bachelier, 60.

BUISSARD (H.). Eaux thermales et salines fortes de la Motte-les-Bains, près Grenoble. In-8 (Grenoble, Prudhomme), 54.

BUISSAS. - Voy. - Billiet.

BUISSON (le doct.). Traité de médecine. Cancer et syphilis constitutionnelle. In-8 (Blot), 59.

— Traité de médecine. De la fièvre puerpérale. In-8 (Dondey-Dupré), 59.

— Traité sur l'hydrophobie ou rage. In-8, chez l'auteur (205, rue St-Antoine), 55.

BUISSON (E.). De l'autorité dans les églises réformées de France, avant et depuis le décret du 26 mars 1852. In-8 (Lyon, Boitel), 52.

— L'homme, la famille et la société. 3 vol. in-12, Cherbuliez, 57. 5 »

— La société considérée dans le rapport de ses divers éléments avec le progrès moral de l'humanité. In-12, Cherbuliez, 54.

BUISSON (J. B.). La république chrétienne. Les lois du travail. In-18, Bray, 51.

BUJAULT (J.). Le guide des comices et des propriétaires. In-12, Libr. agricole, 52. » 25

— Leçons pratiques d'agriculture, proverbes agricoles. In-8, Vᵉ Bouchard-Huzard, 53. » 25

— Œuvres, ou l'agriculture populaire. In-12 (Niort, Morisset), 50.

— et Basset. Du bétail en ferme. In-18, Goin, 54. » 60

BUKOJEMSKI (A. de). Aux chefs des états, aux princes, aux rois, aux empereurs, au saint Père et à tout le genre humain. In-4 (Draguignan, Bernard), 52.

BULARD. Notice sur l'éclipse totale du soleil du 18 juillet 1860, Challamel, 60. 1 25

— Les phénomènes célestes de l'année. In-8, Paulin et Lechevalier, 57. 1 »

BULAU (F.). Personnages énigmatiques, trad. de l'allemand par Duckett. 3 vol. in-12, Poulet-Malassis, 60. 10 50

BULGARI (N. T.). L'Orient chrétien et l'Europe. In-18, Dentu, 53. » 50

— Les sept îles ionniennes et les traités qui les concernent. Gr. in-8, Leipzig, Brockhaus, 59. 2 »

BULGARIN (Th.). Iwan Wuishigin, ou le Gil Blas russe, trad. par Crouzet. In-12, Repos, 60. 3 50

BULLETIN de l'académie impériale de médecine. In-8. Fondé en 1836, paraît le 15 et le 30 de chaque mois. L'abonnement commence par le n° du 15 octobre. L'année du 15 octobre 1859 au 30 septembre 1860, forme le t. XXV. Baillière et fils. Prix annuel. 15 »

Chaque année publiée au mois. 12 »

Les 26 volumes du 15 octobre 1836 au 30 septembre 1860, coûtent. 200 »

— de l'académie des sciences de St-Pétersbourg, t. I à IV. In-4 (St-Pétersbourg, L. Voss, à Leipzig, 50 à 60. Chaque vol. 12 »

— administratif de l'instruction publique. In-8. Une fois par mois, 11ᵉ année, P. Dupont, 60. Prix annuel. 8 »

La collection complète, 11 vol. 55 »

— annoté des lois, décrets, etc. In-8, fondé en 1789. Une fois par mois, P. Dupont, 60. Prix annuel. 2 50

Toute la collection, dès l'origine, jusqu'à la fin de l'anné 1860, se vend 134 »

BULLETIN des arrêts de la cour de cassation. In-8, fondé en 1789. Une fois par mois, Muzard, 60. Prix annuel. 16 »

Toute la collection, dès l'origine jusqu'à la fin de l'année 1860, forme 132 volumes dont le prix est de 400 »

— bibliographique de Gustave Bossange et Cᵉ. In-8. Une fois par mois; paraît tous les ans. G. Bossange et Cᵉ. Prix annuel. 2 50

— bibliographique des sciences physiques naturelles et médicales, publ. par Baillière et fils. In-8, 1ʳᵉ année, quatre fois par an, Baillière et fils, 60. Prix annuel. 3 »

— du bibliophile et du bibliothécaire. In-8, fondé en 1834; paraît tous les ans. Une fois par mois, Techener. Prix annuel. 12 »

— du bibliophile belge. In-8. L'année 1860 forme le t. XVI de la publication. Six fois par an (Bruxelles), Borrani. Prix annuel. 14 »

— du bouquiniste. In-8. Le 1ᵉʳ et le 15 de chaque mois, 4ᵉ année, Aubry, 60. Prix annuel. 3 »

— des contributions directes et du cadastre. In-8. Une fois par mois; 29ᵉ année, P. Dupont, 60. Prix annuel. 13 »

— de l'enregistrement du timbre. In-8. Une fois par mois, 14ᵉ année, Muzard, 60. Prix annuel. 3 »

— général de thérapeutique. In-8. Deux fois par mois. 30ᵉ année (4, rue Thérèse), 60. Prix annuel. 18 »

— de l'intendance et des services administratifs de l'armée. In-8; paraît irrégulièrement, fondé en 1856 (11, rue Childebert). Prix annuel. 12 »

— international du libraire et de l'amateur de livres. Gr. in-8. Une fois par mois; fondé en 1856, a cessé de paraître en 1859, Hachette, 56 à 59. L'année. 3 »

— de la législation française. In-8; paraît irrégulièrement, fondé en 1858. Mayer-Odin, 60. Prix annuel. 2 »

— des lois, publié par l'Imprimerie Impériale. In-8 ; paraît irrégulièrement, fondé en 1789, Muzard, 60. Prix annuel. 9 »

La collection complète, dès l'origine jusqu'à la fin de 1860, formant 206 vol., y compris 7 vol. de table. coûte 300 »

— des lois civiles ecclésiastiques. In-8. Une fois par mois, 12ᵉ année (25, rue Cassette), 60. Prix annuel. 8 »

La collection, composée de 12 vol., 1849 à 1860, coûte 72 »

— de médecine et de pharmacie militaires. In-8. Une fois par mois; fondé en 1852 (11, rue Childebert), 60. Prix annuel. 12 »

— mensuel de la librairie française, publ. par Reinwald. In-8. Une fois par mois, 3ᵉ année. Reinwald, 59. Prix annuel. 2 50

— mensuel de la société Impériale zoologique d'acclimatation. In-8. Une fois par mois; 7ᵉ volume ou année, Masson et fils, 60. Prix annuel. 12 »

— mensuel de la société protectrice des animaux, t. I à VII. In-8 (19, rue de Lille), 54 à 60. Le vol. 6 »

— du monde chrétien. In-8. Une fois par mois, 13ᵉ année (Fontainebleau), Cherbuliez, 60. Prix annuel. 5 »

— monumental, par Caumont. In-8, huit livraisons par an. L'année 1860 forme le 6ᵉ vol. de la 3ᵉ série, ou le 26ᵉ de la collection (Caen), Derache. Prix annuel. 15 »

— officiel des courses de chevaux. In-folio ; 3 à 4 fois par an, 19ᵉ année (30, rue de Grammont), 60. Prix annuel. 20 »

— officiel de la marine. In-8; paraît tous les ans. Muzard, 60. Prix annuel. »

— officiel du ministère de l'intérieur. In-8. Une fois par mois; 23ᵉ année. P. Dupont, 60. Prix annuel. 5 »

— des séances de la société impériale et centrale d'agriculture. In-8. Une fois par mois. L'année 1860

forme le t. XV de la 2ᵉ série. Veuve Bouchard-Huzard.   Prix annuel. 6 »
BULLETIN de la société académique de Laon, t. I à XI.
In-8 (Laon), Didron, 50 à 60.   · Chaque vol. 5 »
— de la société d'agriculture d'Alger. Gr. in-8. Quatre
fois par an; fondé en janvier 1857 (Alger), Challamel, 60.   Prix annuel. 6 »
— de la société anatomique de Paris. In-8. Six fois par
an; 35ᵉ année. Masson et fils, 60. Prix annuel. 7 »
— de la société d'anthropologie de Paris. In-8. Quatre
fois par an; 1ʳᵉ année. Masson et fils, 60.
                                         Prix annuel. 7 »
— de la société des antiquaires de Picardie, t. I à VI.
In-8 (Amiens), Dumoulin, 50 à 59.
— de la société d'archéologie lorraine, vol. Iᵉʳ à VIII, ou
année 1851 à 1858. In-8, Nancy, Lepage, 52 à 59.
                                         Le volume. 5 »
— de la société archéologique de l'Orléanais, t. I et II.
In-8 (Orléans), Derache, 50 à 59.
— de la société botanique de France. Gr. in-8. Une fois
par mois; 7ᵉ année (84, rue de Grenelle-St-Germain),
60.
— de la société de chirurgie de Paris. In-8. Paraît irrégulièrement en plusieurs livraisons par an; 10ᵉ année
ou volume. Masson et fils, 60.   Prix annuel. 7 »
— de la société d'encouragement. In-4. Une fois par
mois. L'année 1860 forme la 7ᵉ année de la 2ᵉ série
(44, rue Bonaparte).   Prix annuel. 36 »
   La 1ʳᵉ série comprend 52 vol. Chaque vol. 6 »
— de la société française de photographie. Gr. in-8.
Une fois par mois; 6ᵉ année (11, rue Drouot), 60.
                                         Prix annuel. 12 »
— de la société de géographie. In-8. Une fois par mois;
fondé en 1821, paraît tous les ans. Arth. Bertrand.
                                         Prix annuel. 12 »
— de la société géologique de France. In-8. Une fois
par mois à partir de novembre; fondé en 1830, paraît
tous les ans (30, rue de Fleurus). Prix annuel. 30 »
— de la société de l'histoire de France In-8. Une fois
par mois; fondé en 1834, veuve J. Renouard.
                                         Prix annuel. 3 »
— de la société de l'histoire du protestantisme français.
Gr. in-8. Une fois par mois; 9ᵉ année, Meyrueis
et Cᵉ, 60.   Prix annuel. 13 »
— de la société Impériale des antiquaires de France.
Gr. in-8. Quatre fois par an; 4ᵉ année, Dumoulin,
60.   Prix annuel. 20 »
— de la société de l'industrie minérale. In-8. Quatre
fois par an; fondé le 1ᵉʳ juillet 1855, Dunod.
                                         Prix annuel. 25 »
— de la société des ingénieurs civils. Gr. in-8. Quatre
fois par an; fondé le 4 mars 1848, Dunod.
                                         Prix annuel. 20 »
— de la société médicale homœopathique de France.
In-8. Une fois par mois; fondé le 1ᵉʳ mai 1860,
Baillière et fils, 61.   Prix annuel. 20 »
— de la société de Saint-Vincent-de-Paul. In-8. Une fois
par mois ; fondé en 1848 (6, rue Furstenberg), 61.
                                         Prix annuel. 3 »
   Le n° 144 est le dernier qui a paru en 1860.
— des sociétés de secours mutuels. In-8. Une fois par
mois; fondé en 1854. P. Dupont. Prix annuel. 4 »
   La collection complète, 1854 à 1860, 7 volumes,
coûte   35 »
— spécial des décisions des juges-de-paix. Gr. in-8.
Une fois par mois; 2ᵉ année (27, rue Guénégaud),
60.   Prix annuel. 14 »
— spécial des huissiers. In-8. Une fois par mois; 16ᵉ
année, Cosse et Marchal, 60.   Prix annuel. 7 »
— spécial de l'institutrice. In-8. Une fois par mois ;
octobre 1860 à septembre 1861 forment la 18ᵉ année
(19, rue de Lille).   Prix annuel. 6 »
BULLIOT. Essai sur le système défensif des Romains
dans le pays éduen. In-8, Dumoulin, 56.   6 »
— et de Fontenay. Le mont Beuvray et la croix de St-
Martin. In-8, Autun, Dejussieu, 51.   1 »
BULO (l'abbé). Le fidèle disciple de Jésus-Christ. In-18
(Malines, Hanicq), 54.

BULOT (L.). Joseph Cluneau. In-8 (Valognes, Bondes
sein), 52.
BULTEAU (l'abbé). Description de la cathédrale de
Chartres. In-8, Bray, 50.
— Manuel du pèlerin à N.-D. de Chartres. In-18 (Tour-
nai, Malo et Levasseur), 55.
BULWER-LYTTON (Sir E.). Aventures de Pisistrate
Caxton, trad. par Scheffter. In-12, Hachette, 60.
                                               2 »
— Le désavoué, trad. par Lorain. 2 vol. in-12, Ha-
chette, 58.   4 »
— Devereux, trad. par W. L. Hughes. In-12, Hachette,
59.   2 »
— Les enfants de la nuit, traduction française, illustr.
In-4, Havard, 58.   » 50
— Ernest Maltravers, trad. par Mlle Collinet. In-12,
Hachette, 59.   2 »
— Le dernier des barons, trad. par Mme Bressant. 2 vol.
in-12, Hachette, 59.   4 »
— Les derniers jours de Pompéi, trad. par Lorain. In-
12, Hachette, 58.   2 »
— Les derniers jours de Pompéi, imité par Lemercier.
In-12, Tours, Mame, 55.   » 80
— Harold, le dernier des rois saxons. 2 vol. in-8, Gui-
raudet et Jonaust, 52.
— Paul Clifford, trad. par Lorain. 2 vol. in-12, Ha-
chette, 58.   4 »
— Qu'en fera-t-il? trad. par Pichot. 2 vol. in-12, Ha-
chette, 60.   5 »
— Rienzi, trad. par Lorain. 3 vol. in-12, Hachette, 59.
                                               6 »
— Zanoni, trad. par Sheldon. In-12, Hachette, 58.
                                               2 »
BUNEL (L.). Les ruines de Pompéiopolis. In-8, Tou-
louse, Delboy, 55.
BUNGENER (F.). Christ et le siècle. In-12.   1 25
— Histoire du concile de Trente, 2ᵉ édit., 2 vol. in-12.
                                               6 »
— Julien, ou la fin d'un siècle. 4 vol. in-12. 12 »
— Lettres à un protestant du pays de Gex, 2 brochures.
In-12.   » 50
— Marie, ou la Mariolatrie. In-12.   » 50
— Rome et la Bible. In-12.   3 50
— Rome à Paris, lettre à l'archevêque. In-12. » 30
— Trois sermons sous Louis XV, 3ᵉ édit. 3 vol. in-12.
                                               7 50
— Un sermon sous Louis XIV, 5ᵉ édit. In-12.   3 50
— Voltaire et son temps, 2ᵉ édit. 2 vol. in-12. 7 »
   Chez Cherbuliez, publié de 1850 à 1860.
BUNSEN (R.). Méthodes gazométriques, trad. de l'al-
lem. par Schneider. In-8, Masson et fils, 58.   8 »
— et Schischkoff. Théorie chimique de la combustion
de la poudre, trad. par Terquem. In-8, Corréard,
59.   3 »
BUNT (T. G.). Nouveau planétaire. In-plano, Andri-
veau-Goujon, 52.
BUNYAN (J.). Christiania et ses enfants. A. De Vresse,
                                               2 »
— Le voyage du chrétien vers l'éternité bienheureuse,
nouv. édit. ill. In-18, Grassart, 60.   1 50
BUOB (Ch.). Etudes sur saint Paul. In-8 (Strasbourg,
Silbermann), 56.
— Du décret du 26 mars 1852. In-8 (Strasbourg, Silber-
mann), 52.
— Manuel d'un code ecclésiastique. In-8, Vᵉ Berger-Le-
vrault et fils, 55.   2 50
BUONARROTI (Ph.). Histoire de la conspiration pour
l'égalité. In-8, Charavay, 50.   1 25
BURAT (A.). Commerce des houilles en France. In-8
(Gratiot), 52.
— Description des terrains volcaniques. In-8, Langlois.
                                               7 50
— L'économie politique et le système protecteur. In-8
(Dubuisson), 57.
— Etudes sur les gîtes calaminaires. In-8, Langlois,
53.   1 50
— Géologie appliquée, 4ᵉ édit. 2 vol. in-8, Langlois,
59.   20 »

BURAT (A.). Géologie (Maître Pierre). In-18, Langlois.
» 60
— De la houille. In-18, Langlois, 50. 12 »
— Le matériel des houillères en France et en Belgique. In-8 et atl. in-folio. Noblet, 60. » 60
— Rapport sur les houillères de Blanzy. In-4 (Gratiot), 51.
— Sur le gisement de la houille dans le département de Saône-et-Loire. In-8, Langlois. 2 »

BURCKHARDT (le doct. G.). Nouvelle médecine sans médecin. In-12, Limoges, Ardant, 53.

BURDEL (le doct. E.) De l'ivrognerie. In-12, Masson et fils, 54. 1 25
— Recherches sur les fièvres paludéennes. In-12, Masson et fils, 58. 3 50

BURDET. Exposition de la doctrine romaine sur le régime dotal. In-12 (Grenoble), Durand, 58. 4 »
— De l'influence des anciennes institutions féodales. In-8 (Grenoble), Durand, 58. 3 »

BURDET (E.). Sonnets 1849-1854. In-12, Dentu, 54.

BUREAU. L'amour au daguerréotype, vaudeville. In-4, Michel Lévy fr., 57. » 20
— et Nouvière. La tête et le cœur, vaudeville. In-4, Libr. théâtrale, 57. » 20

BUREAU (Ch.). Recueil de chansons nouvelles. In-12 (Meaux, Carro), 57.

BUREAU (E.). De la famille des loganiacées. In-4, Rignoux, 56.

BUREAU VERITAS. Nouveau système de classification. In-8, au Lloyd français (8, place de la Bourse), 51.
— Registres de renseignements sur navires, établi en 1829. In-8 obl., au Lloyd français.
— Règlement de 1860. Instructions pour les experts, 1er mars 1860. In-8, au Lloyd français, 60.

BUREL (E.). Cours gratuit de chaleur appliquée aux arts industriels. In-8 (Rouen, Saint-Evron), 57.
— Excursion en Angleterre et en Ecosse. In-8 (Rouen Rivoire), 53.

BURET (A.). Esquisse de mœurs. Le célibat et le mariage. En vers. In-8 (Troyes, Laloy), 56.

BURET (D.). Esprit de vérité, ou métaphysique des esprits. La vie de l'âme est amour. In-12, Petit-Pierre, 56. 1 50

BURETTE. Histoire de France, depuis l'établissement des Francs. 2 vol. in-8, Martinon, 59.

BURG-DELABRIT. Leçons d'agriculture. In-32 (Tharbes, Telmont), 57.

BURGADE (Ph.). Cours de pilotage. In-8, Robiquet, 53. 2 »
— Eléments d'arithmétique. In-12, Bordeaux, Métreau), 57.

BURGAUD (H.). Quelques mots sur les vins de Bordeaux. In-8 (Bordeaux, Lafargue), 51.

BURGAUD DES MARETS. Les chaittes de mei niesse, faba, traduite du saintongeais. Gr. in-8 (Didot), 60.
— In p'tit pilot d'Achet; texte en patois saintongeais. In-16, Didot, 60. 2 »
— Recueil de fables et contes en patois saintongeais, avec la trad. en regard, 3e édit. In-18, Didot, 59.
2 50

BURGER (W.). Galerie d'Arenberg à Bruxelles, avec le catalogue de la collection. In-12 (Bruxelles), veuve Renouard, 59. 2 50
— Musées de la Hollande, Amsterdam et La Haye, t. I, II. In-12, Ve Renouard, 58 à 60. Le vol. 3 50
— Trésors d'art. In-12, Renard, 57. 3 50

BURGES (W.). Iconographie de la Ragione. In-4, Didron, 60. 3 »
— et Didron. Iconographie des chapiteaux du palais ducal à Venise. In-4, Didron, 57. 3 75

BURGESS (le R. R.) et Mackenzie. Sermons prêchés à Exeterhall pendant l'été de 1858, trad. par Cassignard et Bérard. In-12 (Toulouse), Grassart, 59.
» 30

BURGRAEVE (le doct.). Amélioration de l'espèce humaine. In-12 (Gand), Albessard et Bérard, 60. 3 50

BURGRAEVE (le doct.). Les appareils ouatés. In-folio (Bruxelles), Baillière et fils, 60. 10 »
— Chirurgie théorique et pratique. Gr. in-8. Baillière et fils, 60. 12 »
— Cours de théorie et de chimie chirurgicales. In-8, Gand, Carel, 59. 10 »

BURGOS (D. A. de). Manual de agrología. In-12, Rosa et Bouret, 60. 4 »

BURGUET (du). Ribérac. In-8, Ribérac, Delecroix, 60.

BURGUET (H.). La petite mouette du Jardin des Plantes de Paris (Bordeaux, Coudert), 52.

BURGUY (G. F.). Grammaire de la langue d'oïl. 3 vol. in-8 (Berlin), Reinwald, 53. 25 »
Le 3e volume contient le glossaire étymologique, et se vend séparément. 10 »

BURGUY (S.). Les préludes, poésies. In-8, Lille, Lévy, 60. 2 »

BURIER (G.). Inspirations, fleurs, souvenirs. In-8 (St-Quentin, Moureau), 60.

BURIN DU BUISSON (A. M. B.). Nouvelles considérations sur le perchlorure de fer et sur le meilleur mode de préparation de cet agent. In-8 (Lyon, Rey), 54.
— De la présence du manganèse dans le sang. In-8, Baillière et fils, 54.
— Prophylaxie de la syphilis par le perchlorure de fer. Extrait de l'ouvrage ci-dessus. In-8 (Lyon, Rey et Sézanne), 60.
— Supplique contre les remèdes secrets et les annonces médicales dans les journaux politiques. In-8, Baillière et fils, 54.
— Traité de l'action thérapeutique du perchlorure de fer. In-8, V. Rozier, 54. 5 »

BURION (A.). Le chant d'Antonia, drame lyrique. In-8 (Renon et Maulde), 58.
— Louis XVI martyr. In-18, Petit (115, faubourg St-Honoré), 54.
— Mois de Marie à l'usage des maisons d'éducation. In-18, Douniol, 53.
— L'Orient, harmonie religieuse. In-8, Douniol, 52.
— Le réveil de la foi. In-8, chez l'auteur (16, rue St-Florentin), 52. » 10

BURKE (R.). Les tables tournantes. In-8 (Bordeaux, Duviella), 53.

BURKHARDT (E.). Den Armen wird das Evangelium gepredigt. In-8 (Strasbourg, Ve Berger-Levrault et fils), 51.

BURLES (L.). Le rosaire. In-12, Furne, 54.

BURLION-CARREY (T.). Solution sur la république française de 1848 (Delacombe), 51.

BURNIER (L.). Discours sydonaux. In-18, Meyrueis, » 90
— Esquisses évangéliques. In-12, Meyrueis. 5 »
— Etudes sur la parole de Dieu. 8 vol., Meyrueis. 34 »
— Instructions pastorales. In-8, Meyrueis. 5 »
— Notice sur Rochat. In-8, Meyrueis. 4 50
— La semaine sainte. In-12, Meyrueis. 1 50

BURNOUF (E.). Essai sur les assolements en Corse. In-12 (Bastia, Fabiani), 55.
— Le lotus de la bonne loi, trad. du sanscrit. In-4, Duprat, 52. 40 »
— Nala. Épisode du Mahabharata, trad. du sanscrit en français. In-8, Nancy, Grimblot et veuve Raybois, 56.
— Note sur le panthéon buddhique au royaume de Siam. In-8, Nancy, Grimblot et Ve Raybois, 58 à 60.
— et Lebas et Leclercq. Voyage en Perse, par MM. Eugène Flandin, peintre, et Pascal Coste, architecte, attachés à l'ambassade de France en Perse, pendant les années 1840 et 1841 ; entrepris par ordre de M. le ministre des affaires étrangères, d'après les instructions dressées par l'Institut. 2 vol. gr. in-8, accompagnés d'une grande carte ; — un atlas composé de 6 vol. gr. in-folio, contenant 260 planches gravées, 100 planches lithographiées et un texte archéologique. Chez Gide, 52. 1460 »
On vend séparément :
Relation du voyage, 2 vol. in-8, avec une grande carte. 15 »

Perse moderne (vues pittoresques), 1 vol. in-folio.
400 »

Perse ancienne (architecture, sculpture, inscriptions cunéiformes et pehlris, plans topographiques et texte archéologiques), 5 vol. in-folio. 1060 »

BURNOUF (E.) et Leupol. Méthode pour étudier la langue sanscrite. In-8 (Nancy), Duprat, 59. 3 75

BURNOUF (J. L.). Abrégé de la grammaire grecque. In-8, Delalain, 60. 1 50

— Abrégé de la grammaire latine. In-8, Delalain, 60. 1 25

— Grammaire, ou méthode grecque. In-8, Delalain, 60. 3 »

— Grammaire, ou Méthode latine. In-8, Delalain, 60. 2 75

BURON (L.). La Bretagne catholique. Gr. in-8, Périsse, 56. 10 »

— Corbeille poétique du jeune âge. In-18, Sarlit, 57. 1 »

— Cosmographie élémentaire en quatre livres et douze leçons. In-12, Périsse, 53.

— Cours de style à l'usage des professeurs. In-12, Périsse, 58. 2 »

— Éléments de littérature, spécialement destinés aux études françaises. In-12, Périsse, 55.

— Histoire de la littérature en France, depuis la conquête des Gaules par Jules César, jusqu'à nos jours. In-8, Périsse, 54. 7 »

— Le kabyle, ou l'influence des vertus chrétiennes. In-12, Ad. Le Clerce, 59. 1 »

— Méthode pratique de langue anglaise, 2 parties. In-12, Périsse, 58.

— Petite méthode pratique de langue anglaise. In-12, Périsse, 55.

— Une semaine en famille. In-12, Lyon, Guyot, 53.

— Les vacances en famille. In-12, Sarlit, 57. 1 25

BURQ (V.). Métallothérapie. Traité des maladies nerveuses. In-8, Germer Baillière, 56. 1 50

BURTON. Manuel de la piété chrétienne envers les morts. In-16, Bruxelles, Wageneer, 57.

BURTY. La photographie au palais des beaux-arts. In-8 (Claye), 59.

BURTZ. Observations sur le formulaire pour contrats de mariage de Madre. In-12 (Strasbourg, Silbermann), 60.

BURY (A.). Traité de la législation des mines. 2 vol. in-8 (Liége), Savy, 60. 18 »

BURY et Crussière. Modèles de menuiserie. In-folio, Bance, 55. 20 »

BURY (de). Histoire de saint Louis, roi de France. In-12, Tours, Mame, 59.

BURY (de). Philobiblion. In-8, Aubry, 57. 12 »

BUSÉ (A.). Saint Paulin, évêque de Nôle et son siècle, 350-450, trad. de l'allem. par Dancoisne. In-8 (Tournai), Lethielleux, 58. 6 »

BUSNES (A. de). Notice biographique sur Victoria, reine d'Angleterre. In-8 (Walder), 55.

BUSNOT-LALANDE (V.). Le libre-échange, comédie en vers. In-16 (Flers, départ. de l'Orne, Folloppe), 60. 1 25

BUSQUET (A.). Le poëme des heures. In-12, Lecou, 55. 3 50

BUSQUET (L.). Manuel de hirudiculture ou de l'élève des sangsues. In-8 (Bordeaux, Balarac jeune), 54.

BUSSCHOP (E.). Note sur la puissance des freins employés dans les chemins de fer. In-8 (Guiraudet), 56.

BUSSEROLE (J. C.). Notice sur l'abbaye des Conards. In-8 (Rouen), Aubry, 59. 1 50

BUSSEROLLE (Mᵐᵉ E. de). Recherches historiques sur Fécamp. In-16, Fécamp, Hue, 60. 1 50

BUSSEUIL (G. de). Béatrix de Clèves, légende de chevalerie. In-8 (Troyes, Cardon), 52.

BUSSEY (C. de). Jésus enfant, modèle du jeune âge. In-18, Albanel, 56. 1 50

BUSSIÈRE (Th. de). Les anabaptistes. In-8, Bray, 53.

— Conversion de Marie Alphonse Ratisbonne. In-18, Bray, 59. » 50

BUSSIÈRE (Th. de). Histoire du développement du protestantisme à Strasbourg et en Alsace, 1529-1604, 2 vol. in-8 (Strasbourg), Vaton, 59. 8 »

— Histoire de l'établissement du protestantisme. In-8, Vaton, 56. 5 »

— Histoire de la guerre des paysans au XVIᵉ siècle. 2 vol. in-8, Bray, 52. 7 »

— Histoire des religieuses dominicaines. In-12 (Strasbourg, Leroux), 60.

— Histoire de saint Vincent de Paul. 2 vol. in-8 (Planecy), Waille, 50.

— Histoire de sainte Odile. In-12, Bray, 53.

— Histoire de sainte Radegonde, reine. In-8, Waille, 56.

— Histoire du schisme portugais dans les Indes. In-18, Lecoffre, 54. 2 50

BUSSON (l'abbé). L'esprit de saint François de Sales. In-18, Besançon, Tubergue, 54.

BUSSON (H.). Discours sur Pothier. In-8 (Bouchard-Huzard), 50.

BUSSY (Ch. de). De la cherté des loyers dans Paris et en France. In-8, Pick, 57.

— Les conspirateurs en Angleterre, de 1848 à 1858. In-12, Lebigre-Duquesne frères, 58. 2 »

— Les courtisanes devenues saintes. In-32, Lebigre-Duquesne frères, 59. 1 »

— Dictionnaire amusant, recueil d'anecdotes drôlatiques, etc. In-12, Delahays, 59. 2 »

— Dictionnaire universel de géographie. In-18 (Neuilly, Guiraudet), 60.

— Dictionnaire universel d'histoire. In-12, Lebigre-Duquesne frères, 58. 4 »

— Dictionnaire universel des sciences. In-12, Lebigre-Duquesne, 59. 4 »

— Etude historique et politique sur les anciens partis. In-8, Lebigre-Duquesne, 60. 1 »

— Histoire des excommuniés. In-32, Lebigre-Duquesne, 60. 1 »

— Histoire de la guerre d'Italie. In-8, Gaittet, 59. 6 »

— Histoire et réfutation du socialisme. In-18, Delahays, 59.

— Le livre de la famille. In-12, chez Guillaume (10, rue de Vaugirard), 59. 2 »

— Les philosophes au pilori. In-12, Lebigre-Duquesne frères, 58. 2 »

— Les philosophes convertis. In-12, Blériot, 60. 3 »

— Les régicides, étude historique. In-12, Bady, 58. 1 »

— Sauvons le pape. In-12, Sempé, 60. 1 »

— Veillées sur terre et sur mer. In-12, Vermot, 57. 2 »

BUSSY-RABUTIN. Correspondance 1666-1693, nouv. édit., avec notes, par Lalanne, t. I à VI, In-12, Charpentier, 58-59. 21 »

— Histoire amoureuse des Gaules annotée par Boiteau et Livet, t. I à III. In-16, Pagnerre, 56-59. Le vol. 5 »

— Histoire amoureuse des Gaules, annotée par Poitevin. 2 vol. in-18, Delahays, 59.

— Mémoires, nouv. édit., suivie de l'histoire amoureuse des Gaules, avec notes, par Lalanne. 2 vol. in-12, Charpentier, 58. 7 »

BUSTAMENTE. Guides polyglottes; manuel de la conversation et du style épistolaire, français-espagnol. In-32, Garnier, 60. 2 »

— Id. espagnol-français. In-32, Garnier, 60. 2 «

— et Clifton. Id. espagnol-inglés. In-32, Garnier, 60. » »

— et Vitali, Id. espagnol-italiano. In-32, Garnier, 60. 2 »

— Nuevo curso completo de geografía universal, 2 vol. in-12, Rosa et Bouret, 56.

BUTEUX (L.). De l'application de l'architecture grecque aux églises. In-8 (Abbeville, Jeunet), 52.

BUTLER. Rien à mettre, ou crinoline et misère, poëme, trad. par A. Le Roy. In-18, Taride, 58. » 30

BUTLER (A.). Vies des Pères, des martyrs et autres

principaux saints, trad. par Godescard. 10 vol. in-8,
Jouby, Gaume, 53.   28 »
BUTLER (A.). Vies des principaux saints, trad. par
Godescard. 6 gros vol. in-12, Périsse, 56.   8 »
BUTRET. Taille raisonnée des arbres fruitiers. In-12
Vᵉ Bouchard-Huzard, 60.   2 »
— et Boitard et Thouin. Manuel illustré d'arboriculture.
In-18, Passard, 50.   1 »
BUTTAFOCO. Fragments pour servir à l'histoire de la
Corse, de 1764 à 1769. In-8 (Bastia, Fabiani), 59.
BUTTURA (C. A.). Des fièvres éruptives sans éruption.
In-8, Baillière et fils, 57.   1 50
BUTTURA et Rienzi. Dictionnaire général italien-fran-
çais et français-italien. 2 vol. in-8. Baudry, 60.
                                       Le vol. 12 »
DUVIGNIER (A.). Statistique géologique, minéralogi-
que, etc. In-8, Baillière et fils, 52.   35 »
DUVIGNIER (Ch.). Considérations sur la monnaie à
l'époque romaine. In-8 (Verdun, Laurent), 55.
— La harouille. In-8 (Verdun, Laurent), 55.
— Note sur les archives de l'hôtel-de-ville de Verdun.
In-8 (Metz, Nouvian), 55.
BUYNAND DES ÉCHELLES (J. F. A.). Triomphe de
l'Evangile. 4 vol. in-12, Périsse, 58.   5 »
BUZAIRIES (L. A.). Libertés et coutumes de la ville
de Limoux. In-8, Limoux, Boute, 51.
BUZANO le nain. In-8, Lécrivain et Toubon, 60. » 50

BUZY (J. B.). Le baptême de Clovis. En vers. In-8
(Reims, Regnier), 54.
— Entrée de Jeanne d'Arc à Reims. En vers. In-8
(Reims, Regnier), 53.
BUGADO (la) prouençalo. In-8, Aix, Makaire, 59.
                                             1 25
BYGRAVE. Quelques considérations sur l'extraction des
dents. In-8 (3, rue Lafitte), 59.
BYRON (lord). Childe Harold's pilgrimage. In-18, Lyon,
Cormon et Blanc, 58.
— Le giaour, poëme trad. par Le Bidan et Lejourdan.
In-8, Marseille, Barlatier-Feissat, 60.
— Manfred, poemat en langue polonaise. In-8, Librairie
polonaise, 60.   10 »
— Manfred, poëme; Lara, conte traduit en vers par
Hyac du Pontavice de Heussey. In-12, Vanier, 56.
— Mazepa, poemat, en langue polonaise. In-8, Libr.
polonaise, 59.
— Œuvres complètes, trad. par Laroche, nouv. édition.
4 vol. in-12, Hachette, 59.   14 f
— Le pèlerinage de Childe Harold, trad. en vers par
Guiertant. In-8, Valenciennes, Giard et Ségard, 52.
                                             1 »
— La prophétie de Dante, poëme, trad. par Boissier.
In-8 (Nîmes, Ballivet), 54.
BYSTRONOWSKI. Campagne de l'armée de Kars en
1854. In-8 (Martinat), 58.

C

CABALLERO. (F.) Une croisade au XIXᵉ siècle ; les
dettes acquittées, trad. de l'espagnol par Latour.
In-12, Douniol, 60.   1 ».
— La Gaviota, trad. de l'espagnol, par Gillard. In-12
(Bruxelles), Dentu, 60.   2 50
CABANE (la) du pêcheur. In-12, Lille, Lefort, 57. » 30
CABANES (H.). La levée des prohibitions et le départe-
ment du Nord. In-12, Lille, Minart, 60.   1 50
CABANES (Mme L. T. de). Le château des oiseaux.
In-12, Clermont-Ferrand, Thibaud-Landriot, 52.
— Fragments de voyages. In-12, Clermont-Ferrand,
Thibaud-Landriot, 52.
— Les soirées d'un grand père. In-12, Clermont-Fer-
rand, Thibaud-Landriot, 52.
CABANÈS. - Voy. - Lecourtier.
CABANILLAS (N.) Notes sur l'utilité des comptoirs na-
tionaux d'escompte. In-8 (Alger, Rey), 50.
CABANIS (F.). Grand chemin de fer d'Afrique. In-8,
Libr. nouvelle, 53.
CABANIS (P. J. G.). Rapports du physique et du moral
de l'homme. 2 vol. in-18, Masson et fils, 55.   7 »
CABANTOUS (L.). Répétitions écrites sur le droit admi-
nistratif. In-8, Marescq et Dujardin, 54.   9 »
CABARET (le), ou un plaidoyer villageois. In-18, Pé-
risse, 57.
CABART (C.). Leçons de physique et de chimie. 2 vol.
in-8, Hachette, 54.   5 »
CABASSE. Projets d'embellissements et de constructions
d'objets d'utilité publique pour la ville de Nancy.
In-8, Nancy, Pfeiffer, 54.
CABET. Adresses des Icariens de Nauvoo. Protestation
de quelques dissidents et réponse. In-8, chez l'auteur
(3, rue Baillet), 54.   » 15
— Adresses des Icariens. Deux brochures. In-12, chez
l'auteur, 56.
— Célébration à Nauvoo du septième anniversaire du
départ de la première avant-garde icarienne, 3 fé-
vrier 1848. In-16, chez l'auteur, 55.   » 50
— Ce que je ferais si j'avais cinq cent mille dollars.
In-16, chez l'auteur, 55.   » 25

— Colonie icarienne aux Etats-Unis d'Amérique ; sa con
stitution, ses lois, etc. In-12, chez l'auteur, 56.
                                             1 10
— Colonie icarienne. Réforme icarienne, 21 novembre
1853. In-16, chez l'auteur, 54.   » 25
— Colonie icarienne. Situation dans l'Iowa, au 15 oc-
tobre 1853. In-16, chez l'auteur, 53.   » 15
— Colonie, ou république icarienne dans les États-
Unis d'Amérique. In-16, chez l'auteur, 55.   » 60
— Conditions d'admission. In-16, chez l'auteur, 55.
                                             » 40
— Curieuse lettre à Louis-Napoléon. In-8, chez l'au-
teur, 51.
— Sa défense devant la cour d'appel de Paris, le 11 dé-
cembre 1850. In-8 (Malteste), 51.
— Départ de Nauvoo du fondateur d'Icarie avec les
vrais Icariens. In-12, chez l'auteur, 56.   » 25
— Fondateur d'Icarie aux Icariens. In-12, chez l'auteur,
56.   » 15
— Inventaire de la colonie icarienne, 1853. Célébration
de l'anniversaire du 3 février 1848. Un jugement en
Icarie. In-16, chez l'auteur, 53.
— Lettre à Mgr l'archevêque de Paris. In-8, chez l'au-
teur, 51.   » 30
— Lettre sur la réforme icarienne du 21 novembre 1853.
Réponse à quelques objections. In-16, chez l'auteur,
54.   » 15
— Manifestations et adresses par les Icariens de Nau-
voo au fondateur d'Icarie. In-18, chez l'auteur, 56.
                                             » 30
— Manifestes de l'opposition et réponses. In-12, chez
l'auteur, 56.   » 25
— Opinion des Icariens sur le mariage; organisation;
naturalisation. In-12, chez l'auteur, 55.
— Opinions et sentiments publiquement exprimés concernant le fondateur d'Icarie. In-12, chez l'auteur
56.   » 30
— Procès et acquittement. In-8, chez l'auteur, 51.
                                             2 »
— Progrès de la colonisation icarienne établie à Nauvoo. In-16, chez l'auteur, 54.   » 25

CABET. Prospectus de la colonie icarienne. Conditions d'admission. In-32, chez l'auteur, 55. » 40
— Réception et admission dans la communauté icarienne des trente-huit Icariens partis du Havre le 8 septembre 1853. In-16, chez l'auteur, 54. » 15
CABINET (le) historique. In-8, une fois par mois; 6ᵉ année (20, rue de Savoie), 60. Prix annuel. 12 »
CABOT (Ch.). L'envoyé de Dieu. En vers. In-8 (Morris), 56.
— Une aventure sous Louis XV, vaudev. Gr. in-8, Barbré, 59. » 45
— et de Jallais. Allez aux cinq cents diables. In-12 (Morris), 54.
— et de Jallais. Les cosaques, pièce. In-12 (Dondey-Dupré), 54.
— et de Jallais. Jacqueline Doucette, vaudev. In-8, Beck, 55, » 60
— et de Jallais. La mauvaise aventure d'une pauvre parfumeuse. In-12 (Dondey-Dupré), 54.
— et de Jallais. Le médecin sans enfants, parodie. In-8 (Morris), 56.
— et de Jallais. Les mésaventures de Mandrin, mélodrame. In-12 (Morris), 56.
— et de Jallais. Nicodème sur la terre, vaudev. In-8 (Morris), 57.
— et de Jallais. Roger-Bontemps à la représentation de la fausse adultère. In-12 (Morris), 57.
— et de Jallais et Lelarge. Sous un bec de gaz, pièce. In-12, Michel Lévy fr., 54. » 60
— Voy. aussi - Jallais (de).
CABRIÈRES (A. de). Notice sur Félix Hedde. In-8 (Nîmes, Ballivet), 54.
CABRIONS (Mme H.). Adrien Sattori. In-12, Cherbuliez, 58. 3 50
CABROL. Topographie médicale de Belle-Ile-en-Mer. In-8, Dumaine, 51.
CABRYE (E.). Du droit de rétention : droit romain; ancien droit français; droit actuel. In-8 (Rennes), Durand, 60. 8 »
CABUCHET (B.). Apparition de la sainte Vierge à deux jeunes bergers sur la montagne de la Salette. In-8 (Toulon, Aurel), 54.
CACHEUX (l'abbé). Discussion théologique et philosophique avec le protestantisme. In-8, Douniol, 55. 6 »
— De la philosophie de saint Thomas-d'Aquin. In-8, Douniol, 58. 7 50
— Études philosophiques sur l'église. In-12, Julien, Lanier, 54.
CACHIN. - Voyez - Batailler.
CACQUERAY (G. de). Recherches historiques sur la théorie du rapport. In-8, Durand, 60. 4 »
CADDELL (M.). Snow drop, ou les trois baptêmes, trad. de l'angl. In-12 (Tournai), Lethielleux, 59. » 80
CADE (le doct. A.). De l'emploi de l'arnica comme moyen préventif, et de l'aconit comme sédatif, etc. In-8 (Montpellier, Dumas), 56.
— Mémoire pratique sur la cataracte. In-8 (Montpellier, Bœhm), 54.
CADEAUX (les) de Noël. In-18, Tours, Mame, 57. » 40
CADET. - Voy. - Bazin.
CADET DE VAUX. Pourquoi les femmes se font-elles aimer. In-32, Sandré, 58. » 60
CADOL (E.). La mye du roy le unziesme, drame. In-8, Libr. théâtrale, 56. 4 »
CADOR (L.). Subsistances et populations. In-8, Guillaumin, 50. 8 »
CADORET (l'abbé E.). Le droit de César, doctrine catholique sur la légitimité du pouvoir royal. In-8, Parent-Desbarres, 53. 4 »
CADOZ (F.). Alphabet arabe. In-18 (Alger), Hachette, 52.
— Civilité musulmane. In-18 (Alger), Hachette, 52.
— Le secrétaire de l'Algérie, ou le secrétaire français-arabe. In-18, Alger, Bernard, 51.
CADRÈS-MARMET (E.). Principes de tenue de livres très-simplifiée. In-18, Hachette, 56. » 60

CÆREMONIARE episcoporum prolegomenis et commentariis illustratum cura et studio Josephi Catalani, editio secunda. 2 vol. in-4, Jouby, 60. 100 »
CAFFIN. Des droits de propriété des communes. In-8, Durand, 60. 3 »
CAFFORT. - Voy. - Boudot.
CAGNIARD. La sainte Barthélemy et Jean Le Hennuyer. In-12 (Lisieux, Lajoie Tissot), 51.
CAGNIARD. Nouveau chemin de la croix. In-12, Périsse, 60. « 80
CAHAGNET (L. A.). Abrégé des merveilles du ciel et de l'enfer, de Swedenborg. In-12, Germer Baillière, 55. 3 50
— Arcanes de la vie future dévoilés, où l'existence, la forme, les occupations de l'âme après sa séparation du corps sont prouvées par plusieurs années d'expériences au moyen de huit somnambules extatiques, qui ont eu 80 perceptions de 36 personnes de diverses conditions, décédées à différentes époques, leurs signalements, conversations, renseignements. Preuves irrécusables de leur existence au monde spirituel. 3 vol. in-12, Germer Baillière, 60. 15 »
— Encyclopédie magnétique spiritualiste, traitant spécialement de faits physiologiques. Magie magnétique, swedenborgianisme, néoromancie, magie céleste. 5 vol. in-12, Germer Baillière, 54 à 60. 20 »
— Études sur l'homme. In-8, Germer Baillière, 58. 1 »
— Lettres odiques-magnétiques du chevalier Reichenbach, traduites de l'allemand. In-18, Germer Baillière, 53. 1 50
— Lumière des morts, ou études magnétiques, philosophiques et spiritualistes, dédiées aux penseurs du XIXᵉ siècle. In-12, Germer Baillière, 51. 5 »
— Magie magnétique, ou traité historique et pratique de fascinations, de miroirs kabalistiques, d'apports, de suspensions, de pactes, de charmes des vents, de convulsions, de possessions, d'envoûtement, de sortiléges, de magie de la parole, de correspondances sympathiques et de néromancie, 2ᵉ édit. In-12, Germer Baillière, 58. 7 »
— Méditations d'un penseur, ou mélanges de philosophie et de spiritualisme, d'appréciations, d'aspirations et de déceptions. 2 vol. in-18, Germer Baillière, 60. 10 »
— Révélations d'outre-tombe, par les esprits Galilée, Hippocrate, Franklin, etc. Sur Dieu, la préexistence des âmes, la création de la terre, l'astronomie, la météorologie, la physique, la métaphysique, la botanique, l'hermétisme, l'anatomie vivante du corps humain, la médecine, l'existence du Christ et du monde spirituel, les apparitions et les manifestations spirituelles du XIXᵉ siècle. In-18, Germer Baillière, 56. 5 »
— Sanctuaire du spiritualisme, ou étude de l'âme humaine et de ses rapports avec l'univers, d'après le somnambulisme et l'extase. In-18, Germer Baillière, 50. 5 »
— Traitement des maladies, u étude sur les propriétés médicinales de 150 plantes les plus connues et les plus usuelles, par l'extatique Adèle Maginot, avec une exposition des diverses méthodes de magnétisation. In-12, Germer Baillière, 51.
CAHEN (le doct.). Mémoire sur l'éclampsie des enfants du premier âge. In-8, au bureau de l'union médicale (56, rue du faubourg Montmartre), 54.
CAHEN (Is.). Esquisse sur la philosophie du poëme de Job. In-8, Franck, 51. 2 »
CAHEN (S). La Bible, traduction nouvelle, avec l'hébreu en regard. 18 vol. in-8 qui sont ainsi divisés : Pantateuque, 5 vol.; — Prophètes, 7 vol.; — Hagiographes, 6 vol. On trouve ce livre chez Delaroque frères à la librairie israélite, 50 à 60. 122 »
— Précis élémentaire d'instruction religieuse et morale, adopté par le consistoire central des israélites de France. In-18, chez Durlacher (325, rue St-Martin), 60. » 50
CAHIER (A.). Coup d'œil sur quelques parties du musée de Douai. In-8 (Douai, d'Aubers), 54.

CAHIER (le P. Ch.) et Martin. Mélanges d'archéologie, d'histoire et de littérature, rédigés et recueillis par les auteurs de la monographie de la cathédrale de Bourges. Collection de mémoires sur l'orfévrerie et les émaux des trésors d'Aix-la-Chapelle, de Cologne, etc.; sur les miniatures et les anciens ivoires sculptés de Bamberg, Ratisbonne, Munich, Paris, Londres, etc.; sur des étoffes byzantines, siciliennes, etc.; sur des peintures et bas-reliefs mystérieux de l'époque carlovingienne romane, etc. 4 vol. gr. in-4, avec de belles gravures noires, en couleur et en or. Vᵉ Poussielgue-Rusand, 56.   180 »

On vend séparément les tomes 2, 3 et 4; les tomes 3 et 4, et tome 4 seul.   Chaque volume. 32 »

— Quelques six mille proverbes et aphorismes usuels. In-12, Julien-Lanier, 56.   4 »

CAHIERS d'une élève de St-Denis; cours d'études complet et gradué pour les filles et pour les garçons qui ne suivent pas les cours du collège, par deux anciennes élèves de la maison de la légion-d'honneur, et E. Baude, ancien professeur au collège Stanislas; divisé en six années et douze semestres; précédés de deux cahiers préliminaires, et suivis d'un cahier complémentaire, pouvant suppléer tous les livres qui se rapportent aux diverses parties de l'instruction. L'ouvrage forme en tout 15 volumes in-12, Le Chevalier, 50 à 60.

Cours de lecture, avec 175 fig.   2 »
Instruction élém., avec 164 fig.   3 »
Tome 1ᵉʳ 1ʳᵉ année, 1ᵉʳ semestre.   1 50
— 2ᵉ   —   2ᵉ   —   2 50
— 3ᵉ   2ᵉ année.   1ᵉʳ semestre.   2 50
— 4ᵉ   —   2ᵉ   —   2 50
— 5ᵉ   3ᵉ année,   1ᵉʳ semestre.   3 »
— 6ᵉ   —   2ᵉ   —   3 50
— 7ᵉ   4ᵉ année,   1ᵉʳ semestre.   3 50
— 8ᵉ   —   2ᵉ   —   3 50
— 9ᵉ   5ᵉ année,   1ᵉʳ semestre.   3 50
— 10ᵉ   —   2ᵉ   —   4 »
— 11ᵉ   6ᵉ année,   1ᵉʳ semestre.   4 50
— 12ᵉ   —,   2ᵉ   —   4 50
— 13ᵉ cahier complémentaire.   5 »

CAHN (J.). Découverte intéressante à l'usage des administrations. In-12 (Strasbourg, Huder), 53.   4 »

CAHOUR (le R. P. A.). Baudouin de Constantinople. In-12, Vᵉ Poussielgue-Rusand, 50.   2 50

— Chefs-d'œuvre d'éloquence française. In-8, Douniol.   5 »

— Des études classiques et des études professionnelles. In-8, Vᵉ Poussielgue-Rusand, 52.   5 »

— Poésies françaises à l'usage des collèges. 5 vol. in-8, Douniol, 56 à 60.   25 »

CAHOURS (A.). Traité de chimie générale élémentaire, 2ᵉ édit. 3 vol. in-12, Mallet-Bachelier, 60.   12 »

CAHUSSAC. Mémoire sur la culture de la vigne et sur ses amendements. In-8 (Lectoure, Devillechenoux), 55.

CAILLAT (J. B.). Les réflexions d'un ouvrier sur la position humaine et sociale, en vers provençaux. In-8 (Marseille, Clappier), 50.

CAILLAT (J. M.). Voyage médical dans les provinces danubiennes. In-8, au bureau de l'Union médicale, 54.

CAILLAT (V.). Hôtel-de-ville de Paris, 2 parties. In-folio, Liège, Noblet, 54.

CAILLAUD (l'abbé). Manuel de dispenses à l'usage du curé, du confesseur et de l'official, 2 vol. in-12, Vivès, 53 à 57.   5 50

Le 2ᵉ volume séparément.   2 50

— Le même. Manuel des dispenses à l'usage du curé. In-8, Gauguet, 60.   6 »

CAILLAULT (le doct. Ch.). Traité pratique des maladies de la peau chez les enfants. In-12, Baillière et fils, 59.   3 50

CAILLEBOIS (A.). Méthode pour étudier la langue française. De la formation des mots ou de leur signification. In-12, Lecoffre, 51-54.

CAILLEBOTTE-LA VENTE. Rêveries, ou essais poétiques. In-12 (Coutances, Salettes), 55.

CAILLET (J.). De l'administration en France sous Richelieu. In-8, Didot, 57.

— De ratione. In-8, Durand, 57.

CAILLET (V.). Problèmes sur les routes par le quartier de réduction, tirés du manuel du navigateur. In-4, Nantes, Forest, 50.

— Tables de logarithmes et co-logarithmes des nombres et des lignes trigonométriques. In-8, Mallet-Bachelier, 54.   9 »

— Tables de réfractions astronomiques, précédées d'un rapport par Largeteau. In-8, Mallet-Bachelier, 54.   2 »

— Traité élémentaire de navigation. In-8, Robiquet, 56.   9 »

CAILLETET (C.). Essai et dosage des huiles employées dans le commerce. In-12, Lacroix et Baudry, 59.   3 »

CAILLETTE DE L'HERVILLIERS (E.). Le dernier siège de Pierrefonds. In-8, Durand, 60.   2 »

— Le mont Gaunelon à Clairoix, près Compiègne. In-8, Durand, 59.   3 »

— Pierrefonds, Saint-Jean-aux-Bois, etc. Souvenirs historiques. In-8, Poulain et Cᵉ, 58.   1 10

CAILLIAUD (F.). Observations sur les oursins perforants de Bretagne. In-8 (Nantes, Vᵉ Mellinet), 56.

CAILLIEUX. Note sur la vente des viandes insalubres. In-8 (Caen, Poisson), 56.

CAILLO. Recherches sur la pêche de la sardine en Bretagne. In-8 (Nantes, Forest), 55.

CAILLOT. — Voyez Lebeau.

CAILLOTELLE (L. P.). De l'usufruit, de l'usage et de l'habitation. In-8 (Remquet), 56.

CAÏRD (le R. J.). De la religion dans les choses de la vie usuelle. In-18, Grassart, 56.   » 75

CAIRE (l'abbé). Echo du saint cœur de Marie. In-32, Dijon; Paris chez Popelain; Paris chez Formel, 54.

— Ecole du saint cœur de Marie. In-12, chez le même, 57.

CAIX (de). Notice sur le prieuré de Briouze. In-4, Caen, Hardel, 57.

CALDÉLAR (Mme A.). La charité. Hommage poétique à la mémoire de la sœur Rosalie. In-12, Douniol, 56.   » 25

— L'école des linots, fable. In-8 (Chartres, Garnier), 52.

CALDERON DE LA BARCA (P.). La dévotion à la croix, drame. Gr. in-8 (Wittersheim), 52.

— Le prodigieux magicien, drame, trad. par Puymaigre. In-8 (Metz, Lamort), 55.

CALEMARD DE LAFAYETTE. Dante, Michel-Ange, Machiavel. In-12, Eugène Didier, 52.   3 50

CALEMARD DE LAFAYETTE. Vie de Augustin Péala, prêtre de St-Sulpice. In-12 (Au Puy, Marchesson¹, 53.

CALEMARD DE LAFAYETTE. Petit-Pierre, ou le bon cultivateur. In-12, Hachette, 59.   1 25

CALEMARD DE LAFAYETTE (L.). Les boursiers de Paris. In-12, Castel, 58.   1 »

— Guide du client à la bourse. In-12, Castel, 59.   2 »

CALENDRIER officiel des courses de chevaux pour 1859; paraît tous les ans. In-12, au Jokey-Club (30, rue de Grammont), 60.   12 »

CALFA (A.). Guide de la conversation à l'usage de l'armée expéditionnaire et des voyageurs en Orient, suivi d'un dictionnaire français-turc. In-32, Garnier, 54.

CALIGNY (A. de). Résumé succinct des expériences sur une nouvelle branche hydraulique. In-8, Roret, 50.

CALLAMAND (A.). Lettre à Satan. In-8 (Alger), Challamel, 60.   » 50

CALLAND (H.). La comète de 1858. In-8. Ledoyen, 60.   » 60

— Les grands coupables littéraires. Épître à M. Empis. In-8, Ledoyen, 58.   » 50

— La begom sombre, drame. In-12, Garnier, 55.   2 »

CALLAND (H.). Guide du voyageur à Amiens. In-18 (Amiens, Caron et Lambert), 55.
— La perle d'Orient; légende orientale, 1802. In-18, Ledoyen, 55. 1 »
— La vengeance du khalife; légende orientale, 925. In-12, Ledoyen, 55. » 60
— et Lenoir et de Noiron. Suppression des loyers. In-32, Ledoyen, 57. » 60
CALLAND (V.). Culte de l'humanité; extrait de la théorie de l'ordre providentiel. In-8 (La Ferté-sous-Jouarre, Guédon), 53.
CALLAUD (A.). Essai sur les piles servant au développement de l'électricité. In-8 (Lille), Lacroix, 60. 1 50
CALLEBAUT (Ch.). Projet de réorganisation de l'industrie des tailleurs par l'abolition du chômage. In-4 (Poussielgue), 52.
CALLÉRY (J. M.). La galerie royale de peinture à Turin. In-12 (au Havre, Lemâle), 54.
— et Yvan. A insurreição na china. In-12, Aillaud. Monlon, 53.
— et Yvan. L'insurrection en Chine. In-12, Libr. nouvelle, 53. 2 »
CALLET. L'avenir de la France. In-4, chez l'auteur (53, rue de Seine).
CALLET (A.). Études de morale. In-18, Jouby, 51. 3 50
CALLET (Ch.). La vérité sur la fin déplorable du journal le Démocrate. In-8 (Besançon, Bonvalot), 51.
CALLET (F.). Tables portatives de logarithmes des nombres, depuis 1 jusqu'à 108,000, et des logarithmes des sinus et tangentes (tirage de 1859). In-8, Didot. 15 »
CALLIAT (V.). Église Saint-Eustache à Paris. Avec un essai historique par Leroux de Lincy. 11 planches in-folio, avec texte. Bance, 50. 25 »
— Parallèle des maisons de Paris. 120 pl. in-folio, avec texte, Bance, 50. 100 »
— Nouvelle période de 1850 à 1860, livr. 1 à 10. In-folio, Bance, 60. Chaque livr. 5 »
L'ouvrage aura 20 livraisons ou 120 planches.
— Voyez - Encyclopédie d'architecture.
CALLON. Éléments de mécanique à l'usage des candidats à l'école polytechnique. In-8, Masson et fils, 51. 4 50
CALMEIL (le doct. L. F.). Traité des maladies inflammatoires du cerveau. 2 vol. in-8, Baillière et fils, 59. 17 »
CALMELS (E.). De la contrefaçon des inventions brevetées. In-8, Roret, 52.
— De la contrefaçon des œuvres artistiques, des modèles et des dessins de fabrique. Législation et jurisprudence. In-8, Roret, 50.
— Des noms et marques de fabriques de commerce. In-8, Durand, 58. 5 »
— Du projet de loi relatif aux brevets d'invention. In-8, Durand, 59. 1 »
— De la propriété et de la contrefaçon des œuvres de l'intelligence. In-8, Casse, 56. 9 »
CALMETTE. Administration temporelle des congrégations religieuses. In-18 (Le Puy, Marchessou), 57.
— Aide-mémoire à l'usage des employés de la préfecture de la Haute-Loire. In-4 (Le Puy, Marchessou), 56. 2 »
CALMETTE. Histoire des villes, bourgs et villages remarquables de la Marne. In-12, Reims, Regnier, 50. 1 »
— et Pinet. Précis de géographie générale et départementale (Marne). In-18, Fouraut, 52.
CALMUS. Plus de disette possible, ou la panification du maron d'Inde. In-12 (Strasbourg, Berger-Levrault et fils), 52.
CALOINE (P.). De l'influence de la photographie sur l'avenir des arts et des dessins. In-8 (Lille, Lefebvre-Ducrocq), 54.
CALONNE (A. de). Bérengère. In-8, Libr. nouvelle, 52. 1 »

CALONNE (A. de). De la défense des côtes d'Angleterre. In-8, au bureau de la Revue contemporaine, 59. 1 50
— La Minerve de Phidias, par Simart. In-8, au bureau de la Revue contemporaine, 55.
— Voyage au pays de Bohême. Mendiants et flibustiers littéraires. In-8, au bureau de la Revue contemporaine, 52.
CALONNE (E. de). Berthe et Suzanne, comédie en vers. In-8, Alger, Bastide, 54. 1 »
CALPRENÈDE (H. de). Contes en vers. In-18 (Abbeville, Jeunet), 54.
CALVAIRE (le), ou la passion de N.-S. Jésus-Christ. In-32, Metz, Mme Loïez, 57.
CALVIMONT (M. de la Tour V. de). Madame Louise de France, carmélite. In-32 (Bordeaux, Ragot), 55.
CALVIN (J.). Commentaires sur le livre des psaumes. 2 vol. gr. in-8, Meyrueis, 60. 12 50
— Commentaires sur le nouveau testament. 4 vol. gr. in-8, Meyrueis, 54-55. 30 »
— Dictionnaire des locutions obscures et des mots vieillis qui se rencontrent dans ses œuvres. In-8, Meyrueis, 55.
— Institution de la religion chrétienne, rec. par Marlorat. 2 vol. gr. in-8, Meyrueis, 59. 12 »
— Lettres françaises, rec. par Bonnet. 2 vol. in-8, Meyrueis, 54. 12 »
CAMARD (C.). Manuel de mnémonique. In-16, Lille, Lefort; à Paris chez Hachette, 56.
CAMBON (G.). Lettres à mes filles sur la mort d'une de leurs amies. In-12, La Rochelle, Boutet, 52.
CAMBOULIU (F. R.). Essai sur la fatalité dans le théâtre grec. In-8, Durand, 55. 1 50
— Essai sur l'histoire de la littérature catalane. In-8, Durand, 58. 3 50
— Les femmes d'Homère. In-12, Durand, 55. 2 »
— Etude sur Vauvenargues. In-4 (Montpellier, Bœhm), 56.
— De præcipuis historiæ incrementis ab Herodoto ad Bossuetii tempora dissertatio. In-8 (Toulouse, veuve Sens), 54.
CAMBRAY (de). Des maisons de convalescence établies à Paris, en faveur des enfants pauvres. In-8, Adr. Le Clerce, 56.
— Note sur le service des enfants trouvés et orphelins du départ. de la Seine. In-8, Adr. Le Clerce, 56.
CAMBRAY (S.). Le moulin. In-18, Michel Lévy fr., 57.
CAMBRELIN (le capit. A. L.). Camp retranché d'Anvers. In-8 (Bruxelles), Tanera, 60. 4 »
CAMBUSTOU (l'abbé E.). Une passion éteinte, drame. In-8 (Pau, Vignancour), 53.
CAMERON (Mme). Mémoires d'Emma et de sa bonne; trad. de l'angl. In-18, Libr. protestante, 57. » 40
CAMICHEL-BIRON (C.). Essai sur Bernardino Ochino, thèse. In-8 (Strasbourg, Vᵉ Berger-Levrault et fils), 55.
CAMILLE, ou les fruits de l'éducation du jeune âge. Limoges, Barbou, 57.
CAMINADE CHÂTENAY. Œuvres dramatiques. In-18, Michel Lévy fr., 57.
— Souvenirs. Feuilles éparses, poésies. In-18, Michel Lévy fr., 57.
CAMMARANO (J.). Luisa Miller, mélodrame. In-8 (13, rue Grange-Batelière), 53. 2 »
— Polyeucte, tragédie; texte italien et français. In-8, Michel Lévy fr., 59. 2 »
— Le troubadour, drame. In-8 (13, rue Grange-Batelière), 57. 2 »
CAMOENS. Les Luisiades, trad. par Albert. In-12, Cosse et Marchal, 59. 4 »
CAMP (M. du). Le Nil, Egypte et Nubie. In-12, Libr. nouvelle, 54. 3 50
CAMPADELLI (F.). Le bravo, ou le dévouement maçonnique. In-8, chez l'auteur (37, rue de Clichy), 55.
CAMPAGNE (A.) et Luçon. Arithmétique décimale des écoles primaires. In-18, Toulouse, Bourdin, 55.
CAMPAGNE (la), journal de pêche et de chasse. Gr. in-8, douze fois par an; fondé le 1ᵉʳ octobre 1859.

(52, rue Notre-Dame-des-Victoires). Prix annuel.
18 »

CAMPAGNES du feld-maréchal, comte Radetzky, dans le nord de l'Italie en 1848-49, par un ancien officier supérieur des gardes impériales russes; nouv. édit. Gr. in-8 (Leipzig, Brockaus), Gavelot, 60. 12 »

CAMPAGNOL (A.). Choix gradué de thèmes latins pour la classe de huitième. In-8, Hachette, 52. 2 »
— Le même ouvrage, suivi des corrigés. in-8. 3 50
— Exercices variés sur la grammaire française de Lhomond. In-12, Hachette, 54. 1 50
— Corrigé des exercices. In-12. 2 50
— Nouveaux ornements de la mémoire. In-18, Maire-Nyon, 59. 1 25

CAMPAN (Ch. A.). La question de l'or en Belgique. In-8, Bruxelles, Decq, 60. 1 50

CAMPAUX (A.). De ecloga piscatoria qualem a veteribus adumbratam absolvere sibi proposuerit Sannazarius. In-8, Durand, 59. 2 »
— François Villon; sa vie et ses œuvres. In-8, Durand, 59. 5 »

CAMPE. El nuevo Robinson. In-12, Rosa et Bouret, 57. 3 »
— Histoire de Christophe Colomb, publ. par Heumann. In-8, Rouen, Mégard, 54.
— Histoire de la découverte de l'Amérique, trad. par Larenaudière, 2 vol. in-12, Delalain, 51. 3 »
— Le Robinson allemand, trad. par Wolfers. Gr. in-8, Vermot, 53. Noir. 5 » Col. 10 »
— Voyages de Christophe Colomb, trad. par Piton. In-12, Limoges, Ardant, 57.
— Voyez aussi - Brydaine, voyage en Sicile et à Malte.

CAMPELLO (P. di). Componimenti drammatici. In-8 (Didot), 56. 5 »
— Nerone Cesare, tragedia. In-12 (Duverger), 52. 1 50

CAMPILE (G. de). Traité des servitudes, t. I. In-8. Hingray, 53. 8 »

CAMPION (H. de). Mémoires annotés par Moreau. In-16, Pagnerre, 57.

CAMPMAS (l'abbé). Le vrai philosophe du XVIIIe siècle. In-16, Toulouse, Privat, 53.

CAMPREDON (H.). Des miracles attribués à Jésus-Christ par les évangiles apocryphes. In-8 (Strasbourg, Ve Berger-Levrault et fils), 55.

CAMPS (J.) Code et dictionnaire d'enregistrement. In-8, Cosse et Marchal, 58. 7 50

CAMUS (J.). Alcime. In-18, Pouget-Coulon, 58. 1 »
— Palombe, ou la femme honorable. In-18, Hachette, 53. » 60

CAMUZET (C. E.). Commentaire des divers textes du Digeste exigés en 1856., pour le premier examen de licence, avec texte et traduction en regard. In-12, Moquet, 56. 3 50
— Commentaire des divers textes des pandectes exigés pour le premier examen de licence, d'après le nouveau règlement; précédé du texte avec traduction en regard. In-12, Moquet, 55. 3 50
— Recueil et traduction des divers textes du Digeste, exigés pour le premier examen de licence d'après le nouveau règlement. In-12, Moquet, 55. 1 50

CANAL Interocéanique par l'isthme du Darien, Nouvelle-Grenade. In-8, France, 60. 8 »

CANAT (M.). Note sur les maîtres des œuvres des ducs de Bourgogne. In-8 (Caen), Derache, 55.

CANCALON (V.). Histoire de l'agriculture jusqu'à Charlemagne. In-8, Guillaumin, 57. 6 »

CANDEAU (L.). Expéditions portugaises aux Indes-Orientales. In-12, Tours, Mame, 57. » 45
— Mendez Pinto. In-12, Tours, Mame, 50.

CANDÈZE (E. M.). Monographie des élatérides. Gr. in-8, Bruxelles, Muquardt, 59.

CANDOLLE. — Voy. - De Candolle.

CANDY (C.). Eloge historique d'Antoine Lusterbourg. In-8 (Lyon, Rodanet), 52.
— Eloge historique de Fleury-Imbert. In-8 (Lyon, Perrin), 53.

CANEL (A.). Blason populaire de la Normandie. 2 vol., in-8 (Rouen), Aubry, 59. 6 50
— Histoire de la barbe et des cheveux en Normandie. In-12 (Rouen), Aubry, 59. 1 50

CANESTRINI (G.). Négociations diplomatiques de la France avec la Toscane, documents rec. par Desjardins, t. Ier. In-4, Didot, 59. 12 »

CANÉTO (l'abbé F.). Essai iconographique sur sainte Marthe. In-4 (Auch, Foix), 53.
— Guide du voyageur à Sainte-Marie d'Auch. In-8 (Auch, Foix), 54.
— Monographie de Sainte-Marie d'Auch. Histoire et description de cette cathédrale. In-18, Didron, 50.
— Tombeau romain de sainte Léothade. In-8, Didron, 56.
— Une visite à Sainte-Marie d'Auch. In-18, Auch, Brun, 52.

CANISIUS (le R. P.). Le grand catéchisme, ou exposition sommaire de la doctrine chrétienne, trad. par Peltier, 2e édit. 7 vol. in-8, Vivès, 56 à 60. 35 »

CANNAC (J.). Cours pratique et gradué de la langue française, 2 vol. in-12, Nîmes, Giraud, 56. 3 25

CANNAU (H.). L'union d'occident. Poëme épique sur la guerre d'Orient. In-12 (Mézières, Lelaurin-Martinet), 56.

CANNISSIÉ (G.). Essai sur l'analyse et la synthèse des éléments phonétiques des langues et sur l'écriture. In-8 (Lille, Danel). 55.

CANONGE (J.). Arles en France. Nouvelles. In-12, Giraud et Dagneau, 50.
— Ginèvre, tradition florentine. En vers. In-32 (Maulde), 56.
— Varia. Sourir, aimer, penser, poésies nouvelles. In-32, Paulin, 57.

CANOS (V.). Biblioteca de predicadores modernos. 4 vol. in-12, Garnier, 55. 20 »

CANQUOIN (le doct.). Des caustiques en général et leur emploi en chirurgie. In-8, Asselin, 55.

CANRON (A.). Guide de l'étranger dans la ville d'Avignon. In-12, Avignon, Fischer aîné, 58. 2 »
— Histoire du bienheureux Pierre de Luxembourg, cardinal-diacre. In-12, Carpentras, Devillario, 54.
— Histoire de saint-Benezet. In-12, Carpentras, Devillario, 55.
— Le palais des papes à Avignon. In-8, Avignon, Aubanel frères, 60. 5 »

CANTALUPO (le chev. B.). La petite chronique, ou vingt épisodes de l'histoire contemporaine; 1re épisode, l'insurrection de Catane en 1848. In-12, Garnier, 53.
— Id. 2e épisode, des oscillations politiques du royaume de Naples. In-12, Garnier, 54.

CANTAREUIL (A.). Conseiller des familles, ou le droit mis à la portée de tout le monde. In 8 (Tarbes, Fouga), 50. 6 »

CANTEL (H.). Impressions et visions. Poésies. In-12, Poulet-Malassis, 59. 3 »

CANTIEN-LECLAIRE. Les inondations. En vers. In-folio (Moquet), 56.

CANTIQUE (le) de Canaan, paroles et musique, à 4 parties (protestant). Meyrueis. » 26
— des cantiques de Salomon, trad. par le comte de Marcellus. In-12, Périsse. 3 »
— du soir, à 3 voix, paroles de M. Juillerat-Chasseur, musique de Lemire. In-4 (protestant), Meyrueis. 1 50

CANTIQUES à Marie. In-12, Flers de l'Orne, Folloppe.
— à l'usage des écoles du dimanche et des assemblées de culte, avec la musique, à 2 voix. In-18 (protestant), Meyrueis. » 60
— Les mêmes, en 3 livraisons brochées. Chaque livr. » 20
— à l'usage des maisons du sacré-cœur. In-12, Albanel, 2 25
— à l'usage des missions et des retraites. In-18, Tours, Mame. » 15
— choisis, dédiés aux âmes pieuses. In-12, Périsse. 1 60

CANTIQUES chrétiens. In-18 (protestant), Meyrueis. 1 25
— de Saint-Sulpice. In-18, Delalain. » 75
— de Saint-Sulpice. In-18, Tours, Mame. » 70
— de Saint-Sulpice. In-18, Poussielgue. » 75
　Nouveau recueil d'airs notés pour les mêmes cantiques. In-18. » 50
— et prières pour le mois de Marie, etc. In-32, Orléans, Jacob.
— pour la dévotion au mois de Marie, ou luth de Marie. In-18, Périsse. » 40
— Le même ouvrage, avec les airs annotés en musique. 1 50
— pour le mois de Marie. In-18, Digne, Vial.
— pour les exercices spirituels. In-12, Lons-le-Saulnier, Gauthier.
— pour les veillées d'hiver. In-12, Albanel. 1 50
— Id. avec les airs annotés en plain-chant mesuré. 2 »
— spirituels à l'usage des frères de Marie. In-18, Périsse.
— spirituels à l'usage des missions du diocèse de Lyon. In-12, Albanel. » 50
— traités, extraits des chants chrétiens, 5 numéros renfermant chacun six chants, paroles et musique. In-12 (protestant), Meyrueis. Chaque numéro. » 15
— (douze), à l'honneur de la sainte Vierge, avec les airs notés. In-18, Périsse. » 30
— (nouveau choix de) de Saint-Sulpice. In-8, Périsse. » 60
— Les mêmes, avec tous les airs en musique. 1 »
— (nouveau choix de) de Saint-Sulpice. In-18, Albanel. » 60
— Id. avec tous les airs en musique. » 75
— Id. les airs seuls. » 35
— (recueil de) à l'usage du diocèse de Lyon. In-12, Albanel. 1 »
— (recueil de) à l'usage des élèves du sacré-cœur. In-12, Poussielgue. 2 25
— (recueil de) spirituels à l'usage des petits séminaires, 2 vol. in-12. Périsse. 5 »
　Le volume des cantiques coûte. 2 »
　Celui des airs notés. 3 »

Tous ces cantiques sont publiés entre 1850 et 1860.

CANTU (C.). Histoire de cent ans, de 1750 à 1850, traduit par Renée. 4 vol in-12, Didot, 50 à 60. 14 »
— Histoire des Italiens, trad. par Lacombe, 12 vol. in-8, Didot, 50 à 60. 72 »
— Histoire universelle, trad. par Lacombe. 19 vol. in-8, Didot, 50 à 60. 114 »
— Lectures morales, instructives et religieuses pour le premier âge, trad. de l'italien. In-18, Châtillon-sur-Seine, Rodet, 55.
— Les récits d'un instituteur aux enfants de son école, publ. par Pinart. In-12, Tours, Mame, 56.
CANTUS communes gradualis et antiphonarii romani. Petit in-folio, Ad. Leclerce, 58. 8 »
— diversi, e graduali et antiphonario romano excerpti. In-12, Lecoffre, 57. » 60
CANU (le doct. F.). Strophes au chêne d'Allonville. In-8, Rouen, Haulard, 58. 1 50
CANUEL (M.). Le fils du czar, tragédie. In-8, Loudun, Mazerlau, 59. 1 »
CANY (le doct.). Observations sur les bons effets des bains et douches de vapeurs médicinales. In-8 (Toulouse, Froment fils), 52.
CAP (P. A.). Benjamin Delessert. Éloge. In-8, Plon, 50.
— Études biographiques pour servir à l'histoire des sciences, 1re série, chimistes naturalistes. In-18, Masson et fils, 56.
— Matthieu Bonafous. Éloge. In-8, Lyon, Dumoulin, 54.
— Venise et Amsterdam. In-8 (Saint-Germain-en-Laye, Picault), 52.
CAPADOSE (A.). Deux discours. In-8, Meyrueis, 53.
CAPEFIGUE. Histoire générale de l'Eglise chrétienne, 9 vol. in-8. 45 »

1° Les quatre premiers siècles de l'Église chrétienne, 4 vol. in-8. 20 »
2° L'Eglise au moyen âge, 2 vol. in-8. 10 »
3° L'Eglise pendant les quatre derniers siècles, 3 vol. in-8. 15 »
CAPEFIGUE. François Ier et la renaissance, 4 vol. in-8. 20 »
— Trois siècles de l'histoire de France. Monarchie et politique des deux branches de la maison de Bourbon (1548-1848), 2 vol. in-8. 10 »
— La société et les gouvernements de l'Europe depuis la chute de Louis-Philippe jusqu'à la présidence de Louis-Napoléon, 4 vol. in-8. 20 »
— Histoire des grandes opérations financières, banques, bourses, emprunts, compagnies industrielles, 4 vol. in-8. 28 »
　I. Les fermiers généraux. — II. Banquiers, fournisseurs, acquéreurs de biens nationaux, système de Pitt et Castlereagh. — III. Opérations d'emprunts et de bourses depuis 1785. — IV. Grandes compagnies industrielles et commerciales.
— La présidence du conseil de M. Guizot et la majorité de 1847, par un homme d'Etat. In-8. 5 »
— Les diplomates et hommes d'Etat européens. 4 vol. in-8. 30 »
　Tome I : Le prince de Metternich ; — le comte Pozzo di Borgo ; — le prince de Talleyrand ; — le duc Pasquier ; — le duc de Wellington ; — le duc de Richelieu ; — le prince de Hardenberg ; — le comte Nesselrode ; — lord Castlereagh.
　Tome II : Sir Robert Peel ; — le comte Molé ; — le comte Capo d'Istria ; — le comte Rayneval ; — le secrétaire d'Etat Conzalvi ; — M. Guizot ; — M. de Gentz et M. Ancillon ; — le comte de Laferronnays ; — le prince de Lieven ; — le duc de Gallo ; — le duc de Broglie ; M. Martinez de la Rosa.
　Tome III : Lord Palmerston ; — M. Casimir Périer ; — MM. Guillaume et Alexandre de Humboldt ; — le duc de Decazes ; — le cardinal Pacca ; — M. de Villèle ; — les comtes Kollowrath, d'Appony, Ficquelmont et Bellinghausen ; — M. de Barante ; — le comte de Toreno ; — les comtes Czernitscheff et Orloff.
　Tome IV : Le marquis de Normamby ; — le duc de Mortemart ; — le baron de Thugut et le comte de Stadion ; — M. de Martignac ; — le roi Léopold ; — le duc de Bassano ; — le comte d'Aberdeen ; — le maréchal comte Sébastiani ; — les comtes de Lœvenhielm ; — le comte de Sainte-Aulaire ; — le marquis de Palmel ; — le roi Frédéric-Guillaume IV ; — le pape Pie IX.
— Le cardinal Dubois. In-12. 3 50
— Les reines de la main droite. 3 volumes.
　1° Catherine de Médicis. In-12. 3 50
　2° Marie de Médicis. In-12. 3 50
　3° Anne d'Autriche. In-12. 3 50
— Les Reines de la main gauche. 6 volumes.
　1° Agnès Sorel. In-12. 3 50
　2° Diane de Poitiers. In-12. 3 50
　3° Gabrielle d'Estrées. In-12. 3 50
　4° Mademoiselle de La Vallière. In-12. 3 50
　5° Madame de Pompadour. In-12. 3 50
　6° Madame Du Barry. In-12. 3 50
— Louis XV. In-12. 3 50
— Le maréchal de Richelieu. 12. 3 50
— Louis XVI. In-12. 3 50

Chez Amyot, entre 50 et 60.

CAPELLAN. Vida de la gloriosa santa Rosa de santa Maria, traducida del italiano. In-32, Mezin, 54.
CAPELLE (l'abbé). Histoire complète et officielle des fêtes qui ont eu lieu en 1854, à l'occasion du sixième jubilé séculaire de N.-D. de la Treille. In-8, Lille, Lefort, 54. 5 »
— Notre-Dame de Cambrai. In-8 (Cambrai, Carion), 52.
— Sainte Hiltrude de Lieissies, sa vie, son culte, etc. In-8, Cambrai, Carion, 57.
— Id. In-18, Cambrai, Carion, 57.

CAPELLE (l'abbé). Souvenir du jubilé séculaire du saint-sacrement de miracle, célébré à Douai en 1855. In-8, (Douai, d'Aubers), 55.
— Souvenir du 4e jubilé séculaire de Notre-Dame-de-Grâce de Cambrai, 1852. In-18, Gaume, 52.
— Vie du cardinal Giraud, archevêque de Cambrai. In-8, Lille, Lefort, 52.   4 »
CAPELLE (P.). L'amitié, Discours en vers libres. In-8, Amyot, 50.   1 »
CAPENDU (E.). Le capitaine La Chesnaye, 11 vol. in-8, Cadot, 60.   82 50
— Id. 5 vol. in-12, Cadot.   17 50
— Les colonnes d'Hercule. In-12, Cadot, 60.   1 »
— Marcof le Malouin. 8 vol. in-8, Cadot, 59.   60 »
— Id. 4 vol. in-12, Cadot, 59.   14 »
— Les mystificateurs. In-12, Cadot, 60.   1 »
— Le Pré-Catelan. 3 vol. in-8, Cadot, 58.   22 50
— Id. 2 vol. in-12, Cadot, 58.   7 »
— Les Rascals. 4 vol. in-8, Cadot, 60.   30 »
— Id. 2 vol. In-12, Cadot, 60.   7 »
— Surcouf. 2 vol. in-8, Cadot, 59.   15 »
— Id. In-12, Cadot, 59.   3 50
CAPETTE (J.). Géographie physique et historique de la France. In-12 (Reims, Maréchal-Gruat), 52.
CAPETTE (N. S.). Grammaire élémentaire, théorique et pratique, spécialement destinée aux élèves du second âge. In-12, Artaise le Viviers, chez l'auteur, 55.
CAPMEIL (l'abbé). La conversation du ciel sur la terre. In-16, Périsse, 58.   2 50
CAPPONI Tracé à la salle des bâtiments de mer, d'après devis. In-8 (Toulon, Ve Baume), 50.
CAPRICE (le). Journal des modes. In-4, trois fois par mois; 25e année (64, rue Sainte-Anne), 60.
                                           Prix annuel. 22 »
CAPRON (F.). Manuel du fabricant de bleus. In-24, Roret, 58.   1 50
CAPRON (l'abbé P. J.). Orthopédie anglaise. In-12 (Soissons, Fossé-Darcosse), 56.
CAPTIF (le), suivi des aventures d'un jeune sauvage. In-12, Limoges, Barbou, 57.
CAQUERAY (Ch. de). De l'alliance entre la monarchie héréditaire. In-8, Allouard, 51.   5 »
— De l'union intime de la foi catholique et de la foi monarchique en France. In-18, Allouard, 50. » 75
CAQUOT. Des reprises de la femme sous le régime de la communauté. In-8 (Brière), 54.
CAQUOT. Sur l'ouvrage de M. Roux Ferrand, intitulé : Histoire des progrès de la civilisation en Europe, depuis l'ère chrétienne jusqu'au XIXe siècle. In-8 (Châlons, Laurent), 56.
CARAFFA (V.). Bouquet de myrrhe, trad. par Nouet. In-18 (Tournai), Lethielleux, 58.   1 »
CARAGUEL (C.). Le bougeoir, comédie. In-8, Giraud et Dagneau, 52.   » 60
CARAMAN (le comte G. de). Les États-Unis il y a quarante ans. In-18, au bureau de la revue contemporaine, 54.
— Fragments des mémoires du duc de Caraman, ancien ambassadeur; extraits de 5 numéros différents de la revue contemporaine, des années 1852 et 1853, au bureau de la revue contemporaine, 52-53.
— Lettre au sujet des mémoires d'outre-tombe. In-8 (Bailly), 50.
— Quelques mots sur les affaires de Hollande en 1840. In-8 (Brière), 56.
CARAMAN (le duc de). Charles Bonnet, philosophe et naturaliste; sa vie et ses œuvres. In-12, Vaton, 59.
                                                 4 »
— Etudes critiques de philosophie, de sciences et d'histoire. In-18, Ladrange, 51.   3 50
CARASSUZA (J.). Epître à M. de Lamartine au sujet de son histoire de la Turquie. In-8, Garnier fr., 58.
                                                 » 60
CARATHÉODORY (C.). Observations de deux cas de taille par le procédé bilatéral de Dupuytren. In-8 (Malteste), 50.

CARAYOL (A.). Précis de l'histoire de l'éloquence. In-18, Cahors, Ve Richard, 55.
CARBASSE. Deux lettres sur l'ophthalmologie. In-8 (Nantes, Ve Mangin), 57.
CARBO (P.). Question entre l'Angleterre et les Etats-Unis sur l'Amérique centrale. In-8 (Blondeau), 56.
CARBONNAUX (C.). La table à rallonges, chanson, paroles et musique. In-8, Kilian (14, galerie de l'Horloge, passage de l'Opéra), 56.
CARBONNEL (C. de). La question italienne jugée par les boursicotiers. In-8, Ledoyen, 59.   1 »
CARBUCCIA (J. L.). Armée d'Algérie. Du dromadaire comme bête de somme et comme animal de guerre, etc. In-8, Dumaine, 52.   4 »
CARCADO (la comtesse de). L'âme unie à Jésus-Christ. In-12, Tours, Mame, 56.   1 »
CARCANO (G.). Othello. In-8, Michel Lévy fr., 57.
                                                 2 »
CARCASSONNE (A.). Premières lueurs, poésies. In-8, Dentu, 52.
CARDELLI (P. de). Grammaire de la langue italienne, revue par Maillet. In-12 (Lyon), Lecoffre, 51. 1 20
CARDON (E.). Biographies contemporaines. Algérie et colonies, t. I, 1re livr., Abd-el-Kader. In-8, au bureau de l'Algérie agricole (31, rue de Beaune), 60. » 50
— Les chemins de fer de l'Algérie. In-8, Rouvier, 59.
— Etude sur l'agriculture et la colonisation de l'Algérie. In-12, Lacroix, 60.   1 50
CARÉ (M.) et Barbier. Les amoureux sans le savoir, comédie. In-12, Michel Lévy fr., 50.   » 60
— Voy. aussi - Barbier (J.).
CARÊME (A.). L'art de la cuisine française au XIXe siècle. 5 vol. in-8, Garnier.   42 50
        Les tomes IV et V sont composés par Plumerey et se vendent seuls.   16 »
CARÊME (P.). Le dîner politique, pièce en vers. In-8, Garnier, 50.
CARÉNOU (A.). Jane Gray, drame historique. In-8, Montauban, Verdier, 50.   1 »
CARESME (J. E.). Théorie de la divisibilité et de l'indivisibilité des obligations. Thèse. In-8 (Thunot), 54.
CARETS (E.). Le grand secrétaire général français. In-18, Montbéliard, Deckherr, 56.
CARETTE (B.). Le dentiste de la maison. In-18, Valence, Combier, 53.
CARETTE (le capit.) et Rozet et Marcel. Alger, Tunis, Tripoli et Fezzan. In-8, Didot, 53.   6 »
CARION (l'abbé A.). Enseignement méthodique de la versification française. In-12, Lethielleux, 60. 1 25
— Traité élémentaire de logique, ou l'art de penser. In-18, Lethielleux, 60.   1 50
CARION (H.). Fêtes du jubilé séculaire de Notre-Dame-de-Grâce de Cambrai. In-16 (Cambrai, Carion), 52.
— L'image de Notre-Dame-de-Grâce, poëme. In-8 (Carion), 54.
— Lettre sur l'évocation des esprits. In-32, Dentu, 53.
                                                 2 »
— Les mémoires d'un domestique. In-12 (Cambrai, Carion), 57.
— Poëmes couronnés au concours séculaire de Notre-Dame-de-Grâce. In-8 (Cambrai, Carion), 53.
— Voyage à Wiesbaden. In-8, Dentu, 50.
CARIOT. - Voyez - Chirat.
CARISTIE (A.). Monuments antiques à Orange. In-folio, Rapilly, 58.   150 »
CARLE (A.). Nouvelles marseillaises. In-12 (Marseille, Barlatier-Faissat et Demonchy), 56.
CARLE (H.). Alliance religieuse universelle. Essai sur les moyens de rapprocher toutes les croyances. In-8, chez l'auteur (2, rue de l'Ecole-de-Médecine), 60.
CARLÉN (Mme Emilie Flygare). Alma, ou la fiancée de l'Omberg, trad. du suédois. 2 vol. in-16, Bruxelles, Schnée, 58.
— Un an de mariage, trad. du suédois. 2 vol. in-16, Bruxelles, Schnée, 58.   3 »

CARLÉN (Mme Émilie Flygare). Une femme capricieuse, trad. du suédois par Mlle du Puget. 2 vol. in-16 (chez Mlle du Puget), 59. 7 »
— Deux jeunes femmes, ou un an de mariage, trad. du suédois. In-12, Michel Lévy fr., 58. 1 »
— La famille de la vallée; mademoiselle Nanny. In-16, Bruxelles, Schnée, 59. 1 »
— Les frères de lait, trad. du suédois. 2 vol. in-16, Bruxelles, Schnée. 58. 2 »
— Gustave Lindorm, trad. du suédois par Ebingre. 4 vol. in-18, Bruxelles, Lebègue, 59. 5 »
— La tour de la Vierge, trad. par O'Squarr. 4 vol. In-32, Bruxelles, Lebègue, 60. 4 »

CARLES. Album de filets grecs pour cinquante-six encadrements. In-4 (Carles), 51.
— Cahier d'écritures à l'endroit et à rebours. In-oblong, chez l'auteur (12, rue Jean-Jacques-Rousseau), 52.

CARLET (J.). Géologie et minéralogie de la Côte-d'Or. In-8, Dijon, Lamarche et Drouelle, 52.
— Traité élémentaire des roches. In-8, Dunod, 51.

CARLIER. Le barbier de Bagdad, ou le fils du calife, opéra-comique, musique de Crispin. In-18 (Dunkerque, Vanderest), 54.

CARLIER. Documents fournis par le préfet de police au conseil municipal de Paris et à la commission d'enquête de l'assemblée nationale sur le commerce de la viande. Petit in-folio (Imprimerie Impériale), 51.

CARLIER (A.). Le mariage aux Etats-Unis. In-12, Hachette, 60. 2 »
— Paquerettes, en vers. In-8, Ledoyen, 55.

CARLIER (J. J.). Les institutions sociales étudiées dans les édifices religieux. In-12, Didron, 60. 3 »

CARLOTTI (R.). Traité élémentaire de pratique agricole. In-12 (Ajaccio, Marchi), 54.

CARMAGNOLLE (l'abbé J.). Nouvelle réfutation de l'Emile de J. J. Rousseau. In-8, La Moure près Garde Freinet, départ. du Var, chez l'auteur, 60. 7 »

CARMENTREZ (J. B.). Mnémonie méthodique. In-12, Metz, Alcan, 51.

CARMICHAEL et Vidal. Emploi de l'acajou de Honduras dans les constructions navales. In-4 (De Mourgues), 57.

CARMIGNAC-DESCOMBES. Mémoires sur les subsistances et l'enseignement agricole. In-8 (Poitiers, Bernard), 55.

CARMOLY (E.). La famille Almosnino. In-8, chez M. Bloch (38, rue des Martyrs), 50.

CARMOUCHE. Le théâtre en province. In-12, Michel Lévy fr., 59. 3 »
— et d'Avrecour et Nyon. Monsieur de la Palisse, vaudeville. In-12, Michel Lévy fr., 54. » 60
— et Clairville. Les nains du roi, ou les mystifications, vaudeville. In-8, Beck, 50. » 50
— et Clairville. Les prémices d'un grand homme, petite pantomime. In-12, Beck, 50. » 60
— et Gabriel. Les barrières de Paris, drame. In-12, Michel Lévy fr., 52. 1 »
— et Vanderburck. Une maîtresse femme, comédie. In-12, Giraud et Dagneau, 51. » 60
— et Vermond. Colombine, ou les sept péchés capitaux, comédie-vaudev. In-12, Michel Lévy fr., 50. 1 »
— et Vermond. Jean le postillon, pièce. In-4, Michel Lévy fr., 54. » 20
— Id. In-12, Michel Lévy fr., 51. » 60
— et Vermond. Scapin, pièce. In-4, Michel Lévy fr., 54. » 20
— Id. In-12, Michel Lévy fr., 52. » 60
— Voyez - Dupin et aussi Mélesville.

CARNAUDET (J.). Géographie historique, industrielle et statistique du départ. de la Haute-Marne. In-12, Chaumont, Simonnot, 60. 3 50
— Notice historique sur Edme Bouchardon. In-8, Techener, 55.
— Notice sur le bréviaire d'Abailard. In-8, Techener, 55.

CARNAUDET (J.). Tablettes historiques du départ. de la Haute-Marne. In-8, Techener, 56.
— La vie et passion de Mgr sainct Didier, martir et évesque. In-8, Techener, 55. 6 »

CARNÉ (le comte L. de). Un drame sous la terreur. In-12, Michel Lévy fr., 58. 1 »
— Les fondateurs de l'unité française. 2 vol. in-8, Didier et Cⁱᵉ, 56. 14 »
— Histoire du gouvernement représentatif en France, de 1789 à 1848. 2 vol. in-8, Didier et Cⁱᵉ, 55. 14 »
— La monarchie française au XVIIIᵉ siècle. Etudes historiques sur les règnes de Louis XIV et de Louis XV. In-8, Didier et Cⁱᵉ, 59. 7 »

CARNEL (l'abbé D.). Chants liturgiques d'Adam de la Bassée. In-8 (Gand), Aubry, 58. 2 »
— Réflexions sur l'histoire de l'harmonie au moyen âge, de Coussemaker. In-8, Lille, Vanackère, 56.
— Les sociétés de rhétorique et leurs représentations dramatiques. In-8, Aubry, 60. 2 50

CARNET à l'usage des ingénieurs, 11ᵉ édit. In-12, Lacroix et Baudry, 59. 3 »

CARNOT (H.). Analyse de l'influence exercée par la variole ainsi que la réaction vaccinale sur les mariages et les naissances, sur la mortalité et la population de chaque âge en France, pour faire suite à l'ouvrage de Duvillard et servir de complément à l'essai de mortalité comparée. In-8 (Autun, Dejussieu), 51.
— Fragment des mémoires de Carnot. In-8 (Pillet), 57.
— Mouvement de la population féminine de Paris, de 1813 à 1855. In-8 (Moquet), 57.
— Petit traité de vaccinométrie. In-8 (Moquet), 57.
— Le siège d'Anvers en 1814. In-8 (Pillet), 57.

CARO (E.). Du mysticisme au XVIIIᵉ siècle. Essai sur la vie et la doctrine de saint Martin, le philosophe inconnu. In-8, Hachette, 52.
— Du scepticisme actuel. Discours. In-8 (Angers, Cosnier), 51.
— Etudes morales sur le XIXᵉ siècle. In-8, au bureau de la revue contemporaine, 54.
— Etudes morales sur le temps présent. In-12, Hachette, 55. 3 50
— Examen des œuvres de F. Ozanam. Un apologiste chrétien au XIXᵉ siècle. Frédéric Ozanam. Œuvres complètes de F. Ozanam, avec une préface, par Ampère. In-8, au bureau de la revue contemporaine, 56.
— Saint Dominique et les dominicains. In-16, Hachette, 53. 1 »

CAROF (J.). De l'épatite observée à la Martinique. In-4 Baillière et fils, 53. 1 50

CAROFF. Leçons d'arithmétique professées en 1833 et 1834 à l'école normale primaire de Rennes, par Rallier et Dessay, rec. et mises en ordre par un de leurs élèves. in-12 (Brest, Anner), 54.

CAROLINE, ou le modèle des petites écolières. In-18, Tours, Mame, 57.

CARON. Les cheveux de Mariette. In-18 (Delcambre), 55.

CARON. Manuel du liquoriste. In-8, chez l'auteur (8, rue de la Bourse), 52. » 50

CARON. Notice sur l'horlogerie française au palais de l'industrie. Exposition de 1855. In-12 (Gaittet), 55. » 50

CARON et Cauvin. Un enfant du peuple. In-12 (Maulde), 51.

CARON (A.) et Sorlin. Les rois catholiques. In-8, Desloges, 60. 2 »

CARON (le doct. A.). Code des jeunes mères. In-8, Germer Baillière, 59. 3 50
— Observations sur le traitement du choléra par le vin de Colombo. In-8, au bureau de la gazette des hôpitaux, 54.

CARON (E.). La morale au coin du feu. In-12, Sarlit, 59. 2 »
— Premières lectures du jeune âge. In-18, Sarlit, 60. » 50

CARON (N. L.). Essai sur les subsistances militaires en France. In-8, Dumaine, 54. 5 »

CARON D'ARGYCOURT. Création de la banque hypothécaire de France. In-4, Chaix, 57. 2 »

CAROU (F. J.). Histoire de Pornic. In-8 (Nantes), Dumoulin, 59. 5 »

CARPANTIER. - Voyez - Pape-Carpantier.

CARPENTIER. Résumé des voyages dans les rivières de la Guyane. In-8 (P. Dupont), 57.

CARPENTIER (Mlle E.). Cent et un petits contes pour les enfants. In-18, Vermot, 60. Noir. 1 50 Col. 2 »

— La ménagerie des enfants. In-16, Vermot, 60. Noir. 1 50 Col. 2 »

— Les souvenirs de mon grand'père. In-4, Vermot, 60. Noir. 8 » Col. 15 »

CARPENTIER (l'abbé N. J.). Dictionnaire du bon langage. In-12, Liége, Grandmont-Donders, 60. 2 50

CARPENTIN (A.). Aperçu sur l'histoire philosophique des monnaies royales de France. In-8 (Marseille, Clappier), 53.

— Lettres sur l'histoire maritime de Marseille. In-8 (Marseille, Clappier), 55.

CARPON (C. J. A.). Voyage à Terre-Neuve. In-18 (Caen), Dutot, 53.

CARRA DE VAUX. Etude historique sur la question romaine. In-8, au bureau de la revue catholique, 60. » 50

CARRAGUEL (C.). Les soirées de Taverny. In-12, Michel Lévy fr., 54. 3 »

CARRATEYRON. Chansons par le chevalier B. de P. In-12, Marseille, Boy, 55.

CARRAUD (Mme Z.). Contes et historiettes à l'usage des jeunes enfants. In-12, Hachette, 58. 1 »

— Lettres de famille, ou modèles de style épistolaire, 2e édit. In-12, Hachette, 58. 1 »

— Maurice. In-12, Hachette, 57. 1 »

— La petite Jeanne, ou le devoir, ill. de 20 vignettes. In-12, Hachette, 58. 2 »

— Id. In-12, Hachette, 57. 1 »

CARRÉ (Achille). Essais poétiques. In-12 (Dijon, Loireau-Feuchot), 51. » 50

CARRÉ (Alfred.). De l'accession en droit romain. In-8 (Poitiers, Bernard), 56.

CARRÉ (J.). Le petit doigt de la comtesse, comédie. In-8, chez l'auteur, 58. 2 »

CARRÉ (M.). Faust et Marguerite, drame. In-12, Michel Lévy fr., 50. » 60

— Graziella. In-4, Michel Lévy fr., 57. » 20

— Les nuits d'Espagne, opéra-comique. In-18, Michel Lévy fr., 57. 1 »

— Psyché. In-18, Michel Lévy fr., 57. 1 »

— La rose de Saint-Flour, opérette. In-12, Mich. Lévy fr., 56. » 60

— La rose de Saint-Flour, opérette-bouffe. In-4, Michel Lévy fr., 56. » 20

— et Barbier. Le berceau, comédie. In-12. Michel Lévy fr., 56. 1 »

— et Barbier. Deucalion et Pyrrha, opéra-comique. In-12, Michel Lévy fr., 55. 1 »

— et Barbier. Fidelio, opéra. In-12, Michel Lévy fr., 60. 1 »

— et Barbier. Les marionnettes du docteur, drame. In-12, Michel Lévy fr., 52. 1 »

— et Barbier. Le mémorial de Sainte-Hélène. In-12, Michel Lévy fr., 52. 1 »

— et Barbier. Les noces de Jeannette, opéra-comique. In-12, Michel Lévy fr., 54. 1 »

— et Barbier. Le pardon de Ploërmel, opéra-comique. In-12, Michel Lévy fr., 59. 1 »

— et Barbier. Les sabots de la marquise, opéra-comique. In-12, Tresse, 54. » 60

— et Barbier. Valentine d'Aubigny, opéra-comique, musique de Halévy. In-12, Michel Lévy fr., 56. 1 »

— et Barbier et de Beauplan. L'amour mouillé, comédievaudev. In-12, Michel Lévy fr., 50. » 60

— et Barbier et Dumesnil. Henriette Deschamps, drame. In-12, Michel Lévy fr., 50. » 60

— et Battu, Jobin et Nanette. In-4, Michel Lévy fr., 54. » 20

CARRÉ (Michel) et de Chazot. Les fourberies de Mariette, opéra-comique. In-12, Michel Lévy fr., 58. » 60

— et Narrey. Yvonne et Loïc, tableau villageois. In-18, Michel Lévy fr., 52. » 60

— et Verne. Le colin-maillard, opéra-comique. In-12, Michel Lévy fr., 53. » 60

— et Verne. Les compagnons de la Majorlaine, opéra-comique. In-12, Michel Lévy fr., 55. » 60

— Voyez aussi — Barbier, Barrière et de Leuven.

CARRÉ DE BUSSEROLLE (J. X.). Mémoires chronologiques, archéologiques et héraldiques. In-8 (Rouen, Renaux), 53.

— Notes, fragments et documents pour servir à l'histoire de Tourraine. In-8 (Tours, Ladevèze), 56.

— Recherches historiques sur l'ancienne baronnie de Préuilly. In-8, Tours, Cattier, 53.

CARREAU (P.). Dessein de l'histoire du pays et duché de Lorraine. In-4 (Tours, Ladevèze), 56.

CARRÉE (A.). L'art d'apprendre à écrire. In-4, Toulon, chez l'auteur, 58. 5 »

CARREL (A.). Œuvres littéraires et économiques, publ. par Romey et Littré. In-12, Guillaumin, 54. 2 »

— Œuvres politiques et littéraires, publ. par Littré et Paulin. 5 vol. in-8. Chamerot, 50 à 58. 25 »

CARRÈRE (F.). et Holle. De la Sénégambie française. In-8, Didot, 55. 7 »

CARRÈRE (Mme Z.). L'album de mai. Paraphrase en vers des litanies de la sainte Vierge, musique de Peyreville. In-16, Toulouse, Bourdin, 56.

— L'excès en tout est un défaut, proverbe. In-12, Toulouse, Bourdin, 57.

— Les jeudis de la bonne tante, ou petit manuel de morale. In-12, Auxerre, Gallot, 51.

CARREY (E.). L'amazone. Huit jours sous l'équateur. In-12, Michel Lévy fr., 60. 1 »

— Id. Les métis de la Savane. In-12, Michel Lévy fr., 60. 1 »

— Id. Les révoltés du Para. In-12, Michel Lévy fr., 60. 1 »

— Histoire et mœurs kabyles. In-12, Michel Lévy fr., 60. 1 »

— Récits de la Kabylie. In-12, Michel Lévy fr., 60. 1 »

— Scènes de la vie en Algérie. In-12, Michel Lévy fr., 60. 1 »

CARRIÉ (J. B.). Navigation aérienne, ou direction des aérostats. In-8 (Delacombe), 53.

CARRIÈRE (l'abbé B.). Pèlerinage à Saint-Jean-de-Ponlat. In-8, Toulouse, Donladoure, 54.

CARRIÈRE (le colonel). Forces militaires de l'Autriche. In-8, Dumaine, 53. 1 50

CARRIÈRE (le doct.). Les cures de petit lait et de raisin en Allemagne. In-8, Masson et fils, 60. 4 50

— Recherches sur les eaux minérales sodo-bromurées de Salins. In-12, Germer Baillière, 56. 1 50

CARRIÈRE (D.). Œuvres choisies. In-18 (Mirecourt, Hambert), 53 à 55.

CARRIÈRE (E. A.). Entretiens familiers sur l'horticulture. Généralité. In-12, chez l'auteur (53, rue de Buffon), 60. 3 50

— Guide du jardinier multiplicateur. In-12, Libr. agricole, 56. 3 50

— Pépinières. In-12, Libr. agricole, 55. 1 25

— Traité général des conifères. In-8, chez l'auteur, 55.

CARRIÈRE (L. de). Les fiefs nobles de la baronnie de Cossonay. Etude féodale. livr. Ire. In-8, Lausanne, Bridel, 58. 9 »

CARRO. Voyage chez les Celtes, ou de Paris au Mont-Saint-Michel. In-8, Durand, 57. 5 »

CARRON (l'abbé). Conduite d'une dame chrétienne pour vivre saintement dans le monde. In-32, Douniol, 54. 1 50

— La religion catholique. In-12, Douniol, 60. 1 »

CARRON (l'abbé). Une héroïne chrétienne, ou vie de Anne Félicité des Nétumières, suivie de Marie-

CASPARY. Les nymphéacées fossiles. In-8 (Martinet), 57.

CASSAGNAOU (B.). Mas fantesios. In-8, Montauban, Forestié père et fils, 56. 2 »

— Las tribulatious d'un médecin de campagno, pouëmo (extrait de l'ouvrage ci-dessus). In-8, Montauban, Forestié père et fils, 56. » 60

CASSAGNE (A.). La perspective du paysagiste, vingt planches lithographiées, avec texte explicatif. In-folio, A. Morin, 60. 10 »

CASSAIGNES. Plans proposés pour l'amélioration du port de Cette. In-8 (Walder), 57.

CASSAN (D. C.). Lei Noué. In-8 (Avignon, Bonnet fils), 53.

— Lou Darnié Pla. In-8 (Avignon, Bonnet fils), 50.

CASSAN-FLOYRAC (l'abbé). Le rationalisme devant la raison. In-8, Dentu, 58. 3 »

CASSAN-FLOYRAC. - Voy. - Lecourtier.

CASSANAC (E.). Abrégé d'arithmétique pure et appliquée. In-8, Dujardin, 59. 2 »

CASSASSOLES (F.). Le guide pratique du juge d'instruction. In-8, Auch, Foix, 55.

CASSE (V.). Guide des emprunteurs au crédit foncier. In-12, chez Maisonnet (68, rue de Seine), 53. 1 50

CASSE (A. du). Du soir au matin, scènes de la vie militaire. In-8, Libr. nouvelle, 52.

CASSE (A. du). - Voy. - Beauharnais, Du Casse et Joseph.

CASSES (A.). Quelques considérations pratiques sur l'hygiène militaire. Thèse. In-4 (Strasbourg, veuve Berger-Levrault et fils), 56.

CASSEUX (F. J.). Grammaire française complète. In-plano (Wittersheim), 50.

CASSIAT (P. E. A.). Droit romain : solutio matrimonio. Droit français : du contrat de mariage. Thèse. In-8 (Mourgues), 56.

CASSIGNOL. Recueil de chansons nouvelles. In-12, Carcassonne, Pomiès, 57.

CASSINI (le comte de). Les veillées du village. In-18, Lille, Lefort, 53.

CASSINI. - Voy. Cerutis.

CASSIUS (Dion). Histoire romaine, texte et traduction française, par Gros, t. I à V. In-8, Didot, 50 à 60. Chaque vol. 10 »
L'ouvrage formera 7 volumes

CASTAGNARY. Philosophie du salon de 1857. In-12, Poulet-Malassis, 58. 2 »

CASTAIGNE (J. F. E.). Essai d'une bibliothèque historique de l'Angoumois. In-8 (Angoulême, Lefraise), 54.

— Rerum engolismensium scriptores. In-8, Angoulême, Grobot, 54.

— Six chansons populaires de l'Angoumois. In-8 (Angoulême, Lefraise), 56.

— Vie de Jean d'Orléans, dit le Bon. In-8 (Angoulême, Lefraise), 56.

CASTAING. Au Christ ressuscité, l'hymne d'un croyant. In-8 (Poitiers), Palmé, 57.

CASTAING (A.). Le cantique des cantiques, ou l'amour et la poésie dans l'antiquité sacrée. In-8, Challamel, 60. 1 »

CASTAING (le doct. Z.). Qu'est-ce que l'homœopathie ? In-8, Baillière et fils, 53.

— Vérité de l'homœopathie. In-8, Baillière et fils, 53. 2 50

CASTAN (l'abbé E.). Elévations sur la vie de la Mère de Dieu. In-8, Douniol, 53. 1 50

— Exposition du mystère de la souffrance. In-12, Douniol. 1 50

— Histoire de la vie et de la mort de Mgr Affre. In-18, Vivès, 55. 3 50

— Méditations sur la passion. In-12, Sarlit, 57. 1 50

— Nouvelles méditations pour le mois de Marie. In-12, Vivès, 54. 2 »

CASTAN. - Voy. - Nicolaï.

CASTANIÉ (de). Guide de Vichy au Mont-Dore. In-18, Chaix, 54. 1 »

CASTANIER. Tarif d'après le système métrique. In-12, Beaucaire, chez l'auteur, 52.

CASTEL. Relation et retraite des Arapiles. In-8 (Toulouse, Cazaux), 54.

CASTEL (E.). Essai sur l'utilité et la nature d'une confession de foi. Thèse. In-8 (Toulouse, Chauvin), 53.

— Les huguenots et la constitution de l'église réformée de France en 1559. In-12, Grassart, 59. 2 50

CASTEL (P. A.). Rapport sur l'exposition universelle de Londres. In-8 (Bayeux, Duvant), 51.

— Voyage agronomique descriptif et archéologique dans le centre et dans l'est de la France. In-8 (Bayeux, Duvant), 51.

CASTELA (J.). Mous Farinals, pouësios patouésos. In-8 (Montauban, Forestié neveu), 50. 2 »

CASTELBON. Méthode d'enseignement élémentaire, 1re part. In-12, Béziers, Bertrand, 56. 3 »

— Id. Corrigé des devoirs. In-12. 1 »

CASTELDO (D. J.). Florès del siglo. Album de poesias. In-12, (Dubuisson), 53.

CASTELLAN (F.). Le roi des albums, grand magasin d'images. In-4, au bureau du journal amusant, 60. 8 »

CASTELLAN. - Voyez aussi - Morale (la) en images.

CASTELLANE (le comte P. de). Nouvelles et récits. In-12, Hachette, 56. 1 »

— Souvenirs de la vie militaire en Afrique. In-18, Hachette, 56. 3 50

CASTELLANOS (A.). Simple notice sur le Rio de la Plata. In-8, Dunkerque, aux bureaux de l'agence d'émigration (2, place Napoléon), 55.

CASTELLAR (J.). Nuevo compendio de la historia de España. In-12, Truchy, 52. 5 »

— Nueva floresta espanola. In-18, Truchy, 53.

CASTELLI. Visite à l'image miraculeuse de la Vierge de Rimini. In-4 (Gratiot), 50.

CASTELNAU. Histoire naturelle des insectes coléoptères. 4 vol. in-8, à la société bibliophile (98, rue de Vaugirard), 50.

CASTELNAU (A.). La renaissance en Italie; Zamzara. 2 vol. in-12 (Bruxelles), Bohné, 60. 7 »

CASTELNAU (le comte F. de). Expédition dans les parties centrales de l'Amérique du sud, de Rio-de-Janeiro à Lima, et de Lima au Para; exécutée par ordre du gouvernement français, pendant les années 1843 à 1847.

Cet ouvrage forme sept parties séparées :

1re Histoire du voyage, 6 vol. in-8, avec carte. 45 »

2e Vues et scènes. Gr. in-4, avec 60 planches. 90 »

3e Antiquités des Incas et autres peuples anciens. Gr. in-4, avec 60 planches. 90 »

4e Itinéraires et coupe géologique. Gr. in-folio, avec 76 cartes double format. 253 50

5e Géographie. Gr. in-folio, avec 30 cartes double format. 210 »

6e Botanique, ou Chloris Andina. 2 vol. in-4, avec 96 planches, en 16 livraisons. 12 50

7e Zoologie, ou animaux nouveaux et rares. 3 vol gr. in-4, avec 180 pl., en 30 livraisons. 15 »

Chez P. Bertrand, entre 50 et 60.

— Renseignements sur l'Afrique centrale et sur une nation d'hommes à queue qui s'y trouverait. In-8, P. Bertrand, 51. 3 50

CASTELNAU (H. de). Essai physiologique sur la législation. Premier essai. De l'interdiction des aliénés. Gr. in-8, Durand, 60. 7 »

— Sur un projet de caisse de prévoyance imaginé par Dorvault. In-18, au bureau du moniteur des sciences médicales. » 60

CASTELNAU (J.). Lettre à M. T., à Avignon, suivie de nouveaux documents sur la vie de Jean Althen. In-8 (Avignon, Jacquet), 53.

— Mémoire historique et biographique sur l'ancienne société royale des sciences de Montpellier. In-4, Montpellier, Bœhm, 58. 5 »

CASTELNAU (J.). Notes et souvenirs de voyages. 2 vol, in-18, Montpellier, Bœhm, 57.

— De la poésie descriptive. In-8, Hachette, 59.　2 50

CASTELNAU (L.). Etudes pratiques sur les mathématiques appliquées. In-8, Durand, 55.　2 »

— Précis des leçons préparatoires au baccalauréat ès sciences physiques. In-18, Arth. Bertrand, 51.　5 »

CASTELNAU (M. de). Essai critique sur la religion naturelle de Jules Simon. In-12, Sarlit, 58.　1 50

CASTELS (l'abbé). Profession religieuse de Hermann Cohen, en religion frère Augustin, du très-saint-sacrement, et profession religieuse de la sœur Marie Guridi. In-8, au bureau de l'enseignement catholique (25, rue Cassette), 54.

CASTERMANS (A.). Parallèle des maisons de Bruxelles et des principales villes de la Belgique construites depuis 1830 jusqu'à nos jours. Ire série composée de 120 pl. gravés. In-folio (Liége), E. Noblet, 50 à 57.　100 »

— Id. IIe série, livr. 1 à 12. In-folio. E. Noblet, 58 à 60.　Chaque livraison. 3 »
　La IIe série formera 24 livraisons.

CASTETS. Le choléra à Nay en septembre 1855. En vers. In-8 (Pau, Tonnet), 56.　» 50

CASTETS (J.). Le poëme sacré, en dix chants, suivi de notes établissant la concordance entre l'ancien et le nouveau testament. In-8 (Lacour), 52.

— Voyage poétique de LL. MM. II. à Saint-Sauveur. In-8, Tarbes, Perrot-Prat, 60.　3 »

CASTEX (G. H. de). Aperçu du corps impérial d'état-major français et de son école d'application. In-8, Bossange, 53.

CASTHELAZ (J.). Etudes sur le lactate de zinc. Thèse. In-4 (Thunot), 56.

CASTI (J. B.). Los animales parlantes, poema vertido del italiano en rima castellana, por D. L. Maneyro. In-8 (au Havre, Lemale), 52.

CASTIGLIA. Dante Alighieri. In-8, Dentu, 57.

CASTIL-BLAZE (F. H. J.). L'art des vers lyriques. In-8, Delahays, 58.　2 50

— Le barbier de Séville, opéra-comique. In-8, Tresse, 57.

— Bernabo, opéra bouffe, d'après Molière, paroles ajustées sur la musique de Cimarosa, Paesiello, etc. In-8, chez l'auteur (9, rue Buffault), 56.　» 50

— Molière musicien. 2 vol. in-8, chez l'auteur, 52.　15 »

— Sur l'opéra français. Vérités dures mais utiles. Prélude et cadence finale de l'opéra italien de Paris, de 1548 à 1856. In-8, chez l'auteur, 56.　» 50

— Théâtres lyriques de Paris. Académie Impériale de musique. 2 vol. in-8, chez l'auteur, 55.　15 »

— Théâtres lyriques de Paris. L'opéra italien, de 1548 à 1856. In-8, chez l'auteur, 56.　7 50

CASTILLE (H.). Les ambitieux. 4 vol. in-8, chez Permain (30, rue Mazarine), 53.

— L'ascalante, suite des oiseaux de proie, ill. In-4, G. Barba, 52.

— Aventures imaginaires. In-18, Sartorius, 58.　1 »

— Blanche d'Orbe. 2 vol. in-18, Sartorius, 59.　2 »

— La chasse aux chimères, ill. In-4, G. Barba, 54.　» 50

— Les compagnons de la mort; espérance, ill. In-4, G. Barba, 54.　» 90

— Le contrebandier, ill. In-4, G. Barba, 54.　» 50

— L'excommunication. In-8, Dentu, 60.　1 »

— Histoire de ménage. Scènes de la vie réelle. In-16, Libr. nouvelle, 55.　1 »

— Histoire de la seconde république française, édition Lecou. 4 vol. in-8, Martinon, 54 à 56.　20 »

— Histoire de soixante ans, avec grav., t. I à III. In-8, Poulet-Malassis, 59-60.　Le vol. 5 »
　L'ouvrage aura 10 volumes.

— Les hommes et les mœurs en France sous Louis-Philippe. In-18, chez Henneton (9, rue Sainte-Anne), 54.

— Id. In-8, chez le même, 53.　5 »

CASTILLE (H.) Le markgrave des Claires, ill. In-4, G. Barba, 54.　» 70

— Napoléon III et le clergé. Gr. in-8, Dentu, 60.　1 »

— Les oiseaux de proie, ill. In-4, G. Barba, 52.

— Le pape et l'encyclique. In-8, Dentu, 60.　1 »

— Parallèle entre César, Charlemagne et Napoléon. In-8, Plon, 58.　5 »

— Portraits historiques au XIXe siècle, 1re série 50 numéros. In-32, Sartorius, 50 à 60. Chaque livr. » 60
　1 Napoléon III.
　2 Alexandre II.
　3 Cavaignac.
　4 Duchesse d'Orléans.
　5 Del Caretto.
　6 Drouin de Lhuys.
　7 Ledru-Rollin.
　8 Palmerston.
　9 Montalembert.
　10 Louis Blanc.
　11 Manin.
　12 Michelet.
　13 Victor Hugo.
　14 Saint-Arnaud et Canrobert.
　15 Espartero et O'Donnel.
　16 Talleyrand.
　17 Blanqui.
　18 Metternich.
　19 Louis-Philippe.
　20 Frédéric-Guillaume.
　21 Lamennais.
　22 Comte de Chambord.
　23 Guizot.
　24 Madame de Staël.
　25 Changarnier.
　26 Benjamin-Constant.
　27 Le prince A. Ghika.
　28 Chateaubriand.
　29 Béranger.
　30 Thiers.
　31 Armand Carrel.
　32 Lamartine.
　33 Rechid-Pacha.
　34 Paul-Louis Courier.
　35 Duchesse de Berry.
36 37 Napoléon Ier.
　38 Lamoricière.
　39 Jules Favre.
　40 Pie IX.
　41 Emile de Girardin.
　42 Proudhon.
　43 Lafayette.
　44 La reine Victoria.
　45 Edgard Quinet.
　46 Casimir Périer.
　47 Oscar Ier.
　48 Les journaux et les journalistes sous l'Empire et la Restauration.
　49 Les journaux et les journalistes sous le règne de Louis-Philippe.
　50 Les journaux et les journalistes depuis 1848 jusqu'à aujourd'hui.

— IIe série, no 1 à 29. In-32, Dentu, 59-60. Chaque livraison.　» 50
　1 Le maréchal Pélissier, duc de Malakoff.
　2 Le Père Enfantin.
　3 Le prince Napoléon-Bonaparte.
　4 Les princes de la famille d'Orléans.
　5 Berryer.
　6 De Morny.
　7 Villemain.
　8 Le maréchal Bosquet.
　9 Ferdinand II, roi de Naples.
　10 Le comte de Cavour.
　11 Les chefs de corps de l'armée d'Italie : les maréchaux Vaillant, Baraguay-d'Hilliers, Regnaud-de-Saint-d'Angely, Mac-Mahon, Niel.
　12 Garibaldi.
　13 Kossuth.

14 Victor-Emmanuel, roi d'Italie.
15 Eugénie, impératrice des Français.
16 Le prince Jérôme Bonaparte.
17 Baroche.
18 Mocquard.
19 Mazzini.
20 François-Joseph.
21 Le roi Léopold.
22 Mgr Dupanloup.
23 Le vicomte de la Guéronnière.
24 Fould.
25 Rouland.
26 Le cardinal Antonelli.
27 Pimodan.
28 Le Père Félix.
29 Les frères Péreire.

CASTILLON (A.). Chasses en Afrique, avec grav., par Adam. In-4 oblong, Courcier, 58.   Noir. 8 »
                                                       Col. 11 »
— Nouvelle chasse aux papillons, avec 12 planches coloriées. Gr. in-8, Courcier, 58.   14 »
— Les expériences récréatives, ou la physique en action. Gr. in-16, Bedelet, 52. Noir. 4 » Col. 5 25
— Le naufrage pour rire. In-4, Courcier, 57.   5 »
— Le Robinson du bois de Boulogne, avec grav., par Bertrand. In-4, Courcier, 58.   Noir. 6 »
                                                       Col. 9 »
CASTILLON (H.). Les bains d'Andinac et le pays du Couserans. In-8, Toulouse, Ansas, 51.
— Histoire d'Ax et de la vallée d'Andorre. In-8, Toulouse, Ansas, 52.   2 »
— Histoire du comté de Foix. 2 vol. in-8 (Toulouse), Garnier, 52.
— Histoire spéciale et pittoresque de Bagnères de Luchon. In-8, Toulouse, Gimet, 52.   2 50
CASTILLON (L.). Poésies. In-12 (Toulouse, Desrues), 50.
CASTONNET. Aperçu des études médicales. Discours. In-8 (Angers, Cosnier et Lachèse), 53.
CASTOR (A.). Recueil de machines à draguer et appareils élévatoires. In-folio (Claye), 56.
CASTORANI (le doct. R.). Cause de la cataracte lenticulaire. In-8, Germer Baillière, 57.   1 25
— De la kératite et de ses suites. In-8, Germer Baillière, 56.   3 »
— Mémoire sur la photographie. In-8, Germer Baillière, 56.   » 75
CASTRO (J. E. J.). L'hygiène dans la nourriture et dans la gymnastique. In-12, au bureau du moniteur de la toilette, 60.   » 50
CASTRO (M. F. de). L'électricité et les chemins de fer. 2 vol. in-8, Lacroix, 59.   16 »
CATALA. Essai sur l'hygiène des gens de lettres. In-4, Rignoux, 57.   3 50
CATALA. Éléments d'arithmétique. In-12, Auch, Foix, 57.
CATALAN (Etienne). Fables et fabliaux. In-12, Renouard, 51.   3 50
— Manuel des honnêtes gens; philosophie pratique de Montaigne. In-12, Renouard, 50.   3 »
CATALAN (Eugène). Arithmétique et algèbre (baccalauréat ès sciences complet). In-12.   2 »
— Arithmétique, algèbre et géométrie (baccalauréat ès sciences restreint). In-12.   2 »
— Cosmographie (baccalauréat ès sciences complet). In-12.   2 50
— Cosmographie et mécanique (baccalauréat ès sciences restreint). In-12.   2 »
— Géométrie, trigonométrie et mathématique appliquées (baccalauréat ès sciences complet). In-12.   2 50
— Mécanique (baccalauréat ès sciences complet). In-12.   3 »

Chez Delalain, entre 1850 et 1860.

— Manuel des candidats à l'école polytechnique.
     T. I. Algèbre, trigonométrie, géométrie analyti-

que à deux dimensions. In-18, Mallet-Bachelier, 57.
                                                       5 »
     T. II. Géométrie analytique à trois dimensions, mécanique. In-18, Mallet-Bachelier, 58.   4 »
CATALAN (Eugène). Notions d'astronomie. In-32, Pagnerre, 60.   » 50
— Théorèmes et problèmes de géométrie élémentaire. In-8, Dunod, 57.   6 »
— Traité élémentaire de géométrie desciptive, 2 part. In-8, Dunod, 57.
     On vend séparément :
     1re partie, la ligne droite et le plan. In-8 et atlas.
                                                       4 »
     2e partie, problèmes sur les surfaces. In-8 et atlas.
                                                       4 »
— Traité élémentaire des séries. In-8, Leiber et Faraguet, 60.   5 »
— Momenheim. Solution des problèmes. In-12, Dunod.
                                                       3 25
— Voyez - Langlebert, Momenheim.
CATALANO (J.). Pontificale romanum in tres partes distributum, Clementis VIII ac Urbani VIII auctoritate recognitum, nunc primum prolegomenis et commentaris illustratum. 3 vol. in-4, Jouby, 50 à 52.
                                                       60 »
CATALOGUE de la bibliothèque impériale, publié par ordre de l'Empereur. Départements des imprimés. Catalogue de l'histoire de France, t. I à VIII. Gr. in-4, Didot, 50 à 60.   Le vol. 24 »
— des brevets d'invention délivrés. In-8 ; paraît tous les ans, Vᵉ Bouchard-Huzard.   Chaque année. 2 »
     Les années antérieures de 1845 sont meilleur marché.
— général des livres français, etc., qui se trouvent chez Barthès et Lowell, à Londres. In-8, à Paris, chez Barthès et Cᵉ (5, rue de Verneuil), 57.   10 »
— mensuel des nouveautés de la librairie parisienne, publ. par Mᵐᵉ veuve Renouard. In-8, une fois par mois ; 19e année, Renouard. 60.   Prix annuel. 1 »
— raisonné de manuscrits éthiopiens, appartenant à Ant. d'Abadie. In-4, Duprat, 59.   6 »
— des végétaux et graines disponibles et mis en vente par les pépinières centrales du gouvernement au Hamma, près Alger, pendant l'automne 1859 et le printemps 1860. In-8 (Alger), Challamel, 60.   2 »
CATANY (J. J.) Preuve irrécusable de l'efficacité du procédé Catany pour la guérison des raisins, prise dans la nature. In-8 (Beaucaire, Raymond), 54.
CATÉCHISME. In-18, Bagnères-de-Bigorre, Dossun, 57.
— catholique. In-12 (Firmin-Didot), 57.
— imprimé par l'ordre du dernier concile d'Avignon. In-18, Carpentras, Devillario, 57.
— du concile de Trente, trad. nouv., avec notes, par l'abbé Doney. 2 vol. in-8, Périsse.
— du diocèse de Belley. In-18, Périsse.   » 45
— du diocèse de Dijon. In-18, Dijon, Hemery, 57.
— du diocèse de Langres. In-18, Langres.
— du diocèse de Lyon ; édition augmentée d'un règlement pour les catéchismes de Lyon. In-18, Périsse.
                                                       » 20
— Le même ouvrage sur plus gros caractère. In-18, Périsse.   » 25
— du diocèse de Paris, imprimé par ordre de S. E. Mgr le cardinal Morlot. In-18, Adr. Le Clere, 57.
                                                       » 40
— Le même abrégé pour les petits enfants. In-18, Adr. Le Clere, 57.   » 15
— du diocèse de Rennes. In-18 (Rennes, Vatár), 57.
                                                       » 35
— du diocèse de Saint-Dié. In-18, Mirecourt, Humbert, 57.
— du diocèse de Vannes. In-18 (Vannes, Lamarzelle), 57.
— de la doctrine chrétienne. In-18, Limoges, Barbou, 57.
— de Grenoble, suivi d'instructions sur les fêtes, par Ph. de Bruillard. In-18, Périsse.   » 80

CATÉCHISME de Montpellier, imprimé par ordre de Mgr. de Charency. 5 vol. in-18, Périsse. 4 50
— pour les petits enfants, à l'usage du diocèse de Versailles. In-12, Hachette, 57. » 15
— raisonné sur les principales vérités de la religion. In-12 (Toulouse, Montauban), 57.
— à l'usage du diocèse de Reims. In-18, Vouziers, Lapie, 57.
— à l'usage du diocèse de Soissons. In-18 (Clermont-Ferrand, Hubler), 57.
— à l'usage des grandes filles qui veulent être mariées. In-16, Charmes, Mongel, 58. » 10
— de Versailles. In-18, Hachette, 57. » 40
— (le) des vœux, à l'usage des personnes consacrées à Dieu dans l'état religieux. In-18, Douniol, 59. » 40
CATECHISMUS concilii Tridentini. Gr. in-32, Périsse, 57. 1 40
— Id. petit in-18, Périsse, 57. 1 80
CATELIN (de). Code des actionnaires. In-18, Lebrun, 57. 1 25
CATELIN (Ch.). Petit abrégé des fabliers de la jeunesse. In-18, Picard, 55.
CATET (l'abbé). Notice sur la vie du R. P. Cholleton. In-12, Lyon, Pélagaud, 52.
CATHÉRINE (Mlle). Manuel complet de la cuisinière bourgeoise. In-12, Delarue, 59. »
CATHERINE II (Impératrice de Russie). Mémoires, écrits par elle-même, publ. par Herzen. In-8 (Londres), Bohné, 59. 13 25
— Id. Seconde édition française, revue, augmentée de huit lettres de Pierre III, etc. In-8, Bohné, 59. 13 25
CATHERINE DE SIENNE (sainte). Lettres, trad. de l'italien par Cartier. 3 vol. in-8, veuve Poussielgue-Rusand. 58. 15 »
CATHÉRINEAU (J.). Construction navale. In-8, Bordeaux, Chaumus, 54. 1 »
— Nouveau système de clouage à clous invisibles pour les ponts des navires, etc. In-4 (Bordeaux, Métreau), 52.
— De la télégraphie nautique Reynold. In-8 (Bordeaux, Coudert), 57.
— La télégraphie nautique universelle. In-8 (Bordeaux, Gounouilhou), 57.
— Vocabulaire télégraphique universel, ou nouvelle télégraphie nautique universelle. In-8 (Chaix), 55.
CATHOLICISME (le) est-il l'ennemi des lumières. In-32, Paulmier, 57.
CATINELLI (le comte Ch.). La question italienne, publ. par Schiel. In-8, Bruxelles, Flatau, 59. 5 »
CATON christiano de san Casiano, para el uso de las escuelas. In-16 (Walder), 57.
CATON. Un ministre du roy !... Etude de mœurs. In-18, Garnier, 51.
CATS (J.). Kinder-spel; jeux de l'enfance, trad. du hollandais. In-18 (Saint-Omer. Fleury-Lemaire), 55.
CATTELAIN (J.). Etudes du mot ΣΑΡΞ dans les épîtres de saint Paul. Thèse. In-8 (Toulouse, Chauvin), 54.
CATTELOUP (le doct.). De la cachexie paludéenne en Algérie. In-8 (Henri Noblet), 52.
— Essai d'une topographie médicale du bassin de Tlemcen. In-8 (Noblet), 54.
— De la pneumonie de l'Afrique. In-8 (H. et Ch. Noblet), 53.
— Recherches sur la dyssenterie du nord de l'Afrique. In-8, Dumaine, 51.
CATTET (l'abbé). Démonstrations; ce volume contient également ceux de Lingard (suite), Milner, Sabatier et Wiseman (suite). Gr. in-8, Migne, 50.
— La vérité de l'église catholique démontrée. 2 vol. In-8, Périsse, 58. 14 »
CATTIN (l'abbé). Méditations sur les vérités de la foi. 4 vol. in-12, Lyon, Girard et Josserand, 57.

CATTIN (l'abbé). La religieuse éclairée sur les devoirs de son état. In-18 (Lyon), Albanel, 57. 1 50
— La vie et le règne de Jésus-Christ dans les âmes justes. Extrait des œuvres du cardinal Bona et des pères de la vie spirituelle. In-12 (Lyon), Albanel, 58. 2 »
CATTOIS (J.). Calendrier mental grégorien et curiosités mathématiques, utiles, instructives et amusantes. In-12 (Orléans, Constant aîné), 52. » 50
CATTOIS. - Voy. - Verdier.
CATULLE. Poésies complètes. Nouv. trad. en vers français, par Canel. In-12, Rouen, Lebrument, 60. 4 »
— et Tibulle et Properce. Traduction de la collection Panckoucke, par Heguin de Guerle, Valatour et Genouille. In-12, Garnier, 60. 3 50
CAUCHY (A.). Considérations sur les ordres religieux, adressées aux amis des sciences. In-12, chez les dames religieuses de N.-D. de charité du bon pasteur (52, rue des Postes), 50. 2 50
CAUCHY (A.). Lettres sur la compagnie de Jésus. In-8, au bureau de l'ami de la religion, 50.
CAUCHY (E.). Etudes sur Domat. In-8, Cotillon, 52.
— Un mot sur la question du duel. In-8 (Guyot), 50.
CAUFOURIER (A.). Méthode analytique, théorique et pratique de musique, deux parties. In-4 (Rouen, Lecointe).
CAUL. Etude sur la doctrine d'Isaïe. In-12 (Strasbourg, Ve Berger-Levrault et fils), 57.
CAUMARTIN (de). Procès-verbal de la recherche de la noblesse de Champagne, avec les armes et blasons de chaque famille. In-12, Vouziers, Flamant-Ansiaux, 52. 6 »
CAUMONT (A.). Dictionnaire universel du droit commercial maritime, 2e édit. Gr. in-8, Durand, 58. 24 »
— De l'extinction des procès. Gr. in-8, Durand, 59. 5 »
— Institution du crédit sur marchandises. Gr. in-8(Le Havre), Durand, 59. 5 »
CAUMONT (A. de). Abécédaire, ou rudiment d'archéologie. 2 vol. in-8, Derache, 58. 15 »
L'ouvrage est divisé en deux parties : partie religieuse, 1 vol. — Partie civile et militaire, 1 volume.
Chaque vol. 7 50
— Des cartes agronomiques en France. In-4, Derache. 6 »
— Cours d'antiquités monumentales. 6 vol. in-8 et 6 atlas. In-4, Derache. 72 »
Chaque partie se vend séparément. 12 »
1re partie. Ere celtique.
2e partie. Ere gallo-romaine.
3e partie. —
4e partie. Moyen âge (architecture religieuse).
5e partie. — (architecture militaire).
6e partie. Fonts baptismaux, autels, tombeaux, etc.
— Définition élémentaire de quelques termes d'architecture. In-8, Derache. 2 50
— Essai sur la topographie géognostique du département du Calvados. In-8 et atlas. in-4, Derache. 15 »
— Guide des baigneurs aux environs de Trouville. In-8, Caen, Hardel, 53.
— Rapport verbal fait au conseil administratif de la société française pour la conservation des monuments. In-18, Derache, 56.
— Rapport sur une excursion archéologique en Lorraine, en Alsace, à Fribourg, en Brisgaw et dans quelques localités de la Champagne. In-8, Derache, 51.
— Rapport sur une excursion archéologique aux environs d'Orléans et en Bourgogne. In-8, Derache, 53.
— Statistique monumentale du Calvados. 4 vol. gr. in-8, Derache, 50 à 60. Les trois premiers vol. 32 »
Le 4e volume est encore sous presse.
— Statistique routière de la Basse-Normandie. In-8, Derache, 56.

CAUMONT (A.). Voyage d'outre-mer en Jérusalem, publ. par le marquis de la Crange. In-8, Aubry, 58. 7 50
— Voy. - bulletin monumental.
CAUMONT (F.). Choix de lectures intéressantes pour le cœur et pour l'esprit. In-8, Mulhouse, Risler ; à Paris, chez Reinwald, 51.
CAUMONT (H.). J.J. Rousseau et l'Isle-de-St-Pierre. Gr. in-8, Zürich, Hœhr, 59. 1 25
CAUMONT-LAFORCE (Mme de). Fragments d'une enquête adressé à M. le premier président de la cour impériale. Petit in-folio (Callet), 56.
CAUNIÈRE (F.). La médecine naturelle devant les piges. In-8, Dentu, 59. 1 50
CAUPERT (l'abbé). Coup-d'œil rapide sur la réforme projetée par Mgr de Calcédoine, de 1837 à 1853. In-8 (Remquet), 53.
— Mémoire sur le décret émané de Rome, le 29 mars 1852, touchant Mgr de Calcédoine. In-12 (Remquet), 52.
— Le sommet du Mont-Lozère, ou le presbytère des Laubles. In-16 (Remquet), 54. 15 »
— Théorie des relations, ou Dieu et le monde. In-8, Douniol, 52-54. 4 »
CAUQUIL (le doct.). Etudes économiques sur l'Algérie. In-8 (Oran), Challamel, 60. 2 »
CAURIANA (Ph.). De obsidione Rupellæ commentarius. Histoire du siége de La Rochelle en 1573, trad. du latin par la société littéraire de La Rochelle, texte latin et la traduction en regard. In-8, La Rochelle, Siret, 56.
CAUSE première de toutes les crises sociales, financières, alimentaires, industrielles, etc. In-8, Dentu, 58. 1 »
CAUSERIE (la) dramatique, musicale et littéraire. In-4, tous les dimanches, 3e année (5, cité Bergère), 60. Prix annuel. 20 »
CAUSES célèbres illustrées. In-4, livr. 1 à 20, ou t. I à IV; chaque volume est composé de 5 livraisons, Lebrun et Ce, 57 à 60. La livraison. 1 25 Le volume. 6 »
CAUSEUR (le). In-8; tous les dimanches, 2e année (112, rue de Richelieu), 60. Prix annuel. 15 »
CAUSSÉ (le doct. S.). Mémoire sur l'empoisonnement par les allumettes chimiques. In-8, Baillière et fils, 54.
— Mémoire médico-légal sur la luxation des vertèbres cervicales. In-8 (Albi), Baillière et fils, 53. 1 50
CAUSSETTE (le R. P.). Vie du cardinal d'Astros, archevêque de Toulouse. In-8, Vaton, 53. 8 »
CAUSSIDIÈRE. Protestation contre Chenu. In-4 (Bautruche), 50. » 10
CAUSSIN DE PERCEVAL (A. P.). Grammaire arabe vulgaire, 4e édit. In-8, Maisonneuve et Ce, 58. 8 »
CAUTELLIER (A.). Manuel de l'ouvrier pompier. In-8 (Cherbourg, Beaufort), 53.
CAUVAIN. De la colonisation de l'Algérie. In-18, Dentu, 57.
CAUVET. Étude sur Pline le jeune. In-8, Toulouse, Chauvin, 57.
CAUVET (J.). Du droit de patronage ecclésiastique dans l'ancienne Normandie. In-8 (Caen, Hardel), 54.
— De l'organisation de la famille d'après la coutume de Normandie. In-8 (Caen, Hardel), 51.
CAUVIN (J.). Les Anglais réformateurs de notre Saint-Père le pape. In-8 (Alger), Challamel, 60. » 50
CAUVIN (Th.). Documents relatifs à l'histoire des corporations d'arts et métiers du diocèse du Mans, publ. par Lochet. In-12, Le Mans, Monnoyer, 60. 5 »
CAUVY (B.). Aperçu sur la maladie actuelle de la vigne. In-8 (Montpellier, Grollier), 54.
CAUVVET (A.). Les émotions poétiques. In-12, St-Omer, Fleury-Lemaire, 58. 1 »
— Une explication entre l'Italie et l'Autriche. En vers. In-8, Dentu, 59. » 50
CAUVVET (P.). Les premières chansons. In-16, chez l'auteur (74, rue des Fossés-du-Temple), 51. » 10

CAVAIGNAC (le général E.). Discours prononcé à l'assemblée législative le 18 janvier 1851. In-8, au bureau du journal le Siècle, 51.
CAVAILHA (L.) et de Montfalcon. Evvres de Lovize Labé, Lionnoize. In-12 (Raçon), 53.
CAVALCA (le R. P. D.). L'école de la vie spirituelle, trad. de l'italien par Ozanam. In-12, Tours, Mame, 54. 1 »
CAVALCADE historique représentant l'entrée de Henri IV dans la ville de Chartres. In-12, Chartres, Petrot-Garnier, 60. » 60
CAVALIAC (G.). Le réveil, poésie. In-8, Léautey, 54.
CAVALIÉ (G.). Manuel du mécanicien. Toulon, chez Andrieu, papetier, 56.
CAVALLARI. Lettre sur la chape arabe de Chinon. In-8, Imprimerie Impériale, 57.
CAVALLI (J.). Examen d'un mémoire sur les canons se chargeant par la culasse, sur les canons rayés et sur leur application à la défense des places et des côtes, publ. par M. de Sellon. In-8, Corréard, 50.
— Mémoire sur divers perfectionnements militaires, trad. de l'italien. In-8, Dumaine, 56. 7 »
CAVALLIER (L.). Mes loisirs. In-18, Laisné, 50.
CAVÉ (Mme M. E.). L'aquarelle sans maître. In-8, Philipon fils (20, rue Bergère), 56.
— Le dessin sans maître. In-8, Philipon fils, 57. 3 »
— La religion dans le monde. In-12, Plon, 55. 2 »
CAVEL (H.). Le Mont-Saint-Michel. In-8 (Avranches, Tribouillard), 54.
CAVENTOU. Rapport sur l'écorce de caïl-cédra du Sénégal. In-8 (Thunot), 57.
CAVEROT (Mgr). Paroissien complet, latin-français, selon le rit romain, à l'usage du diocèse de Saint-Dié. In 18, Jouby, 54.
CAVOS (A.). Reconstruction du grand théâtre de Moscou, dit Petrowski. In-folio. Daziaro, 60. 50 »
CAVOUR (le comte de). Situation financière du royaume de Sardaigne, trad. de l'italien. In-8, (Delacombe), 51.
CAYETANO. Explicacion de la doctrina cristiana. In-24, Rosa et Bouret, 57.
CAYLA (J. M.). Célébrités européennes, t. I, gr. in-8, Boisgard, 55. 5 »
— Histoire des arts et métiers et des corporations ouvrières de la ville de Paris. In-8, Dufour, Mulat et Boulanger, 56.
— Histoire des capitales; Constantinople, ill. Gr. in-8, Boisgard, 55. 1 50
— Histoire des vaisseaux : la Belle-Poule, le Vengeur, ill. Gr. in-8, Boisgard, 55. » 40
— Pacte de famine. Le monopole sous Louis XV. In-8 (Walder), 54.
— Pape et empereur. In-8, Dentu, 60. 1 »
CAYLUS (Mme de). Souvenirs, nouv. édit., avec une introduction et notes par Asselineau. In-12, Techener, 60. 8 »
CAYOL (l'abbé J. J.). Histoire de la vraie religion. In-12, Lecoffre, 54.
CAYOL (le doct.). De la fièvre typhoïde. In-8, Dentu, 53. 1 50
— Leçons de pathologie et de thérapeutique générales. In-8, chez l'auteur (22, rue Neuve-Ste-Geneviève), 53.
— Du ver rongeur de la tradition hippocratique. In-8, Dentu, 54. 1 50
CAYON (J.). Ancienne chevalerie de Lorraine, ou armorial historique. In-4, Nancy, Cayon-Liébault, 50.
— Chronique et description du lieu de naissance, à Lay-Saint-Christophe, de Saint-Arnou, évêque de Metz, In-4, Nancy, Cayon-Liébault, 56.
— Les ducs de Lorraine, 1048-1737. Costumes et notices historiques. In-4, Nancy, Cayon-Liébault, 54. 20 »
CAYOT-DELANDRE. Le Morbihan, son histoire et ses monuments, 20 pl. in-4 avec texte. In-8, Derache, 50.
CAYROL (de). — Voy. - Bouthier, entretiens sur les arts, et aussi Voltaire, lettres inédites.

CAYRON (Jules Noriac). Le 101e régiment. In-16, Libr. nouvelle. 58. » 50

CAYX. - Voy. - Poirson.

CAZABAN (B.). Véritable théorie de l'art du tailleur. In-8 (Bordeaux, Causserouge), 55.

CAZALAS (le doct.). Recherches pour servir à l'histoire médicale de l'eau minérale sulfureuse dans le département des Hautes-Pyrénées. In-8, Baillière et fils, 51. 2 50

CAZALÈS (E. de). Etudes historiques et politiques sur l'Allemagne contemporaine. In-12, Bray, 53. 3 50

CAZALÈS. - Voy. - Brentano.

CAZALET (A.). Esquisses littéraires et morales. In-12, Ledoyen, 53.

— Heures poétiques. In-18, Ledoyen, 51.

CAZALET (Ph.). Le sabbat est abrogé sous l'économie chrétienne. Thèse. In-8 (Montauban, Forestié), 50.

CAZALIS (E.). Rapport. Campagne dans l'Océanie et autour du monde, pendant les années 1850, 1851 et 1852. In-8 (Bailly), 53.

CAZALIS. - Voy. - Bassi.

CAZALS (V.). Une impression de Paris. In-8, Castel-Sarrasin. Mézamat, 53.

CAZAUX. - Voy. - Bruch.

CAZE. Aperçus historiques et pratiques sur le jury en matière criminelle. In-8 (Toulouse, Bonnal), 53.

— De la réforme pénitentiaire. In-8 (Toulouse, Bonnal), 55.

— Du régime de la boulangerie. In-8, Toulouse, Douladoure, 57.

CAZE (de). Les réfractaires, épisode de 1793. In-8, Arles, Ve Cerf, 57.

CAZEAU (J. B. E.). Enseignement du système métrique simplifié. In-18, Châlon-sur-Saône, Montalan, 54.

CAZEAUX. Die Stunden des Pilgers nach der himmlischen Heimath. In-18, Strasbourg, Dérivaux, 57.

CAZEAUX (L.). Les inondations de Tours en 1856. In-8 (Tours, Placé), 56.

CAZEAUX (P.). Traité théorique et pratique de l'art des accouchements, 6e édit. In-8, Chamerot, 58. 11 »

CAZELLES (E. de). Lettre sur la nouvelle Phèdre. In-4 (Moquet), 54.

— La vérité sur la nouvelle Phèdre. In-4 (Moquet), 56.

CAZELLES (P. N.). Arithmétique rudimentaire. In-18, Toulouse, Ansas, 54.

CAZENAVE. De l'action thérapeutique des Eaux-Bonnes. In-8, P. Asselin, 60. 2 »

— Etudes chimiques sur certaines formes de maladies mentales. In-8, Baillière et fils, 52.

CAZENAVE (J. J.). Histoire des trois lithotries et de trois tailles bilatérales exceptionnelles. In-8, Baillière et fils, 56. 1 50

— Du tremblement des mains et des doigts. In-8, Baillière et fils, 56. 2 »

CAZENAVE (P. L. A.). Leçons chimiques sur les maladies de la peau. In-8, au bureau de la gazette des hôpitaux, 55.

— Leçons pratiques sur les maladies de la peau, professées à l'école de médecine de Paris, et publ. par fascicules avec planches gravées et coloriées. L'ouvrage est entièrement achevé; il se compose de 59 feuilles de texte in-folio, de 60 planches du même format gravées et coloriées avec beaucoup de soins. P. Asselin, 56. Prix en feuilles ou livraisons. 144 »

— Memento du praticien pour l'emploi des médicaments dangereux. In-18, Labé, 52. 1 »

— Traité des maladies du cuir chevelu. In-8, Baillière et fils, 50. 8 »

— Voy. - Agenda médical.

CAZENEUVE (J. M.). Abrégé de la relation historique de la procédure et des débats de la cour d'assises de la Haute-Garonne, dans la cause du frère Léotade. In-8, Toulouse. Labouisse-Rochefort, 55.

— Démonstration de l'innocence de Louis Bonafous,

frère Léotade, condamné et décédé au bagne de Toulon, le 26 janvier 1850. In-8, Poussielgue, 55. 2 50

CAZENEUVE (M.). Deuxième mémoire justificatif de l'innocence du frère Léotade. In-8 (Toulouse), Dentu, 60. 2 50

— Mémoire présenté devant la cour de cassation, concernant l'innocence du frère Léotade. In-8 (Chaix), 56.

— Relation historique de la procédure et des débats de la cour d'assises de la Haute-Garonne, dans la cause du frère Léotade. 2 vol. in-8, Poussielgue, 52. 4 »

CAZIN (F. J.). Cas de farcin chronique chez l'homme, suivi de guérison. In-8 (Reims, Régnier), 56.

— De la culture du murier et de l'éducation du ver à soie. In-8 (Reims, Régnier), 56.

— Monographie médico-pratique et bibliographique de la belladone. In-8, Labé, 56. 2 50

— Notions physiologiques et hygiéniques à l'usage des baigneurs. In-12, P. Asselin. » 50

— De l'organisation d'un service de santé pour les indigents des campagnes. In-8 (Reims), Labé, 52. 1 25

— Traité pratique et raisonné des plantes médicales indigènes, 2e édit. In-8, Labé, 58. Noir. 16 » Col. 22 »

CAZOS (V.) Massouquets de Sent-Biach. In-8 Saint-Gaudens, Abadie), 52.

CAZOT. Nouveau barème commercial. In-8, Lyon, Dumoulin et Ronet, 51. 3 50

— Nouveau guide pour apprendre à connaître les nouveaux poids et mesures. In-8 (Lyon, Boursy), 54.

CAZOTTE. Le diable amoureux et le démon marié par Machiavel. In-16 (28, rue des Bons-Enfants), 53. » 50

CAZZOLETTI. - Voy. - Bretin.

CÉCIL (C.). Vie de Sarah Hawkes. In-18, Meyrueis, 56. 1 50

CÉCIL (R.). Mémoires. In-12, Meyrueis. » 30

CÉCILE, par l'auteur des récits historiques. In-12, Lille, Lefort, 59. » 90

CÉCILIA (la). Recueil de musique d'Eglise, par Maldeghem. In-4; une fois par mois, 14e année, Lethielleux, 60. Prix annuel. 12 »

CÉCYL (A.). Simples récits. In-18 (Chateauroux), Vincent et Bourselet, 59. 1 25

CÉDOZ (le R. P.). De l'autorité dans l'éducation. Discours. In-8 (Lyon, Girard), 54.

— De la dignité de l'éducateur chrétien. In-8 (Lyon, Girard et Josserand), 55.

CEILLIER (le R. P. dom Remy). Histoire générale des auteurs sacrés et ecclésiastiques, t. I à VIII. Gr. in-8, Vivès, 50 à 60. Prix des tomes I et II chacun. 8 » Les suivants chacun 10 »

L'ouvrage sera complet en 15 volumes.

CÉLARIER (A.). Fleurs de famille. In-8, Picard (38, rue St-Jacques), 55. 6 »

CÉLARIER (Mme). L'orphelin dans les Alpes. In-18, Tours, Mame, 56. » 40

CÉLESTIN (J.). Histoire de l'institution Sainte-Barbe. In-16 (54, passage du Caire), 53. 1 60

CÉLESTIN (L.). Keepsake didactique, dédié à la jeunesse. In-18, Larousse et Boyer, 58. 2 »

— Petite histoire du lycée Impérial Bonaparte. In-16, Juin (11, rue Gît-le-Cœur), 55. 1 50

CELLARIER (le doct.). Introduction à l'étude de Guy de Chauliac. In-8 (Montpellier, Martel aîné), 56.

CELLERIER (J. E.). Esprit de la législation mosaïque. 2 vol. in-8. 11 »

— Esquisse d'une histoire abrégée de l'académie de Genève. In-8.

— Essai d'une introduction au nouveau testament. In-8. 7 50

— Étude sur l'épître de saint Jacques. In-8. 6 »

— Introduction à la lecture des livres saints. In-8. 7 50

— Manuel d'Herméneutique. In-8 10 » Chez Meyrueis, 50 à 60.

CELLÉRIER (J. E.). Vie intérieure; sermons et méditations chrétiennes. In-8, Cherbuliez, 52. 4 »

CELLÉRIER (J. J. S.). Catéchisme. In-12. 2 50
— Discours familiers. In-8. 3 50
— Homélies, ou nouveaux sermons. 2 vol. in-8. 12 »
— Pensées pieuses. In-12. 3 50
— Nouveaux discours familiers. 2 vol. in-8, 12 »
— Recueil de prières chrétiennes. 3 50
— Sermons et prières. In-8. 8 »
— Sermons, homélies, discours. In-8. 7 50
— Trésor de la prière. In-18. 1 »
— Trois discours sur la lecture de l'Ecriture. In-8.
Chez Meyrueis, 50 à 60.

CELLIER-DUFAYEL (N. H.). Morale conjugale et style épistolaire des femmes. Appréciation des lettres de la duchesse de Praslin. In-8, Galliot (4, rue de l'Arcade), 50. 3 »
— Un mot aux partis. In-8, Ledoyen, 52. » 50
— Noblesse et préjugés. In-8, Ledoyen, 52. 4 »

CELLIEZ (Mlle A.). Faits choisis et figures de la sainte Bible. Gr. in-8, Vermot, 56.
— Les Impératrices. France, Russie, Autriche, Brésil; ouvrage illustr. par Telory et Grenier. Gr. in-8, Ducrocq, 60. 12 »
— Les reines d'Angleterre. Gr. in-8, Ducrocq, 52. 12 »
— Les reines d'Espagne. Gr. in-8, Ducrocq, 57.
— Les reines de France, 4e édit. Gr. in-8, Ducrocq, 60. 12 »
— Les saintes de France. Gr. in-8, Ducrocq, 53. 12 »

CELNART (Mme). Nouveau manuel de la bonne compagnie. In-18, Roret, 52. 2 50
— Nouveau manuel complet du fleuriste artificiel, suivi de l'art du plumassier. In-18, Roret, 54. 2 50
— Nouveau manuel complet du parfumeur. In-18, Roret, 54. 2 50

CELSE. Traité de la médecine en huit livres, trad. par des Etangs, Gr. in-8, Didot, 60. 5 »

CELTIBÈRE. Le Napoléonium. In-folio, Grim (19, boulevard St-Martin), 56.
— Notre-Dame de Paris. In-folio de 4 feuilles, plus 80 planches, Grim, 53.
— Poésies religieuses, In-12, chez l'auteur (6, rue de Bagneux), 54. 1 50

CENDRILLON. Trésor des familles, journal encyclopédique de tous les travaux de dames. In-8; une fois par mois à partir de novembre, 10e année (92, rue de Richelieu), 60. Prix annuel. 4 50

CENNINI (C.). Traité de la peinture, publ. par Tambroni, trad. par Mattez. In-8 (Lille), Renouard, 58. 3 »

CÉNAC MONCAUT. - Voy. - Moncaut.

CENSIER (J.). Manuel du commerçant. In-8, Lacroix, 60. 1 50

CENT (les) nouvelles nouvelles, publiées d'après le seul manuscrit connu, avec introduction et notes, par Th. Wright. 2 vol. in-16, Pagnerre, 10 »
— Nouvelles nouvelles, dites les cent nouvelles du roi Louis XI, nouv. édit., revue par le bibliophile Jacob. In-12, Delahays, 58. 2 50

CÉPARI (le P. V.). Vie de saint Louis de Gonzague. In-12, Albanel, 54. 1 25
— Vie de saint Louis de Gonzague, traduit de l'ital. In-8, Clermont-Ferrand, Chenel, 57.
— Vie de saint Louis de Gonzague, trad. de l'ital. par Calpin. In-8, Périsse, 56.
— Saint Louis de Gonzague et saint Stanislas Kostka. In-12, Tours, Mame, 57. » 80

CE QUE DISENT les fleurs; contes et allégories, par une jeune fille. In-12, Libr. évangélique, 60. 1 »

CE QU'ON apprenait aux foires de Troyes et de la Champagne au XIIIe siècle. In-12 (Troyes), Aubry, 58. 2 50

CERATI. Dialoghi fra due pastori sul vemo Pascoli. In-12 (Ajaccio, Marchi), 57.
— Petit traité de morale. In-16 (Bastia, Fabiani), 55.

CÈRE (P.). Code de la mairie; nouveau manuel du maire de l'adjoint et du conseiller municipal. In-18, P. Dupont, 52. 4 »
— Livret d'ouvrier, précédé d'un petit manuel à l'usage des ouvriers. In-18, Cotillon, 53.
— Manuel du fonctionnaire chargé de la police judiciaire. In-18, Cotillon, 54. 4 »
— Manuel du garde champêtre, forestier ou particulier. In-18, P. Dupont, 53. 3 »
— Manuel du juge de paix. In-18, Cotillon, 54. 4 »
— et E. des Blondeaux. Manuel du clergé et du culte catholique. In-18, Cotillon, 54. 4 »

CÉRÉMONIES de l'abjuration de Henri IV à Saint-Denis, le 25 juillet 1593. In-12, Aubry, 58. 3 »
— et prières de la bénédiction des saintes huiles, etc. In-18, Amiens, Caron et Lambert, 57.

CEREN (M.). Causeries des trois esprits infernaux. La rotation, ou la véritable vérité sur les tables. In-16 (Toulouse, Bayret), 54. » 75

CERFBERR DE MÉDELSHEIM (M. Ch. A.). Paraboles. In-12, Michel Lévy fr., 54. 2 »

CERISE (le doct.). Le médecin des salles d'asile. In-8, Hachette, 56. 3 50

CERNESSON (J.). Martyre de Jehanne la pucelle. In-8 (Dijon, Loireau-Feuchot), 52. » 75

CERNUSCHI (C.). Projet d'une machine locomotive d'une très grande adhérence. In-folio (Collonge), 56.

CERQUAND (J. F.). De l'hospitalité grecque aux temps héroïques. Thèse. In-8 (Neufchâteau, Ve Mongeot), 53.

CERTAIN (E. de). Arnoul, évêque d'Orléans au Xe siècle. In-8 (Didot), 53.
— Les miracles de saint Benoît, écrits par Adrevald, Aimon, André, Raoul, Tortaire et Hugues de Sainte-Marie, moines de Fleury, en latin. In-8, Renouard, 58. 9 »

CERUTIS (V. de). Morte di Tristano no e della reina Isota; publicada per cura di G. Cassini. In-18 (Mme Delacombe); 54. 1 50

CERVANTÉS (A. M.). Estudios historicos, politicos y sociales sobre el Rio de la Plata. In-18 (47, rue St-André-des-Arts), 54.

CERVANTÉS (M.). Aventures de don Quichotte de la Manche, rev. par Lejenne. In-8, Lehuby, 54. 6 »
— Costanza, trad. par Viardot. In-16, Hachette. 53 » 5f
— Don Quichotte, édition à l'usage des enfants, ill. In-12, Hachette, 54. 2 »
— Don Quichotte, trad. par Bouchon Dubournial, édit revue et corrigée par Jouhanneaud. In-8, Limoges Ardant, 52.
— El ingenioso hidalgo don Quijote de la Mancha cor la vida de Cervantes par Navarrete. In-8, Ve Baudry 55. 7 5f
— Histoire de Don Quichotte de la Manche, trad. par G. F. Grandmaison y Bruno. 2 vol in-12, Lecoffre 54. 2 »
— Histoire de l'ingénieux don Quichotte, trad. par Fil leau de St-Martin. In-8 (Walder), 57. 5 »
— L'ingénieux chevalier don Quichotte de la Manche, trad. par Furne. 2 vol. in-8, Furne, 58. 8 »
— L'ingénieux chevalier don Quichotte de la Manche, traduction nouvelle illustrée. Gr. in-8, Tours, Mame, 57. 6 50
— L'ingénieux hidalgo don Quichotte de la Manche, trad. par Viardot. 2 vol. in-12, Hachette, 58. 4 »
— Ingénieux hidalgo don Quichotte de la Manche, trad. par Viardot. Gr. in-8, Lecou, 53. 12 »
— Les nouvelles, trad. par Viardot. In-12, Hachette, 52. 2 »

CÉSAR (C. J.). Commentaires sur la guerre des Gaules et la guerre civile, collection Barbou. 2 vol. in-12. 3 50
— Commentaires sur la guerre civile, avec notes par Genouille. In-18. » 90
— Commentaires sur la guerre des Gaules, avec notes par Feugère. In-12. 1 25

CÉSAR (C. J.) Commentaires sur la guerre ees Gaules, sans notes, avec notice par Turnèbe. In-8.   » 90
— Les mêmes, latin-français, par Dubois. In-12. 3 50
— Le premier livre, traduction intralittérale, par Dubois. In-12.   1 50
— Le septième livre, traduction intralittérale, par Dubois. In-12.   1 50

Chez Delalain, entre 50 et 60.

— Commentarii de bello gallico. In-18, Lecoffre, 57.
— Commentarii de bello gallico et civili, texte latin, publ. par Regnier. In-12, Hachette, 57.   1 50
— De bello gallico et civili, avec notes en français par Gidel. In-12, E. Belin, 57.   2 »
— De bello gallico. In-12, E. Belin, 57.   » 40
— Le même, sans aucune note. In-12, E. Belin, 57.   » 90
— Commentarii cum prosodiæ signis tabulisque geographicis adornati. In-18, Albanel, 57.   » 80
— Id. Le même, avec traduction en regard. 2 vol. in-12, avec cartes.   3 »
— Guerre des Gaules, trad. nouvelle par Ch. Louandre, avec notice, notes, commentaires et un index. In-12, Charpentier, 57.   3 50
— Voyez - Salluste.

CES DAMES. Portraits de Malakoff, de Zou-Zou, de Risette, photographiés par P. Petit, 2e édit. In-32, Dentu, 60.   1 50

CÉSENA (A. de). L'Angleterre et la Russie. In-12, Garnier, 58.   1 »
— Campagne de Piémont et de Lombardie, ill. par Winterhalter, grav. par Delannoy et Wilmann. Gr. in-8, Garnier, 60.   20 »
Ce livre n'est qu'un extrait de l'Italie confédérée du même auteur.
— Les Césars et les Napoléons. In-8, Amyot, 56. 2 50
— L'Italie confédérée. Histoire politique, dess. par Vernier, dressée par Vuillemin. 4 vol. gr. in-8, Garnier, 59-60.   24 »
— Voyez - Rhéal.

C'EST MOI! ou la voix de Jésus dans la tempête, trad. de l'anglais. In-18, Meyrueis, 57.   » 25

CEY (A. de) et Harmant. Quand on n'a pas le sou, vaud. In-12, Michel Lévy fr., 54.   » 60
— Voyez - Laurencin et aussi Varin.

CÉZARD (A.). Le traité de commerce et de la législation douanière. In-8. Dentu, 60.   1 »

CHABAILLE (P.). Glossaire du livre de jostice et de plet. In-4, Durand, 50.   4 »

CHABAILLE. - Voyez - Rapetti.

CHABANNES (Ch. de). Navigation aérienne. Notice explicative du système Pétin. In-8 (Dupont), 54.   » 50

CHABAS (F.). Etudes égyptiennes. In-4 (Châlons), Klincksieck, 58.   2 »

CHABAT (P.). Bâtiments de chemins de fer, embarcadères, plans de gares, stations, abris, maisons de garde, remises de locomotives, halles à marchandises, remises de voitures, ateliers, réservoirs, etc., avec planches gravées par Penel, 20 livraisons. In-folio, Morel et Cie, 60.   Chaque livre. 3 »

CHABAU (l'abbé F.). Fables. In-12, chez Hervé (33, rue du Four-St-Germain), 50.   3 50
— De l'intervention du clergé dans les affaires séculières politiques. Réflexions adressées à M. l'abbé Combalot. In-8, chez Hervé (33, rue du Four-St-Germain), 51.   » 50
— Réflexions adressées à M. l'abbé Combalot, en réponse à ses deux lettres à Mgr l'archevêque de Paris. In-8, chez Hervé, 51.   » 75

CHABAU (Mlle de). Cardiphonia. 3 vol. in-18.   8 »
— Correspond. de Jean Newton. In-18.   1 25
— Cours d'anglais. In-18.   5 »
— Entretiens sur l'histoire sainte. In-18.   1 »
— Fragments d'histoire naturelle. In-18.   1 »
— Commentaires sur la vie de N.-S. Jésus-Christ, 2 vol. gr. in-8.   12 50
— Géographie du pays d'Israël. In-18.   1 »

CHABAUD (Mlle). Histoire sainte. In-18.   1 »
— Histoires pour les enfants de cinq à neuf ans. In-18.   1 »
— Histoires pour les enfants de dix à quatorze ans. In-18.   1 »
— Les juifs d'Europe et de Palestine. In-8.   3 50
— Lettres de Newton à ses amis. In-18.   2 »
— Lettres à Th. Scott. In-18.   1 25
— Nouveau magasin des enfants. 5 vol. in-18.   5 »
— Nouvelles écossaises. In-18.   2 »
— L'œuvre du messie. In-12.   2 50
— Omicron, ou quarante-une lettres de Newton. 2 vol. In-18.   3 »
— Pensées chrétiennes d'Adam. In-18.   2 »
— Poésies pour les enfants. In-16.   » 50
— Vie de Mme Graham, trad. de l'angl. In-12.   2 50

Chez Meyrueis entre 50 et 60.

CHABERT (E. A.). Grammaire grecque. In-12, Lons-le-Saunier, Escalle aîné, 56.

CHABERT (F. A.). Annales du départ. de la Moselle. In-4, Metz, Lorette, 52.
— Eloge de Moizin. In-8, Metz, Pallez et Rousseau, 50.   2 »
— Histoire et description de l'église Notre-Dame de la ville de Metz. In-12, Jullien, 52.
— Histoire résumée de l'imprimerie dans la ville de Metz. In-4, Metz, Lorette, 51.

CHABERT (F. M.). Journal du siège de Metz en 1552. In-4, Metz, Rousseau-Pallez, 57.
— Mélanges de numismatique. In-8 (Metz, Blanc), 57.
— Notice sur les bas-reliefs du XVIe siècle de la ville de Metz. In-8 (Metz, Blanc), 57.
— Tablettes chronologiques de l'histoire du départ. de la Moselle. 2 vol. in-12, Metz, Lorette, 58,   5 »
— Voyez - Ancillon.

CHABERT (J.L.). Du huaco et de ses vertus médicinales. In-18 (Blondeau), 53.

CHABLE. Mission allemande à Paris sous le patronage de St-Joseph. In-8 (126, rue Lafayette), 51.

CHABOT. Réflexions sur la pisciculture. In-8, Versailles, Beau jeune, 54.

CHABOT (Ch.). Dictionnaire des connaissances élémentaires municipales. In-8, Durand, 54.   7 »
— Ce bon monsieur de Robespierre. In-12, Dentu, 51.   1 »
— Paris expliqué et dévoilé à ses habitants, à l'étranger, à l'exposant et à la province. In-18 chez Bidault (33, rue Château-London), 55.
— Les points sur les i, ou la bourse, son langage et ses opérations. In-32, Ledoyen, 54.   3 »

CHABOUILLET (A.). Catalogue général et raisonné des camées et pierres gravées de la bibliothèque Impériale. In-12, Claye, 58.   2 50
— La glyptique du moyen âge. Lettre à M. le comte de Laborde. In-8, au bureau de la revue archéologique, 54.
— Lettre à M. l'éditeur de la revue archéologique sur quelques poids de ville du midi de la France. In-8, Leleux, 54.
— Notice sur un camée antique inédit. In-8, au bureau archéologique, 53.
— Observations sur une statuette représentant un rétiaire. In-8, Leleux, 52.

CHABRAND (P.). De imitatione Christi. Libri quatuor. Editio altera cui accedunt variæ et piæ considerationes ad usum cleri. In-12, Bray, 56.

CHABRÉLY (L.). Des diverses lésions du crâne dans leurs rapports avec l'opération du trépan. Thèse. In-8 (Strasbourg, Ve Berger-Levrault et fils), 56.

CHABREUL (Mme de). Jeux et exercices des jeunes filles. In-16, Hachette et Cie, 60.   2 »

CHABRILLAN (la comtesse de). Est-il fou? In-12, Libr. nouv., 60.   2 »
— Miss Pewel. In-12, Libr. nouvelle, 59.   3 »
— La Sapho. In-12, Michel Lévy fr., 58.   1 »
— Les voleurs d'or. In-12, Michel Lévy fr., 58.   1 »
— Voyez aussi - Mogador.

CHABROL (J. V.). Crimes lozériens. Période de vingt années; 1re période. In-8 (Alais, Martin), 55.

CHABROL-CHAMÉANE (E. de). Dictionnaire de la législation usuelle, contenant les notions du droit civil, commercial, criminel et administratif, avec des formules d'actes et de contrats, et le droit d'enregistrement de chacun d'eux, 4e édit., mise au courant du dernier état de la législation jusqu'en 1858. 2 vol. gr. in-8, Durand.   16 »

— Dictionnaire des lois pénales, contenant le texte des lois pénales ordinaires, 2e édit., corrigée d'après les lois nouvelles sur les brevets d'invention, la chasse et les patentes. 2 forts vol. in-8, Durand, 50. 12 »

CHACORNAC. Atlas des annales de l'observatoire impérial de Paris, livr. I à IV. In-folio, Mallet-Bachelier, 50 à 58.   Chaque livre. 12 »

CHACOU. Feuille d'ordonnance spéciale pour préparer à opérer en commun l'organisation du système social. In-folio, Dumineray, 50.

CHADAL. Sur l'état de siége, doublé de la loi de police exceptionnelle. In-8 (Serrière), 51.

CHADEUIL (G.). Les mystères du palais; mémoires d'un petit bossu. In-18, Dentu, 60.   2 »

CHAFFOY (Mgr de). Œuvres spirituelles. In-12. Besançon, Jacquin, 57.

— Id. In-16, Besançon, Jacquin, 57.

CHAINAZARIAN (G. V.). Esquisse de l'histoire de l'Arménie. In-8, Meyrueis, 56.   3 »

CHAHO (A.). Biarritz, entre les Pyrénées et l'Océan. Itinéraire pittoresque. 2 vol. in-18, Bayonne, Andreosy, 55.

— Dictionnaire basque, français, espagnol et latin. In-4. Duprat, 57.

— A mesdemoiselles Virginia et Carolina Ferni. In-4 oblong (Bayonne, Lespès), 56.

CHAIGNEAU (Th.) et Boverat. L'amour en ville, vaudev. In-12, Michel Lévy fr., 58.   » 60

— A quoi tient l'amour ! vaudev. In-8, Barbré, 60. » 60

CHAIGNON (le R. P.) Le jubilé de 1854, ou les enfants de Marie. In-32, Angers, Lainé. 54.

— Nouveau cours de méditations sacerdotales. 3 vol. in-12 (Angers), Pringuet, 58.   7 50

— Le prêtre à l'autel, ou le saint sacrifice de la messe dignement célébré. In-12, Angers, Lainé fr., 54.

CHAILLET. Concordance des calendriers grégorien et musulman. In-8, Alger, Bastide, 57.

CHAILLOT. Le désir de s'instruire, petit manuel à l'usage de tout le monde. In-8 (Angoulême, Lefraise), 54.

CHAILLOT (A.). La vie et la doctrine de N.-S. Jésus-Christ. In-8, Avignon, Seguin aîné, 57.

CHAILLY. Le boursier de l'Empereur. In-8 (21, rue de la Clef), 57.

CHAILLY-HONORÉ. De l'atténuation de la douleur dans les contractions pathologiques pendant une grande partie du travail de l'accouchement. In-8, Baillière et fils, 50.   » 50

— De la compression de l'aorte dans l'hémorragie grave après l'accouchement. In-8, Méquignon-Marvis, 51.

— Des considérations puissantes qui doivent empêcher d'user l'éther et du chloroforme dans le travail naturel de l'accouchement. In-8, Baillière et fils, 50.   1 »

— Traité pratique de l'art des accouchements. In-8, Baillière et fils, 53.   10 »

CHAINE. Chrestomathie latine, ouvrage extrait en partie de Jacobs et de Coménius, à l'usage des classes de 7e et 8e, avec notes. In-12, Maire-Nyon, 50.   1 25

— Id. Le même, traduit en français. In-12, Maire-Nyon, 50.

— Nouveau manuel des classes élémentaires de latin, contenant cours de thèmes et de versions, recueil de dictées françaises et exercices de lecture à haute voix, à l'usage des élèves de 6e et 7e. In-12. Maire-Nyon.   2 50

CHAINE (A.). Galerie; quatorze pièces en vers. In-8 (Lyon, Boursy), 53.   » 50

CHAINE (M.). La comète, paroles. In-4, Lyon, Dallery (9, rue de la Barre), 56.

CHAINOI (G.). Dernière occupation des principautés danubiennes par la Russie. In-8, Dumaine, 53. 1 25

CHAISEMARTIN. De l'esprit de la loi des successions en France et de son influence sur la propriété. In-8 (Poitiers), Videcoq, 50.   3 50

CHAIX (C. D. F.). Opuscule anti-socialiste, suivi de quelques observations relatives au travail agricole et industriel. In-8 (Marseille, Clappier), 51.

CHAIX (N.). Annuaire officiel des chemins de fer, publié sous la direction de M. Petit de Coupray. 9 volumes (1847 à 1859), avec carte coloriée des chemins de fer. In-12.   6 »

Tous les ans il paraît un volume qui fait suite aux précédents.

— Atlas des chemins de fer. In-folio, treize cartes et un plan de Paris.   36 »

Chaque carte séparée.   2 »

— Conseils aux voyageurs. In-12.   2 »

— Environs de Paris, avec grav. et carte. In-12. 5 »

— Essai administratif sur l'exploitation pratique des chemins de fer français. In-12.   6 »

— Guide en Belgique et en Hollande. In-12.   5 »

— Guide sur les chemins de fer de l'Est. In-12.   5 »

— Guide sur les chemins de fer de l'Ouest. In-12. 5 »

— Guide aux eaux minérales de Cauterets. Guide du malade et du médecin à ces eaux. In-12.   2 »

CHAIX (N.). Guide sur les bords du Danube. In-12.   3 »

— Guide sur les bords du Rhin. In-12.   5 »

— Guide aux États-Unis. In-12.   3 »

— Guide en Italie. In-12.   5 »

— Guide des militaires et marins. In-12.   » 50

— Guide à Paris, avec plan de Paris, gravures et plans des principaux théâtres de Paris; trois éditions, en français, en anglais et en allemand. In-12. Chaque volume.   5 »

— Guide aux Pyrénées. In-12.   8 »

— Guide en Suisse. In-12.   5 »

— Livret des chemins de fer du Nord, belges, rhénans, hollandais et allemands. In-12.   » 15

— Livret des chemins de fer de l'Ouest. In-12. » 15

— Livret des rues et plans de Paris. In-12.   » 50

— Livret spécial des chemins de fer de l'Est. In-12.   » 15

— Livret spécial des chemins de fer d'Orléans et du Midi. In-12.   » 15

— Livret spécial des chemins de fer, de Paris à Lyon et à la Méditerranée.   » 25

— Londres et ses environs. In-12.   5 »

— Paris à Bordeaux et ses environs. In-12.   2 »

— Paris à Brest et ses environs. In-12.   2 »

— Paris à Bruxelles, à Cologne et leurs environs. In-12.   2 »

— Paris à Limoges, à Clermont et leurs environs. In-12.   2 »

— Paris à Lyon et à la Méditerranée. In-12.   5 »

— Paris à Nantes et ses environs. In-18.   2 »

— Paris à Rouen, au Havre, à Dieppe et leurs environs. In-12.   1 »

— Paris à Strasbourg et à Bâle. In-12.   5 »

— Plombières pittoresque, poétique, médical et topographique. In-12.   3 »

— Les Pyrénées et les eaux de Bagnères de Luchon. In-12.   5 »

— Répertoire de la législation des chemins de fer. In-12.   4 »

— Simple note sur le droit accordé à M. Hachette de vendre des livres dans les gares des chemins de fer. In-4.

— Id. Deuxième note. In-4.

— Strasbourg et ses environs. In-12.   1 »

— Traité juridique de la construction, de l'exploitation et de la police des chemins de fer. In-12.   6 »

Chez Chaix et Ce, entre 50 et 60.

— Voyez - Indicateur des chemins de fer et - aussi- Livret-Chaix.

CHAIX (le R. P. Th.). L'excellence de la dévotion du saint scapulaire. In-18, Périsse, 52.   » 30

CHAIX D'EST-ANGE. A S. E. Mgr le cardinal Gousset, archevêque de Reims. In-4 (Malteste), 56.
— Notes et généalogies pour M. le duc de Clermont-Tonnerre, M. le marquis et de M. le comte de Clermont-Tonnerre. In-4 (Malteste), 56.
— Plaidoyer pour les héritiers Pescatore. In-8 (Guyot), 56.

CHALAMBERT (V. de). Histoire de la Ligue sous Henri III et Henri IV, 2 vol. in-8, Douniol, 54.
                                                                      10 »

CHALAMET (Ch.). Question d'arithmétique. In-12, Hachette et Ce, 58.   1 50
— Questions de grammaire. In-12, Hachette, 58. 2 »
— Questions d'instruction morale et religieuse. In-12, Hachette, 58.   2 »
— Sujets et modèles de compositions françaises. In-12, Hachette, 57.   1 50

CHALANDON (Mgr). Souvenirs et exemples, petites notices offertes aux jeunes chrétiennes. In-8, Tours, Mame, 59.   1 40

CHALIER. Traité de prononciation. In-18, Clermont-Ferrand, Hübler, 57.

CHALLAMEL (A.). Histoire anecdotique de la France. Madame Du Maine. In-8 (Prève), 51.
— Histoire anecdotique de la Fronde, 1643 à 1653. In-12, Libr. nouv., 60.   2 »
— Histoire de France, illust. par Bellangé. In-4, G. Barba, 52.   4 »
— Histoire inédite des papes, depuis saint Pierre jusqu'à nos jours. In-4, avec portrait, Havard, 60.
                                                                       » 50
— Histoire musée de la république française, 2 vol. in-8, Havard, 58.   18 »
— Histoire du Piémont et de la maison de Savoie. In-4, Havard, 60.   » 50
— Isabelle Farnèse. 2 vol. in-8, Permain (50, rue Mazarine), 54.
— Id. In-4, Havard, 58.   » 50
— Le roi d'Oude. In-18, Havard, 57.   1 »
— Le rosier, opéra-comique. In-12, Michel Lévy fr., 59.
                                                                        5 »
— Saint Vincent de Paul et Jean-Baptiste de la Salle. In-12, Adr. Le Clerce, 56.   5 »

CHALLETON DE BRUGHAT. De la tourbe; études sur les combustibles employés dans l'industrie. In-8, Langlois et Leclercq, 58.   7 50

CHALLIÉ (Mme L. de). Harmonie du catholicisme. In-8, Gaume, 53.   5 »

CHALLONER (R.). Le jardin de l'âme. In-32, Vannes. Lamarzelle, 60.   1 50
— Méditations sur la passion. In-18, (Rennes, Vatar), 57.
— Méditations sur les vérités et les devoirs du christianisme, trad. par Vignonet. 3 vol. in-12, Bray, 54.
                                                                        6 »

CHALON. Dandréa le penseur, mystère en vers. In-18, Hubert (74, boulevard de Strasbourg), 60,   1 »

CHALORY (J.). Le château de Bersol. In-18, Delalain, 58.   1 25
— La meunière du moulin vert. In-18, Delalain, 58.
                                                                        1 25
— Le mont Cérigny. In-18, Delalain, 58.   1 25
— La petite protégée. In-18, Delalain, 58.   1 25
— Simon. In-18, Delalain, 60.   1 25
— Le val de Clénor. In-18, Delalain, 60.   1 25

CHALUS (R. de). Frères d'armes. In-12, Lille, Lefort, 53.   » 85

CHAMBERLAND. Les Napoléoniennes. In-12, Périsse, 56.

CHAMBERT. Nouveau guide pittoresque de l'étranger à Lyon. In-16, Maison, 53

CHAMBERET (G. de) De l'institution et de l'hôtel des invalides. In-8, Hannequin fils, 55.   4 »
— Manuel du légionnaire. In-8, Corréard, 54.   5 »

CHAMBON (J.) Véritable théorie de l'art du tailleur. In-8, chez l'auteur (127, rue St-Honoré), 58.   3 »

CHAMBONNAU (V. A.). L'Élu de Dieu, ou la France régénérée. In-12, Dufet, 59.   2 2 »
— Poésies religieuses. In-8 (Toulouse, Ratier), 57.
                                                                        » 50

CHAMBRAIT. Comment la trouves-tu? In-8, Michel Lévy fr., 57.   1 »

CHAMBRUN (de). Quelques réflexions sur l'art dramatique. Mlle Rachel, ses succès et ses défauts. In-12, Garnier, 53.   » 50
— Du régime parlementaire en France. In-8, Didier et Ce, 57.

CHAMFORT. Œuvres, précédées d'une étude sur sa vie. In-18, Delahays, 57.
— Œuvres, publ. par A. Houssaye. In-12, Leçou, 52.
                                                                        3 50
— Pensées, maximes, anecdotes, dialogues, précédés de l'histoire de Chamfort, par Stahl. In-12. Michel Lévy fr., 60.   3 »

CHAMIER. - Voyez - Read.

CHAMISSO (A. de). Merveilleuse histoire de Pierre Schlémihl. In-16 (28, rue des Bons-Enfants), 53.
                                                                        » 50

CHAMPAGNAC (G. de). Étude sur la propriété littéraire artistique. In-12, Dentu, 60.   2 »

CHAMPAGNAC (J. B. J.). Arthur, le petit amateur d'histoire naturelle. In-12, Blanchard, 56.   1 »
— Arthur et Théobald. In-12, Lehuby, 57.   1 25
— Berthe, ou une seconde mère. In-18 (Limoges), Dupuy, 53.
— Berthe et Théodoric. In-8, Rouen, Mégard, 53. 1 05
— Contes orientaux. In-12, Rouen, Mégard, 52.
— Emilie, ou la petite élève de Fénelon. In-12, Lehuby, 55.   1 25
— Frère et sœur. In-18 (Limoges), Dupuy, 53.
— Guillaume le taciturne et sa dynastie. Gr. in-8, Morizot, 51.   12 »
— Le gymnase moral des jeunes gens. In-12, Lehuby, 54.   1 25
— Le gymnase moral des jeunes personnes. In-12, Lehuby, 52.   1 25
— Henri de Lusignan. In-12, Limoges, Barbou, 52.
— Le jeune voyageur en Californie. In-8, Lehuby, 52.
                                                                        3 »
— Nathalie. In-12, Lehuby, 51.
— Le petit chevrier du Cantal. In-12, Rouen, Mégard, 57.   » 75
— La petite reine Blanche. In-12, Limoges, Barbou, 52.
— Philippe-Auguste et son siècle. In-12, Lehuby, 51.
                                                                        1 25
— Le prix d'encouragement de l'adolescence. In-12, Lehuby, 50.   1 25
— Le prix d'encouragement du premier âge. In-12, Lehuby, 57.   1 20
— Richard, cœur de lion. In-12, Lehuby, 54.   1 20
— Sagesse et bonheur. In-12, Lehuby, 56.   1 25
— Le tour du monde. In-8, Lehuby, 57.   10 »
— Travail et industrie. In-12, Lehuby, 54.   1 25
— Le trésor des voyages. In-12, Lehuby, 56.   1 25
— Voyez - Amies de pension, édit. Lehuby et aussi Niéritz.
— et Olivier. Voyage autour du monde. Gr. in-8, Morizot, 57.   20 »

CHAMPAGNAT (l'abbé). Guide des écoles à l'usage des petits frères de Marie. In-12, Périsse, 54.

CAMPAGNOL. Exercices variés sur la grammaire française de Lhomond. In-12, Hachette, 54.   1 50
— Id. corrigé des exercices.   2 50

CHAMPAGNY (F. de). Les Césars. 3 vol in-12, Douniol.
                                                                       15 »

CHAMPAGNY (F. de). La charité chrétienne dans les premiers siècles de l'église. In-12, Douniol. 3 »
— Un examen de conscience. In-12, Lecoffre, 50. 1 »
— Les premiers siècles de la charité. In-8, au bureau de la revue contemporaine, 54.
— De la puissance des mots dans la question italienne. In-8, Douniol, 60. » 80
— Rome et Judée au temps de la chute de Néron. In-8, Lecoffre, 58. 6 »

CHAMPAGNY. - Voyez — Bertal.

CHAMPAGNY (le comte N. de). Traité de la police municipale, t. I à III. In-8, Marescq aîné, 50 à 59.
Le volume. 8 »
L'ouvrage aura 5 volumes.

CHAMPANHET-TAVERNOL (A.) Les mameluks, ou Napoléon en Egypte, tragédie. In-8, Valence, Marc-Aurel, 55. 1 »

CHAMPEAU (le R. P.). L'art de méditer, ou diverses méthodes pour en faciliter la pratique. In-12, Sarlit, 60. 2 »
— Fables et morceaux divers. In-18, Sarlit, 57. 1 »
— Manuel de piété. In-18, Périsse, 57.
— Manuel des retraites et missions. In-18, Périsse, 57.
— Méditations à l'usage des maisons d'éducation. 4 vol. in-12, Périsse, 57.
— Le pape, Rome et le monde. In-8, Vrayet de Surcy, 59. 1 80
— Petit livre de la passion de N.-S. et de la compassion de la sainte Vierge, trad. de l'ital. In-32, Le Mans, Gallienne, 56.

CHAMPÉAUX (E. de). A bas les étrennes! folie revue. In-8 (12, boulevard St-Martin), 56. » 60
— Les modes de l'exposition, vaudev. In-8 (12 boulevard St-Martin), 55.

CHAMPEAUX (G. de). Le droit civil ecclésiastique français. 2 vol. in-8, Durand, 52. 15 »
— Loi sur l'enseignement. In-8, Courcier, 50. » 75
— Manuel des bureaux de bienfaisance. In-8, Lecoffre, 56. 2 »

CHAMPFLEURY (J. Fleury, dit). Les amoureux de sainte Périne. In-12, Libr. nouvelle, 59. 1 »
— Les aventures de Mlle Mariette. In-12, Michel Lévy fr., 59. 1 »
— Le bourgeois de Molinchart. 3 vol. in-8, Locard-Davi, 54. 7 50
— Id. In-12, Michel Lévy fr., 59. 1 »
— Chien Caillou. In-12, Michel Lévy fr., 59. 1 »
— Contes d'automne. In-12, Lecou, 54. 3 50
— Contes domestiques. In-12, Lecou, 52. 3 50
— Contes d'été. In-12, Hachette, 53. 3 50
— Contes de printemps. Les aventures de Mlle Mariette. In-12, Lecou, 53. 3 50
— Contes vieux et nouveaux. In-12, Michel Lévy fr., 53. 3 »
— Essai sur la vie et l'œuvre des Lenain, peintres. In-8, Didron, 50.
— Les excentriques. In-12, Michel Lévy fr., 55. 3 »
— Id. In-12, Michel Lévy fr., 57. 1 »
— Grandeur et décadence d'une serinette, ill. In-12, Magnin, Blanchard et Cᵉ, 56. 2 »
— La mascarade de la vie parisienne. In-12, Libr. nouvelle, 60. 3 »
— Monsieur de Boisdyver. 5 vol. in-8, Cadot, 56. 37 50
— Id. In-12, Poulet-Malassis, 60. 2 »
— Les oies de Noël. In-16, Hachette, 53. 1 50
— Œuvres nouvelles. In-12, Poulet-Malassis, 59. 2 »
— Les peintres de Laon et de Saint-Quentin. De La Tour. In-8, Dumoulin, 55. 3 50
— Les premiers beaux jours. In-12, Michel Lévy fr., 58. 1 »
— Le réalisme. In-18, Michel Lévy fr., 57. 1 »
— Richard Wagner. In-8, Libr. nouvelle, 60. » 40
— Les sensations de Josquin. In-12, Michel Lévy fr., 59. 1 »

CHAMPFLEURY (J. Fleury, dit). Les souffrances du professeur Delteil. In-18, Michel Lévy fr., 57. 1 »
— Souvenirs des funambules. In-12, Michel Lévy fr., 59. 1 »
— La succession LeCamus. In-12, Poulet-Malassis, 60. 2 »
— Id. In-16, Cadot, 58. 1 »
— Les trois filles à Cassandre, pantomime. In-12, Dechaume (27, rue Charlot), 50.
— L'usurier Blaizot. In-12, Michel Lévy fr., 59. 1 »
— Voyez - Mirecourt.

CHAMPGAR (de). Du ton et des manières actuels dans le monde. In-18, Diard, 53.

CHAMPIER. - Voyez — Allut.

CHAMPIGNEULLE. Catéchisme pour une culture inédite. In-12, Metz, Alcan. 57.

CHAMPION (F. L.) Trois heures à Sainte-Hélène. En vers. In-18 (Desoye), 53. 1 »

CHAMPION (G. H.). L'anglais sans maître. In-12, Stassin et Xavier, 52.
— Id. Corrigé des thèmes et versions contenus dans le livre ci-dessus. In-12, Stassin et Xavier, 52.

CHAMPION (M.). La fin du monde et les comètes au point de vue historique et anecdotique. In-32, Delahaye, 58. 1 »
— Les inondations en France, depuis le VIᵉ siècle jusqu'à nos jours. 4 vol. in-8, Dunod, 58 à 60. 30 »
Le tome 4 reste encore à paraître et sera délivré gratis.

CHAMPION DE NILON. Suite des histoires et paraboles. In-18, Périsse, 51. » 60

CHAMPLY (H.). Suisse et Savoie. Souvenirs de voyage. In-12, Poulet-Malassis, 59. 1 »

CHAMPOLLION-FIGEAC. Les archives départementales de France. In-8, P. Dupont, 60. 9 »
— Droits et usages concernant les travaux de construction publics. Gr. in-8, Leleux, 60. 15 »
— Histoire de la Perse. Gr. in-8, De Vresse, 59. 12 »
— Histoire des peuples anciens et modernes. In-8, Magiaty, 57. 12 »
— Mélanges historiques. 4 vol. in-4, Didot.
Le volume. 12 »
— Voyez - Molé, Pfnor, et aussi Retz.

CHAMPONNOIS. Distillation de la betterave. Rapport sur les distilleries. In-8, veuve Bouchard-Huzard, 56. » 75

CHAMPOUILLON (le doct.) Voyage médical en Orient. In-8 (Plon), 55.

CHAMPOUR (de) et Malepeyre. Nouveau manuel complet de la fabrication des encres. In-18, Roret, 55. 1 50

CHAMPVANS (de). De la crise territoriale. In-8 (Bourg, Milliet-Bottier), 52.

CHANALEILLES (le marquis de). Etat social et politique des nations. In-8, Dentu, 52. 5 »

CHANCEL (C.). Les souvenirs historiques du château d'Angoulême. In-8 (Angoulême, Grobot), 54.

CHANCEL (E. de). Péchés de jeunesse. Poésies. In-12, Garnier, 54.

CHANCEL (G.). Charles-Frédéric Gerhardt, sa vie et ses travaux. In-8, Montpellier, Bœhm, 57.
— Notice sur la sublimation du soufre. In-8, Montpellier, Bœhm, 57.
— Voyez - Gerhardt.

CHANCENAY (J. L. de). Les illustrations de notre époque. Satires. Le portrait d'Alex. Dumas, Châteaubriand et les mémoires d'outre-tombe. In-8 (Pommeret), 54. » 50
— Id. Le théâtre et les auteurs dramatiques : Th. Gautier et la colonne de la liberté. In-8 (Pommeret), 55. » 50

CHANCOURTOIS (J. B. de). Notions de géologie. In-18, Langlois et Leclercq. 54. 1 25

CHANDELET. Principes de calculs. In-4, chez l'auteur (21, boulevard Bonne-Nouvelle), 56.

HANDELUX (le docteur L.). Accouchement prématuré artificiel. In-8 (Lyon, Vingtrinier), 57.
— Manuel de l'allaitement et de l'hygiène des enfants nouveau-nés. In-12, Masson et fils, 56.

HANNING (W. E.). De l'esclavage, précédé d'une préface par Laboulaye. In-18, Lacroix-Comon, 55. 3 50
— Œuvres sociales, trad. par Laboulaye. In-18, Lacroix-Comon, 57. 3 50
— Traités religieux, précédés d'une introduction par Laboulaye. In-12, Lacroix-Comon. 3 50
— Sa vie et ses œuvres, avec une préface de Rémusat. In-8, Didier et Cᵉ, 57. 7 »
— Id. In-12, Didier et Cᵉ. 3 »

HANOINE. Mémoire sur la navigation de l'Yonne. In-8, Dunod. 2 20
— Mémoire sur les hausses mobiles et auto-mobiles. In-8, Dunod, 55. 2 45

HANONY. Mémoire d'un voyage en Algérie et retour par l'Espagne. In-8, Hingray, 53. 2 50
— Mémoire d'un voyage à pied en Italie. In-8 (Nancy, Hinzelin), 51.

HANSAY (J. B. J.). Tableaux comparatifs pour la vente et l'achat des draps, etc. In-8, Verviers en Belgique, chez l'auteur, 53.
— Tableaux de parité ou de comparaison des prix du froment, du seigle, de l'orge et de l'avoine sur les marchés. In-12, Verviers en Belgique, chez l'auteur, 54.
— Traité du change. In-8, Verviers en Belgique, chez l'auteur, 50.

HANSONNIER de la bonne société. In-18, Le Bailly, 59. » 40
HANSONS populaires des provinces de France. 4 vol. in-8, Lécrivain et Toubon, 60. 40 »
— et rondes enfantines ; contes et fables en chansons, recueillies par Dumersan. In-8, Martinon, 58. 6 »

HANTAGREL (J.). Droit administratif, théorique et pratique. In-12, Jules Masson, 59. 8 »
— Droit administratif et pratique. Questionnaire résumé et supplément. In-12, Jules Masson, 59. 3 50
— Manuel de droit criminel, code pénal et instruction criminelle. In-12, Jules Masson, 58. 3 »
— Traduction et explication des textes du Digeste, désignés pour le premier examen de licence (troisième examen de droit). In-18, Marescq, 57. 2 50

HANTAL (J. B. J. de). La civilité des jeunes personnes. In-12, Lecoffre, 56. 1 »
— La civilité primaire. In-18, Lecoffre, 56. » 30
— Nouveau traité de civilité. In-12, Lecoffre, 57. 1 »
— La ruche du parnasse français. In-18, Lecoffre, 54. 1 »

HANTAL-DELAPIERRE (la sœur M. de). Abrégé de la vie de la très-honorée mère Anne-Marie de Lage de Puy-Laurens. In-8 (Poitiers), Palmé, 54.

HANTAUME. Expédition de Crimée. Lettres d'un zouave. In-18, Didot, 56.
HANTELAUZE (A. de). Ce que veut la France. In-8, Amyot, 51.
HANTETAUZE (C. de). Le comte J. de Maistre. In-8 (Lyon), Douniol, 59. 1 »
HANTELAUZE (R. de). Le Père de La Chaise, confesseur de Louis XIV. In-8 (Lyon), Durand, 59. 6 »
HANTEPIE (E.). La figure féminine au XIXᵉ siècle. In-12, Amyot, 60. 3 50
— La taxe canine. Satire. In-18 (Dondey-Dupré), 55. » 50
HANTILLY (A. de). Il ne faut pas courir deux lièvres, comédie-vaudev. In-16 (Bordeaux, Duviella), 51.
HANTREAU. Compendio de la gramática francesa. In-12, Rosa et Bouret, 57. 1 40
— El novíssimo arte de hablar bien francés. In-12, Perpignan, Alzine, 56.
HANTREL (J.). Abécédaire de la langue grecque. In-8. E. Belin, 56. » 60
— Cours de thèmes grecs, Iʳᵉ part. In-12, E. Belin, 58. 1 60

CHANTREL (J.) Cours de thèmes grecs, texte et corrigé. In-12. 4 »
— Cours de thèmes grecs, 2ᵉ part. In-12, E. Belin, 58. 1 60
— Le même, texte et corrigé. In-12, E. Belin. 4 »
— Le curé d'Ars. Biographie. In-32, Dillet, 59. » 50
— Grammaire grecque. In-8, E. Belin, 56. 2 80
— Le même, 1ʳᵉ part. In-8. 1 60
— Histoire d'un morceau de pain. In-12, Lille, Lefort, 58. » 50
— Histoire populaire des papes, t. I à XI. In-18, Dillet, 60. Chaque vol. 1 »

L'ouvrage aura 24 volumes.

— Nouveau cours d'histoire universelle. In-12. t. I : Histoire ancienne proprement dite ; t. II : Histoire romaine ; t. III : Histoire du moyen âge, 1ʳᵉ partie ; t. IV : Histoire du moyen âge, 2ᵉ part., Putois-Cretté, 59 60. Chaque vol. 2 25
— La royauté pontificale devant l'histoire. In-12, Dillet, 60. 2 »

CHANTS et chansons populaires de la France, avec musique et gravures, t. I, II. Gr. in-8, Lécrivain et Toubon, 58-59. Le vol. 6 »
— chrétiens (protestant). Recueil de 200 cantiques avec musique. 3 »
— Les mêmes, voix de femmes. In-32. 1 50
—   — sans musique. In-18. » 75

Chez Meyrueis, 50 à 60.

— historiques et populaires du temps de Charles VII et Louis XI. In-8, Aubry, 57. 6 »
— à Marie immaculée, tirés des litanies de la sainte Vierge. In-12, Dijon, Pellion, 57.
— pour les salles d'asile, avec les airs notés. In-8, Hachette, 57. 1 50

CHANU (J. B.). Le fol-enchéri. In-12, veuve Joubert, 54. » 50

CHANZY (Ch.). Précis chronologique de l'histoire de la ville de Saint-Dié. In-8, Saint-Dié, Freisy, 53.
CHAPELAIN (P. J.). Bains de Luxeuil. Propriétés physiques. In-8, Baillière et fils, 57.
CHAPELLE (A.). Traité d'hygiène publique. In-8, Masson et fils, 50.
CHAPELLE (L.). Traité de la fumée et du calorique. In-8 (Toulouse, Bayret), 53. 1 25
CHAPELLE et Bachaumont. Œuvres. In-16, Pagnerre, 54. 4 »
CHAPELLE (la). Journal de musique vocale religieuse. In-folio. Une fois par mois ; fondé en juillet 1859 (11, passage Tivoli). Prix annuel. 10 »
CHAPELLIER (J. C.). Éléments d'arithmétique. In-12 (Mirecourt), Humbert, 55.
CHAPELON (J.). Œuvres complètes. In-12, St-Etienne, Janin, 53. 1 50
CHAPELON (les trois), poëtes stéphanois. In-8 (Lyon, Vingtrinier), 56.
CHAPIA (l'abbé). Histoire du B. Pierre Fourrier. 2 vol. in-8, Lecoffre, 56. 10 »
— Les saints de chaque jour, selon la liturgie romaine. In-12 (Mirecourt), Périsse, 56.
— Vie de la vénérable mère Alix Le Clerc. In-12 (Mirecourt), Humbert, 58. 1 50
CHAPITRE II, ou l'on demande une réforme à la bourse. In-8, Dentu, 60. 1 »
CHAPPLAIN (L.). Les mystères de l'histoire révélés par le somnambulisme lucide. In-8 ; à Nantes au bureau du journal le Breton, 53. » 60
CHAPPUIS (C.). De Antiochi Ascalonitæ vita et doctrina. In-8, Durand, 54. 1 50
— Antisthène, sa vie et ses ouvrages. In-8, Durand, 54. 2 50
— Sentences de M. T. Varron et liste de ses ouvrages. In-8, Durand, 57.
CHAPSAL. Exercices élémentaires adaptés à l'abrégé de la grammaire. In-12, Hachette. 1 10
— Exercices français supplémentaires. In-12, Hachette. 1 50
— Corrigé des mêmes. In-12 2 »

CHAPSAL. Modèles de littérature française. 2 vol. in-12, Hachette. 5 »
— Observations sur son procès avec M. Bonneau. In-8 (Martinet), 50.
— Syntaxe française, In-12, Hachette. 2 75
— et Rendu. Méthode pour faire l'application des principes de la grammaire au moyen d'exercices construits régulièrement. In-12, Maire-Nyon, 50.
— Voyez - Noël.
CHAPTAL (O.). Manuel d'agriculture pratique. In-8 (5, rue Madame), 52.
CHAPUIS. Bérézina. In-8, Corréard, 57. 7 50
— Campagne de 1812 en Russie. In-8, Corréard, 56. 5 »
— Observations sur les combats de Culm. In-8, au bureau du spectateur militaire, 53.
CHAPUS (E.). Les chasses princières en France de 1589 à 1841. In-16, Hachette, 53. 2 »
— Dieppe et ses environs. In-16, Hachette, 53. 1 »
— Guide de Paris à Dieppe. In-16, Hachette, 56. 2 »
— Guide de Paris au Havre. In-16, Hachette, 56. 2 »
— Les haltes de chasse. In-12, Libr. nouvelle, 59. 2 »
— Les soirées de Chantilly. In-16, Libr. nouvelle, 59. 1 »
— Le sport à Paris. In-16, Hachette, 54. 2 50
— Le turf, ou les courses de chevaux. In-16, Hachette, 54. 1 »
CHARAUD. - Voyez - Bertal.
CHARBONNEL (l'abbé J.). Dévotion à la sainte famille. In-32, Tours, Mame, 54.
— Dévotion à la sainte famille In-32 (Plancy). Waille, 50.
— Traité de la dévotion au sacré-cœur de Jésus. In-32, Tours, Mame, 51.
CHARBONNEL (L.). Guerres d'Italie. Poëme. In 8, chez l'auteur (15, rue Delta), 53. 3 »
— Socrate, ou l'immortalité de l'âme. Poëme. In-8, chez l'auteur, 54.
CHARCOT (J. M.). De la pneumonie chronique. In-8, A. Delahaye, 60. 2 »
CHARDHALL (L.). La ferme aux loups. 3 vol. in-8, Cadot, 60.
CHARDON (C. A.). Arithmétique élémentaire. In-18, Hachette, 57. » 75
— Géométrie et dessin linéaire élémentaire. In-8, Hachette, 56.
— Des inondations. In-8, Hachette, 56. 1 »
— Nouvelle méthode de lecture. In-plano (Dondey-Dupré), 54.
— Nouvelle méthode de lecture et d'écriture. In-18, Hachette, 51. » 20
— Petit dessin linéaire des commençants. In-12, Hachette, 57.
— Traité pratique d'arithmétique usuelle. In-18, Hachette, 57. 2 50
CHARDON (le doct.). Traitement des maladies chroniques. In-8, Lyon, Savy, 54.
CHARDON (J.). L'âme transmise, drame. In-8 (12, boulevard St-Martin), 52. » 60
— Lébao le nègre, drame. In-12 (Rethel, Torchet), 50.
CHARE (A.). Le trésor des pèlerins de N.-D. de Verdelais. In-18, Bordeaux, Lafargue, 55.
CHAREAU. Nouveaux apologues. In-8, Parmantier, 57.
CHARENCEY (H. de). De la classification des langues et des écoles de linguistique en Allemagne. In-8, Challamel, 59. 2 »
— Compte-rendu et analyse de l'histoire des nations civilisées du Mexique et de l'Amérique centrale, etc., de l'abbé Brasseur de Bourbourg. In-8, Challamel, 59. 1 50
— Le déluge et les livres bibliques. In-8, Challamel aîné, 59. » 50
— Notice sur un ancien manuscrit mexicain. In-8, Challamel aîné, 59. 1 50
— De la parenté de la langue japonaise avec les idiomes tartares et américains. In-8, Challamel aîné, 58. 2 »

CHARENCEY. (H. de). Recherches sur les origines de la langue basque. In-8, Challamel aîné, 59. 1 25
— La régence de Tunis. In-8, Challamel aîné, 59. 1 50
CHARGÉ (A.). L'homœopathie et ses détracteurs. In-8, Baillière et fils, 55. 3 »
— Traitement homœopathique. In-8 (Marseille, Barlatier Feissat), 55. » 50
CHARGUÉRAUD (A.). Les bâtards célèbres. In-12, Michel Lévy fr., 59. 3 »
CHARIOT (Ch.) Cours d'administration. In-8 (Metz), Dumaine, 54. 1 »
CHARITÉ (la), ou Madeleine Saulnier. In-32, Limoges, Ardant, 57.
CHARIVARI (le). Petit in-folio; tous les jours, 29ᵉ année (16, rue du Croissant), 60. Prix annuel. 72 »
CHARIVARIKOF (le prince). Mystères de la guerre d'Orient et de l'empire russe. In-8 (Montfort, Vattier), 54.
CHARLE. Atlas classique élémentaire de treize cartes. In-8, Périsse, 50.
CHARLEMAGNE, sa vie et son influence sur son siècle. In-12, Lille, Lefort, 57. » 75
CHARLEMAGNE (Th. F. R.). Recherches sur l'origine et les caractères distinctifs du régime dotal. In-8 (Moquet), 51.
CHARLES. Pierrot, Polichinelle, etc.; plusieurs pantomimes. In-12, chez Dechaume (63, rue Charlot).
CHARLES (l'abbé). Mois de Marie. In-8 (Cambrai, Carion), 50.
CHARLES VI, drame à l'usage des jeunes gens, par l'abbé L. In-12, Bordeaux, Chaumas, 60. 1 »
CHARLES IX (roi de France). La chasse royale, dédiée au roy très-chrestien Louis XIII. In-8, Aubry, 58. 5 »
— La chasse royale. In-8, Vᵉ Bouchard-Huzard, 57.
— La chasse royale. In-18, Potier, 57.
— Voyez - Chevreul.
CHARLES XIV JEAN (roi de Suède). Recueil de lettres, proclamations et discours. 2 vol. in-8 (Stockholm), Reinwald, 58. 15 »
CHARLES (V.). Est-il possible, est-il utile d'annexer les banlieues à la capitale? In-8, Dentu, 59. 1 »
CHARLES D'AUTRICHE (le prince). Principes de la grande guerre, trad. de l'allemand par de la Barre-Duparcq. In-folio, avec 25 cartes coloriées, Corréard, 51. 125 »
CHARLES DE BLOIS, par l'auteur de Silvio Pellico. In-12, Lille, Lefort, 57.
CHARLES BORROMÉE (saint). Instructionum fabricæ ecclesiasticæ, revue par l'abbé Van Drival. In-12, Lecoffre, 55. 2 50
CHARLEVILLE (J.). Rituel des prières journalières à l'usage des israélites. In-12, Metz, Charleville, 50.
CHARLEVOIX (le P. de). Histoire et description du Japon. In-12, Tours, Mame, 52.
CHARLIER (l'abbé J.). Choix d'évangiles, suivis de réflexions. In-18, Fourant, 55. 1 10
CHARLIER (P.). De la castration des vaches. In-8, Goin, 56. 2 »
— Etudes pratiques sur la castration des vaches In-8 (Penaud), 55.
— Des indigestions gazeuses du cheval. In-8, Louvier, 59. » 50
CHARLIEU (H. de). Dans les blés. Idylle, In-16 (12, boulevard St-Martin), 56. 1 »
CHARLOT (D.) et Thibaux. Petit annuaire du ministère d'agriculture, du commerce et des travaux publics. In-12 (Ch. et H. Noblet), 55.
CHARMA (A.). Essai sur les bases et les développements de la moralité. In-8, Hachette. 7 50
— Guillaume de Conches. In-8, Hachette, 58. 2 »
— Une nouvelle classification des sciences. In-8, Hachette, 59. 1 »
— Résumé du cours d'esthétique professé à la faculté des lettres de Caen pendant 1857-58. In-8, Hachette, 58. 1 »
— Saint Anselme. In-8, Hachette, 54. 3 »

CHARMA (A.). Du sommeil. In-8, Hachette, 51.
— Sur un billet d'indulgences délivré au XIII° siècle. In-8, Hachette, 50.   1 50
CHARMASSON DE PUYLAVAL (A.). Eaux de St-Sauveur. In-8, Baillière et fils, 60.   3 »
CHARNAGE (de). La recherche du vrai bien. In-8, Dentu, 56.
CHARNAL (de) et Anger de Beaulieu. Les typographes parisiens, drame. In-4, Barbré, 59.   » 20
CHARNOIS (P.). Traité complet et élémentaire de métrologie, 1re partie. In-12 (Châlon-sur-Saône, Dejussieu), 52.   3 »
CHARONVILLE (Ch.) et Dupré. Manuel barème du capitaliste. In-18, Passard, 59.   1 »
CHAROUSSET. La guerre de Crimée. In-8 (Perpignan, Alzine), 56.
CHARPENTIER (l'abbé). La semaine du chrétien. In-32, Plancy, Société de St-Victor, 53.   1 50
CHARPENTIER (D.). Observations de maladies des articulations. In-8, Masson et fils, 60.   1 50
— Traité des eaux et des boues thermo-minérales de St-Amand. In-8, Baillière et fils, 52.   1 50
CHARPENTIER (F. E. A.). De la pesanteur terrestre. In-8, Mallet-Bachelier, 59.   3 50
CHARPENTIER (J. P.). Les écrivains latins de l'empire. In-12, Hachette, 58.   3 50
— Etudes sur les Pères de l'Eglise. 2 vol. in-8, veuve Maire-Nyon, 53.   12 »
CHARPENTIER. Magasin de librairie. - Voyez - Revue nationale et étrangère.
CHARPIGNON (le doct. J.). Rapports du magnétisme avec la jurisprudence et la médecine légale. In-8, Durand, 60.   1 50
CHARPY. Grammaire des écoles communales. 2 vol. in-12, Besançon, Jacquin, 57.
CHARRAS. Histoire de la campagne de 1815; Waterloo, 2 vol. in-8 (Bruxelles), Tanera, 58.   8 »
CHARREL. Théorie des manœuvres à l'usage des compagnies des sapeurs-pompiers. In-12, Lyon, Dorier, 53.   1 25
CHARREL (J.). Acétographie, ou gattine des vers à soie. In-8, Goin, 57.   2 »
CHARRIER (A.). De la fièvre puerpérale. In-4, Labé, 56.   2 50
CHARRIER-BOBLET (Mme). Aperçu chronologique de l'histoire d'Angleterre. In-8, Dezobry, 50.   » 75
— Chronologie des rois de France. In-8, Maire-Nyon, 53.   » 50
— Eléments de grammaire pratique. In-12, Dezobry, 51.   » 75
— La ponctuation enseignée par la pratique. In-12, Maire-Nyon, 55.   1 50
— L'orthographe du participe. 2 vol. in-12, Maire-Nyon, 53.   3 »
— Principes logiques de ponctuation. In-12, Maire-Nyon, 55.   » 60
CHARRIÈRE. Notice sur les instruments et appareils de chirurgie. In-8, chez l'auteur (6, rue de l'Ecole-de-Médecine), 56.
CHARRIÈRE (A.). Loi sur la police du roulage. In-8 (Périgueux, Boucharie), 55,
CHARRIÈRE (E.). Négociations de la France dans le Levant. 3 vol. in-4, publiés par Didot, 50 à 60.
Le vol. 12 »
— La stratégie de la paix, auxiliaire de la guerre. In-12 (Lahure), 54.
CHARRIN (P. J.). Chansons, romances et poésies diverses. In-18, Amyot, 56.
— L'oubli du devoir, drame. In-18, Amyot, 56.
CHARRUE (A.). Lettre d'un vieux paysan aux laboureurs, ses frères, publ. par Devoille. In-12, Besançon, Jacquin, 52.   1 50
— Le paysan-soldat, épisode de la révolution, publié par Devoille. In-12, Besançon, Cornu, 53.
CHARTIER (A. J. B.). Gerbe poétique. In-18, Châtellerault, Varigault, 54.
CHARTIER (E.). Nathalie. In-16 (Louviers, Mlle Boussard), 52,

CHARTIER (J.). Chronique de Charles VII. 3 vol. in-16, Pagnerre, 58.   15 »
CHARTON (E.). Guide pour le choix d'un état. In-8, Chamerot, 51.   6 50
— Vol d'un navire dans l'Océan-Pacifique en 1848. In-8 (Didot), 54.
— Voyageurs anciens et modernes. 4 vol. in-8, au bureau du magasin pittoresque, 54 à 56. Le vol. 6 »
CHARTRAIN (H.). Recueil de formules applicables à l'évaluation. In-8 (Angers, Cosnier), 51.
CHARTROULE (P.). Traité de la phthisie pulmonaire et de son traitement. In-8, Labé, 57.   7 »
CHARVAT (F.). Le laboureur vengé. In-12, Clermont-Ferrand, Hübler, 54.   1 »
CHARVAZ. Du culte et de la discipline. 2 vol. in-12, Lecoffre, 50.
— Voyez - Bonald.
CHARVILLHAC. Nouveau manuel des maires et adjoints, selon la loi du 5 mai 1855. 2 vol. in-8 (8, rue Larrey), 55.   7 »
CHASLE DE LA TOUCHE. Histoire de Belle-Ile-en-Mer. In-8 (Nantes, Forest), 52.
CHASLES (E.). Documents relatifs à la vie et au testament de l'amiral Tchitchagoff. In-8 (Mâcon, Protat), 54.
CHASLES (M.). Traité de géométrie supérieure. In-8, Mallet-Bachelier, 56.   15 »
— Les trois livres de porismes d'Euclide. In-8, Mallet-Bachelier, 60.   10 »
CHASLES (P.). L'Antiquité. In-12.   3 50
— Le moyen âge et les premiers temps du christianisme. In-12.   3 50
— Le XVIII° siècle en Angleterre. 2 vol. in-12.   7 »
— L'Angleterre au XIX° siècle. In-12.   3 50
— L'Amérique. In-12.   3 50
— Le XVI° siècle en France. In-12.   3 50
— L'Espagne. In-12.   3 50
— La révolution d'Angleterre, Cromwell. In-12.   3 50
— Shakspeare, Marie Stuart et l'Aretin. In-12.   3 50
— Les hommes et les mœurs au XIX° siècle. In-12.   3 50
— L'Allemagne. In-12.   3 50
— Le XIX° siècle en Allemagne. In-12.

Chez Amyot, entre 50 et 60.

— La fille du marchand. In-16, Eug. Didier, 55.   1 »
— Mœurs et voyages, ou récits du nouveau monde. In-18, Eug. Didier, 55.   3 50
— Scènes des camps et des bivouacs hongrois pendant la campagne de 1848-49. In-12, Eugène Didier, 55.   3 50
— Souvenirs d'un médecin, trad. de l'anglais. In-18, Libr. nouvelle, 57.   1 »
— Le vieux médecin. In-12, Libr. nouvelle, 59.   1 »
CHASSAIGNAC (E.). Leçons sur l'hypertrophie des amygdales. In-8, Baillière et fils, 54.   2 »
— Leçons sur la trachéotomie. In-8, Baillière et fils, 55.   2 »
— Leçons sur le traitement des tumeurs hémorroïdales. In-8, Baillière et fils, 58.   2 50
— Des opérations applicables aux fractures compliquées. In-4, Baillière et fils, 50.
— Recherches cliniques sur le chloroforme. In-8, Baillière et fils, 56.   1 25
— Traité de l'écrasement linéaire. In-8, Baillière et fils, 56.   7 »
— Traité pratique de la suppuration et du drainage chirurgical, t. I, II. Gr. in-8, Masson et fils, 59.   18 »
— Des tumeurs enkystées de l'abdomen. In-8, Baillière et fils, 54.   2 »
CHASSANG (A.). De corrupta post Ciceronem. In-8, Durand, 52.
— Des essais dramatiques, imités de l'antiquité aux XIV° et XV° siècles. In-8, Durand, 52.
— Modèles de composition française. In-12, Hachette, 53.   2 50
— Modèles de composition latine. In-12, Hachette, 53.

CHASSANG (A.). Modèles de composition latine, texte latin, suivi de la traduction française. In-12, Hachette, 54. 5 »
— Selectæ narrationes e scriptoribus latinis. In-12, Hachette, 53. 2 50

CHASSANT (A.). L'advocacie Notre-Dame. In-12, Aubry, 55. 2 50
— La muse normande. In-12, Durand, 53. 2 »
— Nobiliana. Curiosités nobiliaires et héraldiques. In-12, Aubry, 58. 4 »
— Les nobles et les vilains du temps passé. In-8, Aubry, 58. 6 »
— Paléographie des chartes et des manuscrits des XIe et XVIIIe siècles. In-12, Dumoulin, 54. 8 »
— Petit vocabulaire latin-français du XIIIe siècle. In-12, Aubry, 57. 2 50
— et Delbarre. Dictionnaire de sigillographie pratique. In-12, Dumoulin, 60. 8 »

CHASSAY (F. E.). Défense du christianisme historique. 3 vol. in-12, Albanel, 51. 10 50
— Devoirs des femmes. In-18, Poussielgue. 2 50
— Difficultés de la vie de famille. In-12, Poussielgue, 56. 2 50
— Epreuves du mariage. In-12, Poussielgue, 53. 2 50
— La femme chrétienne. In-12, Poussielgue, 54. 2 50
— Histoire de la rédemption. In-12, Poussielgue, 50. 2 50
— Introduction aux démonstrations évangéliques. Préparation évangélique. Histoire du XIXe siècle, suivie de la chute primitive, prouvée par les traditions, et du docteur Strauss, jugé par ses pairs, publ. par Migne. In-8, Migne, 53. 8 »
— Jésus, lumière du monde. 2 vol. in-8, Vivès, 55. 11 »
— Jésus, sauveur du monde. In-8, Vivès, 54.
— Jésus, vainqueur de la mort. In-8, Vivès, 54. 6 »
— Manuel d'une femme chrétienne. In-12, Poussielgue, 54. 2 50
— Le mysticisme catholique. In-8, Périsse, 50. 6 »
— La pureté du cœur. In-12, Lecoffre, 50.

CHASSE (la) royale. — Voyez — Charles IX.

CHASSÉRIAU (F.). Etude sur l'avant-projet d'une cité Napoléon-Ville à établir à Alger. In-8 (Alger), Challamel, 58. 4 »

CHASSÉRIAU (M.). Elie. In-12, Cadot, 56. 3 50
— Id. 2 vol. in-8. 15 »

CHASSET (le R. P. J.). Entretiens de dévotion sur le saint-sacrement de l'autel. In-32, Au Mans, Julien-Lanier, 54.

CHASSIN (Ch. L.). Edgar Quinet; sa vie et son œuvre. In-8, Pagnerre, 59. 6 »
— Id. In-12. 3 50
— La Hongrie, son génie et sa mission. In-8, Garnier, 55. 7 »
— Jean de Hunyad, récit du XVe siècle. In-8, Pagnerre, 59. 3 50
— Manin et l'Italie. Gr. in-8, Pagnerre, 59. 1 »
— Le poëte de la révolution hongroise. Alexandre Petœfi. In-12, Pagnerre, 60. 3 50
— Les veillées populaires. La légende du petit manteau bleu. Gr. in-8, Bry aîné, 52.

CHASTAIN (l'abbé L.). Principes de mathématiques. In-12, Toulouse, Privat, 55. 3 »

CHASTEAU (P.). Une existence orageuse, avec préface, par Driou. In-12, Dentu, 60. 2 »

CHASTEL (E.). Le christianisme et l'Eglise au moyen âge. In-12, Cherbuliez, 59. 3 50
— L'église romaine considérée dans ses rapports avec le développement de l'humanité. In-8 (Gratiot), 56.
— Etudes historiques sur l'influence de la charité durant les premiers siècles chrétiens. In-8, Capelle, 53. 7 50
— Histoire de la destruction du paganisme dans l'empire d'Orient. In-8, Cherbuliez, 50. 7 50

CHASTEL (J. M.). L'histoire ancienne du moyen âge et moderne. In-12, Clermont-Ferrand, Veysset, 55.

CHASTEL (le P.). De l'autorité et du respect qui lui est dû. In-12, Bray, 51. 2 »

CHASTEL (le P.). L'église et les systèmes de philosophie moderne. In-12, Jouby, 52. 1 50
— De l'origine des connaissances humaines. In-12, Jouby, 52. 2 »
— Les rationalistes et les traditionalistes. In-12, Jouby, 50. 1 30
— De la valeur de la raison humaine. In-8, Jouby, 54. 6 »

CHASTELLUX (de). Aperçu sur l'histoire de la restauration. In-8, Didier, 51.
— Accroissement de la population en France de 1836 à 1851. In-8 (Batignolles, Hennuyer), 57.
— Coup-d'œil sur le régime des douanes intérieures en France au XVIIIe siècle. In-8 (Metz, Blanc) 54.
— Statistique du départ. de la Moselle, t. I. In-8, Metz, Pallez et Rousseau, 54.
— Statistique de recrutement par voie d'appels. In-4, Metz, Maline, 57.
— Le territoire du départ. de la Moselle. In-4, Metz, Maline, 60. 12 »

CHATAGNIER. De l'infanticide dans ses rapports avec la loi. In-8, Cosse, 55. 5 »

CHATEAU. Dissertation sur le droit de propriété des offices. In-8, Chartres, Garnier, 56.

CHÂTEAU (E. Besnard du). Manuel de charité. Pharmacopée, etc. In-8, Liguiel (Indre-et-Loire), chez l'auteur, 52.

CHATEAU (L. J.). L'agriculture rationnelle; 1re partie. Théorie générale des lois de la nature. In-8, Lacroix, 60. 1 »

CHÂTEAU (le) d'Avrilly, suivi de : Il faut faire comme tout le monde. In-12, Adrien Le Clere, 57.

CHÂTEAUBRIAND (le vicomte de). Atala, René, le dernier des Abencérages, les quatre Stuarts. In-8, B. Béchet, 59. 1 50
— Atala, René, les Abencérages, suivis du voyage en Amérique. In-12, Didot, 50. 3 »
— Atala, René, les Natchez. In-12, Hachette, 54. 2 »
— Atala, René, le dernier des Abencérages. In-4, Havard, 59. » 50
— Atala, René; aventures du dernier Abencérage; les quatre Stuarts; voyage en Italie et au Mont-Blanc. Gr. in-8, Morizot, 58. 15 »
— Etudes, ou discours historiques sur la chute de l'empire romain. In-12, Didot, 50. 3 »
— Etudes historiques; voyage en Amérique. In-8, Vermot, 60. 5 50
— Id. In-12. 2 »
— Fleurs d'outre-tombe, ou maximes, pensées et morceaux choisis dans les mémoires d'outre-tombe, par Mme H. P. In-18 (Penaud), 54.
— Génie du christianisme. 2 vol. in-12, Albanel, 56. 3 »
— Le génie du christianisme. 2 vol. in-8, B. Béchet, 58. 3 »
— Le génie du christianisme. 2 vol. in-12, Didot, 50. 6 »
— Le génie du christianisme. In-12, Hachette, 57. 2 »
— Le génie du christianisme revu par Mullois. In-12, Josse, 59. 1 »
— Le génie du christianisme. In-8, avec gravures; Tours, Mame, 54. 3 50
— Le génie du christianisme. In-8, Vermot, 59. 5 50
— Id. In-12. 2 »
— Itinéraire de Paris à Jérusalem. In-8, B. Béchet, 59. 1 50
— Itinéraire de Paris à Jérusalem. 2 vol., Didot, 50. 6 »
— Itinéraire de Paris à Jérusalem, revu par Mullois. In-12, Josse, 59. 1 »
— Itinéraire de Paris à Jérusalem; les quatre Stuarts. In-8, Vermot, 59. 5 50
— Id. In-12. 2 »
— Les martyrs. In-8, B. Béchet, 59. 1 50
— Les martyrs. In-12, Didot, 50. 3 »

ADDITIONS

Anicet-Bourgeois : Voyez aussi *Bourgeois.*

Athanase (saint) : Voyez aussi *Saint Athanase.*

A Kempis : Voyez aussi *Thomas A Kempis.*

La rédaction précipitée du 1er *fascicule* de ce livre a entraîné quelques omissions que je m'empresse de signaler, voulant éviter, autant que possible, toute lacune dans mon ouvrage.

A. MORIN.

AVIS

CONCERNANT LA MISE EN VENTE

DE LA SUITE DE

LA LITTÉRATURE MODERNE

QUI VIENT DE PARAITRE.

La rédaction difficile et laborieuse de mon livre m'engage à continuer cette publication par **demi-fascicules composés chacun de trois feuilles de texte** (*), dont le prix sera de **2** fr. pour les souscripteurs et **3** fr. pour ceux qui n'ont pas voulu s'engager à prendre l'ouvrage complet. Le prix restera donc toujours le même : **16** fr. pour les souscripteurs et **24** fr. pour les autres.

La classification du livre est assez avancée pour pouvoir assurer désormais la mise en vente de chaque nouveau demi-fascicule ou d'une livraison par mois.

Paris, le 23 août 1862.

A. MORIN,

Éditeur du *Dictionnaire complet de tous les livres français publiés de 1850 à 1860 inclusivement*.

36, rue Saint-Sulpice.

(*) Ce qui veut dire que chaque fascicule paraîtra en deux parties ou livraisons composées chacune de 3 feuilles.

Paris. — Typ. Walder, rue Bonaparte, 44.